# 초국적기업,
# 세계를 삼키다

# 초국적기업,
# 세계를 삼키다

존 매들리 지음 | 차미경 · 이양지 옮김

창비
Changbi Publishers

이 책이 한국어로 번역되어 대단히 기쁩니다. 초국적기업이 전세계의 가난한 사람들에게 미치는 영향과 충격에 대해 깨닫고 좀더 깊이 이해하는 데 이 책이 도움이 될 것입니다. 오늘날 우리가 사는 세계에서 기업이라는 존재는 막강한 권력을 가지고 있습니다. 경제의 모든 분야에서 적극적으로 실력을 행사하고 있습니다.

이 책 전체에서 다루고 있는 것이 바로 가난한 사람들의 삶에 타격을 가하는 초국적기업의 행태입니다. 그 영향력은 참으로 어마어마한 것입니다. 정부는 초국적기업을 규제하고 가난한 사람들의 권리와 생계를 보호하는 조치를 취해야 합니다.

우리의 문명은 우리가 어떻게 사회의 빈곤층을 책임지고 있는지에 따라 평가받을 것이라고 믿습니다. 또한 전세계 곳곳에서 실제로 많은 사람들이 이들을 보호하는 데 앞장서고 있습니다.

독자들이 이 책에서 초국적기업의 영향력에 대한 필요한 정보를 얻기를 바랍니다.

2004년 7월
존 매들리

6

초국적기업에 관한 많은 책들이 출판되었지만, 내가 아는 바로는 그 어느 책도 초국적기업이 세계의 가난한 사람들에게 끼치는 영향에 대해서는 심각하게 다루지 않았다. 이는 핵심적인 문제들을 비껴간 것이다. 초국적기업은 현재 엄청난 권력을 쥐고 있다. 어떤 면에서는 정부보다 더 큰 권력을 갖고 있다. 기업은 좀더 효율적이며 기업이 하는 일이란 주주에게 돈을 벌어주는 일이기 때문에 그렇다. 그렇다면 인간적인 관점에서 그 상업적인 성공의 댓가는 무엇인지 냉정히 평가해야 한다. 그동안 정부정책이 가난한 사람들에게 미친 영향에 대해서는 여러 가지 분석이 있었지만, 기업은 그 책임의 문제에서 교묘히 빠져나가곤 했다.

효율성이 다수를 위한 것이 아니라면 그것은 또 하나의 착취가 될 수 있다. 국민이 선출하지도 않은 기업이 무책임하고 비민주적인 운영을 일삼는 경우, 이들의 투자가 자원이 빈곤한 국가나 사회에 어떤 영향을 미치는지 분석해보면 생계에 피해를 입은 가난한 사람들의 모습이 그려지는데 이것은 기업의 명성에도 도움이 되지 않는 것이다. 초국적기업은 국제협상에서 더 많은 영향을 끼치기 위해 자금과 권력을 이용해왔고, 정부의 정책 결정에 영향력을 행사하고자 민영화과정에 더 적극적으로 개입하곤 했다. 그러나 이 모든 것을 차치하고라도 기업의 가장 심각한 책임을 꼽는다면 초국적기업, 혹은 거대기업이 이윤 추구를 위해 개발도상국의 수천만 민중, 특히 가난한 사람들의 삶에 고통을 주었다는 점이다. 이 책은 초국적기업이 어떤 과정을 통해 기업의 권력을 키워왔는지 밝히고자 한다. 인간을 중심에 두고 초국적기업의 실상을 드러내는 것이 이 책의 내용이 될 것이다.

초국적기업에 관한 책들은 대부분 경영학자·경제학자들이 집필했다. 오랫동안 초국적기업에서 일했던 나는 반세기가 넘도록 초국적기업에 관심을 두고 경제 저널리스트로 활동했다. 대학을 졸업한 후 3년의 영업직을 포함, 약 10년 동안 초국적기업의 직원으로 일했다. 이런 경험은 내가 기업의 내부사정을 알 수 있는 계기가 되었을 뿐만 아니라, 전세계로 뻗어가는 대기업의 메커니즘과 전략에 대해 기본적인 분석을 할 수 있게 해주었다. 나는 지난 20년 동안 저널리스트이자 작가로서 기업이 가난한 사람들에게 끼친 영향에 대해 집필하기 위해 40여개의 개발도상국을 여행하며 조사작업에 몰두했다. 초국적기업에 대한 연구 역시 주된 목적이었다.

일반적으로 초국적기업에 대한 연구의 대부분은 기업의 경제적 영향, 효율성 측면에서 이윤의 극대화, 자본의 흐름 등에 초점을 맞추고 있다. 세계 빈민에게 끼치는 사회·경제·문화적 영향은 간과하고 있다. 『초국적기업』(*Transnational Corporations*)이라는 한 학술지는 초국적기업 활동의 거의 모든 점을 조사하고 있지만, 기업으로 인해 심각한 위협을 받는 사람들에 대해서는 거의 언급하지 않는다. 사회구성원으로서 사람의 존재는 언급할 가치조차 없는 긴 사슬의 한 고리 정도로 취급되기 일쑤이다.

대학의 경영학과에서는 학생들에게 초국적기업으로 인해 빈민들이 감당해야 할 고통과 그 문제점을 깊이 조망하는 법을 가르치지 않는다. 나는 학자들이 기피하는 이런 문제들에 성급하게 뛰어드는 나 자신에 대해 경솔하다고 생각하지 않는다. 기업연구가 루이스 터너(Louis Turner)는 1973년에 쓴 책에서 이렇게 말했다. "기업연구를 진행하면서 나는 저널리스트들이 학술기관들보다 앞서 중요한 문제들을 제기한다는 것을 발견할 때마다 안타까움을 금치 못했다."[1] 학자들은 더 늦기 전에 초국적기업과 빈민의 삶에 관한 연구를 시작해야 한다. 너무 많은 시간이 벌써 흘러가버렸다.

초국적기업이 빈민에게 미치는 영향은 고사하고, 일반인에게 미치는 영향조차 연구한 학술논문이 없기 때문에, 나는 직접 발로 뛰며 개발도상국에서 드러나고 있는 문제점 조사에 나섰고, 그 과정에서 최근 자료와 신문, 전문간행물을 참조했다. 초국적기업 감시활동에 선구적인 역할을 담당해온 NGO의 연구보고서는 나의 조사작업에 큰 도움이 되었다. 나는 조사과정에서 초국적기업들이 빈민들에게 미치는 영향이 엄청나지만 대부분 은폐되거나 무시되었다는 사실에 확신을 갖게 되었다. 초국적기업의 권력이 남용되는 것을 막기 위해서는 많은 노력이 필요하다.

이 책에서 주목할 점은 개발도상국에 개입하고 전세계 가난한 사람들의 삶에 영향을 미치는 초국적기업의 활동이다. 분야로 본다면 크게 농업·임업·어업·식품산업·광업·제조업·에너지산업·관광산업·의약품산업이다. 몇몇 초국적기업은 최소한 한가지 이상의 분야에 기반을 두고 있다. 기업들이 문어발 확장을 하면서 초국적기업에 대한 시민들의 우려는 점점 높아지고 있다.

지금 전세계 어느 곳이든 이윤을 남길 수 있는 경제활동이 가능한 곳이라면 초국적기업의 투자와 활동이 진행되고 있다. 데이비드 코튼(David Korten)은 초국적기업의 왕성한 활동력에 대해 "암세포처럼 지구 전체로 퍼져나가 방방곡곡의 생활공간을 경제적 식민지로 종속화하고, 생계를 파괴하며, 토착민을 쫓아내고, 민주적 기관들을 무력하게 하고, 무한대의 이윤추구만을 향해 나아가는 시장전제정치(market tyranny)의 도구"라고 설명한다.[2] 이 전제정치의 가장 큰 폐해는 생활력이 취약한 빈민들이 가장 큰 타격을 입는다는 사실이다.

'시장전제정치'는 개발도상국을 초국적기업들의 수중에 놓이게 만든다. 1994년 GATT 우루과이라운드 무역협정의 결과는 초국적기업들을 규제하고 관리할 각국 정부의 힘이 약화되었음을 의미하며, 그로 인해 초국적기업의 힘은 더욱 강화되었다. 전지구화나 자유화 같은 새로운 단어들은 초국적기업에 큰 기쁨을 안겨주는 것이다. 기업의 지배력이 한층 강화되었음에도 유엔은 기업규제를 위한 윤리강령을 만드는 데 별다른 노력을 보이지 않았다. 초국적기업이 스스로 산업을 통제하는 규정을 요구할 수도 있겠지만 아직까지 그런 일은 없었고 앞으로도 있을 것 같지 않다.

개발도상국들의 경기침체조차 수많은 초국적기업의 지배력을 강화하는 데 이용되었다. 어떤 점에서는 지구상에 가난한 제3세계가 여전히 존재한다는 것 자체가 초국적기업이 생존할 수 있는 이유가 되기도 한다. 기업들이 그 나라에 구세주로 등장할 수 있기 때문이다. 많은 경우 가난한 나라는 경제적 확신보다는 절망에서 외자유치를 위해 애쓰고 있다. 아프리카의 일부 농촌지역에서 보건·교육·농업연구 같은 정부써비스는 더이상 존재하지 않는다. 초국적기업이나 NGO가 그 공백을 채울 수 있다. 그런데 문제는 초국적기업들이 그 공백을 채우고자

나선다면 엄청난 위험이 생긴다는 점이다.

국가들은 지금 외국 투자가들에게 '유리한 환경'을 제공하기 위해 경쟁적으로 나서고 있다. 이것은 기업이 원하는 것이라면 무엇이든지 할 수 있다는 뜻이다. "초국적기업들이 사회적 양심을 지키고 빈민들을 보호하며 인간 가치를 앞세운다고 믿기 어렵다. 이런 점에서 기업의 능력과 적법성은 제로이며, 언행 또한 일치하지 않는다"라고 레지날드 그린(Reginald Green)은 말한다.[3]

이 책의 전반에는 초국적기업들이 한 국가의 물리적 환경에 미치는 영향이 나온다. 한 지역의 물리적 환경을 훼손하는 회사는 지역사람들에게 손해를 끼치며 그 지역의 자연자원 또한 훼손한다. 말레이시아에 있는 '제3세계 네트워크'(Third World Network)의 마틴 코어(Martin Khor)는 "초국적기업들은 세계적 환경위기에 책임이 있는 주요 경제 주체"라고 믿는다. 기업활동이 물리적 환경을 훼손하면, 생계를 위해 그곳에서 살아가는 사람들의 생존에도 해를 끼친다. 대체로 가장 가난한 사람들이 가장 큰 타격을 입는다. 그들은 선택의 여지가 적기 때문이다. 즉 그들은 구매한 물건보다는 자연자원에 더 의존하기 때문이다. 그래서 이러한 절망적인 상황에 몰려도 쉽게 다른 곳으로 이주해서 생계를 꾸릴 수 없는 것이다.

## 영향 ● ●

이 책은 거대 초국적기업들이 빈민들에게 미치는 영향들을 담고 있다. 500명 이하를 고용하고 있는 소규모 초국적기업들은 포함되지 않았다. 이런 회사들이 해외직접투자(FDI)에서 차지하는 비율은 10%에 못 미친다.[4] 이 책에 수록된 사례들이 꼭 최악인 것만은 아니며, 또한 기업 전반에 걸친 포괄적인 문제점들로 부각시킨 것도 아니다. 단지 지금 무슨 일들이 일어나고 있는지를 보여줄 뿐이다. 일부 사례들은 내가 직접 목격한 것이다. 그리고 이 책은 개발도상국들의 빈민들에게 초국적기업이 미치는 영향에 집중하고 있지만, 그렇다고 이들 거대기업이 서구국가의 빈민들에게는 영향력이 없다고 말하는 것은 아니다. 서구에서는 주류 경제기관들, 특히 은행이 가난한 사람들을 손님으로 대우하지 않는다.

빈민들은 '지하경제'에 의지하여 초라한 행상조차 할 수 없게 된다. 포드(Ford), 아메리칸 익스프레스(American Express), 네이션스뱅크(Nationsbank)를 포함하는 주요 회사들이 음성적인 방법으로 시장을 장악하고 빈민들을 갈취하는 것이 또 하나의 거대사업으로 변모하고 있다.[5]

전세계적으로 가난한 사람들을 갈취하는 것이 거대한 사업이 되어왔다. 인적자원과 자연자원에 대한 통제권은 지역사회의 희생을 바탕으로 초국적기업에 양도되고 있다. 가난한 나라의 주민들은 기업들의 직접적 영향을 받음에도 불구하고, 기업의 결정에 영향을 끼칠 수 있는 힘이 거의 없다. 일부 기업이 그들의 프로젝트에 대해 주민들과 협의해야 할 필요성을 고려할 뿐이다. 이 책은 이런 점에서 진정 바뀌어야 할 것이 무엇인지를 제시한다.

제1장은 기업의 역할에 대한 개관이다. 기업들이 규모와 권력 면에서 1980년대 이후에, 특히 개발도상국에서 어떻게 성장했는지를 보여준다. 초국적기업들은 직접투자뿐만 아니라 하청계약처럼 소유권이나 지분과 상관없는 협정을 이전보다 더 많이 맺는다. 이런 방식이 지속

된다면 기업들은 자본투자의 위험부담 없이도 이윤을 챙길 수 있다. 그 위험부담은 고스란히 개발도상국에 전가된다. 여기서 기업의 태도는 가난한 자들이 위험을 감수하도록 하는 것이다. 초국적기업들은 그렇게 할 만한 충분한 힘이 있다. 이러한 협정은 제조업이나 관광부문에서 특히 두드러진다.

초국적기업들이 빈민의 삶을 어렵게 만드는 유일한 존재는 아니다. 많은 국내기업들도 이 범주에 들어간다. 그러나 초국적기업들은 제3세계 국내자본이 세운 회사들과는 본질적으로 다르다. 그 규모와 국제성으로 인해 초국적기업은 정부에 압력을 가할 권력을 가지는데, 이는 국내기업으로서는 불가능한 일이다. 기업은 엄청난 자본을 가지고 빈민들의 삶의 질을 실제로 저하시키는 사업에 종사할 수 있다. 초국적기업들은 정부에게 더 많은 일자리 창출이라는 '당근'을 내밀지만, 창출되는 일자리는 곧 없어지기 쉬우며 그 수도 적을 수 있다. 초국적기업이 펼치는 사업의 이익은 개발도상국의 경제와 약한 연계를 가질 뿐이다.

제2장은 왜 개발도상국들이 초국적기업을 원하는지를 살펴본다. 경제적 취약성이 주원인이다. 구조조정 프로그램, 전지구화, 민영화의 세계에서 개발도상국의 정부들은 기업을 끌어오는 것 외에 별로 선택의 여지가 없어 보인다. 그러나 이런 현대판 '~화'는 빈민들에게 엄청난 타격을 가하며, 이윤창출에 그보다 좋을 수 없는 씨나리오를 갖게 되는 초국적기업의 손아귀에 빈민들이 빠져드는 결과를 가져온다. 경기침체로 맥을 못 추는 정부들의 눈에는 스스로의 경제와 기술을 개발할 권리가 초국적기업에 의해 위협받고 있다는 것이 은폐되곤 한다.

외채도 개발도상국들이 초국적기업을 원하는 주요 이유이다. 그들은 외채상환에 필요한 외화를 더 많이 벌고자 한다. 외채탕감과 개발원조가 경제를 자유화하는, 즉 경제를 초국적기업에 개방하는 나라들에 조건부로 주어지기도 한다. 개발도상국들은 세계화의 흐름에 합류하라는 막대한 압력을 받는다. 제2장에서는 다자간투자협정의 문제점과 초국적기업의 폐해를 부문별로 상세히 다루었다.

문제는 늘 세부적인 데 있기 마련인데, 이 책에서는 분야별로 초국적기업의 세부적인 활동을 검토한다. 제3장은 가장 큰 경제부문인 농업에 미치는 영향을 살펴보았다. 초국적기업은 농업분야에서 가장 눈에 띄고 여러면에서 논쟁을 불러일으키고 있다. 그들은 종자·비료·농약을 농민들에게 팔고, 새 작물종에 대한 특허를 받고, 플랜테이션을 소유하고, 또한 생명공학, 유전공학, 동물교배, 하청업, 상담써비스까지 관여하고 있다. 더 나아가 커피에서 바나나, 차, 토마토에 이르는 수많은 상품을 가공·판매·수출하기도 한다.

## 장악 ● ●

무역의 많은 부분을 차지하는 소수의 식품기업들은 국제적으로 교역되는 농업상품들로 세계시장을 장악하여 막대한 권력을 갖고 있다. 거대 식품기업인 카길(Cargill)은 아프리카 커피생산국 대부분의 국내총생산(GDP)보다 많은 커피 총매출을 올린다. 이런 회사들의 확장계획은 소농들이 현재 경작하고 있는 토지를 위협한다. 또한 제3장에서는 개발도상국에서의 농약 판매, 그리고 일부 주요 화학기업이 생산한 상품이 이를 사용하는 사람의 안전을 어떻게 무시하는지 살펴본다.

제4장은 초국적기업이 관여하고 있는 주요 상품들, 특히 담배, 유아

식, 그리고 과일, 야채, 꽃과 같은 비전통적 수출품들을 검토한다. 이 상품들의 생산·무역·사용은 역시 개발도상국의 수백만 민중의 삶에 피해를 입힌다. 북반구 사람들이 점차적으로 흡연을 포기하는 지금, 담배산업을 장악하고 있는 초국적기업들은 남반구를 사업을 지속하게 해줄 시장으로 보고 있다. 그러나 담배산업을 주도하는 초국적기업들은 사회적 이득을 훨씬 넘어서는 파괴적인 효과를 불러일으킨다.

영아 때 모유수유를 했다면 살 수도 있었던 1백만명 이상의 아이들이 해마다 죽어가고 있다. 모유대체물 판촉은 세계에서 가장 유명한 몇몇 초국적기업들이 자행하고 있다. 세계보건기구(WHO)의 모유대체물 마케팅에 관한 윤리강령은 많은 기업에서 지켜지지 않고 있다. 결국 이런 행위들은 새로운 작물이 전통적인 기본식량을 대신하고 예상하지 못한 해충문제를 일으키면서 농민들의 생계를 희생시킨다. 독성화학물의 사용 역시 노동자들의 건강에 엄청난 피해를 입히는 것으로 보인다.

열대우림은 대체로 가난한 이들에게 결정적으로 중요하지만, 초국적기업은 이 소중한 자원 역시 서슴지 않고 파괴하고 있다. 그들이 숲을 훼손할 때 해를 입는 것은 나무들만이 아니다. 그것은 거기에 사는 사람들의 생계를 빼앗는 일과 다를 바 없다. 제5장은 현재 만연되는 벌채를 다룬다. 예를 들면 파푸아뉴기니에서는 일부 초국적기업들이 악덕자본가 특유의 자신감으로 정치인들과 지도자들에게 뇌물을 주고, 사회적 부조화를 일으키고, 법을 무시하고 있다. '파푸아뉴기니'를 통해서 우리는 '세상'을 읽을 수 있다.

제5장은 또한 세계 어획량 감소의 원인이 된 과도한 고기잡이와 기업의 연관성을 밝히고 있다. 현대기술을 사용하는 기업이 제3세계 바

다에서 지속가능하지 않은 방식으로 물고기를 다 잡아들이면서 지역 어민들의 어획량과 생계를 위협하고 있다. 이 공격을 견뎌야 하는 것도 가난한 지역사회이다. 무엇보다 가난한 사람들이 잡을 수 있는 물고기들이 줄어들기 때문이다.

광업은 환경파괴적인 사업이다. 이는 또한 크게 이윤을 올릴 수 있고, 민영화의 흐름에 따라 급속도로 확장되는 분야로서 역시 초국적기업이 두드러진 성과를 내고 있다. 그러나 제6장에서 보여주듯이, 이 사업의 많은 부분은 단지 지역환경만을 손상하는 것이 아니라 가난한 이들의 경제와 문화까지 쑥대밭으로 만들고 있다. 아시아·태평양·아프리카·라틴아메리카 전역에서 광업은 그 지역에 사는 사람들의 삶을 거의 염두에 두지 않고 이루어진다. 광업은 한때 사람들이 살면서 경작하던 토지를 차지하고, 건강에 해로운 막대한 폐기물을 양산하며, 때로는 멀리 떨어진 곳의 수자원까지 오염시킨다. 한 유엔보고서는 광업(과 석유추출)에 대해서 "많은 경우 지역민들에게 사회·경제적 악영향을 끼치며, 이런 영향은 정부와 관련 초국적기업이 처리해야 한다"라고 적고 있다.[6]

장난감·신발·의류는 초국적기업과 하청공장이 개발도상국들에서 생산하는 최대 주요 공산품이다. 이들 중 다수는 상점에서 비싼 가격을 받는 최고 품질의 상품이지만, 생산자들에게 돌아가는 이득은 거의 없다. 제7장에서 보여주듯이, 대부분 그 나라의 최저수준에도 못 미치는 낮은 임금과 긴 노동시간, 열악한 노동조건이 초국적기업의 주문을 받아 하청생산을 하는 제3세계 공장에서 빈번히 드러나고 있다. 물론 그 상품을 사는 시민들은 지금 부단히 활동하며 감시운동을 통해 효력 없는 윤리강령을 문제삼거나 더 확실한 윤리강령을 요구하고 있다. 그러나 기업윤리강령이 정말로 신뢰할 수 있는 것인지, 아니면 기업의 이미지를 위해 소비자들을 잠시 만족시키며 본질을 은폐하는 것인지는 아직 분명치 않다.

1980년대 중반부터 1990년대 중반까지 매년 400만 정도의 사람들이 수력발전 댐 건설계획에 의해 정든 집에서 쫓겨났다. 초국적기업들은 그 대규모 댐체인의 중요한 연결고리이다. 댐 건설계획에 대한 경험을 바탕으로 대개의 국내기업이 갖고 있지 않은 전문지식을 제공한다. 제8장은 지금은 연기되었더라도 계획된 적이 있는──1만명을 전통적 공동주택에서 몰아내게 될 말레이시아의 바쿤(Bakun)댐을 포함해──댐들의 사례를 다룬다. 그리고 나이지리아에서의 쉘(Shell)과 꼴롬비아에서의 BP 같은 세계 최대의 기업을 포함한 초국적 에너지기업들의 행태를 살펴본다.

관광산업은 세입을 기준으로 했을 때 개발도상국들의 입장에서 석유 바로 다음으로 큰 외화벌이이다. 많은 나라들이 관광산업을 그들의 몇 안되는 성장부문이자 전통적 수출상품 의존에서 벗어나 경제를 다양화하는 매력적인 방법으로 보고 있다. 그러나 국제관광으로 개발도상국들에서 번 외화의 대부분이 그 나라 사람들이 아니라 초국적기업들에 돌아간다. 호텔, 항공사, 관광 오퍼레이터의 소유권을 통해 초국적 관광기업들은 이득을 거두어들일 수 있는 가장 좋은 위치에서 강력한 사업망을 구축했다. 특히 가난한 사람들은 대체로 관광산업의 수혜자라기보다는 피해자이다. 제9장에서는 지역환경에도 폐해를 끼치는 관광산업을 보여주고 있다.

## 남용 • •

초국적 권력의 가장 악명높은 남용이자, 확신하건대 수백만 빈민들에게 미치는 가장 심각한 영향인 제약기업들의 문제점은 제10장에서 소개된다. 빈민들을 위한 약은 부자들에게 큰 사업이다. 많은 개발도상국들은 의료예산의 20~30%를 초국적 제약기업이 생산한 약품 구입에 사용한다. 제10장은 기업이 어떻게 상품을 판촉하고 어떻게 시장자유화를 핑계로 자립적인 국가의 약품정책을 방해하는지, 그로 인해 빈민들이 왜 값싼 지역생산 약품을 사용할 수 없게 되는지를 보여준다. 이에 대한 쑤전 조지(Susan George)의 아래와 같은 비판은 타당성이 있는 지적이라고 볼 수 있다.

의약품을 둘러싼 광경은 추잡하기 짝이 없다. 어지간한 사람들은 기업들과 그 지지자들이 권력과 이윤을 추구하는 방식이 어느 정도인지 쉽게 파악할 수 없다.[7]

초국적기업은 굉장한 설득가들이다. 그들이 홍보활동에 퍼붓는 돈은 권력의 남용만큼이나 엄청나다. 해명하고 빠져나가야 할 일들을 너무나 많이 저지르기 때문에 이를 은폐하기 위해 돈을 써야만 한다. 경제활동의 모든 분야에서 초국적기업의 활동은 논쟁의 여지가 너무나 많다. 책임있게 행동하는 것 대신 이윤추구에 더욱 박차를 가하기 위해 기업은 광고에 더 많은 돈을 사용하는 길을 선택하고 있다. 제11장에서는 기업의 활동방식에 대해 검토한다. 놀랍고도 화가 나는 것은 유엔을 비롯한 국제기구들 중 일부가 실제로 초국적기업들에 매수당하고 있다는 것이다. 유엔기구들에 대한 그들의 영향력은 지대하다.

마지막 제12장은 초국적기업들의 권력에 재갈을 물리는 몇가지 실천적인 방법들을 살펴본다. 정부, 생산자, 소비자 그리고 주주는 기업에 영향을 끼치는 선택과 결정을 내릴 수 있다. 기업의 힘이 대단할지 몰라도, 사람들을 자신의 게임에 억지로 몰아넣을 수는 없는 것이다. 생존을 위해 기업은 기술을 사용하고 제품을 구매하는 사람들에게 의존한다. 기업은 또한 그들이 상품을 파는 시장과 그들이 영향을 끼치려고 노력하는 정부, 그리고 그들의 기업을 소유하는 사람들, 즉 주주들에게 의존한다. 단지 소수의 부자들이 소유한 국제적인 기업으로서 다수의 대중들에게 책임을 느끼지 않을 뿐이다.

기업의 권력이 아무리 막강하더라도 각국 정부는 그들을 규제할 수 있다. 생산자들과 농민들은 초국적기업의 원료를 배제하는 방법을 사용할 수 있다. 소비자들도 책임없이 행동하는 초국적기업이 생산한 상품과 써비스를 구매하지 않음으로써 결정적인 역할을 할 수 있다. 소규모 생산자들이 만들어서 공정하게 거래되는 상품을 구매함으로써 거대기업들의 권력에 맞서는 데 일조할 수도 있다.

의류와 장난감 같은 상품에 대한 윤리강령을 촉구하는 캠페인이 늘어났지만 이런 방법이 만병통치약이 될 수는 없다. 1970년대 후반에 나이지리아를 방문했을 때 나는 한 초국적기업의 사장이었던 영국 사업가와 이야기했다. 초국적기업을 감시하는 국제적인 윤리강령이 당시 뉴욕에서 협상되고 있었고, 나는 그 강령이 무엇을 목표로 하는지 간략히 설명했다. 그는 초국적기업이 이런 강령과 규제들을 피해갈 방법들을 하나하나 나에게 말해주었다. 20년이 지난 지금 초국적기업들은 더 구체적으로 보완된 윤리강령에 동의하라는 압력을 받고 있고, 소비자들은 이런 강령이 의미가 있다는 데 확신을 가져야 한다. 제12

장은 사람을 중심에 두고 지속가능한 미래를 이끌어낼 수 있는 인간적인 대안들과, 사람이 중요하게 여겨지는 공동체의 삶에서 과연 기업이 설 자리는 어디인지 살펴본다.

새로운 밀레니엄을 맞으며 우리는 우리의 주권이 기업의 손으로 넘어가는 것을 보고 있다. 권력이 정부에서 기업으로 넘어가고 있으며, 빈민들이 가장 큰 댓가를 치르고 있다. 조지 버나드 쇼(George Bernard Shaw)는 "모든 전문직은 평범한 사람들에 대한 음모"라고 썼다. 그러나 초국적기업들은 빈민들에 대해 굳이 음모를 꾸밀 필요가 없다. 그들의 권력과 행위, 빈민들에 대한 무심함과 냉담함이 같은 효과를 내고 있기 때문이다. 나의 희망은 이 책이 논쟁의 빈틈을 메우고, 세계에서 가장 취약한 사람들을 대상으로 자행되는 초국적기업들의 파괴적 영향력을 줄일 수 있는 관심, 연구 그리고 실천에 자극제가 되는 것이다.

# 차례

일러두기

1. 각 장 본문 뒤 해설과 권말 보론은 한국 독자들의 이해를 돕기 위해 옮긴이
   가 새로 집필하여 삽입한 것이다.
2. 외국의 인명과 지명, 회사명 등은 현지 발음에 따라 우리말로 표기하되 국
   내에 널리 알려진 이름은 관용을 따랐다.

제 1 장

초국적기업의 확장

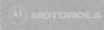

돈으로 조직된 정부는 폭도들로 조직된 정부만큼이나 위험하다.

—프랭클린 D. 루즈벨트

권력의 문제는, 권력을 가진 사람을 어떻게 대중으로부터 떨어져 살게
하는지가 아니라 어떻게 대중을 위하여 살게 하는지이다.

—로버트 F. 케네디

다국적기업들에게 가난한 사람들이란 보이지 않는 존재이다.

—레지날드 H. 그린

초국적기업은 무대에서 가장 중요한 역할을 하는 주인공과 같은 존
재로, 세계경제를 이끌어가는 과정에서 그 어느 때보다 강력한 지위를
차지하고 있다. 50년 전만 해도 초국적기업의 수는 지금처럼 많지 않
았다. 그러나 현재 그 수는 수만에 이르고 있으며 국가·사람·환경에
커다란 정치·경제·사회·문화적 영향을 끼친다. 유엔이 정의한 초국
적기업(transnational corporations, TNC)은 '두개 이상의 국가에서 경
제활동을 하며 다른 기업들에 영향을 끼칠 능력이 있는 기업'으로, 무
역은 물론 그들이 속한 국가의 국내시장을 장악하기 위해서 수많은 종
류의 상품과 써비스를 생산한다. 때로는 다국적기업(multinational
corporations)이라고도 하며, 국경을 넘어 활동한다.[1] 그들의 힘은 막
대하지만 과소평가되기도 하는데, 그들이 빈민에게 미치는 영향도 그
러하다.

주로 선진국에 기반을 둔 초국적기업들은 선진국 본국의 경제적 이
윤을 증대하는 중요한 수단이 된다. 초국적기업이 개발도상국에서 활

동하게 되면 어마어마한 규모 때문에 균형에 맞지 않는 효과를 내고 권력을 갖는다. NGO들이 남반구(개발도상국)에서 초국적기업의 활동과 영향에 대해 맹렬히 비판하는 것과 달리, 제3세계 정부들은 초국적기업을 유치하기 위해 노력하고 있다. 이렇듯 개발과 환경 문제를 다루는 데 NGO와 정부 간에 초국적기업을 바라보는 극심한 관점의 차이는 뚜렷하다.

1990년대 후반부터 초국적기업은 빠른 속도로 성장했다. 유엔무역개발회의(UNCTAD)의 1996년 『세계 투자 보고서』(*World Investment Report*)에 의하면 다음과 같다.

기업의 전지구화 속도는 엄청나게 빨라지고 있다. 모든 선진국의 기업들과 늘어나고 있는 개발도상국의 기업들이 점점 세계적으로 움직이고 있다.[2]

UNCTAD의 1998년 『세계 투자 보고서』에 의하면, 1970년대 초반 초국적기업은 약 7천개였으나 1998년에는 5만3천개로 늘어났다. 그중 2/3가 14개의 선진국에 기반을 두고 있다. 이러한 초국적기업들은 세계적으로 45만개가 넘는 해외지사를 가지고 있다. 1997년 모기업이 해외지사에 투자한 해외직접투자(Foreign Direct Investment) 주식은 3조5천억달러에 이르렀고 해외지사의 매출은 9조5천억달러였다. 이는 세계 전체의 상품·써비스 무역의 가치보다 높다. 약 400개의 기업들이 전체 초국적기업 생산품 판매의 절반 이상을 차지한다. 기업은 주주들 소유이기 때문에 그들을 위해 이윤을 창출해야 한다. 초국적기업이 충성을 바치는 대상이 바로 주주들이다.

<표 1.1> 20대 다국적기업의 1988년 순이익 (단위: 백만달러)

| 1 | 로얄 더치/쉘 | 15,637 | 11 | BP | 6,132 |
|---|---|---|---|---|---|
| 2 | 엑손 | 8,460 | 12 | IBM | 6,093 |
| 3 | HSBC 홀딩스 | 8,360 | 13 | ENI | 5,735 |
| 4 | 제너럴 일렉트릭 | 8,203 | 14 | 브리티시 텔레콤 | 5,414 |
| 5 | 유니레버 | 7,943 | 15 | 로이드/TSB | 5,318 |
| 6 | 인텔 | 6,945 | 16 | 노바티스 | 4,927 |
| 7 | 포드 모터스 | 6,920 | 17 | 머크 | 4,614 |
| 8 | 제너럴 모터스 | 6,698 | 18 | 그락소 웰컴 | 4,517 |
| 9 | 필립 모리스 | 6,310 | 19 | 마이크로소프트 | 4,490 |
| 10 | 도요타 | 6,159 | 20 | AT&T | 4,472 |

출처: "FT 500", *Financial Times*, 1999. 1. 28.

　　가장 규모가 큰 초국적기업들의 연간 매출은 대부분의 개발도상국의 생산량을 넘는다. 초국적기업들은 전세계적으로 총 7300만명을 고용하고 있으며, 그중 60% 가량이 본사에 있고 나머지 40%는 해외지사에 있다. 1200만명(전체 고용 노동자들의 2% 가량)은 개발도상국에 나가 있는 기업에 고용되어 있다.[3] 이윤을 높이기 위한 끝없는 싸움의 일환으로 초국적기업들은 투자에 많은 이점을 갖고 있는 개발도상국으로 점점 눈을 돌리고 있다. 임금과 운영비용이 선진국에 비해 훨씬 싸고, 조직된 노동조합도 드문 편이며, 환경규제마저 느슨한 경우가 많고, 이전가격을 조작할 수 있는 여지가 있을 뿐더러, 개발도상국 정부에서 '비과세 혜택기간'까지 주고 있기 때문이다. 기업은 처음 5년간 또는 10년간 세금을 내지 않는다. 이러한 투자의 매력 외에 지리학적인 이유도 있다. 대부분의 제3세계 국가는 기업들에게 농업·광업·관광산업을 위해 마련된 땅이다.

## 해외직접투자 ● ●

초국적기업들은 해외직접투자를 주도하고 있다. 기업의 해외투자가 증대하면서, 개발도상국을 대상으로 한 해외직접투자는 1983~87년과 1992년을 비교해보면, 평균 183억달러에서 504억달러로 세배 가까이 증가했다.[4] 1992년과 1997년 사이에도 세계 해외직접투자 총액이 4000억달러 중에서 1490억달러를 차지하면서 세배로 늘어났다.[5] 이처럼 해외직접투자가 파도처럼 밀려오자 상대적으로 개발원조는 줄어들었고 많은 극빈국들이 받았던 상업대출은 거의 사라졌다. 주로 외채가 원인이었다.

해외직접투자는 고도로 집중되어 있다. 80% 가량의 해외직접투자가 단 10개의 개발도상국에서 이루어졌다.[6] 100개의 작은 나라들은 단지 1%만 받았다. 거의 2/3에 달하는 개발도상국 해외직접투자가 아시아로 흘러들어갔으며 아프리카는 5%에 불과했다. 이 과정에서 100개의 초국적기업들이 개발도상국 해외직접투자의 1/3을 차지했다. 그러나 해외직접투자와 다른 경제분야의 연관성은 별로 없어 보인다('고용' 부분 참조).

초국적기업들의 특정 국가에 해외직접투자를 집중하는 이유는 무엇일까? 독재적인 정권을 유지하고 있는 나라가 믿을 만한 '고객'이라고 판단했기 때문이다. 그런 탓에 기업들은 정부가 안정적으로 보이는 국가에 투자하는 경향이 있다. 불안은 사업에 치명적이다.

한편 초국적기업의 활동에 두려움을 느낀 개발도상국에서는 결국 1960년대 후반과 1970년대 초반 정부 차원에서 기업재산 몰수를 활발히 진행하였다. 일부 국가에서는 초국적기업을 국유화해서 기업이윤을 몰수할 수 있을 것으로 믿었다. 그러나 그 시도는 오래가지 못했다.

초국적기업들은 이윤을 남기는 경제활동에 이미 고도로 숙련화되어 있었다. 이윤이 없는 사업은 기업에게 더이상 존재가치가 없는 것이다. 재산 몰수를 주도한 정부는 서구자본주의식의 복잡한 기업을 운영하며 예전만큼 수익을 내기에는 정부의 능력에 한계가 있음을 인정하며 곧 자신들의 정책이 잘못되었음을 깨달았다. 결국 몰수의 꿈은 실현되지 못했고 초국적기업의 국유화는 더이상 논의되지 않았다.

세계에서 가장 수익성이 좋은 초국적기업 중 하나인 로얄 더치/쉘(Royal Dutch/Shell)은 1998년에 1380억 4100만달러(나이지리아 1억 인구 연수입의 네배)의 판매실적을 올렸고, 다른 기업들의 두배에 이르는 이윤을 남겼다.

초국적기업은 전세계 생산의 1/4~1/3을 지배하고 특히 가공과 마케팅을 주도한다. 1980년 『브란트 보고서』(*Brandt Report*)에 따르면, 대부분의 상품 — 보크싸이트 · 구리 · 철 · 금광석 · 니켈 · 납 · 아연 · 주석 · 담배 · 바나나 · 차를 포함한 — 의 마케팅, 가공 혹은 생산 각 분야를 소수의 초국적기업들이 지배한다.[7] 이후에도 초국적기업의 지배력은 계속 높아졌다. 농산품 무역의 80% 이상을 초국적기업이 지배하는 것은 이미 일상적인 상황이 되었다(제2장 참조). 1차산업을 제외하면, 세계의 상품과 써비스 수출의 2/3까지 초국적기업이 주도하고 있다. 그리고 그중 30~40%가 초국적기업들 사이에서 이루어지고 있다.[8] 500대 초국적기업들이 세계무역의 70%, 해외투자의 70%, 세계 GDP의 30% 정도를 좌우한다는 추정치도 있다.[9] 세계무역의 1/3 가량은 초국적기업의 내부거래에 의해 성사되고 있다. 한 나라에 있는 자회사가 다른 나라에 있는 자회사 혹은 본사와 사고팔고 하는 것이다.

초국적기업의 사례는 비교우위론에 근거를 두고 있다. 국가가 전문화되고 초국적기업들이 그 전문화를 도우면 모두에게 득이 된다는 것이다. 존 더닝(John H. Dunning)에 의하면 "국제시장의 임무 중 하나는 각 나라들이 그 나라가 비교우위에 있는 경제활동에 종사할 수 있도록 자원과 재능을 배분하는 것"이다.[10] 그러나 초국적기업 원동력의 엔진인 비교우위론은 신빙성을 잃었다. 국가들은 경제적으로 전문화했으나 다수의 국민에게 돌아간 혜택은 없었다. 그럼에도 불구하고 외화를 벌고 일자리를 만들어 상품과 써비스를 생산하는 능력 때문에 초국적기업들은 경제와 무역 그리고 민중에 상당한 힘을 휘두를 수 있는 위치까지 올라서게 되었다. 이 권력은 남용될 여지가 충분히 있음은 물론이다. 이는 초국적기업들이 개발도상국의 정부, 심지어는 민주적으로 선출된 정부까지 지배할 수 있다는 뜻이다.

세계적 흐름인 민영화·자유화·전지구화는 초국적기업들이 더욱 지배적인 위치에서 권력을 유지하도록 만든다(제2장 참조). 1980년대 후반과 1990년대에 대부분의 개발도상국은 관세·비관세 장벽, 가격조정, 정부보조금 지원 등 자유시장경제를 제한하는 여러 규제들을 철폐함으로써 경제자유화정책을 도입했다. 이러한 경제자유화 흐름은 초국적기업에게 대단히 매혹적이었다. 지난 10년간 초국적기업들이 투자를 고려하는 개발도상국의 수도 크게 늘어났으며, GATT 우루과이라운드의 영향력은 계속 증대되어왔다. 이같은 결과는 각국 정부들이 한때 가졌던 지적소유권과 같은 무역 관련 통제력이 상실되었음을 의미한다.

초국적기업의 다른 점 ● ●

개발도상국에 대한 초국적기업의 투

자는 자국 내에서의 투자와는 본질적으로 다르다. 더닝은 초국적기업들은 "두개 이상 되는 국가의 자원 배치와 그 결과물의 분배를 직접 관리한다"라고 말한다.[11] 그들은 국내기업들로서는 가능하지 않은 방법으로 국제적 경험·지식·완력을 사용하기 때문에 국제시장을 힘으로 움직일 수 있는 가능성이 점차 커지고 있다. 쉴라 페이지(Sheila Page)에 따르면 "그들은 그 나라 밖의 시장들과 교역의 경험이 있고, 수출과 해외투자 사이를 오가며 이익을 착취하는 데 숙련되어 있으며, 따라서 새로운 기회에 잘 대응할 수" 있다.[12]

그러므로 초국적 기업은 가난한 나라의 국내기업보다 훨씬 더 막강한 힘을 행사할 수 있다. 거대기업들은 단순히 그 규모만으로도 대부분의 개발도상국, 특히 작은 나라의 정부에 막대한 힘을 행사할 수 있는 것이다. 그들이 무엇을 제공할 수 있는지에 대한 전망은 그 규모로 예측된다. 그들이 어떤 나라도, 어떤 국내기업도 보유할 수 없는 자본, 예를 들면 매장되어 있는 광석을 시굴하는 데 필요한 투자자본을 제공할 수 있다. 선진화된 경영과 조직적인 기술도 가지고 있다. 이런 점들이 국제적 마케팅 판로, 경험과 맞물려 국내기업들은 감히 맞설 수 없는 상대로 부각되는 것이다. 초국적기업들은 개발도상국의 정부와 협상할 때 보통 국내기업은 입도 뻥끗할 수 없는 거래를 할 만한 능력이 있다.

초국적기업의 정책결정은 대부분 본사에서 이루어진다. 개발도상국의 민중들에게 영향을 미치는 결정들이 워싱턴, 런던, 토오꾜오 등에 있는 본사에서 이루어지는 것이다. 초국적기업들은 대개 해외에서의 사업계획에 대해 지역사람들과 의논해야 할 어떤 의무도 갖고 있지 않다. 심지어 개발도상국에 있는 초국적기업의 지사 자체도 회사가 어떻게 운영되는지에 대해서 알지 못할 수도 있다. 해외지사의 행동에 영향을 미치는 대부분의 결정들이 모기업에서, 그들만이 알고 있는 정보와 예측에 근거해서 이루어진다.[13] 그리고 그들은 '국가 경제정책에 어떤 존중도 표하지 않는' 세계시장에서 24시간 활동한다.[14]

기업이 클수록 문제는 더 심각하다. "결정은 그 결정이 영향을 끼치는 나라 밖에서 행해진다. 투자하는 기업이 활동·전망·전략을 좀더 국제적으로 펼칠수록, 그 지사의 생산과 성장 패턴은 그들의 손이 닿지 않는 외부에 의해 결정될 것"이라고 더닝은 지적한다.[15] 초국적기업이 가난한 사람들에게 미치는 효과는 증대하고 있다. 지역회사들은 그러한 영향을 끼칠 수 없다. 이윤과 민중의 권리 사이에 오래된 투쟁은 초국적기업의 경우 더욱 격렬하다. 더닝은 또한 "해외투자는 투자국의 생활방식까지 투자대상국에 퍼뜨린다"라고 지적한다.[16]

## 가난한 사람들 ● ●

초국적기업의 세계와는 반대로 대다수 가난한 사람들은 국가의 정책에 발언권이 거의 없거나 아예 없다. 15억 가량의 아프리카·아시아·라틴아메리카 사람들은 하루에 1달러도 채 안되는 임금을 받으며 물질적으로 가난한 삶을 이어가고 있다. 일자리도 없고, 말할 데도 없고, 기댈 곳도 없고, 겉보기에는 미래도 없다. 수만의 사람들이 땅이 없거나, 있어도 별 쓸모없는 한 뙈기 정도의 땅을 가졌을 뿐이다. 비공식 경제에서 일하며 대부분 불완전고용 상태이다. 여성과 어린 소녀들이 그중 70%를 차지한다.

이 가진 것 없는 15억의 가난한 사람들은 하루종일 배고파하며 살고, 제대로 교육도 받을 수 없는 형편이고, 건강상태도 나쁘고, 집도

형편없고, 미래를 위해 새로운 일을 할 수 있는 자산이라고는 전혀 없다. 가난한 사람들은 자신이 사는 지역에 상대적으로 풍부한 식량이 있다고 해도 굶주리는 상황에 놓여 있다. 그들에게 빈곤이란 필요한 식량을 재배할 수 있는 땅도 없고 식량을 살 돈도 없음을 의미한다.

이 빈민들의 평균수명은 짧으며, 고통스러운 삶은 나아질 기미를 보이지 않는다. 유엔개발계획(UNDP)의 1996년 『인간개발 보고서』(*Human Development Report*)에 의하면 빈민들은 대부분 15년 전보다 더 열악한 상황에 처해 있으며, 심한 경우 30년 전보다도 더 가난하다고 한다.[17] 세계화는 그들에게 도움이 되지 않았다. 그들을 위해서 고안된 원조 프로그램은 번번이 부유한 이들의 손에서 놀아나고 있다. 1990년대에 아프리카에서는 대부분의 사람들이 1980년대보다 열악한 상태로 살고 있었다.

빈민과 초국적기업의 가장 두드러진 차이는 기업이 지배력을 강화해갈 때 가난한 사람들은 전혀 권력을 갖지 못했다는 점이다. 초국적기업들이 1990년대에 국제경제의 변화과정에서 큰 이득을 차지한 반면, 빈민들은 같은 변화를 겪고 오히려 삶의 질이 추락했다. 덕분에 가난한 사람들이 갖게 된 재산은 연대감이다. 비록 종종 사기가 꺾여 있고 혼란스럽기는 해도 초국적기업들의 권력에 대항해 연대하는 빈민들의 저항을 볼 수 있다. 이렇게 해야 그들이 가진 힘이 실현될 수 있다.

가난한 사람들은 더 나은 삶의 방식을 갈망하며, 이 자연스러운 갈망은 일상에서 초국적기업과 접촉해야 하는 상황을 만든다. 기업은 화려한 광고로 가난한 사람들을 현혹한다. 즉 기업의 상품을 이용할 때만 누릴 수 있는 더 나은 삶의 그림을 제시하는 것이다. 가난한 나라의 빈민들은 그들의 얼마 안되는 쌈짓돈을 떼어 담배나 캔에 담긴 유아식, 그리고 영양가 낮은 음식이나 음료 등 그럴듯한 상품을 사도록 설득당해왔다. 초국적기업은 개발도상국 사람들이 코카콜라, 세븐업, 펩시, 맥도날드 쇠고기버거 그리고 KFC 치킨 등과 같은 상품을 그들 삶의 한 방식으로 받아들이도록 하는 데 성공했다. 이런 상품들은 빈민들의 수입을 상당부분 빼앗아갈 뿐만 아니라, 영양가 있는 전통음식을 먹을 수 없게 해 궁극적으로 건강을 해치게 만든다. 부적절한 상품을 구입함으로써 빈민들은 기본필수품을 살 수 있는 돈이 줄어든다[18](제4장, 특히 담배 관련 부분 참고). 또한 '서구 것이 최고'(West is best)라는 유행을 퍼뜨림으로써 초국적기업들은 지역토산물에 대한 요구를 줄어들게 하고 궁극적으로 지역의 산업을 망가뜨린다.

빈민들은 초국적기업의 상품을 사는 구매자로서 이윤만을 추구하는 기업이 결정한 조건에 따라 일해야 한다. 이들은 초국적기업이 세운 공장 주변에서 살며 새롭게 등장한 기업들에 의해 변화하는 환경에 큰 영향을 받는다. 가난한 사람들은 새롭게 등장한 실시간 통신망, 휴대전화, 인터넷, 전자우편 그리고 웹싸이트라는 초국적 세계와 함께 존재한다. 그러나 이는 삶의 기반 중 가장 두드러지는 차이를 보여주는 것이다. 대부분의 세계 빈민들은 일생에 전화 한번 걸어본 일조차 없다.

## 투자의 규모 ● ●

투자 규모 자체가 초국적기업과 가난한 이들(가난한 정부와 국민들 모두) 사이에 불공평한 관계를 만든다. 투자를 생각하고 있는 초국적기업들과 정부의 협상은 편파적인 호의로 가득한다. '영연방 전문가 그룹'(Commonwealth Experts Group)은 초국적기업이 "산업화과정에 긍정적인 역할을 할 수도 있다"는 관점을 유지하면서도 대부분 국가경제와의 관계에서 그들의 규모와 성격 때문에 "그들과 협상하는 개발도상국들은 상당히 불안해할 수밖에 없다"라고 지적한다.[19]

그러나 일단 초국적기업들이 개발도상국에서 활동하기 시작하면 그들의 규모와 힘, 그들이 제공하는 일자리와 세금으로 인해 한층 더 정부정책에 영향을 끼치는 막강한 지위를 차지한다. 이는 민주적인 과정 자체에 대한 의문을 불러온다. 예를 들면 이런 것들이다. 개발도상국의 사람들에게 책임이 없는 초국적기업들이 각국의 국가운영방식에 대해 무슨 권리를 갖는가? 초국적기업의 권력은 국가로 하여금 민주주의를 효과적으로 파괴할 수 있게 하지 않을까? 선출된 지도자들이 초국적기업에 부역하는 마당에 유권자들이 선거에 투표하는 것이 무슨 의미가 있는가?

전지구적으로 일어나는 최근의 변화로 정부는 초국적기업을 통제하기가 더 어려워졌다. 구조조정 프로그램과 세계무역기구(WTO)의 등장은 정부의 통치권을 약화시켰다. 전직 UNCTAD 사무총장 케니스 다지(Kenneth Dadzie)에 따르면 "정부의 정책결정 권한에 부식이 일어나고 있고 정부는 이전에 하던 역할을 하지 못하고"있다.[20] 초국적기업들은 규범을 제대로 지키지도 않는다. 1995년 11월 네슬레(Nestlé)가 후원한 회의에서 마케팅 담당이사 루이스 프링글(Lewis Pringle)은 이같이 말했다. "지구촌의 새로운 시장에서의 서구의 윤리원칙을 지키며 막대한 돈을 버는 것은 불가능하다."[21]

예를 들면 초국적기업은 의사와 약사들에게 약을, 그리고 농민들에게 농약을 팔러 돌아다니는 수만의 영업사원을 조달해 개발도상국들을 상대로 많은 판매실적을 올릴 만한 자금을 갖고 있다. 정부보다 자금이 많은 초국적기업들은 정부보다 훨씬 철저하게 써비스를 할 수 있는 능력이 있다. 이런 영업비용은 상대적으로 비싼 초국적기업 상품의 가격에 포함되어 있다. 따라서 그 영업사원들에게 임금을 지불하는 것은 결국 소비자인 셈이다.

서구 초국적기업들이 다른 나라의 경제에 투자를 하는 것은 그들이 이윤을 남길 수 있는 사업에 확신을 갖기 때문이다. 초국적기업들은 끔찍할 정도로 효율적이다. 그러나 그런 끔찍한 효율성은 개발도상국의 소규모 회사들을 망하게 할 수 있다.

## 득인가 실인가 ● ●

초국적기업들이 개발도상국에 투자하는 자본은 환영받는 듯하다. 그러나 문제는 투자 결과가 한 국가의 경제에 도움이 되는지에 달려 있다. 기업이 투자하는 자본은 대개 그 기업이 소유하고 있던 자본이 아니다. 그 돈은 개발도상국의 은행이 소규모 자국기업에 빌려주려던 돈을 대출받은 것일 수 있다.

초국적기업은 특정한 국가에서 오랜 기간 지속가능한 사업을 하는 것에 별로 관심이 없기 때문에 그들이 한 나라에 계속 남아 있을 것이라고 믿을 수도 없다. 그들은 투자대상국의 복지보다는 자신들의 이윤에 더 신경을 쓴다. 이는 때때로 한 나라의 경제에 엄청난 영향을 가져올 수 있는 사업 전체가 한순간에 완전히 무너지는 결과를 낳기도 한다. 강조컨대 초국적기업은 사업을 한 나라에서 다른 나라로 아주 쉽게 옮길 수 있다는 점에서 국내기업과 다르다. 따라서 초국적기업들의 투자 우선순위는 지역사람들이 체감하는 중요한 사안과 맞아떨어질 리가 없다. 아프리카 케냐의 식품과 농업 분야에 투자한 초국적기업들에 대해서 딘햄(Dinham)과 하인즈(Hines)는 "초국적기업들의 우선 순위는 소수 부유층의 관심과 일치할 수 있겠지만, 대다수 빈민의 관심사와는 일치하지 않는다"라고 말한다.[22]

한편 일부 나라에서는 초국적기업의 투자가 산업화를 이끈 사례가 나타나고 있다. 그러나 아시아 몇몇 국가에서는 초국적기업이 주도한 산업화가 농업과 농촌 발전에 극심한 손해를 입히는 후유증이 나타나기도 했다. 정부는 산업화비용을 마련하기 위해서, 그리고 새로운 수출공장 노동자들이 값싼 음식을 먹을 수 있도록, 그래서 높은 임금을 요구하지 않도록 하기 위해서 농산물 출고가를 낮게 유지시켰다. 다른 측면에서는 사람들이 제조업에 종사하고 싶도록 만들어야 했다. 타이완에서는 "농민들을 제조업으로 끌어오기 위해서 정부가 농민들의 수입을 의도적으로 낮게 유지했다"라고 총통 리 떵후이(李登輝)가 인정했다.[23]

가난한 나라에서 초국적기업들이 내부 불평등을 심화시켰다는 것도 중요한 의미를 갖는다. 차이 판룽(Tsai Pan-Long)에 의하면 해외직접투자의 영향에 관한 대부분의 연구는 해외직접투자가 개발도상국들 내에서 불공평한 소득분배가 일어나는 원인이라고 결론지었다고 한다. 그러나 그는 "동아시아와 동남아시아 국가들만이 해외직접투자의 유입으로 인해 (불공정 소득분배라는 측면에서) 정말로 피해를 입었다"라고 덧붙인다.[24]

초국적기업들은 구매력이 있는 사람들을 위해 상품과 써비스를 생산한다. 그들은 시장에서 구매력을 지니지 않은 가난한 사람들의 기본적인 필요는 충족시키지 않는다. 초국적기업은 비교적 호화스러운 상품과 써비스를 위해 그들의 지식을 이용한다. 그들의 상품과 지식은

빈민들 중 아주 극소수만이 직접적인 소비자, 고용인, 혹은 공급의 원천이라는 편견을 만들어낸다.[25]

초국적기업들이 한 나라의 자연환경에 끼치는 영향은 심각하다. 농산물을 다루는 초국적기업은 국내기업에 비해 수출용 작물 생산에 더 많이 관계하는 경향이 있다. 수출용 작물 재배는 가난한 사람들을 그들의 땅에서 몰아내는 것을 의미하고, 식용작물보다 토질에 더 해로운 홑짓기(단작)를 수반한다. 면과 담배의 생산은 심각한 환경적 손실을 가져온다(제4장 참조). 초국적기업들은 자국에서는 금지된 화학물 같은 상품을 개발도상국에 수입해 들여온다. 그들은 엄청난 양의 위험한 폐기물을 개발도상국으로 수출하여 이로 인한 재난의 원인을 제공한다.

고용 ● ●

낮은 임금은 초국적기업들이 개발도상국에 눈을 돌리는 이유 중 하나이다. 초국적기업들이 일자리를 만들 수 있다는 희망은 정부가 그들을 끌어들이려고 노력하는 이유 중 하나이다. 1994년 『세계 투자 보고서』는 "초국적기업이 일자리 하나를 직접 만들면, 전후방 연결관계를 통해 간접적으로 일자리 한두개가 더 생길 수 있다"라고 말한다.[26] 그러나 초국적기업들이 제공하는 일자리는 취약하며 그 연결관계도 예상보다 훨씬 미약할 수 있다. 또한 보고서에 따르면 다음과 같다.

초국적기업에서 발생하는 자본과 기술의 유동성 증가는 특정산업에는 물론 노동시장의 노동자에게 일시적이긴 하나 엄청난 부담을 주며 지방, 국가 그리고 지역 전체의 생산과 고용에 엄청난 변화를 가져올 수 있다.

노동의 유동성은 자본의 유동성에 대적하지 못한다.[27]

하지만 초국적기업들이 다른 나라로 옮길 때 일자리를 잃는 노동자들에게 그 부담이란 단지 일시적인 것이 아니다. 초국적기업에 고용된 노동자들은 "국내회사들이 제공하는 조건들과 비교해볼 때 높은 임금과 노동조건 그리고 복지를 누린다"라고 이 보고서는 주장한다. 하지만 이런 비교는 초국적기업들이 기술이 요구되는 자본집약적인 산업에 집중하는 경향이 있다는 오해를 불러올 수 있다.

이런 기업들의 일은 대부분 기술이 없고 임금이 낮은 조립생산이다. 그들은 극심한 분업으로 인해 고도로 전문화되어 있는 경향이 있다. 발전된 기술은 대량생산을 위해 사용될 뿐이다. 노동자는 커다란 전체의 한 부분으로 전문화된 일을 한다. 이것은 이윤을 위해서는 유리하지만, 이렇게 단조로운 일을 맡김으로써 노동자들을 효과적으로 이용해 기계의 한 부품으로 전락시킨다. 노동자들이 다른 곳, 예를 들면 국내기업에서 사용할 수 있는 기술을 익히는 것도 아니다.

GATT 우루과이라운드의 무역 관련 투자조치(Trade-Related Investment Measures, TRIMs)의 결정으로 인해 초국적기업들에 의한 고용은 더욱 불확실해졌다. 이는 국가나 해외기업이 개발도상국의 자원을 구입하여 사용할 필요가 없어졌음을 의미한다. 그 자원 중 하나가 노동이다. 따라서 초국적기업은 더이상 투자지역의 노동이나 물자를 사용해야 할 어떤 의무도 없다. 이로써 개발도상국의 정부는 초국적기업이 그 나라 사람들을 고용할지에 대해 확신할 수 없게 되었다(다행히 50개의 개발도상국은 이 의무에서 제외되었다).

초국적기업은 국내기업보다 높은 임금을 지급하기도 한다. 하지만 노동자들에게는 심각하게 불리한 점이 있다. 그들의 협상권이 극도로 제한되어 있다는 점이다. 초국적기업은 노동조합과는 달리 "전지구적으로 활동할 수 있기 때문에 초국적기업의 한 지사 노동조합이 초국적기업 본사와 협상해야만 하는 처지가 되고 만다"라고 레지날드 그린 (Reginald Green)은 지적한다. 초국적기업은 다른 기업보다 규모도 크며 더 잘 조직되어 있다. 그래서 노동쟁의로 인한 피해를 더 잘 견딜 수 있다.[28] 노동자들이 커다란 톱니바퀴의 가장 미세한 부분에 불과한 존재라고 느끼는 것은 큰 기업에만 있는 특징은 아니지만 "거대 초국적기업에서 가장 극단적으로 보인다"라고 더닝은 말한다.[29]

국제노동기구(ILO)의 한 보고서에 의하면, 고용창출에서 초국적기업의 역할은 미미한 수준이다. 이 보고서는 만약 초국적기업에서 고용이 조금이라도 늘고 있다면 이는 "새로운 고용기회라기보다 인수·합병으로 인한 것"이라고 지적한다.[30] 초국적기업 소유의 새로운 공장 하나가 새 일자리를 만들더라도 이는 지역공장에 이미 있던 일자리를 희생한 것이다. 순수하게 새로운 일자리는 창출되지 않는다. 해외직접투자가 개발도상국에 1200만개의 일자리를 창출했지만 UNCTAD 보고서에 따르면 "새로운 일자리의 대부분은 경쟁하는 국내산업의 노동자들을 옮겨온 것"이었다.[31]

## 이중경제 ● ●

개발도상국이 초국적기업을 유치하려면 큰 댓가가 필요하다. 정부는 그 목적을 위해 자원을 할당한다. 즉 농업, 교육, 의료써비스 등 경제의 다른 분야를 위한 몫이 적어진다는 뜻이다. 수출자유지역(EPZ)은 일자리를 만들고 수출을 늘리기 위해서 만들어졌지만 이중성을 갖고 있다. 풍부한 자금을 받는 현대식 경제와 그 때문에 적은 자금을 갖게 된 전통적 자급경제라는 이중경제가 존재하게 되는 것이다.

이론적으로는 현대적 분야의 이득이 전통적 분야에 영향을 끼침으로써 경기를 자극하고 빈곤에서 벗어나게 해줄 수 있다. 하지만 일반적으로 그런 일은 일어나지 않는다. 오히려 그 이중성은 다수의 사람들에게 어떤 이익도 가져다주지 않은 채, 두 경제가 나란히 공존하면서 강한 쪽이 약한 쪽의 피를 빨아먹어, 국가 안에서 불평등을 일으킨다.

앞에서 논의된 대로, 현대적 경제는 다른 국내경제와 필연적인 관계를 갖지 않는다. 예를 들면 멕시코는 1965년부터 '마낄라'(maquila)라고 불리는 수출자유지역을 열었다. 멕시코 국경지역에 고용을 창출하는 것이 정책의 주목적이었다. 1993년까지 대부분 외국 소유의 조립공장이 2천개 생겼다. 이 정책에 대한 1994년 조사에 의하면 멕시코의 조립공장은 주요 초국적기업으로 대표되는 외국 소유권이 장악하고 있다.[32] 국가의 다른 경제부문과의 연결관계는 거의 생기지 않았다. 이들 공장에서 사용되는 자원 중 멕시코의 자원은 2%도 되지 않았다.

> 북쪽 국경지역의 마낄라산업은 기본적으로 외국 이권의 고립영토 이상이 아니다. 다시 말해, 멕시코 안에 위치한 이 경제활동은 비록 노동자를 고용하고 수출을 위한 고부가가치 상품을 생산하기는 하지만, 지역경제나 국가경제의 다른 부분과 통합되어 있지 않다.[33]

이런 통합의 부재로 인해, 멕시코에서는 건강한 공급분야가 발전하지 못했다. 마낄라정책은 지속가능한 경제발전을 도모하지 못했다. 멕시코는 '여러가지 중간생산물을 경쟁력있게 생산할 수 있는 내부능력'[34]을 가졌지만 그 능력은 실현되지 않았다. 이 고립영토는 균형잡힌 경제를 개발할 수 있는 멕시코의 힘을 가로막고 있다.

이전가격 조작 ● ●

초국적기업이 해외에 자회사를 가진 탓에 개발도상국은 손해를 볼 수 있는 이전가격 조작(transfer pricing)에 이용되기도 한다. 이전가격 조작으로 인해 본국에 있는 초국적기업 본사는 다른 나라에 있는 자회사에 교묘한 방법으로 원료를 비싼 가격에 팔 수 있다. 그런 원료들은 생산공정이나 써비스산업에서 사용된다. 자회사는 비싼 가격을 지불함으로써 이윤이 줄어들어 자회사가 설립된 나라에서 초국적기업이 세금을 적게 낸다. 따라서 이전가격 조작은 탈세이다.

초국적기업들 자회사가 발표한 이익과 실제이익 간의 차이는 엄청나다. 예를 들면 꼴롬비아에서 외국 소유의 제약기업은 약값을 비싸게 받는다. 그 결과 실제이익은 열배가 넘는데도 꼴롬비아정부에 6%의 이윤만 보고하기도 했다. 이전가격 조작의 정도는 알 수 없지만—초국적기업들은 거래기록의 자세한 정보를 공개하지 않기 때문에 외부인은 증거를 찾기가 힘들다—그 관행은 널리 퍼져 있는 것으로 보인다.

탈세말고도 초국적기업들이 이전가격 조작을 앞장서 이용하는 또다른 이유는 당연히 이윤이 재투자되기를 바라는 개발도상국에서 이윤을 빼오기가 어려운 경우가 있기 때문이다. 그러나 무역자유화와 함께, 이전가격을 조작하는 것을 줄일 수 있었던 규제들이 느슨해졌다.

자본의 국제적 유동성이 커져서 초국적기업들이 가장 싼 생산비용을 위해 나라들 간에 경쟁을 붙이는 것이 가능해졌다. 개발도상국의 정부는 이런 형식의 탈세를 막는 데 힘을 쓰기 시작했다. 한 예로, 브라질은 이전가격 조작을 단속하기 위해 1996년 10월 법인세 법안을 마련했다.

## 써비스 ● ●

개발도상국에 있는 초국적기업들에 중요한 성장 부문은 관광, 금융, 회계, 보험, 전자통신, 정보, 우편, 라디오, 텔레비전, 특허출원과 저작권, 정비, 광고, 수송과 해운 등의 써비스산업이다. 경제자유화는 기업들의 성장과 영향력에 도움이 되고 있다.

자유화 이후 개발도상국들은 거대한 초국적은행들이 자유롭게 금융시장에 진입하도록 허가를 내주어야만 했다. 이는 살아남기 위해 몸부림치며 외국은행들로부터 어느정도 보호를 받아온 제3세계 은행들에 극도로 치명적일 수 있다. 예를 들어, 1950년대 말레이시아 독립시기에 외국은행들이 그 나라 은행업을 압도적으로 지배했다. 그러나 1990년에는 외국은행의 설립이나 성장제한정책에 따라 국내은행이 지배적인 부분을 차지했다. 하지만 현재와 같은 여건에서는 이런 상황이 오래가지 않을 것이다. 다시 은행은 외국의 통제를 받게 될 것이다.

어느 나라에서나 은행부문은 생산은 물론 경제개발의 속도와 성격까지 조절하거나 영향을 끼칠 수 있는 힘있는 수단이다. 은행은 누가 얼마나 어떤 댓가로 대출을 받는지 결정한다. 빈민을 위한 소액대출제도—많은 개발도상국에서 성공적이었던—는 초국적기업들이 개발도상국의 은행부문을 독점하고 대출자가 담보상환을 주장한다면 당장에 어려움을 겪을 것이다. 제3세계 국가들은 은행대출정책에서 부당하다고 여기는 것을 바로잡을 길이 없다고 느낄 것이다. 이런 식으로 외국 소유의 은행업은 민주적이지 못한 방식으로 민중들에게 무책임하고 무용한 정책을 펼칠 것이다.

은행부문의 국제교역 자유화는 개발도상국들에 실질적인 위협이 된다고 1990년 UNCTAD 보고서는 경고했다. 은행의 국제거래를 자유화하기 위한 노력이 국가의 환관리제도의 상당부분을 제거할 것이라고 했다.[35] 많은 개발도상국들에서 환관리제도는 미시경제 경영에 필수적이다. 자유화는 또한 대출과 금리를 통제하는 직접적인 방법에 크게 의존하는 개발도상국의 통화정책의 효율성을 떨어뜨릴 것이다.

멕시코는 자유화와 금융부문에서 증가하는 초국적기업의 활동에 처음으로 맞서야 했던 주요국가 중 하나이다. 1995년 멕시코의 은행부문은 심각한 신용위기를 겪어야만 했다. 자유화 이후의 오랜 과소비문화는 국내은행 부문을 허약한 상태로 만들었다.[36] 그러나 동아시아, 특히 한국·타이·인도네시아는 국제투자가들이 아시아경제에 신뢰를 잃고 자금을 다른 곳으로 보냄에 따라 1997년 11월부터 대규모의 화폐이동에 심각하게 영향을 받았다.

"새로운 정치적 계급이 지구상에 나타났다"라고 한스-페터 마르틴(Hans-Peter Martin)과 하랄트 슈만(Harald Schumann)은 말한다. "이 계급은 더이상 어떤 정부나 어떤 기업에도, 더구나 보통의 납세자에게도 흔들리지 않는다. 세계적 규모로 활동하고 있는 통화·주식 딜러들은 점점 커지는, 아무곳으로나 갈 수 있는 투자자본의 흐름을 감독한다. 따라서 나라 전체의 경제적 운명을 결정할 수 있으며 국가 통제에서 벗어나 자유롭게 행동할 수 있다"[37] 이런 딜러들을 정의하기는 어렵다. 일부는 큰 기업들을 위해 일하고 일부는 비교적 작은 단위로 활동한다. 그러나 모두 국제적 성격을 갖는다.

금융위기는 가난한 사람들에게 가장 심각한 영향을 미치는 비극적인 결과였다. 가난한 사람들 수만명의 생계가 황폐화되었다. 1998년 4월, ILO 보고서는 가장 심하게 영향받은 아시아 국가들에서, 특히 건설·금융·생산 부문에서 수만명의 사람들이 직장을 잃을 것이라고 예측했다. 불완전고용이 널리 퍼질 것이며, 직장을 잃지 않은 사람들의 실질수입도 노동수요의 절감과 화폐가치 절하의 결과로 크게 낮아질 것이다. 이 보고서는 이 나라들에서 지난 20년에 걸쳐 이루어낸 빈곤 퇴치라는 인상적인 경향이 뒤집힐 것이라고 예측했다.[38]

영양실조의 증가도 당연한 것으로 보인다. 1998년 금융위기는 기본 식료품을 포함한 생필품의 가격인상을 가져와 수입이 적은 사람들을 가장 힘들게 했다. 농자재가격의 인상과 높은 금리는 일부 농민들, 특히 소규모 농민들을 파산으로 내몰았다. 이들이 파산할 때 넓은 땅과 자본을 가진 농민들은 더 많은 땅을 사들임으로써 이득을 보았고, 토지 소유가 더욱 집중되었다.

금융위기로 인한 더 큰 문제점은 수천명의 해직된 노동자들이 생존을 위해 농촌으로 돌아간다는 것이다. 이 노동자들은 이전까지 수입의 일부를 농촌의 가족들에게 보냈지만 이제 그것마저 불가능해졌다. 농촌가정은 더욱 심한 경제적 압력을 받게 되었다. 위기는 또한 폭력적인 자본의 움직임에 대해 개발도상국의 ─ 심지어 비교적 부유한 나라들마저 ─ 취약성을 드러냈다. 이는 가난한 이들이 거대한 힘으로부터 보호받아야 한다는 것을 보여주었고, 그것은 곧 초국적기업으로부터 보호받아야 한다는 뜻이다.

은행과 금융 이외에도(관광업은 제9장 참조), 수입된 써비스업에 지나

치게 종속되는 것은 개발 노력에 해가 된다는 것을 많은 나라에서 발견할 수 있었다. 주요 써비스부문이 지역사람들에 의해 운영되지 않으면 기술은 발전하지 않는다. 게다가 수입된 써비스에 지나치게 의존하는 것은 가치가 국내가 아니라 외국으로 빠져나간다는 것을 의미한다. 써비스업이 초국적기업을 통해 들어오지 않고 지역에서 자체적으로 발전한다면 가난한 나라의 발전에 기여할 수 있다. 초국적기업들의 써비스부문은 일반적으로 일자리를 많이 만들지도 않는다. 써비스부문의 초국적기업 자회사들은 생산부문과 비교해서도 더욱 자본집약적이다.

## 맺음말 ● ●

초국적기업은 산업국가와 개발도상국 모두에 막대한 영향을 끼친다. 최근에는 정부가 무역자유화정책에 따라 한발 더 물러섬으로써 자본의 경제적·산업적 영향력이 더 강해지면서 기업의 지배력은 더욱 강화되었다. 선진국 정부들은 후진국들의 취약한 위치를 이용해 투자를 원하는 초국적기업들에 새로운 기회를 열어주었다.

초국적기업들은 권력을 가졌고 투명하지도 않고 무책임함에도 초국적 자본의 규모는 개발을 원하는 나라들을 위축시킨다. 자본의 힘으로 인해 초국적기업은 정책결정자에게 접근할 수 없는 대중과는 달리 훨씬 많은 영향력을 정부에 행사한다. 초국적기업은 정부의 통제를 거의 받지 않고, 개발도상국과 그 국민들을 거의 책임지지도 않으며, 그 나라에 장기적 이익을 전혀 혹은 거의 남기지 않고, 가난한 나라의 정치·경제·사회적 건강성을 크게 해칠 수 있다. 그러나 최악의 측면은 가진 것이 없는 사람들과 이들의 공동체가 가장 많이 고통을 겪는다는 것이다.

박정희정부의 제2차 경제개발의 추진되던 1968년, 한국남방개발은 삼림자원을 확보하고자 인도네시아 원목개발에 나선 해외투자 1호 기업이다. (현재는 '코데코'라는 이름으로 활동하고 있으며 인도네시아의 최대 한국기업으로서 천연가스 개발사업까지 손을 대고 있다.) 1970년대까지 해외투자는 무역업과 운수업을 중심으로 이루어졌다. 해외원조에 의존하여 국내 경제개발의 붐을 일으킨 박정희정부는 1968~80년에 352건(1.9%), 1억4천만달러(0.3%) 정도의 해외직접투자를 기록했다.

전지구화과정에서 자본의 자유화라는 개방정책의 기조가 구체화되던 1980년대 초 한국 기업들의 해외투자는 섬유·의류·완구·신발업체를 중심으로 주로 동남아지역에서 이루어졌는데, 특히 아세안 4개국인 말레이시아·인도네시아·필리핀·타이가 주요대상이었다. 초기 해외투자에서 한국의 대기업은 현지의 노동조건과 문화, 노동자들의 정서를 충분히 고려하지 못한 채 기업을 운영함으로써 여러가지 심각한 문제들을 낳았다. 국내에서 통용되었던 한국적 자본축적 방식과 노동통제 관행을 해외로 이전하는 과정에서 인권유린적인 노무관리를 무리하게 강행하였고, 사회문화적 관습이 다르고 노동관행이 상이한 현지 노동자와 심각한 마찰을 빚음으로써, 해외에서 한국의 이미지는 '천박한 한국인' 혹은 '천민적 제국주의'라는 비난을 피할 수 없게 되었다.

한편 정부는 1980년대 해외직접투자의 정책 변화를 주도하는 과정에서 투자자 조건을 완화하고 해외투자사업 계획의 사전승인제를 폐지하는 대신 '해외투자사업심의위원회'를 신설(1981년 7월)하였다. 이를 기점으로 정부는 합작투자비율에 대한 요건도 완화(1982년 7월)하여 그 비율이 50% 이하라도 경영권만 확보하면 합작투자를 허용했다.

그러다가 1990년대에 이르면 국내 시장의 생산단가 인상으로 해외투자 범위가 전자·중공업·자동차(부품)산업·정비산업으로까지 확대된다. 그 결과 현대·삼성·대우를 비롯한 한국 기업들은 '신경영주의'의 기치를 들고 아시아를 비롯해 라틴아메리카와 사회주의국가인 중국·베트남 등에도 눈을 돌리기 시작했다. 이 과정에서 북아메리카 투자도 늘어났는데, 그 이유는 집중적인 수입규제 대상으로 떠올랐던 자동차·철강 등 중화학공업 부문의 투자와 해외판매망 확충을 위한 무역업 투자가 활발히 진행되었기 때문이다.

1990년대 들어서서 일시적으로 투자요건을 강화하기도 했지만 1993년 김영삼정부의 '신경제 국제화 전략'에 따라 해외직접투자에 대한 규제를 완화하는 한편 제한업종을 대폭 축소하고 정부 지원도 강화함으로써 국경 없는 자본활동을 보장하기 위한 제도를 마련했다. 그 연장선에서 김영삼정부는 1994년 9월 8일 '외화개혁안'을 통해 거의 전면적인 해외직접투자 자유화를 추진함으로써 탈규제와 해외투자 지원을 강화했다. 따라서 이 시기에 해외투자가 가장 폭발적으로 늘어났다. 1993~97년에 6291건(34.8%), 147억 4백만달러(34.8%)에 이르렀으며, 김대중정부 시절인 1998~2003년 상반기에는 9322건(51.6%), 222억 9천만달러(52.8%)를 기록해 IMF 경제위기 이후 최근 5년 동안 해외투자가 전체투자의 절반을 차지했다.

최근 한국의 해외직접투자는 초국적기업들에 의해 늘어나고 있다. 삼성·LG·현대·SK·대우 등은 엄청난 자금력, 축적된 기술과 경험을 바탕으로 현지화전략을 개발하여 개발도상국에 진출했다. 그러나 해외진출이 꾸준히 늘어나고 있지만 산업공동화 현상에 따른 국내시장의 문제와, 진출국 내에서의 기업규제에 대한 한국정부의 대응은 이전과 달라진 점이 거의 없다는 것이 시민사회의 지적이다. 기업의 해외직접투자 정책에 대한 논의가 활발히 이루어지고 있지만, 노동과 인권의 문제는 여전히 주목받지 못하고 있는 실정이다. 이런 점에서 해외직접투자에 따른 문제점을 시정하고, 투자국의 책임을 강화하기 위해 미국·프랑스·영국 등에서 제정된 각국의 새로운 법안은 우리에게 시사하는 바가 많다.

2000년 이후 투자를 주도하는 경제개발협력기구(OECD) 회원국들은 급속히 변화하는 전지구적 경제에서 '다국적기업을 위한 가이드라인'(Guidelines for Multinational Enterprises)을 검토해왔다. 많은 기업들이 최근에 자체적으로 윤리강령을 개발했지만, OECD 가이드라인은 정부가 투자에 따른 문제점들을 공식적으로 조사하고, 기업에 권고할 수 있는 포괄적인 강령이다. 따라서 가이드라인은 초국적기업들이 기반을 둔 국가의 정부가 모두 공유하는 가치를 표현한다. 이는 세계 전반의 기업운영에 적용된다.

가이드라인은 투자로 인해 파생하는 환경·노동권·인권·부패 등의 문제에 대해 투자대상국에서 개입할 수 있는 효력을 갖고 있다. 물론 피해당사자들의 이의제기가 있을 때 조사를 착수한다. 가이드라인이 최근 들어 중요하게 부각되는 것은 해외에 직접투자한 자국의 기업 문제를 법적으로 처벌할 수 있는 특별법을 갖고 있는 국가가 드물기 때문이다.

최근 들어 동시에 초국적기업들의 활동이 투자대상국에 끼치는 영향에 대한 우려가 확산되어왔다. 가이드라인은 해외투자의 환경을 개선하는 한편 이러한 우려들에 대응하기 위함이다. 따라서 가이드라인의 기본전제는 국제적으로 합의된 원칙들로 분쟁을 예방하고 초국적기업과 그들이 활동하는 사회 사이에 신뢰의 분위기를 조성할 수 있다는 것이다.

가이드라인은 적용 가능한 법에 보완적인 행위기준을 제시하며, 따라서 법과 상충되는 요구사항을 만들지 않는다. 가이드라인은 지속가능한 개발이라는 의제를 실현하고자 경제·사회·환경적 요소들을 보강하는 원대한 변화들을 담고 있다. 최근 아동노동과 강제노동의 폐지에 대한 권고들이 추가되었고, 국제적으로 인식된 노동기준을 포함한다. 인권에 대한 권고가 도입되었으며, 부정축출과 소비자보호에 관한 장들이 추가되었다. 환경부문은 초국적기업들에게 환경적 영향에 대해 긴급대책을 세워 그들의 환경수행능력을 높일 것을 장려한다. 개방과 투명성에 관한 장은 OECD 기업 지배구조(corporate governance)에 관한 원칙들을 반영하고 사회적·환경적 책임을 촉구하도록 개정되었다. 시행 절차도 조금씩 개선되었다. 가이드라인의 권고사항들은 기업들을 대상으로 하지만, 정부들이 그들의 국가거점기구(national contact points)를 통해 가이드라인을 촉구하고, 조사를 실시하고, 특정한 사례에서 발생하는 문제들을 해결하는 것을 도울 책임이 있다.

OECD에 소속된 '국제투자와 다국적기업들에 관한 회의'(Committee on International Investment and Multinational Enterprises, CIME)는 가이드라인의 의미를 분명히하고 유효성을 감독하는 책임기구이다. CIME는 가이드라인의 효과를 높이고자 기업들, 노동자대표, NGO, 그리고 비회원국가들과의 광범한 회의들을 진행했다. 인터넷을 통한 일반인들의 의견을 받는 기회도 있었다. 이 가이드라인이 기업의 사회적 책임을 촉구하는 의미있는 기준과 도구가 되려면 계속적인 감시와 기업·노동자·NGO의 참여가 중요하다. 궁극적으로 가이드라인의 성공과 효용성은 그 촉구와 시행에 관련된 모든 집단들의 책임감과 정직, 성실에 달려 있다.

참고자료

한국국제노동재단 『해외진출기업 노무관리안내서』, 2001.
국제민주연대 『해외진출기업 인권현황백서』, 2003.
www.kotra.or.kr

제 2 장

# 왜 초국적기업을
# 원하는가

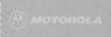

초국적 자본의 투자활동이 개발도상국에 큰 이득을 안겨주지 못함에도 불구하고 왜 개발도상국은 초국적기업 유치에 혈안이 되어 있는가? 그 원인은 개발도상국의 경제적 취약성에서 찾아볼 수 있다. 개발도상국 스스로 이 딜레마에 빠지곤 한다. 개발도상국이 아무리 초국적기업들을 우려한다 해도 당장 상처입은 사람에게는 도움이 필요한 법이다. 초국적기업들은 심각한 실업, 만성적 외화 부족, 늘어나는 외채 등의 경제적 상처가 심화되는 국가에 도움을 준다. 초국적기업은 일자리를 만들고 부가적으로 외화를 벌어들일 기술과 돈을 제공하여 부를 만들어내는 기술자처럼 보인다. 그들이야말로 '마법의 해답'인 듯하다. 그러나 초국적기업이 가져올 수 있는 더 심각한 문제는 경제적 필요의 압박으로 인해 고려되지 않는다.

'마법'은 환상이다. 그러나 제3세계 정부는 시장을 개방하고, 전지구화를 받아들이고, 초국적기업을 끌어오는 것 외에는 선택의 여지가 없다고 서구정부와 국제 금융기구들에 의해 설득당한다.[1] 그들에게 초국적기업은 불가피한 존재로 다가오는 것이다. 대부분의 개발도상국에는 초국적기업을 통제할 수 있는 씨스템이 거의 없다. 있다 해도 이는 없는 것과 다를 바가 없다. 그 이면에는 오히려 초국적기업이 국민들을 착취할 수 있다는 점을 정부가 간과하는 경향이 깔려 있다. 초국적기업은 상품과 써비스 생산에 상당한 노하우와 경험을 이미 축적하고 있고, 정책입안자들을 자신들 편으로 유인하는 데 상당한 로비력을 행사한다. 이로 인해 정부가 오히려 자국을 착취하는 장본인들을 보호하곤 한다.

현실을 보면 초국적기업들은 자신의 존재를 긍정적으로 보이게 하려고 윤리규범이나 강령을 채택하곤 한다. 인도의 생태학자 반다나 시바(Vandana Shiva)는 이런 경제적 세계화에 대해 다음과 같이 경고한다. "정부는 초국적기업에 의해 팔다리가 잘려나갔다."[2] 정부를 손아귀에 쥐고 주도하는 배후는 초국적기업이라고 그는 확신한다. 서구 정부와 기업의 '박차'는 교묘하게도 척척 맞아떨어져, 그들은 전지구화·자유화·민영화 처방이 불가피하다고 설득 공세에 나섰다. 19세기 자유무역의 전성기 이후로 신자유주의 경제이론에 대한 확신이 이렇게 널리 퍼진 적은 없었다.[3] 이런 확신이 넘쳐날 때, 그리고 이런 '박차'가 설득력 있어 보일 때 개발도상국들은 자기들도 그 일부가 되기를 원한다.

### 전지구화와 자유화 • •

전지구화—독립된 시장들로 나누어진 세계가 아닌, 장벽 없는 하나의 시장으로서의 세계—는 1990년대 후반에 가장 많이 거론되는 개념이 되었다. "전지구화는 선택적인 정책이 아니다. 이것은 현실이다." 미국 대통령 빌 클린턴(Bill Clinton)은 1998년 5월 열린 세계무역기구(WTO) 각료회의에서 각국이 시장개방정책을 무조건 받아들일 것을 촉구하며 다시 한번 '박차'를 가했다.

자유화·민영화·전지구화는 1980년대 구조조정 프로그램에 힘입어 시작되었다. 세계은행(World Bank)의 경제학자 지아 큐레시(Zia Qureshi)에 의하면, 전지구화는 기업의 생산과 분배 전략의 국제화를 증가시키고 무역과 자본시장의 자유화를 광범위하게 강요하면서 추진된다.[4] 동시에 전지구화는 개발도상국들에 심오한 함의를 제공한다. 무역을 위한 더 넓은 시장, 교역 가능성의 확장, 더 큰 사적 자본의 유입, 더 나은 기술 접근성이라는 새롭고 중요한 기회를 창출한다.[5] 이런 사고의 흐름은 점점 더 많은 개발도상국들이 추진하고 있는 자유화 개혁이야말로 자신들의 경제전망을 밝게 만드는 비결인 것처럼 보이게 한다. 그리고 자유화──무역의 수입·수출 장벽을 철폐하고 국가의 역할을 축소하는 것──는 더 많은 나라에서 초국적기업들이 선호하는 정책을 수용하는 것을 의미한다. 따라서 초국적기업들은 자유화와 전지구화로부터 이익을 얻고, 동시에 그것들을 촉진시킨다.

"전지구화와 자유화는 시장의 사회적 감독관으로 기능하는 국가의 역할을 줄이고 대기업들의 권력을 증대시켰다"라고 1996년 5월 9차 유엔무역개발회의(UNCTAD)의 한 NGO 선언문은 지적하며 "전지구화는 불가피한 힘이 아니라 인간이 결정하여 만들어낸 것이다"라고 덧붙였다.[6] 친기업적 관점을 옹호하는 『세계 투자 보고서』는 '1993년 보고문을 통해 초국적기업들이 '세계경제를 통합적으로 이끌어가는 중요한 힘'이 되었다고 주장하는 한편 "사적 생산자산의 1/3 가량이 이런 기업들의 통제하에 있으며, 통합된 국제 생산씨스템의 출현이 이에 기여하고 있다"라고 강조했다.[7]

이렇듯 경제적 전지구화는 개발도상국들을 전지구적 테두리 안으로 가두어버림으로써 경제자립화를 추구하는 데 장해가 되고 있다. 구체적인 현실에서 초국적기업들은 식료품의 가격을 높이고, 소규모 가족

농장을 초국적기업들에 유리하도록 종속시켜 가난한 사람들에게 근본적인 위협이 되곤 한다. 그럼에도 전지구화가 매력적이고 불가피한 것처럼 보이며, 제3세계 정부에는 다른 대안이 없는 것처럼 생각될 수 있다. 제3세계 정부들이 '자유'시장을 받아들이는 개혁의 조건으로 원조나 외채경감을 원한다면, 전지구화의 흐름에 동참하는 것 외에는 다른 대안이 없다고 생각할지도 모른다.

이런 전지구화는 경제적 권력을 기반으로 전세계의 빈부격차를 심화하여 세계를 더욱 분열시키고 있다. 세계은행은 개발도상국들 사이에서 이루어지는 전지구화가 나라간 빈부격차를 늘리고 있다고 인정한다.[8] UNCTAD의 1997년 『무역과 개발 보고서』(*Trade and Development Report*)는 "증가하는 불평등은 세계경제의 영속적인 특징이 되고 있다"라고 말한다.[9] 전지구화와 초국적기업들의 활동은 통합을 돕기는커녕 사람들 사이의 분열을 심화하고 있다.

전지구화의 부정적인 측면에 대한 인식이 커지고 있다. 더닝은 이렇게 말한다. "특히 약소국의 국민들 사이에서 그들의 고유한 문화, 산업구조, 생활방식, 고용관계 그리고 소비성향을 지켜야 할 필요에 대한 자각이 늘고 있다. 그러나 많은 초국적기업들은 위험을 무릅쓴 채 이러한 각국의 내재적 특성과 차이점을 무시한다."[10] 일부 정부는 이런 문제점에 주의를 기울이고 있다. 1998년 5월 WTO 각료회의에서 많은 개발도상국들은 자유화와 전지구화의 영향에 대한 민중단체들의 우려를 반영하였다.[11] 일부 개발도상국의 국민과 정부는 1990년대 방식의 경제적 전지구화를 필연적인 결과가 아닌 부끄러운 것으로 다시 생각하기 시작했다.

민영화 • •

　　　　　　자유화와 전지구화에 이어 삼위일체의 세번째 요소
는 구조조정과정의 일부이기도 한 공기업의 민영화이다. 세계적으로
살펴본 연간 민영화 수치는 경제협력개발기구(OECD) 조사에 의하면
1996년에는 1995년보다 50% 증가한 1천억달러에 이를 것으로 예측되
었다. 1980년대 후반부터 대부분의 개발도상국은 일부 혹은 거의 전부
에 해당하는 공기업을 해외 초국적기업에 매각했다. 아르헨띠나는 매
각된 공적 자산의 60% 가량이 19개국의 외국 투자가 손으로 들어갔다.[12]
　　민영화 결과가 이전의 공기업 시절보다 효율성을 높일지 몰라도 이
는 국가의 자산이 많은 경우 값싸게, 그리고 대부분 외국 사기업의 손
으로 넘어갔음을 의미한다. 민영화를 통해 개발도상국의 자본은 효과
적으로 초국적기업들에게로 옮겨간다. 그것도 공기업을 헐값에 인수
하는 조건으로 진행되는 탓에 결과적으로 초국적기업만 큰 이득을 보
게 된다. 예를 들면 바하마정부의 민영화 프로그램 진행과정에서 국제
적 호텔 체인을 갖고 있는 초국적 자본이 지역의 한 호텔을 약 8백만
달러에 인수했는데, 야당 정치인들의 주장에 따르면 실제가격은 약 2
천만달러인 것으로 드러났다.
　　이런 불합리한 민영화에 가장 심각한 영향을 받는 사람들은 강력한
비판을 제기한다. 스리랑카의 공공부문 민영화정책은 노동자들의 파
업을 일으켰다. 민영화로 인해 다수의 빈민들이 받아야 할 공공써비스
혜택이 급감했기 때문이다. 특히 의료써비스, 교육 그리고 농업연구
등 국가가 무료로 제공하던 써비스가 민영기업으로 이전됨에 따라 크
게 줄었다. 수입이 없고 쉽게 건강이 나빠질 만한 조건에 놓여 있는 사
람들의 경우 피해는 더욱 심각하다. 여러 나라에서 의료기관의 민영화

추진으로 영양실조 환자가 증가하고 다른 병들이 나타났다. 짐바브웨에서는 이미 사라졌던 콜레라와 결핵이 다시 퍼지기 시작했다.

민영화 이전까지 제공되던 무료 공공써비스가 중단되면서 그 결과는 교육에 직접적인 영향을 미쳤다. 이전에 무료로 제공되던 써비스에 돈을 내야 함에 따라 교육비 부담이 높아진 것이다. 잠비아 북서부 지방의 한 예를 보자. 유엔의 '농업개발 국제기금'의 지원프로젝트가 진행되던 이곳에서는 1985년에서 1995년 사이 옥수수 자급을 위해 식료품 생산을 높였다. 그러나 식료품 생산이 많아진 것도 영양실조율을 낮추지는 못했다. 프로젝트 담당 공무원은 "더 많은 식료품을 생산하면 사람들은 이를 팔아서 그 돈의 일부로 아이들을 학교에 보낼 것이다. 식료품을 많이 생산한다고 사람들이 반드시 더 잘 먹게 되는 것은 아니다"라고 말했다.[13]

민영화는 농업연구를 담당해야 할 공공분야의 능력을 사실상 앗아갈 수 있다. 예를 들어 가뭄을 잘 버티는 콩과 같은 기본식품은 더 가치가 높은 작물 개발을 선호하는 초국적기업의 관심을 받지 못한다. 그러나 가난한 사람들은 새로운 작물을 살 수 없다. 만약 모든 것이 사기업으로 넘어간다면 시장은 배고픈 사람들이 필요로 하는 식품을 조달할 수 없게 될 것이다.

정부는 정부의 힘만으로 대규모 기업들을 운영할 수 없다는 점을 인정한다. 많은 정부들이 '스스로 운영한다'는 노선에서 이제는 '외국인들이 운영하게 하자'는 또다른 노선으로 갈아탄다. 그러나 후자의 폐해가 더 클 수 있다. 초국적기업들은 국가의 주권과 민주주의를 심각하게 손상시키며, 개발도상국들을 서구국가들의 위성국가로 전락시킬 수 있다. 민영화가 전반적으로 이루어진다면 사실상 정부는 퇴각하는 것이다. 초국적기업들은 국민이 선출한 정부 대표자들의 통제 없이 자유시장에서 마음껏 이윤을 추구할 수 있는 날개를 다는 셈이다.

아프리카지역에서 민영화 개념을 확산시키는 방법론이 런던 소재의 우익 싱크탱크인 경제정세연구소(Institute of Economic Affairs)에 의해 주창되었다. 이들은 "아프리카 문제를 해결할 수 있는 방법은 급진적인 자유시장이다"라고 말한다. 그 해답은 척식회사 개념의 부활이다. 즉 식민지시대에 활동했던 대영 동아프리카 회사(Imperial British East Africa Company) 등과 같은 기업들이다. 오늘날 그 회사는 다음과 같은 방식으로 운영된다고 한다.

> 아프리카 국가들을 지배하기 위해 임대차계약을 경매에 부쳐서 구체적으로 언급된 써비스를 제공하는 조건으로 낙찰받은 지원자에게 세금을 징수할 권리를 부여한다. 관련된 금액이 커서 입찰자들은 주로 초국적기업이거나 여러 회사의 콘쏘시엄이다. 다양한 입찰이 국민들의 투표로 이루어져야 한다.[14]

이 연구소의 제안은 현대에 맞지 않는 기괴한 이야기로 들릴지 모르지만, 이는 현실로 구체화되어 국가가 아닌 기업에 의한 새로운 식민주의가 형성되었다. 물론 초국적기업들은 국가를 떠맡는 데는 관심이 없다. 그러나 그들은 이미 소유권 없이도 권력을 가지고 있다. 국가를 떠맡게 되면 책임만 늘어날 뿐이다.

부채 • •

외화를 벌어 고통스런 외채의 짐을 덜고 싶다는 소망이

가난한 나라가 초국적기업을 원하는 주된 이유로 보인다. 부채의 심각성은 미국·영국·서독 정부들이 경제적 권력을 쥐게 되면서 국제금리가 치솟은 1980년대 초반, 개발에 영향을 끼치는 새로운 이슈로 떠올랐다. 1970년대에 대체로 무분별한 대규모 사업을 위해 10% 정도의 금리로 외채를 끌어온 개발도상국들이 1980년대에는 두배로 불어난 20% 정도의 이자를 갚아야 하는 처지에 놓였다. 동시에 상품가격은 급격하게 떨어졌고 서구국가들은 제3세계의 제조업 상품으로부터 자국의 시장을 철저히 지켜내는 보호주의정책을 유지했다. 원조가 고갈된 상태에서 개발도상국들은 더 많은 외화가 필요해졌다. 국제수지 문제가 일어났고 세계은행과 국제통화기금(IMF)이 구조조정 프로그램을 가지고 들어올 수 있는 문이 열렸다.

개발도상국들은 경제를 자유화·민영화하고, 사회복지를 대대적으로 삭감하고, 국고보조금을 줄이고, 관료제를 간소화하는 것을 조건으로 도움을 받았으며, 그들의 경제를 외국의 투자에 종속시켜갔다. 어느정도의 개혁이 필요했지만 그 댓가를 치른 것은 바로 빈민들이었다. 그리고 구조조정 프로그램에 편승해 가장 큰 이익을 손에 쥔 것은 바로 초국적기업들이었다.

제3세계의 채무는 1955년 90억달러에서 1980년 5720억달러로, 1996년 2조 1770억달러로 늘어났다. 이들의 채무는——이자와 원금을 포함해——현재 연간 2450억파운드에 달한다.[15] 그 돈은 서구국가들, 국제 원조기구들, IMF, 세계은행에서 나온 것이다. 1990년대 중반에 눈덩이처럼 불어난 외채는 개발도상국의 사람들이 근본적으로 빈곤에서 벗어날 수 없는 가장 큰 요인으로 떠올랐다.

아프리카에서는 약 50개 이상의 국가들이 심각한 외채문제에 시달리고 있으며, 외채상환을 위해서 의료써비스나 교육 등의 비용을 삭감할 수밖에 없게 되었다. 아프리카 사하라 이남지역의 외채(1995년 2260억달러)는 연간 수출(1995년 730억달러)의 세배가 넘는다. 아프리카는 개발원조로 받는 돈보다 더 많은 연 230억달러를 이자로 갚아야 하는 지경에 이르렀다.

개발도상국들이 연간 2450억달러를 이자상환으로 지출해야 하는 반면 개발원조(1997년)는 475억달러였다. 따라서 이자상환액이 원조금보다 다섯배나 높다. 이 부담으로 인한 인간적 손실은 어마어마하며, 이로부터 벗어난다면 개발도상국의 빈곤해소 과정은 새로운 상황을 맞게 될 것이다. 1997년 『인간개발 보고서』는 심각한 외채를 가진 국가들이 연간 외채상환의 짐을 벗을 수만 있다면, 아프리카에서만 2000년까지 2100만 어린이의 생명(1년에 700만의 생명)을 구할 수 있고 9000만명의 소녀와 여성들에게 기본교육을 제공하는 공적투자기금을 조성할 수 있다고 밝혔다.[16] 외채상환의 부담이 해소되고 대신 공적기금이 조성된다면, 이 국가들에서 초국적기업이 그다지 필요할 이유가 없다.

1996년 IMF와 세계은행은 심각한 부채를 가진 가난한 국가들의 부채탕감 계획을 내놓았다. 우선 700만달러의 부채를 탕감해주기 위해 여섯개 국가——우간다, 볼리비아, 부르키나파소, 가이아나, 꼬뜨디부아르, 모잠비크——를 선정했다. 부채탕감을 위한 캠페인을 벌이고 있는 NGO들의 네트워크인 주빌리2000연합(Jubilee 2000 Coalition)에 따르면 50개 이상의 국가들이 부채탕감을 필요로 하며, 최소한 1000억달러의 지불 불가능한 외채를 떠안고 있다. 주빌리2000연합은 21세기 새천년을 기념하며 부채탕감을 강력히 촉구했다. 그러나 서구정부들은 묵묵부답이었다.

## 치밀한 압력 ● ●

개발도상국들은 전지구화라는 시류에 편승하지 않으면 자멸할지도 모른다는 두려움 속에서 엄청난 국제적 압력을 받고 있다. 극명한 예로, OECD에 속한 29개 정부(대부분 서구정부들)들의 다자간투자협정(Multilateral Agreement on Investment, MAI)을 들 수 있다. OECD는 많은 나라들에게 다자간투자협정을 대단한 매력을 지닌 협정으로 홍보하고 그 필요성을 설득했다.

다자간투자협정은 OECD 국가들에 투자하는 기업들의 권익을 보호할 뿐만 아니라 특히 해외투자에 대한 정부의 감독을 약화시킴으로써 투자를 더욱 보호하고 쟁의해결 메커니즘을 만드는 것이다. 세계개발운동(World Development Movement)과 같은 NGO들은 "다자간투자협정은 초국적기업들에 전례없는 권력을 부여함으로써 그들의 힘이 무한대로 증대될 것"이라고 경고한다. 예를 들어, 한 패스트푸드체인이 다자간투자협정에 협의한 나라에 지점을 열고자 할 때, 허가를 받지 못하거나 그들의 투자를 억제할 수 있는 환경·사회법령이 도입된다면 다자간투자협정은 해당 정부를 고발할 수 있도록 해준다.

"이 협정은 초국적기업의 권리를 확대시키는 반면, 국민의 권리와 정부의 역할은 침해할 것"이라고 세계개발운동의 활동가 배리 코츠(Barry Coates)는 말한다. 그는 이 협정이 " '바닥으로의 경주'(race to the bottom)를 부추기는 재앙이 될 수 있으며, 해외투자를 끌어오기 위한 경쟁으로 정부는 오히려 지역사회와 지속가능한 발전에 대한 책임을 포기하게 될 것"이라고 믿고 있다.[17]

이 협정은 OECD 정부들과 기업들에게만 영향을 끼치는 것처럼 보이지만, OECD 비회원국 또한 협상 이후 투자협정을 제안받게 될 것이다. 이미 아르헨띠나·브라질·칠레·슬로바키아는 참여하는 것에 관심을 표명했다. 다른 개발도상국들도 해외투자가 필요하다는 인식 때문에 고립의 위험을 안느니 참여해야 한다는 압력을 받을지도 모른다. 결국 제3세계는 국제경제 씨스템의 치밀한 압력 때문에 다자간투자협정의 엄격한 조건을 감수하더라도 초국적기업들을 원하게 되는 것이다.

그러나 말레이시아와 파키스탄을 포함한 다수의 개발도상국들은 다자간투자협정이 국가자치권에 대한 위협이라며 비판하고 있다. 결국 잘사는 나라와 가난한 나라 모두의 자치권이 협정으로부터 위협받고 있음은 부인할 수 없는 것이다. 1995년에 시작된 다자간투자협정과 관련된 협상이 1998년 전세계의 NGO들이 주도한 저항으로 인해 잠시 중단되었다. 그러나 초국적기업들은 서구정부들에게 다시 협상을 촉구할 것이다. 결론적으로 어떤 다자간투자협정이건 개발도상국이 자신의 개발정책을 결정하고, 국가의 우선이익을 달성하기 위한 메커니즘을 구축할 권리를 존중해야 할 것이라고 NGO들은 강조한다.

### 원조 커넥션 ● ●

개발도상국들은 경제·사회발전을 촉진시키고 가난을 줄이기 위해 원조를 원한다. 그러나 만약 그들이 원조를 받아들이면, 그것은 무조건 초국적기업을 허락하는 것이다. 왜냐하면 원조 받은 금액은 주로 초국적기업으로 흘러들어가기 때문이다. 원조를 제공하는 정부들은 대부분 쌍무적 조건에 따라 개발도상국이 원조국 회사의 물품을 수입하는 정책을 내세워 가난한 나라의 발목을 잡아둔다. 예를 들어, 원조국은 댐건설 프로젝트를 위한 원조를 미끼로 자국의 회사들이 건설계약을 따내도록 개발도상국을 강요한다(제8장 참조). 발전소·농업·관광부문도 다를 바가 없어, 결국 원조를 댓가로 초국적기업이 주도하는 투자에 길을 열어주는 것이다.

세계 제1의 원조국인 일본은 자국의 금융원조기구인 세계경제협력기금(Overseas Economic Cooperation Fund)을 통해 원조를 해주면서, 한편으로는 전기·가스·운송부문의 대규모 프로젝트를 성사시켰다. 일본정부는 원조가 자국 회사의 해외계약 성사에 도움이 되고 있음을 부인하지 않는다. 1994~95년, 일본정부의 기술지원기구인 일본국제협력기구(Japan International Cooperation Agency)는 다른 아시아 국가들에 골프코스 개발을 보조하는 댓가로 원조를 제공하여 논쟁을 일으켰다.

영국은 '재정적으로 성장 가능하고 견실하게 발전할 수 있는 기업에 투자하고 지원함으로써 경제개발에 공헌하는 것'이 목표인 영연방개발회사(Commonwealth Development Corporation, CDC)에 자금을 대는 것으로 원조를 한다. 실제로는 이 원조가 결국 초국적기업들을 도왔다. CDC는 말라위에서 초국적기업과 연계가 있음직한 대규모 담배재배를 위해 농민들을 그들의 땅에서 쫓아냈다. 서아프리카의 꼬뜨디부아르는 세계에서 가장 급속한 산림벌채로 그 피해가 말할 수 없는 지경에 이르렀음에도, CDC 원조자금은 통나무 농장산업을 위해 숲을 싹 쓸어버리는 결과를 가져왔다.[18]

유엔개발계획(UNDP)이라는 기술원조기구는 개발도상국들이 국경을 개방할 것을 강요해왔는데, 특히 광업과 관광산업을 초국적기업들에게 개방하도록 했다(제6, 9장 참조). 필리핀에서는 정부가 극빈층 사람들의 땅과 삶이 다 빼앗길 수 있는 상황을 방관한 채 해외 광업투자자들을 끌어오려고 노력하는 데 UNDP가 자금을 대었다. 결국 민중들의 저항이 일어나자, 정부는 초국적기업들에게 몇가지 단서조항을 부과했다(제6장 참조).

원조를 제공하는 정부들로부터 원조기금을 받아 운영되는, 세계에서 가장 큰 규모인 세계은행은 이 원조자금을 초국적기업들의 이익을 증진시키기 위해 사용하고 있다. 초국적기업들에 엄청난 이윤을 남겨주었으나 수만명의 사람들을 갈 곳 없게 만든 대규모 댐건설사업은 대부분 세계은행을 통한 해외원조와 그밖의 원조제공자들의 자금을 받은 것이다. 세계은행은 또한 대규모 농업·광업·관광업 프로젝트에도 기금을 댔다. 많은 아프리카 국가들에 민영화 추진기구의 설립 자본금을 대주며 초국적기업들을 도운 것 역시 세계은행이었다.

세계은행은 구조조정정책을 통해, 각 나라의 규제를 철폐하고 경제자유화정책을 펼칠 수 있도록 지원함으로써 초국적기업들에 대한 통제를 완화하거나 장벽을 없애는 데 앞장선다. 세계은행은 방글라데시가 의약품산업의 규제를 철폐하고 자유화하도록 압력을 넣었고, 이로 인해 개발도상국에서 시도된 가장 중요하고 성공적인 의약품산업 중 하나를 훼손시켰다(제10장 참조). 세계은행은 라틴아메리카에서 무역자유화와 구조조정정책의 일환으로 비전통적인 농작물 수출을 촉진시켰다. 이러한 탈규제로 이득보는 쪽은 초국적기업이요 손해보는 쪽은 가난한 사람들이다.

세계은행이 "초국적기업 부문과 재정적으로 직접 관련이 있다는 사실은 큰 주목을 받지 않았다"라고 데이비드 코튼(David Korten)은 경고한다. 비록 세계은행은 정부들에 돈을 빌려주지만, 그 프로젝트는 "대개 많은 초국적 건설기업, 대규모 컨썰팅회사, 시공업체와의 계약을 수반한다"라고 지적한다.[19]

세계은행은 "민간부문 투자가 개발도상국들의 성장에 가장 중요한 원천"이라고 주장한다.[20] 세계은행은 초국적기업들이 가난한 국가들에 투자하기 위한 길을 닦아주기 위해 쎄미나를 열고 자료를 출판하고 박람회를 개최한다. 세계은행의 민간부문개발(Private Sector Development, PSD) 그룹에서 일하는 베르나르 빠스끼에(Bernard Pasquier)는 이렇게 말한다.

> 우리는 기업들을 좀더 잘 돕기 위한 창구를 만들고 있다. 이 아이디어는 말하자면, 기계가 부드럽게 작동하도록 하기 위해 약간의 기름을 치는 것이다. 우리의 목표는 개발도상국에 초국적기업, 그리고 자국기업들이 번창할 수 있는 민간부문이 구축되도록 돕는 것이다.[21]

1985년에 신설된 세계은행의 다자간투자보장기구(Multilateral Investment Guarantee Agency, MIGA)는 세계은행 안에서 급성장하고 있는 조직이다. 이 기구는 민간부문에 주요한 혜택을 제공한다. 많은 경우 이 기구는 국유화나 환전 손해, 전쟁, 내정 불안 등의 비상위험에 대해 보장성 기금도 제공한다. 다자간투자보장기구는 파푸아뉴기니 리히르 섬의 새 금광을 지급보증했다. 이 광산은 리오틴토(Rio Tinto)가 이끄는 합작회사가 운영했다. 은행가들은 파푸아뉴기니의 이런 프로젝트 성사를 위해 거대한 자금을 조달하는 것은 사실상 불가능하다고 여겼다. 그럴 때 세계은행은 시장——세계은행이 개발도상국들에게 채택하라고 가르치는 바로 그 시장──이 제공하지 못한 기금을 제공하면서 끼어든다.

원조기구들은 세계의 가난한 사람들을 도와야 한다. 그들은 빈곤을 해소하고 타개하는 것을 목적으로 원조기금을 공급받는다. 그러나 그 목적과는 상관없이 기구의 정책과 활동이 가난한 사람들이 아닌 부자들, 세계의 큰 기업들을 돕고 있는 것이 현실이다.

맺음말 ● ●

전지구화·자유화·민영화라는 개념에서 불가피하게 파생되는 네번째 개념은 기업화이다. 빈민들에게 가장 위협적인 것이 바로 기업화이다. 개발도상국들이 반드시 초국적기업을 원하는 것은 아니다. 서구국가가 자금줄을 쥐고 있고 개발도상국의 자금은 말라 있는 세계 경제질서에서 서구국가와 그들이 통제하는 국제 원조기구는 실제로 가난한 나라들을 궁지에 몰아 외교적으로까지 복종하도록 만든다. 경제력을 등에 업은 서구국가는 개발도상국의 가난을 이용하여 자신들의 이데올로기인 자유시장 아젠다를 강요한다. 지구화는 결코 불가피한 것이 아니다. 이는 가난한 사람들에게 손해를 주면서까지 오직 초국적기업들을 위한 문을 크게 열어놓도록 한 정책결정일 뿐이다. 이는 도덕적으로 마땅히 지탄받아야 할 반인간적 정책으로서 심각한 권력남용이다.

가난한 나라의 빈곤을 구제하고 기술지원을 목적으로 지원되는 해외원조 (Official Development Assistance)는 개발도상국이나 저개발국의 경제·사회개발을 위해 국가와 공공기관이 자금·인력·기술지원과 같은 도움을 주는 것이다. 그러나 구호를 목적으로 출발한 해외원조는 실제로 운용하는 데서 그 공헌에 못지않게 많은 비판과 감시도 받아왔다. 그것은 구호의 깃발 뒤에 숨겨진 지원국의 이해관계 때문이다.

제2차 세계대전이 끝난 후 발표된 1947년의 미국의 마샬계획이 현대적 개념의 해외원조의 기원이다. 미국의 해외원조는 출발 당시의 냉전정책과 맞물려 있었다. 이는 1961년에 제정된 '해외원조법'을 보면 잘 드러나 있다. 해외원조법에는 개발원조 조항만이 아니라 군사원조 및 국제 군사교육과 훈련에 대한 조항들이 포함되어 있다. 미국의 원조는 특히 국제사회에서 연구자들과 시민단체들의 뚜렷한 비판대상으로 도마 위에 오르곤 했는데, 그 이유는 본래의 가치 및 목표와 부합하지 않고, 가난한 국가의 내정간섭 수단으로 이용되거나, 심지어는 원조자금이 독재정권 유지를 위한 비용이나 군사비로 지출됐기 때문이다.

많은 제3세계 국가들을 대상으로 한 미국의 해외원조는 해외시장 개척이라는 미명 아래 경쟁적으로 원조를 제공하면서 상업적 이익을 위해 조건부 공여를 하기도 했다. 대표적으로 마르코스정권의 필리핀에 대한 원조정책을 들 수 있다. 1984년 11월 미국 국무성에 의해 작성되었고, 레이건 대통령이 서명한 비밀문서에 나와 있는 미국의 대 필리핀 정책에 의하면 위기를 극복하기 위한 원조 및 경제적·금융적 조치가 미국의 군사패권과 시장경쟁력을 장악하기 위한 음모를 배후에 깔고 있음을 상세히 보여주고 있다. 경제적 측면에서 미국 정부는 필리핀정부가 IMF계획을 충실하게 고수하는 것과 함께 몇가지의 추가 조치도 취할 것을 요구했는데, 그중 제시된 내용을 보면 다음과 같다.

① 농업생산과 시장활동에서 정부 간섭과 기타 규제들의 실질적 축소

② 농촌신용정책 개혁

③ 수입자유화 지속

④ 재정과 산업활동에서 공공기업의 책임

⑤ 공정화를 위한 중요한 세제개혁

뿐만 아니라 부가적인 조치로, 미국의 민간자본을 유치하기 위해 필리핀에서의 미국의 투자를 촉진하는 면세특권 대우를 강화한다. 그 결과 필리핀의 경제정책은 외국자본, 특히 미국자본의 침투가 더욱 용이해질 수 있는 길로 나아갔다. 새로운 원조를 제안할 때마다 미국은 군수무역 및 군사계획의 목표를 달성화하기 위한 접근법을 노골적으로 드러냈다. 이에 대한 미국의 입장은 문서에서 아래와 같이 나타나 있다.

새로운 원조 제안은 원칙에 모두 동의해야 하고 집행하는 데 신중하고도 분명한 데드라인이나 기준점을 포함하여야 한다. 만약 마르코스가 동의를 안하거나 동의했다 해도 지체할 경우 우리는 다음과 같이 해야 한다. ① 우리의 관심을 반복하여 강조한다. ② 마닐라에서 협조하지 않으면 워싱턴도 협조하지 않는다. 예를 들어 기금 지불이나 계획 승인이 지연된다든지 여러 회의에서 부결된다든지 하는 신호를 보낸다. ③ 필리핀의 복지와 안보에 관한 중요한 문제에서 협조가 되지 않고 있다는 사실을 분명하게 여론화한다. (…) 만일 경제원조가 곧 이루어지지 않으면, 악화되는 상황 그 자체가 마르코스에게 정치적·경제적 압력을 가중시킬 것이다.

군사적으로는 미군기지를 늘리고, 경제적으로는 수입자유화정책에 적극적으로 동조할 것을 원조의 조건으로 내건 것은 한국에도 별반 다름없이 적용되었다. 한국전쟁 직후 한국이 처한 상황도 미국의 이해관계에 가장 잘 맞는 원조대상이었다. 미국 주도의 군사적 헤게모니를 확장시키기 위한 방편으로 한

국전쟁의 명분은 충분한 정당성을 갖춘 상태였다. 한국전쟁이 끝나갈 무렵 한국군은 규모는 약 40만명이었다. 그러나 1년도 채 안돼 60만명으로 증가했다. 전쟁으로 인해 폐허가 된 땅에서 원조에 의존해야 하는 국가경제는 이미 예정된 것이라 하더라도, 휴전 후 끼니조차 때우기 어려운 상황에서 20만의 군인이 늘어난 것은 현실적으로 납득하기 어려운 사실이었다. 군인의 수가 늘수록 미국의 원조는 함께 늘어났다. 이에 대해 일각에서는 공산주의에 저항하여 대리전을 치를 수 있는 군인과 경찰을 양성하려는 미국의 속셈이라는 비판이 일었고, 결국 한국의 정치경제구조는 점점 미국에 종속될 수밖에 없는 길을 걷게 되었다.

## 수혜국에서 지원국으로 바뀐 한국

경제성장의 기적을 이룬 한국은 1986년에 대외경제협력기금법을 제정해서 개발도상국에 대한 원조를 본격적으로 시작했다. 한국의 해외원조는 '수출 입국신화'가 말해주듯이 상품시장의 개척이라는 측면을 노리면서 중국·인도네시아·베트남·방글라데시 등에 지원되었다.

그러나 해외 무상원조가 부처별로 시행되면서 통일성이 없고 효율성이 부족하다는 지적에 따라 1991년 한국정부는 외교통상부 산하 정부출연기관인 한국국제협력단(KOICA)을 설립했다.

한국국제협력단 전 총장 신기복씨는 한 신문사와의 인터뷰에서 한국의 해외원조 목적에 대해 아래와 같이 언급했다.

국제협력사업에 인도적 측면과 외교적 측면만 있는 게 아니다. 외국과의 교역 없이 생존할 수 없는 우리의 경우 국제협력사업은 생존전략이라 할 수 있다. 원조액의 75%는 결국 우리 경제로 되돌아오고 개발도상국이 우리의 교역에서 차지하는 비중이 절반이나 된다는 점을 고려하면 더욱 그렇다.

한국의 해외원조 또한 해외시장 개척과 이에 대한 상업적 이익을 보장하기 위한 조건부 원조의 성격이 강하다는 점이 드러난다. 한편 해외원조를 매개로 국제사회에서 초국적기업의 지배력에 의해 의존적인 관계가 심화되고, 그 과정에서 빈곤과 저개발의 문제가 원조로 해결될 수 없다는 인식이 확산되면서, 빈곤을 해결하기 위한 방법론에 대한 자성의 목소리가 시대와 상황에 따라 다각도로 제기됐다. 자국의 해외원조를 감시하는 전문적이 NGO들도 등장하기 시작했다.

한국의 해외원조에 대한 관심은 여전히 미약한 편이다. 초기에는 그저 기업들의 해외진출환경을 좋게 만드는 사업이라는 인식에 머물러 있었고, 지금은 청년봉사활동의 기반으로 해외경험을 폭넓게 확산할 수 있는 기회로 인식되고 있다. 그러나 그동안 해외원조를 감시해온 국제 NGO들은 해외원조가 실제 국제경제협력 과정에서 차지하는 무게와 중요성이 아무리 크더라도, 본래의 추구해야 할 가치가 손상되어서는 안된다는 비판의 목소리를 대안의 그릇에 담고 있다.

참고자료
*Does Aid Work?*, Clarendon Press, 1994.
www.kotra.or.kr

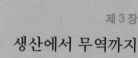

제 3 장

# 생산에서 무역까지
# 농업을 장악하다

거대한 농업기업은 자본주의의 거울에 비친 구소련 농장의 이상한 형상이다.

—크리스토퍼 존스, 영국 농민

기초산업인 농업에 대한 초국적기업들의 투자는 왕성하게 추진되어 왔다. 그로 인한 문제점 또한 논쟁을 일으켰다. 농업 관련 초국적기업들은 종자·비료·농약을 농민들에게 팔고, 새로운 작물종의 특허를 얻고, 식물유전자공학과 동식물교배에 관여한다. 그들은 농약과 종자 등 주요 농업원료의 생산과 교역, 공정, 마케팅은 물론 커피에서 바나나, 차, 토마토까지 이르는 엄청난 수의 생산물 수출시장을 장악하고 있다. 그들은 또한 종자, 농작물 잡종, 경영기법에 대한 조언을 담당하는 써비스까지도 판매한다. 이 장에서는 특히 종자·교역·농약분야에서 초국적기업들의 역할을 검토한다.

초국적기업의 힘이 지배적인만큼, 농업과 식량정책은 초국적기업의 통제하에 집중되는 위험에 처해 있다. 초국적기업은 작물 산출을 늘리고 해충과 병을 없애 세계를 먹여 살릴 기술을 가지고 있다고 주장하며, 한편으로는 전통적인 농법, 유기농산물, 지역 생산씨스템을 무시하면서 자기들이 제3세계 농업에서 핵심적인 역할을 한다고 말한다. 개발도상국 정부들이 농업개발활동의 주요영역에 투자할 자금이 없는 것을 이용해 초국적기업들은 자금을 동원하여 또다른 역할을 차지하고 있는 것이다. 예를 들면 식물교배는 기업의 주요활동이 되었다. 그러나 이런 초국적기업들의 확장은 자원이 부족한 수만명의 개발도상국 농민들의 삶을 위협한다.

농약시장은 1997년 320억달러 정도의 가치가 있었다. 가장 큰 농약회사들로 노바티스(Novartis, 씨바Ciba와 쌴도스Sandoz의 합병), 제네카(Zeneca, ICI의 일부), 아그레보(AgrEvo, 휙스트Hoechst와 셰링Schering의 합병), 듀폰(Du Pont), 바이엘(Bayer) 그리고 몬쌴토(Monsanto) 등을 꼽을 수 있다(〈표 3.1〉 참조). 여러 농약회사들은 제약에도 눈독을 들이고 있다.

〈표 3.1〉 주요 초국적 농약기업들의 1998년 수익 (단위: 백만달러)

| | |
|---|---|
| 노바티스 | 4,927 |
| BASF | 3,134 |
| 바이엘 | 3,003 |
| 듀폰 | 2,405 |
| 휙스트 | 1,856 |
| 제네카 | 1,818 |
| 다우 케미컬 | 1,808 |
| 몬쌴토 | 294 |

주: 제약부문이 수익의 일정부분을 차지함.
출처: "FT 500", *Financial Times*, 1999. 1. 28.

종자 ● ●

종자는 연간 130억달러의 사업이며 대부분의 화학기업들이 종자회사에 관심을 가지면서 농업에서 초국적기업의 활동이 가장 집중되어 있는 분야이다. 1960년대 이른바 '녹색혁명'이라 불리는 종자와 비료 개발이 한창이던 시기에 초국적 화학기업들은 가족이 운영하는 소규모 종자회사들을 사들이기 시작했다. 그러나 1980년대 중반까지는 식량농업기구(FAO)의 집계에 의하면 세계적으로 공기업·사기업을 모두 포함해 공급자 수는 7천개가 넘었고, 종자산업은 그 시장이 매우 분산되어 한곳에 집중되지 않았다고 할 수 있다.[1]

그러나 당시는 초국적기업에 의한 대규모 인수가 막 시작되려고 하던 때였다. 1985년에서 1990년 사이, 농작물 관련 초국적기업들은 그 산업의 모든 부문에서 활발히 활동하는 회사들을 포함해 630개의 종자회사를 장악했다.[2] 그들이 관심을 갖는 이유는, 농민들이 (그 신상품이 농민들의 종자에서 개발된 것이라 하더라도) 사용하려면 돈을 지불해야만 하는 ── 예를 들면 수확률이 높은 ── 종자에 대한 특허권을 개발·취득하는 데 있었다. 1990년대 중반에는 초국적기업들이 생명공학과 유전공학의 잠재력을 이용할 준비를 하면서 다시 한번 작은 기업들을 인수하였다.

1998년에는 세계에 1500개 정도의 종자회사들이 있었고 그중 24개가 상업적 종자시장의 반 정도를 차지했다. 이제 개발도상국에서 상업적 옥수수종자 판매의 34% 정도가 초국적기업들의 수중에 있다. 1997년 현재 가장 큰 종자회사들은 파이어니어 하이브레드(Pioneer Hi-Bred), 노바티스, 리마그랭(Limagrain, 프랑스), 어드밴타(Advanta, 제네카와 네덜란드의 반 더 하베Van der Haave의 합작회사), 카길, 아그레보, 몬싼토가 40%를 소유하고 있는 데칼브 플랜트 제너틱스(Dekalb Plant Genetics, 미국), 타끼이(タキイ, 일본) 등이다.

1996년 몬싼토는 작물종자 특허에 지배적인 위치를 확보하며 W.R. 그레이스(W.R. Grace)로부터 아그라쎄투스(Agracetus)를 인수했다. '식품-건강-희망'이라는 슬로건 아래 미국 쎄인트루이스에 자리잡은 몬싼토는 2만 1900명(1998년)을 고용하고, 농산품·의약품·식품원료를 생산·판매한다. 1997년에 이 회사는 세계에서 가장 큰 대두종자 기업 애스그로우 씨드(Asgrow Seeds)와 미국 시장의 1/3을 차지하는 옥수수유전학 회사 홀덴즈 파운데이션 씨드(Holden's Foundation Seeds)를 인수했고, 또한 세계에서 두번째로 큰 옥수수종자 회사라고 할 수 있는 데칼브의 40%를 차지했다.[3] 다른 회사들 또한 인수전선에 뛰어들었다. 1997년 8월, 듀폰은 파이어니어 하이브레드의 20%를 인수했다 1997년 12월, 제네카는 일본의 한 화학기업 소유의 살균제사업을 5억달러에 사들였다. 1998년 9월에는 아그레보가 카길 하이브리드 씨드 노스아메리카(Cargill Hybrid Seeds North America)를 6억5천만달러에 사겠다고 발표했다('유전공학' 부분 참조).

초국적기업들은 종자사업이 이윤을 많이 남기고 기업내 다른 사업과의 연계성도 높기 때문에 투자에 뛰어든다. 초국적기업의 종자 배급 통로는 농약의 통로와 정확히 일치하여 농약과 종자의 개발·마케팅을 연결시키는 가능성을 열어준다. 그러나 농민들이 회사의 종자를 사려면 동시에 강제적으로 비료와 농약도 사야 하기 때문에 농민들의 경제적 부담은 높아만 간다.

농약·종자 관련 초국적기업들은 농약에 반응하는 새로운 품종 개발에 앞장섰다. 예를 들어, 씨바는 세가지 농약으로 처리된 사탕수수 종자를 시장에 내놓았다. 이러한 신기술을 하나의 마케팅 패키지로 통합하면 더 많은 종자와 농약을 출시하여 판매를 늘릴 수 있다. 그리하여 이 두 제품 모두에 대해 이중시장이 형성된다. 그러나 1960년대의 종자와 비료 개량을 가능하게 했던, 그리고 쌀과 밀의 수확량을 늘리는 데 도움이 되었던 기술의 지속가능성에 대해서는 심각한 의혹이 제기되고 있다. 1960년대 중반 필리핀 마닐라에 위치한 국제벼연구소

(IRRI)는 1만m²당 10톤에서 7톤으로 쌀 수확량이 지속적으로 감소하고 있음을 발견했다. 게다가 초국적기업들이 추진한 기술은 수천의 전통식물 품종의 감소를 불러왔다. 이 다양성의 손실은 미래의 식품공급에 큰 문제를 일으킬 수도 있다. 이는 품종교배자들이나 농민들이 더 많은 식품을 수확할 수 있고 병충해에 더 잘 견디는 작물을 개발하는 데 필요한 유전물질을 확보하는 것을 어렵게 할 것이다.

FAO는 세계 식물종의 3/4가량이 20세기에 사라졌다고 한다. 농업과 식량의 안정을 위해 필수적인 식물 유전물질의 대규모 손실은 중요한 문제라고 경고한다. 이런 지적은 1995년 154개국에서 행해진 조사에 근거하고 있다. 현대적·상업적 농업과 새로운 품종의 작물이 식물유전물질을 손실시킨 주된 원인이라고 80개가 넘는 국가에서 보고되었다.[4]

초국적기업들은 상업적 종자시장만 장악하는 것이 아니다. 그들이 개발한 새로운 품종들에 대해 특허나 다른 권리들을 법으로 보장해주는 나라에서 특히 큰 힘을 발휘한다. 이런 초국적기업의 활동이 자원이 부족한 농민들에게 미치는 영향은 크다. 1만년 전 원시농업시대부터 농민들은 다음 계절에 파종하기 위해 씨앗을 생산하고 보관해왔다. 이것이 유전적 다양성을 발전시키는 데 공헌했고, 특정 조건들에 잘 적응할 수 있는 다양한 품종들을 가능하게 했다. 그러나 농민들이 수대에 걸쳐서 사용해온 씨앗에 대한 특허권을 기업들이 독점하면서 농민들의 전통적인 방식은 위험에 처했다. 가난한 농민들이 초국적기업의 권력에 종속되어가는 것이다. 초국적기업들은 농민들이 이윤이 될 만한 종자를 가지고 있다고 믿는다. 수세기에 걸쳐 농민들이 직접 개발하고 개량한 종자들이 지금은 초국적기업의 이윤을 위해 이용되고 있다. 농민들은 자신들이 개량한 품종에 특허권을 신청할 생각도 없는데 초국적기업들은 그들이 '발명'했다고 주장하는——그러나 실은 농민들의 도움을 받은——새로운 품종들에 대한 특허권을 따내기 위해 혈안이 되었다.

"농민들이 이윤을 창출할 수 있는 지식도 없고 계산조차 할 줄 모른다고 생각한다면 그것은 참으로 잘못된 것"이라고 인도의 생태환경운동가 반다나 시바는 지적한다. 시바는 기업의 특허권 전쟁으로 인해 농민들은 품종에 관해 더 초국적기업에 의존할 것이며, 결국 농민이 어떤 작물을 재배할 것인지를 결정하는 주체는 기업이 될 것이라고 믿는다. 그는 이것은 농민들에게 선택권이 거의 없는 '초국적 전체주의로 향하는 매우 미끄러운 내리막길'이라고 경고한다.[5] 인도와 다른 지역의 농민들은 초국적기업들이 자본과 권력으로 자신들의 독립성을 위협하고 더 나아가 오랫동안 살아온 땅에서 쫓아내지 않을까 걱정한다. 게다가 상업적 품종들의 개발은 생물다양성의 보존과 지속가능한 사용을 해칠 수 있음을 농민들은 너무나 잘 알고 있다.

## 특허 ● ●

농민들은 특허받은 품종들을 사려면 초국적기업들에 비싼 값을 지불해야 하는 실정이다. 특허권은 농화학 연구산업을 활성화하는 근원이며, 이를 통해 농업기업들이 통제권을 휘두를 수 있는 수단이다. 회사들은 투자를 보호할 안전장치가 있어야만 새로운 작물의 연구와 교배에 많은 돈을 투자할 수 있다고 주장한다. 특허가 그 안전장치를 제공한다. 그러나 기업을 위한 안전장치는 빈민들을 소외시킬 수 있다.

특허는 산업공정을 위해 고안되었다. 초국적기업들이 지금 취득하고 있는 식물에 대한 특허권은 수많은 반대에 부딪히고 있다. 기업이 생명체에 대해 특허권을 따려는 시도에 도덕적인 비판이 따르는 것이다. 농민들은 특허가 농작물 품종의 통제에 대한 권한을 농민들에게서 초국적기업으로 옮겨가게 만드는 것에 우려를 표한다.

미국은 식물종에 특허권을 인정한 첫번째 나라이다. 1997년 이전에 다른 나라들은 특허제도에 대해 살아 있는 생명체에 지적소유권을 부여하는 것은 적절치 않다고 판단했다.[6] 몇몇 특허들은 혼란을 가져왔다. 일례로 텍사스에 기반한 회사 라이스텍(RiceTec)은 '바스타미'(Bastami)라는 상표를 단 향기나는 쌀로 특허권을 따냈다. 그러나 25만명의 인도와 파키스탄 농민들은 전통적으로 바스타미 쌀을 재배해왔다. 이 쌀에 특허권을 따내는 것은 오스트레일리아인들이 침팬지에 특허권을 따내는 것과 같다. 라이스텍은 또한 '자스민'(Jasmine)이라고 이름 붙인 쌀도 판매하고 있다. 그러나 자스민 쌀은 오랫동안 타이 농민들이 경작해온 농산물이다. 미국 소비자들은 라이스텍의 쌀이 개발도상국의 산물이라고 혼동할 수 있다. 사실 그들은 특허받은 국산품을 사고 있는 것이다.

1995년 3월에 유럽의회는 식물에 특허권을 인정하는 법안을 부결했다. 이 결정은 처음에는 특히 인도와 브라질 등 다른 국가의 의원들에게 영향을 끼쳤으나, 유럽의 제약회사들이 새 법령을 지키기 위해 공격적인 로비를 펼쳤다. 1997년 7월 유럽의회는 기존의 입장에서 돌아섰다. 그들은 '동식물 품종은 특허대상이 될 수 없다'라는 개정된 생명특허법령을 승인했다. 그러나 그 법령에는 '동식물에 관한 발명이 기술적으로 특정 동식물 품종에 한정되지 않는다면 특허를 받을 수 있다'라는 문구가 덧붙여져 있다. 바르셀로나에 있는 민간단체 '유전자원 행동 인터내셔널'(Genetic Resources Action International)은 그 법령은 회사들이 최종생산품을 한 품종이라고 부르지만 않는다면 동물과 식물에 특허권을 딸 수 있다는 것을 의미한다고 지적했다.[7] 이 새로운 법령은 기본 유전물질부터 유전자와 유전자배열을 사용하는 과정, 결과로 발생하는 산물까지 전체 공급체인에 특허 통제를 부여할 수 있다. 1997년 11월에는 유럽각료회의가 이 법령을 승인했다.

이로 인해 중요한 기본식품이 초국적기업의 사적 소유가 되어가는 위험에 처해 있다. 이를테면 자동차회사가 자동차라는 상품에 대해 특허를 받는, 생각조차 할 수 없는 일이 농작물과 관련하여 벌어지고 있는 것이다. 이를테면 대두와 같은 작물 전체에 대한 특허는 농민이 그 작물에 대해 로열티를 지불하지 않으면 그것을 심는 것이 불법이 되는 것을 의미한다. 또한 대두씨로 과자를 굽는 등의 행위도 불법이 되는 것이다. 따라서 식물에 대한 폭넓은 특허권은 다양성과 농민들과 식량 생산에 엄청난 위협이 된다.

특허는 어김없이 식물 유전자원에 사적·배타적·독점적 통제를 만들어낼 것이고, 결과적으로 농민들이 설 곳을 잃게 할 것이며, 따라서 식품안정성을 위협할 것이다. 그러한 '권리'는 농민들의 권리──그들 자신의 종자를 개발하고 교환할 권리, 궁극적으로는 생존권──를 빼앗아갈 수 있다. 게다가 초국적기업들은 특허법 이전의 품종들에 대해서는 특허를 이용한 통제가 불가능하기 때문에 전통적인 품종들의 판매를 중지하는 경우가 많다. 이는 많은 전통적 품종들이 사용되지 않고 멸종되는 결과를 가져올 수 있다.

개발도상국에서 농작물을 생산해온 지역은 이제 종자와 이를 재배하고 보호하는 데 필요한 농약을 외부에 의존해야만 한다. 따라서 농업생산의 자급이 근본적으로 위협받고 있는 실정이다. 농업의 유전적 다양성을 지키는 것이 자급이나 발전을 보장하는 것은 아니지만, 다양성을 잃는 것은 선택의 여지를 줄이고 의존을 조성한다.

## 인도에서의 시위 ● ●

인도는 식물종 특허권을 허락하지 않은 나라들 중 하나이다. 1970년 인도 특허법은 농업이나 원예과정에 관련된 발명은 특허받을 수 없음을 명시하고 있다. 1996년 인도의회는 경제적 측면의 문제점은 차치하고라도, 식물종에 특허를 인정하는 행위는 수세기에 걸쳐 축적된 생물 다양성(환경의 균형을 맞추는 다양한 동식물의 존재)을 해치고 농민들이 직접 품종을 개량하고 적응시키는 전통적 방식을 소멸시킬 것이라는 생각에서 특허를 반대했다. 데빈더 샤마(Devinder Sharma)에 의하면, 그럼에도 불구하고 초국적기업들은 인도의 작물과 종에 40개의 특허를 신청했다고 한다.[8]

일례로 미국 소재의 회사 W.R. 그레이스는 1995년에 님나무를 재료로 만든 생화학살충제에 대해 미국 특허권을 따냈다. 이 회사는 이 살충제의 국제시장이 2000년에는 연간 5천만달러에 이를 것으로 예상하고 있다. 그러나 이 살충제는 인도 농민들의 밭에서 나는 님나무 씨앗으로 만든 것이기 때문에 그 특허권은 법원에서 논란중이다. 수만명의 인도 농민들이 작물을 해충으로부터 보호하기 위해 님나무 액을 사용해왔다.[9] 이제 이 농민들은 수세기 동안 그들이 경작하고 개선해온 나무로부터 어떤 이윤도 얻을 수 없을 것으로 보인다.

GATT 우루과이라운드의 무역관련 지적재산권 협정(Trade-Related

Intellectual Property Rights, TRIPs)에서는 기업의 입지를 강화했기 때문에 많은 논쟁을 불러일으켰다. 1993년 7월, 인도 카르나타카 (Karnataka) 주의 농민들은 선조들이 수세기 동안 사용해온 씨앗을 재배하는 것이 TRIPs로 인해 특허권자에게 로열티를 지불하지 않으면 불법이 된다는 사실에 분노해 종자회사 카길의 본사 건물을 불태웠다. 카르나타카 농민협회인 카르나타카 라지야 라이타 상하(Karnataka Rajya Raitha Sangha)의 대표인 M. D. 난준다우스와미(M. D. Nanjundawswamy)는 "유전자, 식물, 농업투입물에 특허제도를 도입하는 것은, 아무도 없을 때 국가에 대한 통제권을 장악하는 것과 같다"라고 말한다.[10] 1993년 10월, 300만명이 넘는 인도 농민들이 카르나타카 주의 중심 도시 방갈로르(Bangalore)에 모여 자신들의 삶에 영향을 미칠 우루과이라운드에 반대하는 시위를 조직했다. 농민들은 카길의 잡종 해바라기씨 광고에도 화가 나 있었다. 많은 이들이 이 씨앗을 재배해도 광고된 수확량만큼 생산되지 않으며, 더 나아가 이 잡종작물은 식품으로 적합하지 않다고 주장한다.

미국 행정부는 농업생산물에 대한 특허권을 지지하기 위한 로비를 계속해왔다. 미국 농림부장관 댄 글릭먼(Dan Glickman)은 1996년 1월 인도 농업연구소에서 다음과 같은 연설 내용을 발표하였다.

나는 당신들의 새 법령을 통해 종자기업들이 인도의 농민들에게 가능한 한 가장 좋은 씨앗을 제공할 수 있도록 그들을 책임지고 합리적으로 보호해주기를 바랍니다. 특허권 보호 없이는 어떤 것이든, 특히 농업에서는 혁신은 거의 이루어지지 않을 것입니다. 왜냐하면 사람들은 인류를 위한 이타적인 마음만으로 새로운 아이디어를 개발하기 위해 비용을 들이지 않는다는 것이 자연의 기본적인 사실이기 때문입니다.

그러나 만약 농민들이 아무런 보상 없이 수세기 동안 식물들을 보호하고 개발하지 않았다면 지금 식량은 거의 존재하지 않을 것이다. 농민들이 지적소유의 공동창고에 들인 공헌은 아직 인정되지 않고 있다.

## 유전공학 ● ●

생명공학·유전공학의 출현은 초국적기업에는 엄청난 기회이지만 빈민들에게는 또 하나의 위협이다. 생명공학은 농작물 수확량에 커다란 증가를 가져다주는 것처럼 보인다. 코코넛, 야자 그리고 카싸바 같은 몇몇 작물의 경우에는 500%나 증가했다. 1996년 후반 농업생산물에 생명공학을 적용시키는 데 앞장선 몬싼토는 유전자변형 대두를 내놓았다. 이 회사는 유전자조작 품종이 5년 안에 연간 60억달러의 시장이 될 것이라고 믿는다.[11]

그러나 유전자조작 식품은 높은 수확량이 아니라 오히려 낮은 수확량을 가져올 수 있다. 일단 유전자가 조작된 유기체가 환경으로 방출되면 돌이킬 수 없게 된다. 유전인자들은 근접한 밭으로 퍼져나가 식량생산을 감소시킨다. 유전자조작 작물들은 제초제를 견딜 수 있게 만들어질 수 있으나, 제초제는 무당벌레와 같은 유익한 곤충들을 포함해 다른 것들마저 죽일 수 있고, 또한 빈민들이 생활의 중요한 부분으로 키워온 허브나 약초도 죽일 수 있다. 가까운 밭의 잡초들이 농약에 내성을 가지게 되어 잡초를 제거하기 위해서는 훨씬 많은 양의 농약을 쳐야 할 위험도 있다. 농약을 사용할수록 점점 더 유전자조작 작물을 심어야 할 것이며, 가난한 농민들은 더 많은 농약이라는 독약을 사기 위해 파산할 지경에 이를 것이다. 유전자조작 작물을 보편적으로 채택하게 되면 홑짓기(단작)가 확산될 것이고 식량 안정성의 기본인 식물의 유전자 다양성은 더욱 손상될 것이다.[12]

유전공학은 제3세계 수백만 농민들의 삶을 파괴한다고 시바는 믿는다. 사탕수수·코코넛·바닐라·카카오 같은 열대작물을 유전공학으로 인해 어디서건 재배할 수 있게 된다. 그러나 곧 개발도상국들의 산업 전체가 사라질 수도 있다.[13] 이 기술은 지역사회의 희생으로 초국적기업들에 권력을 집중시키는 것을 의미한다. 유전공학의 발전은 세계를 먹여 살리는 일을 초국적기업의 손에 맡기게 하는 것이다. 이미 세계에서 세번째로 중요한 기본식품인 옥수수의 연구·개발이 소수의 농산물공학 연구자들에게 집중되고 있다.[14]

1998년 3월 세계에서 가장 큰 목화씨 회사인 미국의 델타 앤드 파인 랜드(Delta & Pine Land)와 미국 농림부가 씨앗을 한번밖에 심을 수 없게 만든 기술에 특허를 따내면서 유전공학계에 새로운 이슈가 생겼다. 이 기술은 씨앗을 다시 심으면 발아하는 능력을 없앴다. 즉 식물의 재생산 능력을 마비시킨 것이다. 이는 농민들이 다음 농경기를 위해 거두어들인 씨를 보관하는 관행을 흔드는 것이기 때문에 장차 농업에 가장 큰 혁명을 가져올 것이다.

"그 특허를 연구한 농작물 유전학자들은 멸종인자를 가진 작물에서 나온 꽃가루가 그 기술을 거부하거나 사용할 돈이 없는 농민들의 밭에도 영향을 미칠 것이라고 이야기한다. 농민들은 농경기에 씨를 뿌리려고 저장고를 보고는, 너무 늦은 일이지만 그제야 씨앗 중 일부가 싹을 틔울 수 없다는 것을 깨달을 것이다."[15] 칠레 소재 교육기술쎈터(CET)의 까밀라 몬떼시노스(Camila Montecinos)의 말이다.

"아직까지는 목화와 담배 씨앗만이 신기술에 반응을 보이지만 이것은 모든 재배용 작물에 적용될 수도 있다"라고 캐나다 소재 자원활동단체 '농촌발전재단 인터내셔널'(Rural Advancement Foundation International, RAFI)은 주장한다. 이 단체는 농민들이 자신들의 씨를 비축하고 심는 수세기의 농경 전통을 없앨 수 있는 이 기술을 '터미네이터 기술'이라고 부른다. RAFI의 연구소장 호프 샌드(Hope Shand)는 이 기술을 이렇게 설명한다. "끔찍하게 위험하다. 세계 농민의 반은 가난해서 농경기마다 새 씨앗을 살 수 없다." 결국 15억의 사람들이 곤경에 처할 것이다.

국가 규제씨스템에 터미네이터 기술이 들어설 자리를 만들기 위해 비축된 종자 품종들을 포기하라는 압력이 가해질 수 있다. RAFI는 개발도상국들의 농민단체들과 협력하여 터미네이터 기술 사용에 대한 전지구적 금지를 촉구한다.[16] 그 특허권이 허가받은 지 두달 후인 1998년 5월, 몬싼토는 델타 앤드 파인랜드를 인수하기 위한 과정에 들어갔다. 이 기술은 가난한 사람들의 식량을 다시 한번 위협했다. 1998년 8월, 인도 농림부장관은 터미네이터 기술의 국가적 금지를 발표했다.

같은 달, 몬싼토와 카길은 곡물처리과정과 가축사료 시장을 위해 생명공학적으로 처리된 새로운 상품들을 생산·판매하는 세계적 합작회사 설립을 위한 서류에 서명했다고 발표했다('무역' 부분 참조). 이 회사들은 합작회사가 "몬싼토의 게놈학, 생명공학, 종자들과 카길의 세계적 농업원료, 가공, 마케팅 인프라를 이용해 주요 작물 처리과정의 효율성과 가축사료의 영양을 높이는 유전인자들을 가진 새 상품을 개발·판매할 것"이라고 말했다.[17] 이 합작회사는 생명공학 종자 연구개발과 생산공정을 소비자와 바로 연결시킨다. 한달 후 몬싼토는 북아메리카를 제외한 카길의 종자 국제경영권을 14억달러에 사들였다. 그리고 작물보호 상품에 관심을 가진 제약그룹 아메리칸 홈 프로덕트(American Home Product)와 합병한다고 발표했다. 이 합병은 유전자조작을 농업과 건강상품 모두에 적용하는 커다란 회사를 설립하고 230억달러의 연간 매출을 달성하는 것을 목표로 하였다. 몇달 후 이 합병은 취소되었지만, 합병과 초국적기업의 권력 집중은 계속될 것이다.

### 생물해적질 ● ●

초국적기업들은 개발도상국의 유전물질을 가지고 ──그 지역사회는 아무것도 얻지 못하는 반면── 많은 이윤을 남기고 있다. RAFI는 남반구의 유전자원 혹은 지식이 북반구의 농업, 식품 공정, 제약 등의 발전에 기여하고 있는 예들의 목록을 만들었다. 이 보고서는 100개가 넘는 개발도상국들이 서구국가들의 식품과 의약품에 공헌한 예를 기록하고 있다. 그중에는 아랍의 전통약초에서 나온, 세계에서 가장 널리 이용되는 약인 바이엘의 아스피린도 있다. 멕시코에 위치한 '국제 옥수수·밀 개량쎈터'(International Maize and Wheat Improvement Center)에서 나오는 밀 원료는 미국 밀 총가치(생산지 출고가)의 34% 가량인 31억달러를 기여하는 것으로 추정된다. 말라리아와 암에 쓰이던 라틴아메리카의 약초 뽀다르끄(Pau D'Arc)는 선진국에서 연간 2억달러의 시장가치가 있다.[18]

그동안 초국적기업의 활동은 해적질이나 다름없었다. 유엔개발계획(UNDP) 회의에 제출할 목적으로 작성한 RAFI의 보고에 따르면 남반구 농민들의 유전자원과 지식이 선진국들에 기여하는 바가 연간 45억달러의 가치가 있다고 한다. 그러나 남반구의 가난한 농민들은 그 댓가로 아무것도 받지 못했다. 실제적으로 그 총액만큼 갈취당한 것이라고 RAFI는 주장한다. 이는 단지 농업부문에서인데, 이것은 북반구에서의 농산품가격에 더해진다.[19]

'생물해적질'은 회사의 형태를 갖추고 (때로는 그들이 후원하는 학술 연구단체를 통해) 개발도상국의 허락없이, 어떤 보상도 제공하지 않고 식물종자들을 가져간다. 1995년 RAFI는 최근에 일어나고 있는 그러한 해적질의 예 55개를 모아 보고서로 만들었다. RAFI의 1995년 9/10월호 신문에 따르면 가봉·타이·에꽈도르·뻬루의 최근 예들은 대규모의 생물해적질 행위들을 보여준다. 그중 한 예를 보면 이렇다. 가봉의 식물재배자들이 '펜타디플란드라브라제아나'(Pentadiplandrabrazzeana)라고 부르는 열매에서 나온 단백질로 미국 위스콘씬대학이 두개의 미국 특허권을 받았다. 이 열매들은 가봉에서 일하는 위스콘씬대학 연구원이 수집했다. 그 연구원은 이 열매에서 달콤한 단백질을 얻을 수 있다는 것을 발견했다. 위스콘씬대학이 '브라제인'(brazzein)이라고 이름붙인 이 단백질은 설탕보다 2천배나 단 것으로 추정되었다. 위스콘씬대학은 기업들에게 사용허가를 내줄 수 있는 브라제인에 대해 독점권을 가지고 있다. RAFI는 "위스콘씬대학은 이것이 연간 1천억달러의 세계 감미료시장을 석권할 수 있다고 믿는다"라고 말한다. 그러나 이 새로운 감미료의 개발에 대한 가봉의 공헌은 보상받지 못할 것이다. 반다나 시바는 "침해당한 것은 한 개인이나 기업의 발명이 아니라, 수세기에 걸친 수백만 사람들의 창조성과 독창성이다. 미래에 사람들의 필요를 충족시키는 데 필요한 창조성이다"라고 주장한다.[20] 샤마는 개발도상국에는 "특히 초국적기업들의 무허가 생식질(germplasm) 채취를 막기 위한 더 엄격한 국가 법령이 필요하다"라고 주장한다.[21] 그는 에

티오피아·이란·이라크·중국 등 많은 국가들이 이미 그런 금지령을 만들었다고 지적한다.

무역 ● ●

　　　　　　몇개의 초국적기업이 무역의 많은 부분을 차지하면서 국제적으로 교역되는 농산품의 세계시장을 장악하고 있다. 6개 기업이 세계 곡식무역의 85%를 관리하고 15개 기업이 세계 목화무역의 85~90%를 통제한다. 8개의 초국적기업들이 세계 커피판매의 55~60%를 차지한다. 7개 기업이 서구에서 소비되는 차의 90%를, 3개 기업이 코코아의 83%를, 3개 기업이 바나나의 80%를 차지하며, 5개 기업이 담뱃잎의 70%를 구매한다. 식품이 농업무역의 3/4을, 원료가 나머지 1/4을 차지한다.

　초국적기업들은 질 좋은 원료가 시장에 정기적이며 안정적으로 공급되는 것, 가능하면 원료가격을 낮게 유지할 수 있도록 과잉공급되는 것을 원한다.[22] 초국적기업들은 수출작물 수요에 맞춰 농민들이 그 작물들을 재배하도록 장려하지만, 과잉공급과 낮은 가격은 농민들이 돌려받는 것이 거의 없음을 의미한다. 상품을 생산하는 나라들에 가장 좋은 방법은 단결하여 경작지와 수출을 줄여서 가격을 높이는 것이다. 그러나 이런 협력은 거의 시도되지 않았고 별로 성공하지도 못했다. 수출세는 또다른 가능성을 제시한다. 1984년 영연방사무국(Commonwealth Secretariat) 보고서는 기본상품을 생산하는 나라들이 상품에 수출세를 부과하는 것에 동의한다면 많은 이득을 얻을 수 있을 것이라고 제안했다.[23] 비록 지금까지는 이 아이디어에서 아무것도 진척되지 않았지만 가능성은 여전히 존재한다(제3장 뒷부분 참조). 초국적기업들은 높은 상품가격을 반기지 않는다. 상품가격이 낮으면 생산비용도 낮아서 많은 이윤을 남길 수 있기 때문이다.

농산품과 가공식품의 무역은 1972년 650만달러에서 1997년 5천억 달러로 늘어났다. 이 증가 덕분에 ── 전지구화과정의 한 부분 ── 별로 알려지지 않았던 회사들이 상당한 정치적 영향력을 가진 주요 초국적기업으로 거듭났다. 그러나 이것은 빈민들에게 무시무시한 결과를 가져왔다. 외채를 갚기 위해 더 많은 경화(hard currency, 미국 달러나 영국 파운드 등 널리 통용되는 선진국의 화폐 ── 옮긴이)를 벌어야 하는 개발도상국들은 세계은행과 다른 원조제공자들로부터 커피·코코아·차 등의 농산품을 더 많이 재배하고 판매하도록 농민들을 지원하라고 권고받는다. 그러나 이것은 많은 상품의 공급과잉을 낳았고, 때로는 생산비용 이하의 가격저하를 불러왔으며 재배자들의 빈곤을 악화시켰다. 관련된 초국적기업들 중 일부는 잘 알려진 회사들이며, 일부는 잘 알려

〈표 3.2〉 최대 농산품의 주요 무역업체

| 곡물 | 설탕 | 커피 | 코코아 |
| --- | --- | --- | --- |
| 카길(미국) | E.D. 앤드 F. 맨<br>(영국) | 카길 | 카길 |
| 컨티넨털(미국) | 카길 | E.D. 앤드 F. 맨 | E.D. 앤드 F. 맨 |
| 미쯔이/쿡(일본) | 쒸크르 에 당레<br>(프랑스) | 뉴만/로스포스<br>(독일) | 쒸크르 에 당레 |
| 루이 드레퓌스<br>(프랑스) | C. 자니코프<br>(영국) | | |
| 앙드레/가르나끄<br>(스위스) | | | |
| 붕게 앤드 본<br>(브라질) | | | |

지지 않은 계열사들이다. GATT 우루과이라운드 협정으로 초국적기업들의 사업에 호의적인 시대가 열렸다. 우루과이라운드는 관세를 평균 40% 정도 낮추었다. 자유로운 무역이 더 많은 무역을 의미하는만큼, 이는 무역업자들에게 더 높은 이윤을 챙길 수 있는 가능성을 제공했다.

1994년 9월 경제협력개발기구(OECD)와 세계은행은 우루과이라운드로 인한 관세와 국고보조금의 삭감으로 2002년에는 연간 2130억달러가 세계수입에 추가될 것이라고 추정한다. 그중 대부분——1900억달러——은 농산품의 관세와 국고보조금 삭감에서 생길 것으로 예상된다. 그 수입의 많은 부분은 개발도상국에서 작물을 재배하는 사람들이 아니라 그 상품들을 갖고 무역을 하는 이들에게 돌아갈 것이다. 아프리카의 사하라 이남지역 국가들은 이 변화들로 인해 연간 30억달러에 이르는 손실을 볼 것으로 추정된다.[24]

## 곡물 ● ●

　　　　세계 곡물 생산과 무역은 다른 어떤 작물보다 높은 비중을 차지한다. 미니애폴리스 소재의 미국 초국적기업 카길은 곡물무역의 반 이상을 차지하는, 세계에서 가장 큰 국제 곡물무역업체이다. 또 다른 미국계 회사인 컨티넨털(Continental), 일본의 미쯔이/쿡(Mitsui/Cook), 프랑스의 일가가 경영하는 루이 드레퓌스(Louis Dreyfus), 역시 소유 가족의 이름을 딴 스위스의 앙드레 가르나끄(André Garnac), 그리고 역시 가족회사인 브라질의 붕게 앤드 본(Bunge and Born)이 그 뒤를 따르고 있다. 1998년 11월 컨티넨털은 회사의 곡물무역 경영권을 팔겠다고 선언했다. 미국의 독점금지기관이 인정한다면 카길이 매입할 가능성이 가장 크다(실제로 2001년 카길이 매입했다—옮긴이). 그러므로 몇개의 가족들과 일본 재벌이 대부분의 국제 곡물무역을 맡고 있는 것이다. 이 회사들이 세계 곡물주식 전체의 60%를 갖고 있는 것으로 추정된다.

　카길은 곡물 이외에도 많은 것들에 관심을 갖고 있다. 이 회사는 스스로를 '72개국의 1000군데가 넘는 지역에 8만명의 고용자가 있고 100군데의 다른 지역에서도 경제활동을 하고 있는 농산품·금융상품·산업제품의 국제적 매매·가공·유통업체'라고 설명한다. 이 회사는 세계에서 가장 큰 기름용 종자 무역업체이며, 두번째로 큰 인산비료 생산자이며, 곡물·커피·코코아·설탕·품종·맥아·가금류의 주요 무역업체이다. 카길의 커피——개발도상국들의 가장 큰 농업수입인——무역 정도는 아프리카와 비교해보면 확실히 알 수 있다. 카길은 그들이 커피원두를 사들이는 아프리카 국가들 중 어느 곳의 국내총생산보다도 많은 커피거래액을 보유하고 있다.[25] 1997년 카길은 560억달러의 연간 거래액을 기록하며——아프리카 사하라 이남지역 16개의 극빈국들(나이지리아 포함)의 국내총생산을 다 합친 것과 거의 맞먹는——세계의 가장 큰 12개 회사 안에 들었다. 카길 창업자의 후손이 이 회사의 85%를 소유하고 있다.

　사기업으로서 카길은 회사의 운영에 대해 대중에게 공개하지 않는다. 카길에 대해 미국 상원의원 프랭크 처치(Frank Church)는 1975년 상원 초국적기업 분과위원회에서 이렇게 말했다. "아무도 그들이 어떻게 운영하는지, 이윤이 얼마나 되는지, 세금을 얼마나 내는지, 그밖에 다른 어떤 것들에 대해서도 알지 못한다." 그 은밀한 분위기는 별반 변하지 않았다고 클레어몬테(Clairmonte)와 카바나(Cavanagh)는 주장한다. 카길의 한 지사는 만약 그들의 활동에 대한 정보 일부가 미국정부에 알려진다면 회사와 직원 모두 형사법에 의해 처벌될 것이라고 말한 적이 있다. "무모하게 그런 문제들을 제기하는 후진국에 대한 그들의 태도를 상상하는 것은 어려운 일이 아니다."[26] GATT에 관한 연구논문을 발표한 케빈 왓킨스(Kevin Watkins)에 따르면, 카길이 우루과이라운드 농업부문에 대한 미국의 협상서류 준비를 맡았다.[27] 회사는 자신들의 입장을 미행정부와 유럽정부에 알렸을 뿐이라며 이 사실을 부인했다.

토지 • •

　　　　카길의 활동은 매우 직접적으로 개발도상국의 빈민들에게 영향을 끼친다. 브루스터 닌(Brewster Kneen)은 이에 대해 다음과 같이 지적했다. "카길의 기업목표는 5년 혹은 7년마다 두배로 성장하는 것이다. 이런 목표는 더 많은 영역을 점유하고, 전체 공동체들을 그들의 정착지와 공유지에서 몰아내는 것으로 달성된다."[28] 식품산업의 전지구화는 그 주요역할을 담당하는 초국적기업들이 식용작물 자작농이 소유한 토지를 필요로 한다는 것을 의미한다. 자급용 작물을 위한 토지가 수출용 작물을 위한 토지로 빠르게 바뀌는 추세가 일어나고 있다. 해마다 1백만ha가 플랜테이션 작물용으로 바뀌고 있다.[29] 플랜테이션은 거의 언제나 수출시장을 위한 준비가 되어 있다. 자작농지에서 수출용 상품 생산지로의 급속한 변용은 자원이 부족한 농가와 토착민들의 존재를 위협하고 있다. 이는 농촌의 경제와 사람들에게 치명적이며 도시로 이주하는 농민의 수를 늘릴 것이다. 그럼에도 불구하고 농산물무역에 관련된 초국적기업들은 전지구화를 계속 추진할 것이다.

양질의 토지가 지역사람들을 위한 식량이 아니라 수출용 작물을 기르는 데 사용되어야 하는지의 문제는 오랫동안 토론거리였다. 식량이 절대적인 필수품이기는 하나, 굶주림의 상당부분은 돈과 구매력의 부족에 기인한다. 수출용 작물의 판매는 돈을 가져다준다. 그러나 수출용 작물의 낮은 가격은 자급용/수출용 작물의 균형이 지역사람들의 소비를 위한 자급용 작물을 중심으로 맞춰져야 한다는 것을 시사한다.

수출용 작물을 기르는 수백만의 소농들이 정작 수출로 별 이익을 얻지 못하고 있다. 과잉생산에 따른 가격저하에 직면한 주요 커피생산국들은 1994년 10월 수출시장에 공급을 줄이기로 합의했다. 적어도 부분적으로는 그 결과로 세계의 커피가격이 올라갔다. 1997년 5월 생산자들이 다시 한번 가격유지를 위해 공급을 보류하겠다는 점을 확실히 한 후, 커피가격은 지난 20년 사이에 가장 높은 수준이 되었다.

1970년대 개발도상국에서 보편적으로 행해지던 외국 회사들의 국유화는 많은 대규모 수출용 작물 플랜테이션도 그 대상으로 하였다. 1980년대 후반에는 많은 개발도상국들이 해외투자가들을 합작회사의 형식으로 다시 받아들였다. 일부 국가에서는 식민지시대의 전통적 플랜테이션이 계약에 따라 많은 농민들에게 작물재배와 가공까지 맡기는 외작씨스템(out-grower schemes)으로 바뀌었다. 브리티시 아메리칸 타바코 인더스트리(BAT Industries)에 의한 담배 외주 농작(farming-out)이 그 전형적인 예라고 할 수 있다. 그러나 이러한 합의는 많은 함정을 지니고 있다(제4장 참조).

### 농약의 영향 ● ●

1997년에 300억달러를 넘어선 세계 농약판매

의 81%를 11개의 초국적기업들이 차지하고 있다. 화학기업들의 엄청난 광고캠페인은 개발도상국들을 급성장하는 농약시장이자 또한 농약처리장으로 만들었다. 많은 농약들이 서구 소재의 초국적기업들에 의해 수출되지만, 나머지는 초국적기업들이 해외투자를 통해 제3세계에 설립한 자사 공장에서 생산된다. 개발도상국에서 대부분의 농약은 수출용 작물에 살포된다. 해충을 죽이기 위한 살충제, 병을 없애기 위한 살균제, 그리고 잡초를 죽이기 위한 제초제는 이 산업에서 이윤을 남기는 3대상품이다.

서구국가에서 농민들에게 주는 보조금이 줄어들면서 농약판매량은 예전과 같지 않다. 농약 제조업자들은 그들의 상품판로로서 제3세계에 점점 눈독을 들이고 있다. 어떤 회사들은 2000년에는 전체 농약의 1/3가량이 개발도상국에서 팔릴 것이라고 예상한다.[30] 가장 위험한 농약들(알디카브, 캄페클로르, 클로르덴, 헵타클로르, 클로르디메폼, DBCP, DDT, 알드린, 딜드린, 엔드린, EDB, HCH, 린덴, 파라콰트, 파라티온, 메틸파라티온, 펜타클로르페놀, 2 4 5-T)은 서구국가에서는 금지되었거나 엄중히 제한되어 있다. 그러나 이들 중 일부는 아직도 농약기업들을 통해 개발도상국으로 수출되고 있다. 그러한 수출은 '국제 균형의 스캔들'이라고 묘사되기도 한다.[31] 개발도상국에서는 규제도 없고 금지된 농약에 대한 정보도 부족한데다 높은 문맹률, 억압적인 노동조건과 맞물려 농약이 사람들과 토지, 수자원을 독살하는 치명적인 존재가 될 수 있다.

1989년 적용되기 시작한 FAO의 농약 유통과 사용에 관한 기업윤리강령의 사전통보승인(Prior Informed Consent, PIC) 규정에 의해, 수입국들은 위험한 상품에 대해 미리 통보받아야 하며 수입을 거부할 권리가 있다. 대부분의 주요 농약회사들이 동의하기는 했으나 이 강령은 강제력이 없다. PIC 절차에는 현재 알드린, 딜드린, 클로데인, DDT를 포함한 12개의 농약과 5개의 산업화학물이 목록에 올라 있다. 이 자발적인 PIC 절차를 통해, 수입국들은 수입될 수 있는 위험한 유독성 화학물들에 대해 알 수 있으며 앞으로 수입을 허락할 것인지 금지할 것인지 결정할 수 있다. 1998년 3월 95개국이 가장 위험한 화학물질과 농약의 국제무역을 막기 위해 규정을 법으로 강제하는 것에 동의했다.

그러나 개발도상국에서는 화학물질의 위험을 가려낼 장비가 부족한 경우가 많다. 많은 농약의 조제가 정부연구소의 검사를 받지 않는다. 일례로 케냐에서의 연구에 의하면 96개의 공식적인 농약품들이 유통되고 있는 것으로 조사되었으나 당국에 등록되지 않았다. 등록되지 않고 판매된 상품들에는 DDT, 알드린, 딜드린, 린덴도 있었다. DDT는 수년 동안 대부분의 국가에서 농업용으로 사용이 금지되었으나, 아직도 말라리아 통제를 위해 (제한적으로) 사용을 허가하고 있다. 대부분의 경우 숙련된 보건부 직원에 의해서 모기 번식지역에서만 사용되어야 한다.

DDT는 케냐 전역의 상점에서 아직도 구할 수 있고, 상품에 표시된 사용법은 이를 다양한 농작물에 사용하라고 권하고 있다. 초국적기업들(예를 들면 롱프랑Rhone-Poulenc사의 자사인 몬떼디쏜Montedison과 머피Murphy)과 국내회사들 모두 이 화학품을 판매한다. 쉘(Shell)은 일반적으로 금지된 농약인 딜드린을 '커피용'으로 1992년까지 판매했다. 쉘의 케냐지사는 쉘의 딜드린이 등록되지 않은 탄자니아에서 밀수된 것이 틀림없다면서 케냐에서의 딜드린 판매를 부인했다. 그러나 라벨에는 ─숫자는 빈칸으로 남겨져 있었지만─ 케냐에서 유통되고 있음을 시사하는 공식등록번호가 씌어 있었다. 쉘은 1989년에 딜드린의 생산을 중지했지만, 아프리카에는 메뚜기 통제정책의 결과로 재고가 쌓여 있다.[32]

미국 소재 초국적기업인 델몬트(Del Monte)는 파인애플 재배지와 통조림 제조공장을 모두 구비한 거대한 농장을 케냐에 갖고 있다. 생산은 거의 전부가 유럽과 북아메리카 시장에 파인애플 통조림을 수출하기 위한 것이다. 이 작물을 재배하기 위해 델몬트는 분해하기 어렵고 생체 내 축적이 가능한 농약 헵타클로르를 다량으로 수입한다. 이 농약은 PIC 대상에 포함된 것 중 하나이며 21개국에서 금지되고 다른 나라에서도 엄중히 제한된 것이다. 케냐는 1986년에 건강을 이유로 헵타클로르를 금지했다. 그러나 수출 기록에는 델몬트가 정기적으로 헵타클로르를 수입하여 사용해왔음이 나와 있다.[33] 1997년 꼬스따리까에 대한 보고서에서 세계개발운동(World Development Movement)은 세계 최대의 바나나회사들인 치퀴타(Chiquita), 델몬트, 돌(Dole)이 노동자들의 불임, 신장기능 약화, 기억상실, 심지어는 사망 등의 건강 문제를 일으킨 독성 농약을 과잉사용했다고 고발했다.[34]

보팔 ● ●

농약으로 인해 가난한 빈민들이 피해자가 된 최악의 재난은 1984년 12월 2일 인도 보팔(Bhopal)에서 일어났다. 미국 화학그룹 유니온 카바이드(Union Carbide)의 농약시설 탱크에서 독성가스가 새어나왔는데 그것은 치명적인 24개의 화학물질 혼합물이었다. 인접한 곳에 살던 사람들에게 미친 영향은 끔찍했다. 한 예로, 공장에서 반경 1마일 안에 살던 사브라와 야콥 비(Sabra and Yacob Bee) 부부, 아이들 일곱명은 평생 동안 병을 지니고 살아야만 한다. 사브라 비는 이렇게 말한다.

가스를 맡자 나는 곧 죽을 것이라고 생각했다. 사람들이 길에서 죽어가는 것을 보았다. 늙은 사람들은 죽었다. 아이들도 죽었다. 이 거리에서만 400명이 죽었다. 병원으로 달려간 사람들만 살았다. 이곳에 머무른 사람들은 이미 저세상 사람이 되었다.

유니온 카바이드 공장은 도시의 북쪽에 있다. 사고는 그날 바람에 실린 악성 독가스가 보팔의 중심으로 번지고 이어 북쪽에서 남쪽으로 번지며 시작되었다. 아침 무렵 이미 1000명에 가까운 사람들이 죽었다.

사브라와 야콥 비 부부는 병원에서 20일을 보냈다. 10년 후 1994년, 야콥은 그 가스의 영향으로 인한 건강악화에 시달리며 다시 한번 병원 신세를 져야 했다. 이 가족은 아직도 보상을 기다리고 있다. 그들의 고통은 행정적인 절차가 지연되어 더욱 심화되었다. 인도의 사법기관은 이런 위기에 적절히 대처하지 못했다. 인도정부는 그들이 애초에 요구했던 30억달러의 1/6도 되지 않는 4억7천만달러를 유니온 카바이드로부터 받아냈다. 보상금 청구는 1992년에야 처리되기 시작했다. 1996년까지 80만건이 보상을 받았고 나머지는 처리중이었다. 유독가스에 의해 병이 난 사람들은 ——백내장과 같은 눈병을 제외하고는—— 미리 대피하여 약간의 외상만 입은 사람들과 구별되지 않았다. 그들은 폐와 면역체계의 문제로도 고통을 당했으나 그런 것들은 아무런 보상도 받지 못했다. 정부 공무원은 이 가스사고로 6600명 가량이 사망했으며 35만명이 다쳤다고 발표했다. 그러나 지역 시민단체들은 사망 통계가

1만6천명에 이르며 계속 늘고 있고, 60만명 가량이 다친 것으로 추정된다고 말했다.[35]

사고 얼마 후, 유니온 카바이드는 보팔 공장의 운영권을 에버레디(Ever Ready)에 매각했다. 1996년 국제의료위원회(International Medical Commission)의 한 보고서는 생존자들의 병이 인식되지 않았고 치료되지 않았으며 학대당했다고 주장했다. 그 단체 위원인 로잘리 버텔(Rosalie Bertell) 박사는 "모든 점에서 유니온 카바이드는 걸림돌이 되어왔으며, 그러한 그들의 태도는 국제적 상황을 부도덕하게 만들었다"라고 말했다.[36]

## 농약에 대한 의심 ● ●

초국적 화학기업들은 개발도상국의 농민들에게 자신들의 상품을 필요 이상으로 많이 구입하도록 강요한다. 아시아에서 화학산업은 특히 쌀 부문을 침입해 들어갔다. 그러나 많은 양의 농약을 살포하는 것은 해충의 천적까지 박멸해버렸으며, 농가이윤을 좀먹었고, 농민들에게 돌아오는 혜택을 감소시켰다. 초국적 화학기업들에게는 좋은 장사였으나 아시아의 쌀 재배자들은 정말로 이 농약들이 필요한지 의심하기 시작했다. 농약 사용을 줄임으로써 수확량을 유지하거나 혹은 높일 수도 있다는 증거들이 상당수 있으며, 아시아 쌀 재배자들의 인식도 바뀌고 있다. 다른 대부분의 작물처럼 쌀도 해충을 끌어들여 손실을 입는다. 이 해충들을 통제하기 위해서 농민들은 농약을 사용하라고 설득당해왔다. "40년이 넘도록 아시아의 농민들은 마치 그것들이 좋은 약인 것처럼 농약에 의존해왔다"라고 국제벼연구소의 콩륜 형(Kong Leun Heong) 박사는 지적한다.[37] 국제벼연구소의 폴 텡(Paul Teng) 박사는 이렇게 말한다.

　농민들은 비교적 교육을 잘 받지 못했으며 기업들의 농약광고에 노출
되어 있어서 살충제가 벌레를 죽이는 좋은 약이라고 생각한다. 이런 잘
못된 생각을 바로잡기 위해서는 많은 노력이 필요하다. 보통 기업들이
정부보다 광고·써비스의 장악력이 높은 탓에 이런 잘못된 내용을 퍼뜨
리기 일쑤이다.[38]

　화학기업들은 무료 티셔츠와 모자를 나누어주는 방법으로 농약의
필요성을 의심하지 않는 농민들에게 자기네 브랜드를 사용하도록 장
려했다. 많은 라디오광고와 도로변 커다란 광고판들이 감정에, 특히
손실에 대한 두려움에 호소하며 농민들이 믿어주기를 바라는 내용을
강조했다. 콩륜 형 박사에 의하면 광고들은 대부분 너무나 공포스러운
분위기이다. 그러나 극적인 변화가 일어났다. 광고 홍수 속에서도 농
민들이 농약의 쳇바퀴에서 벗어나려는 의지를 보이기 시작했다. 그렇
게 하는 것이 오히려 수입을 늘릴 수 있기 때문이다.

　이제 통합적 해충관리(Integrated Pesticide Management, IPM)가
점점 보편화되고 있으며 쌀 재배자들은 농약을 좀더 적게 사용한다. 필
리핀에서 국제벼연구소가 FAO, 필리핀 농림부 그리고 지역조직들과 함
께한 프로젝트는 주변 농민들보다 농약을 훨씬 적게 사용한 농민들이
더 많거나 비슷한 양의 수확을 한다는 것을 보여주었다. 룩손(Luxon)
중심부의 한 마을 농민들에게 모내기 후 첫 40일간 벼에 농약을 적게
쓰도록 권유했다. 그 결과 이로운 곤충들이 살아남아 해충을 막았다. 수
확량은 이전 수확량과 비교해 손실이 없었고, 일부 농민은 더 많이 수

확했다. 농약을 뿌리지 않은 농민들은 그해 농경기에 1200~1500뻬쏘 (약 30~37달러)라는, 그들에게는 상당한 액수를 절약했다. 예상치 못한 결과로 농민들은 기업의 유혹에서 벗어났다. 많은 농민들이 처음 40일만이 아니라 그해 농경기 내내 아예 농약을 뿌리지 않았다고 콩류형 박사는 설명했다.

FAO 아시아담당 피터 켄모어(Peter Kenmore)는 IPM을 위한 9개국 FAO 국제교류 프로그램이 8천개 마을의 벼재배 농민들이 살충제 사용을 획기적으로 줄이도록 장려했다고 말한다. 이 마을들에서 농약 사용이 총 75% 절감되었으며 수확량은 평균 10% 정도 늘어났다고 한다.[39] 1987년 인도네시아정부는 57종의 살충제 사용을 금지하고 농민들에게 IPM기술을 가르치기 시작했다. 당시에는 벼에 심각한 위협이 되는 벼멸구가 200만$m^2$에 몰려들었다. 1987년부터 농약 사용이 50% 이상 줄었고, 쌀 수확량은 12% 증가했으며, 단지 20만$m^2$만이 벼멸구에 피해를 입었다.

방글라데시에서는 64개 지역에서 IPM기술 교육을 받을 수 있다. 살충제 사용의 75% 절감으로 농민들은 6~21%의 수확량 증가를 보고했다. 베트남에서는 정부가 1994년부터 모내기 후 40일 동안 살충제 쓰지 않기 캠페인을 벌였다. 농민들에게 IPM기술을 교육시킨 '인도-영국 비료교육 프로젝트'(인도의 6개 주에서 실험)에서도 살충제를 쓰지 않은 농민들의 수익이 농약을 살포한 농민들보다 20%나 높다는 것이 밝혀졌다. 켄모어는 50만이 넘는 아시아 벼재배 농민들이 이제 IPM기술을 터득했다고 추정한다. 자연적인 방법의 해충관리에 대한 인식은 초국적 상품 판매를 감소시켜 소규모 농민들에게 더 많은 보상을 안겨준다. 농민들이 진상을 깨닫게 되자 화학기업들은 판매를 감소시키는 아시아정부들의 대응에 직면하게 되었다. 필리핀에서는 1994년 1월 휀스트의 두가지 살충제가 환경과 건강에 위협이 된다고 선포되어 정부가 사용을 금지했다. 그중 하나는 티오단(Thiodan)이라는 이름으로 필리핀 농민들에게 널리 이용되던 엔도술판(endosulfan)이었다.

어떤 나라들은 외화를 절약하기 위해 화학약품 수입을 제한하고 있다. 이를 피해가기 위해 많은 초국적 화학기업들이 개발도상국들에 공장을 세우고 지역에서 화학약품을 생산한다. 아시아에서는 외국 기업들이 합작회사를 세우기 위해 현지회사들과 협조한다. "그러나 처음에 남아메리카로 쇄도하던 기업의 현지합작 바람이 한풀 꺾였고, 어떤 기업들은 철수를 시작했다"라고 영국 NGO인 '농약 트러스트' (Pesticides Trust)의 바바라 딘햄(Barbara Dinham)은 말한다. 그럼에도 불구하고 남반구에 있는 화학공장에 대한 초국적기업들의 투자는 늘어날 전망이다. 30개 이상의 개발도상국에 농약 제조시설이 있고, 적어도 11개국이 주요 성분을 생산하고 있다.

폐농약  FAO의 1996년 한 보고서에 따르면 개발도상국들에 10만 톤이 넘는 폐농약이 있어 환경과 국민건강을 심각하게 위협하고 있다.[40] 이 보고서는 이들 폐농약의 대부분이 해외원조 프로그램으로 기부받은 것이라고 밝히고 있다. 이 농약들이 보관된 상태는 국제적 기준과는 거리가 멀다. 용기가 낡아서 내용물이 바깥으로 흘러나와 땅을 적시고 지하수와 환경을 오염시키고 있다. 아프리카의 사하라 이남지역 국가들에는 사용되지 않은 채 변질되고 있는 수천톤의 농약들이 ─ 대부분이 초국적기업들에 의해 생산·판매되고, 일부는 원조프로그램으로 기부된 ─ 심각한 건강문제를 일으키고 있다. 6500톤 이상의 폐농약이 20개의 아프리카 국가에서 발견되었고, 모로코와 알제리에 가장 많이 있는 것으로 밝혀졌다.

FAO 보고서는 "폐농약과 관련된 심각한 환경위험에 영향을 받지 않는 나라가 아프리카와 중동에는 하나도 없다"라고 경고한다. 이제 보편적으로 금지된 린덴, 딜드린 그리고 DDT를 포함한 이 상품들의 처리는 심각한 위기를 맞고 있다. 아주 일부의 개발도상국만이 이들을 안전하게 처리할 수 있는 소각시설을 갖추고 있다. 폐농약을 처리하는 가장 안전한 방법은 이 쓰레기들을 생산한 나라로 돌려보내는 것이다. FAO는 남아 있는 재고를 처리하는 프로그램을 시작했다. 1998년 3월 폐농약 처리를 위한 FAO회의에서 농화학산업 대표가 개발도상국들에 있는 폐화학물의 처리비용 일부를 대겠다고 밝혔다.

### 건강문제 ● ●

농약은 대부분 초국적기업들이 만든 독약이다. 개발도상국에서는 농약이 주로 가난한 사람들에 의해 사용되며 대개 건강문제, 심지어는 사망까지 일으킨다. 농약을 안전하게 사용하기란 어렵다. 깡통에 있는 라벨의 내용을 이해 못할 수도 있으며, 실수로 피부에 묻었을 때 씻어내기 위한 비누와 물이 없을 수도 있고, 보호용 의류는 너무 비싸서 살 수 없거나 더워서 입을 수가 없을 것이다. 농약은 또한 강과 저수지로 흘러들어 식수와 물고기를 오염시키며 환경에도 손실을 가져온다.

이런 화학물이 건강에 주는 위험에 대한 인식이 커지면서 고통받는 사람들이 행동에 나섰다. 예를 들면 바나나 플랜테이션의 노동자들이 플랜테이션에서 사용되는 화학품 DBCP의 생산업체를 상대로 그들의 건강에 입힌 피해에 대해 법정소송을 냈다. 1995년 다우 케미컬(Dow Chemical), 쉘 그리고 옥시덴털 케미컬(Occidental Chemical)은 11개국 1만6천 노동자들이 낸 법정소송에 맞서야 했다. 노동자들은 이 회사들이 DBCP의 유해함이 알려진 이후에도 계속 이를 판매했다고 주장한다. 다우 케미컬은 그들의 가장 주된 고객 중 하나인 스탠더드 프루츠(Standards Fruits)에게 다우 케미컬이 DBCP의 상품명인 '푸마존'(Fumazone) 사용중에 일어나는 모든 법적 책임에서 벗어날 수 있게 해주는 기권증서에 서명하게 했다. 1984년까지 푸마존은 주요 바나나수출국인 꼬뜨디부아르와 에꽈도르에서 사용되었다.[41] 노동자들은 1965년에서 1990년까지 이 회사들이 여러 나라에서 무책임하게 행동해왔다고 주장했다.

건강에 대한 가장 최근의 위협은 과일·야채·꽃과 같은 비전통적 작물에 사용되는 많은 양의 농약이다(제4장 참조). 유독한 화학물질에 지속적으로 노출되는 환경에서 살아가는 라틴아메리카 농민들은 심각한 건강문제에 시달리며, 특히 원예생산에 종사하는 여성들은 높은 유산율, 재발성 두통, 현기증 등으로 고통받고 있다. 경제적 문제 역시 일어난다. 생산자들은 식료품 속의 농약잔여물이 수입국의 기준을 넘게 되면 작물 전체를 잃을 수 있고, 또한 가차없이 벌금을 물어야 한다. 1984년에서 1994년 사이, 미국 식품의약청은 라틴아메리카와 카리브해 국가들에서 온 1만4천개가 넘는 과일과 야채 선적물을 미국 농약잔여기준에 맞추지 못했다는 이유로 반입을 보류시켰다. 초국적기업들이 농약 사용을 장려하여 재배자들은 그들의 지갑과 건강까지도 담보로 하고 사용했지만, 결국 그 농약으로 키운 작물이 아무짝에도 쓸모없게 되었다.

개발도상국 전역에서 행해지는 권력게임에서 무언가 잘못되었을 때 패배하는 것은 기업들이 아니라 빈민들이다. 자원이 빈약한 재배자들은 힘을 모아 기업에 맞서 싸우는 것 외에 다른 길이 없어 보인다(제12장 참조).

유엔 식량농업기구(FAO)는 2004년 5월 발행한 공식 보고서 『생명공학적 농법: 가난한 사람들의 필요가 충족되는가?』(Agricultural biotechnology: Meeting the needs of the poor?)에서 향후 농업의 현대화와 식량문제 해결의 방편으로 유전공학에 기초한 농법개발에 더 박차를 가해야 한다는 견해를 구체적으로 밝혔다. 그동안 FAO는 매년 자체보고서를 통해 세계적으로 늘어가는 식량문제와 농업문제에 대해 우려를 표했다. 최근 보고서만 보더라도 만성적인 기아인구의 증가폭이 감소추세에 있다가 다시 증가하여 식량위기 시대가 도래했음을 알리는 여러가지 증거들이 발표되었다.

이번 FAO 보고서의 내용이 사실 새로운 전략에 기초한 것은 아니다. 이 보고서의 근간이 되는 산업형 농업모델은 지난 수십년 동안 초국적 농업기업들이 주도한 것으로 세계 식량위기를 심화시키고 인간생명에 위협을 가하는 방식으로 전개되었다. 이번 보고서에서 강조한 유전공학기술을 도입하는 데 더욱 박차를 가하여 농업의 현대화를 촉진한다면 몬싼토와 같은 초국적기업만이 행복한 비명을 지를 것이다. 왜냐하면 이 기업이 전체 농업생산의 90%를 장악하게 되는 것은 시간문제이기 때문이다. 미국의 생태농업학을 연구하는 찰스 벤브루크(Charles Benbrook) 박사는 이번 보고서가 담은 파괴적인 효과를 막기 위해 아래와 같이 권고한다.

"지금, FAO가 추구하는 길은 심각하게 전개되고 있는 식량위기에 결코 해결책이 될 수 없으며, 오히려 더 문제를 악화시킬 뿐이다. FAO는 공공의 선을 위한 농업정책으로의 발상을 전환해야 한다. 그러려면 제일 먼저 농민단체들, 관련 NGO들의 이야기를 먼저 들어야 한다. 지금이라도 FAO가 식량위기의 문제점을 찾기 위해서 전세계 농민들에게 진정으로 필요한 일이 무엇인지 알아보려면 농민들의 삶의 현장으로 가야 한다. 그것이 FAO가 진정 농민들을 지원하는 일이다."

2004년 FAO 보고서가 발표된 후 전세계 650개 NGO들과 800여 시민들이 FAO의 내용에 반박하는 성명서에 서명을 했다. 이들은 2004년 9월 한달 동안 주요 나라를 도는 '식량위기에 저항하는 아시아 순례단'(People's Caravan 2004)을 조직했다.

순례단은 2000년 '오염되지 않은 땅과 식량을 원하는 사람들'이라는 주제로 아시아 14개 단체의 여성·농민·원주민·NGO활동가 등이 모여, 순례를 통한 저항을 목적으로 시작되었다. 2000년 첫해에는 인도·방글라데시·인도네시아·필리핀·한국·일본의 약 200개 마을을 돌며 2500km의 도보행진을 하면서 쎄미나, 기자회견, 관련 공무원과의 회담, 집회, 영화제, 종자 전시회, 문화교류, 유기농산물 전시회 등을 열었다. 또한 미국대사관 앞에서 집회를 하며 아시아 민중의 빈곤과 식량위기를 초래한 초국적기업들을 비난했다. 거리 순례행진은 5만명의 지지행렬을 불러모으며 효과적인 홍보와 교육의 역할을 했다. 특히 대표적인 10개의 초국적 종자기업이 아시아에서 민중들의 인권과 환경에 재앙을 일으키고 있다는 사실을 널리 알리기도 했다.

2004년 순례단 행진의 테마는 '땅과 식량의 권리'이다. 순례단을 기획한 길버트 쎄이프(Gilbert Sape)는 땅·종자·물·천연자원까지 독점화하면서 가난한 사람들의 권리를 빼앗아가는 초국적기업으로부터 우리의 권리를 다시 되찾기 위해 저항할 것이라고 말한다. 이들의 궁극적인 목표가 빼앗긴 종자와 땅에 대한 권리만을 찾는 것은 아니다. 화학농업을 강요하는 초국적기업의 지배력에서 벗어나서 땅을 살리며 농사를 짓던 조상들의 방식을 다시 회복하는 것이다.

참고자료
www.panap.net

제 4 장

# 희생을 불러일으키는
# 농산품

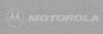

초국적기업들은 식료품과 가공된 농산품의 생산·교역·분배에 주
로 투자한다. 이 장에서는 특히 담배, 유아식 그리고 과일·야채·꽃과
같은 비전통적 수출작물과 초국적기업의 관련성을 살펴보고자 한다.
이 상품들의 생산과 판매 또한 개발도상국에서 살아가는 수백만명의
삶에 구체적인 영향을 미칠 뿐만 아니라, 식품 관련 초국적기업들은
개발도상국에서 이루어지는 농산물 가공사업을 통해 엄청난 이익을
챙기고 있다. 유니레버(Unilever)와 BAT 인더스트리(British
American Tobacco Industries) 같은 기업은 농산품 이외의 분야에도
많은 관심을 쏟고 있다.

담배 ● ●

1998년 5월, 라틴아메리카의 작은 나라인 과떼말라에
서 담배산업에 충격적인 파장을 가져올 수 있는 정부정책이 신문에 보
도되었다. 과떼말라의 국민총생산 142억달러(1996년)는 필립 모리스
(Philip Morris)가 한해에 벌어들이는 545억 3000만달러의 이윤과 비
교하면 지극히 낮은 수준이다. 과떼말라정부는 미국 담배산업을 상대
로, 담배로 인한 질병의 치료비용을 마련하기 위해 법정 소송을 준비
하고 있다고 밝혔다. 과떼말라는 그러한 소송을 내는 첫번째 나라가

된 것이다.[1] 총 5억달러 가량을 요구했다. 담배 관련 질병을 치료하는 비용이 비싼만큼, 이 소송이 법정에서 이긴다면 이후 개발도상국들이 연이어 소송을 낼 것이 분명하다.

담배는 세계무역에서 높은 비중을 차지하는 작물일 뿐만 아니라, 초국적기업의 독점화가 이루어져 있는 상품이다. 필립 모리스, BAT 인더스트리, R.J.R. 나비스코(R.J.R. Nabisco, 옛 R.J. 레이놀즈), 로스만스(Rothmans), 재팬 타바코(Japan Tobacco), 이 5곳이 (국가가 독점하는 중국을 제외하고) 세계 담배생산량의 70% 정도를 주도하고 있다. 이들 기업은 일반적으로 계약조건방식(contract-out production)으로 생산을 소농에게 전가하고, 농민들에게 종자와 비료, 다른 원료들을 팔고 말린 담뱃잎을 사들이는 방식을 취하고 있다. 가장 큰 담배생산업체로서 미국 소재 아메리칸 타바코(American Tobacco)와 영국 소재 갤러거(Gallagher)를 이끌던 미국의 한 초국적기업은 아메리칸 타바코를 BAT 인더스트리에 매각했고, 1996년 10월에는 갤러거를 매각하면서 담배회사 이미지를 대중이 잊게 하기 위해 회사명을 포춘(Fortune)으로 변경하겠다고 발표했다. 그 발표 이후로 포춘의 주식이 크게 뛰었다.[2] 포춘의 등장은 BAT가 더이상 미국 담배산업을 넘볼 수 없게 하는 압력과도 같았다.

개발도상국 사람들은 담배산업을 둘러싸고 이루어지는 커넥션, 비리 등이 하루속히 청산되기를 간절히 원한다. 담배산업으로 인한 피해가 이익보다 더 크며 이로 인해 수백만 빈민들의 삶이 더욱 악화되고 있기 때문이다. 선진국에서 흡연이 줄어들면서 이 산업은 남반구의 시장을 공략했다. 식량농업기구(FAO)는 『담배: 공급·수요·무역 예측, 1995~2000』에서 개발도상국들과 동유럽에 살고 있는 15세 이상 사람

<표 4.1> 총매출로 살펴본 최대 초국적 식품기업들 (1998년)

| | 매출 | 순이익 | 주요 생산물 | 종업원 수 |
|---|---|---|---|---|
| | (단위: 10억달러) | | | |
| 필립 모리스 | 56.11 | 6.31 | 담배, 곡물, 음료 | 152,000 |
| 카길 | 51.00 | 4.68 | 곡물, 종자, 기름, 음료 | 80,600 |
| 유니레버 | 50.06 | 7.94 | 기름, 낙농품, 음료, 포장식사 | 287,000 |
| 네슬레 | 49.96 | 4.11 | 음료, 곡물, 유아식품 | 225,808 |
| 펩시코 | 20.92 | 1.49 | 음료, 스낵 | 142,000 |
| 사라 리 | 20.01 | -0.53 | 육류, 제빵 | 139,000 |
| 코카콜라 | 18.87 | 4.13 | 음료, 음식 | 29,500 |
| 맥도날드 | 11.41 | 1.64 | 외식 | 267,000 |

출처: "FT 500," *Financial Times*, 1999. 1. 28.(카길은 www.cargill.com에서)

들 가운데 흡연자가 급속히 증가하고 있다고 지적했다.[3]

선진국에서는 40년 전에 10명 중 6명 정도가 담배를 피운 반면 지금은 성인 10명 중 3명도 안되고, 흡연은 대부분의 가정·공공장소·직장에서 금지되고 있다. 선진국에서 1년에 200만명 정도가 흡연 관련 질병으로 죽고, 이제 사람들은 대부분 흡연이 죽음을 불러온다는 것을 인식하고 있다. 만성질환을 앓아온 흡연자들은 담배가 그들의 건강에 끼친 해악을 깨닫고 담배회사들을 고발하기 시작했으며, 그 여파가 초국적 담배기업들을 당혹스럽게 만들었다. 결국 수세에 몰린 것은 기업이었다. 일부 의사들은 앞으로 30년 이내에 선진국에서는 흡연이야말로 '옛날에 유행하던 습관'이 될 것이라고 믿는다.

반면 남반구의 흡연율은 증가하고 있다. 광고를 통한 담배회사들의 미묘한 설득에 힘입어 남성의 50%, 여성의 8%가 담배를 피우고 있다. 40년 전만 해도 여성은 거의 흡연을 하지 않았고 남성도 약 20%만이 담배를 피웠다. 그러나 지금은 해마다 100만명이 흡연으로 인한 질병을 앓다가 죽어가고 있다. 세계보건기구(WHO)는 현재의 흡연 추세로 보아 30년 안에 그 수가 700만 정도로 늘어날 것이라며 우려를 표하고 있다.[4]

농림부의 입장에서 보면 담배야말로 큰 수익을 안겨주는 사업이다. 현재 전세계 담배생산의 4/5 이상을 개발도상국들이 차지하고 있다. 1996년 전체 641만톤 중 518만톤이 남반구에서 생산되었으며 그중 중국은 최대생산국이었다(232만톤). 남반구에서 경작가능한 토지 430만 ha가 담배경작에 이용되고 있다. 생산된 담뱃잎은 대부분 국내에서 사용된다. 43개의 개발도상국이 담배를 수출하며, 9개국(아르헨띠나, 브라질, 터키, 타이, 인도, 중국, 인도네시아, 말라위, 짐바브웨)은 남반구 외화수입의 90%를 담배산업을 통해 벌어들이고 있다. 그러나 대부분의 개발도상국들은 건강에 해롭다고 증명된 이 상품에 귀한 외화를 낭비하고 있으며, 담배수출과 수입의 그물은 서로 얽혀 있다. 만약 이들 국가에서 계속 흡연율이 증가한다면 더 많은 외화가 고스란히 담배 수입에 쓰일 것이다.

담배생산을 주도하는 초국적기업들은 담배경작이 많은 개발도상국에서 농촌고용과 외화벌이의 중요한 원천으로도 작용한다고 주장한다. 또한 개발도상국에서 흡연자들이 매년 2% 정도 증가하므로 담배 시장이 계속 늘어난다고 한다. 담배산업은 담배경작이 1년 중 일정기간만을 차지하며 다른 작물을 키울 수 없는 땅을 이용하므로 다른 작물보다 농민들에게 많은 이윤을 가져다준다고 주장한다. 그러나 확실한 것은 담배가 적어도 기업들에게는 많은 이윤을 창출한다는 것뿐이다. 다른 담배재벌들과 마찬가지로 BAT는 가난한 나라에서, 심지어는 세계에서 가장 가난한 대륙인 아프리카에서도 엄청난 수익을 올렸다. 1996년 이 회사는 아시아·태평양·아프리카·서남아시아·동남아시아·중앙아시아 지역에서 '매출 급증'을 보고했다. 담배규제 전문가인 싸이먼 채프먼(Simon Chapman)에 의하면 BAT는 1985~92년 동안 아프리카에서 2억 9900만파운드의 이윤을 남겼다. 연평균으로는 4300만파운드이다.[5]

　빈민들에게 미치는 영향　우간다의 나일강 서쪽지역 아루아(Arua)의 자원이 빈약한 곳에 사는 농부 존 안지파도(John Angiepado)는 1990년에 3에이커의 땅에서 기른 담배 200킬로그램을 10만 우간다씰링(약 100달러)에 팔기로 BAT 우간다지사와 계약했다. 이를 위해 그와 가족은 아홉달이 넘도록 밤낮으로 준비하고 재배했다. 그러나 노력에 비해 수입은 너무나 초라했다. 그는 "아이들과 부인이 담배를 생산하기 위해 너무나 많이 고생을 했는데, 뭐라고 말해야 좋을지 모르겠다"라고 했다.[6] 그러나 이런 초라한 수입이 우간다에서는 평균수준이다.

　우간다의 담배 4/5 정도가 나일강 서쪽지역에서 생산된다. 1만명 가량의 소규모 농민들이 이 나라의 담배에 독점권을 가진 BAT와 계약을 맺고 담배를 재배한다. 회사는 농민들에게 비료, 종자, 농약, 기술적 조언과 같은 것들을 포함하는 패키지를 (대개 외상으로) 제공하고, 그들에게서 건조된 담뱃잎을 사들인다. 우간다에서 —— 대부분의 다른 남반구지역과 마찬가지로 —— 담배는 반ha 정도의 작은 땅을 가진 농민들이 재배하는데, 이는 회사가 결정하는 가격으로 팔린다. 담배회사들과의 계약협정은 흔한 일이다.

　BAT의 씨에라리온지사는 1만5천명의 농민을 고용하고 있고, 케냐

의 BAT는 약 2만명의 농민과 계약하기 위해 협의를 맺고 있다. 회사
는 그들에게 담배생산에 필요한 물품패키지를 공급하고 그들에게서
담뱃잎을 사들인다. 농민들은 알아서 건조창고——담뱃잎을 걸기 위한
수평 막대기, 장작을 때는 아궁이를 갖춘 지붕 달린 오두막——를 짓는
다. 건조과정은 7~10일 정도 걸리며 그 기간에 헛간은 35°C의 온도를
유지해야 한다. 건조기간에 가족들이 창고 근처에서 자는 것은 흔한
일이다. 농민들이 받는 담뱃잎의 가격은 회사의 품질평가에 달려 있
다. 보통 독립적인 품질감정인은 없다. 농민들은 회사가 정한 가격이
아무리 싸도 저항할 힘이 없다. 그것을 받든지 아니면 그만두든지, 선
택은 오직 두가지일 뿐이다.

싸이먼 채프먼에 의하면 필리핀에서는 국가 담배공사가 담뱃잎 1kg
당 20뻬쏘(약 50펜스)로 최저가격을 정했다고 한다. 그러나 이 나라
담배시장의 60% 이상을 장악하고 있는 필립 모리스와 R.J. 레이놀즈
는 농민들에게 1킬로그램당 7뻬쏘(약 17펜스)만을 지불했다.[7] '착취에
반대하는 담배농가연대'(Tobacco Planters Against Exploitation) 대변
인 크리스 팰러베이(Chris Palabay)는 필리핀 담배생산자들이 이용하
는 4년에서 5년짜리 대출금리가 75~100%에 다다르고 있음을 지적하
며 왜 많은 농민들이 빚더미에 시달리면서도 계속 담배농사를 지어야
하는지 설명한다.[8] 바로 그들 자신이 회사에 빚을 지고 있기 때문이다.
말라위는 담배가 경제를 책임지는 나라라고 초국적 담배기업들이 자
주 언급하는 곳이지만, 보통의 말라위 농민들——대부분이 여성——은
담배회사로부터 어떤 혜택도 보지 못한다고 말라위에 있는 영연방개
발회사(Commonwealth Development Corporation)의 전 직원은 지
적한다. 수천의 말라위 농민들이 대규모 담배농장 때문에 자신들의 땅

에서 쫓겨났다.[9]

건강　담배를 피우는 빈민들에게, 담배는 그들의 건강을 악화시키기 때문에 가난을 심화한다. 흡연 관련 질병을 치료해야 하는 것은 이미 자금이 부족한 개발도상국들의 의료써비스에 더 큰 부담을 준다. 흡연은 국가 의료써비스를 약화시킨다. 한 나라가 흡연자들을 치료하는 데 엄청난 돈을 써야 한다면, 결국 다른 병을 앓는 환자들에게 돌아갈 비용은 그만큼 줄어들게 된다.

정부 입장에서 볼 때 담배의 매력은 많은 세금을 거두어들일 수 있는 산업이라는 점이다. 예를 들어 중국의 재무부는 흡연자들에게서 연간 50억달러 이상을 벌어들인다. 그러나 다른 여러 나라에서와 마찬가지로, 흡연으로 인해 발생한 질병을 치료하기 위한 의료써비스에 얼마나 많은 돈이 들어가는지에 관한 공식 보고서는 없다. 개발도상국들의 보건부는 흡연 관련 질병 치료에 드는 비용과 줄어드는 노동일수의 문제점을 지적하면서 담배가 주는 가시적인 '이득'에 대항하려고 노력한다. 흡연이 일으키는 질병과 죽음이 전염병처럼 커지기 전에 흡연을 제한하는 법률을 제정하려고 하는 것이다. 그러나 대부분 제한된 예산 때문에 어마어마한 경영예산을 가진 막강한 담배산업에 맞서기 힘들다.

가난한 나라의 병원들은 지금 흡연으로 인한 질병 때문에 고심하고 있다. 짐바브웨 불라와요(Bulawayo)의 음필로(Mpilo) 병원에서는 지나친 흡연으로 인한 폐암이 가장 흔한 질병이 되었다. 수단에서는 심장동맥질환이 사망을 일으키는 가장 흔한 이유 중 하나가 되었다.[10] 이외에도 흡연 관련 질병으로는 호흡기질환, 소화기궤양 그리고 저체중아 출산 등을 포함하는 임신합병증이 있다. 영양실조인 산모들 사이에서 저체중아 출산은 아이들의 생명을 위협한다. 흡연하는 산모가 낳은 아이들은 신체적·지능적 발달이 부진할 위험이 있다. 나병, 황열병과 같은 오랜 병을 이제야 조금씩 극복하고 있는 개발도상국들의 의료써비스는 담배산업이 가져온 새로운 병들로 인해 타격을 입고 있다.

담배 생산과 이용은 또한 식량생산 감소를 의미한다. FAO에 의하면 말라위는 토지의 4.3%를, 짐바브웨는 2%를 담배재배에 사용하고 있다. 국가적 규모로 보면 이런 비율은 낮은 것 같지만, 소농들이 토지의 많은 부분을 담배재배에 사용하도록 설득당한 특정지역들만 보면 그 비율은 극적으로 상승될 수 있다. 홍콩에 있는 '담배규제를 위한 아시아 컨썰턴씨'(Asian Consultancy on Tobacco Control) 대표 주디스 맥케이(Judith MacKay) 박사는 담배를 위한 '소량의' 토지 사용이 1천만에서 2천만 사람들의 식량을 없애고 있다고 주장한다. 박사는 "토질이 좋은 농작지가 담배생산으로 유용되었기 때문에 식량을 수입해야 한다면 정부는 식량수입의 비용을 감당해야만 한다"라고 지적한다.[11]

초국적기업들의 어마어마한 담배광고는 가난한 사람들에게 담배를 더 많이 피우라고, 음식과 건강관리에 써야 할지도 모르는 돈을 담배를 사는 데 쓰라고 유혹한다. 라고스대학의 파미-피어스(D. Fami-Pearse) 박사에 따르면, 하루에 다섯개비의 담배를 피우도록 설득된 방글라데시의 저소득층은 식품구입을 15% 줄이게 되어, 이미 2000칼로리라는 낮은 1일섭취량에서 300칼로리를 더 줄이게 되었다고 한다.[12]

초국적기업들은 아프리카가 가장 낮은 담배소비율을 보이기 때문에 특히 아프리카시장을 확장하려고 한다. 남반구에서는 담배갑에 건강관련 경고가 아직 제대로 자리잡지 않은 것처럼, 아프리카에서도 사람들이 담배의 위험에 대한 정보를 잘 듣지 못해 흡연의 위험에 대한 인

식이 매우 낮다. 담배광고에 대한 금지나 제한은 단지 40개의 개발도
상국에서만 행해지고 있다. 남반구의 3/4은 어떠한 경고도 받지 않은
채 흡연을 하고 있는 것이다.

흡연하지 않는 여성들은 이 산업의 주요목표이다. WHO는 여성들
에 대한 적극적인 담배 마케팅이 심화될 것이 거의 확실하다고 경고한
다.[13] 1992년 북아일랜드에서 열린 여성과 흡연에 관한 첫번째 국제회
의에서, 최근 각광을 받고 있는 '여성용 담배브랜드' 소비가 급증하고
있다는 보고가 나왔다. 이 회의에서는 초국적기업의 여성용 담배광고
가 흡연을 독립적인 여성이 즐기는 매혹적이고 자극적인 행위로 묘사
하고 있음에 주목했다. 그러나 전문가들은 자궁암, 골다공증, 생식력
저하 등과 같은 질병 때문에 흡연이 여성들에게 더 해롭다는 견해를
보인다. WHO는 담배를 '매력, 날씬함, 우아함, 육체적 건강상태, 해
방과 같은 이미지와 연결시키는 기만적인 광고'에 시급히 맞서야 한다
고 주장한다.[14]

젊은 사람들도 담배시장에서 주된 공략대상이다. "담배산업은 어린
이와 젊은 사람들을 새로운 흡연가로 만드는 데 전력하고 있다"라고
WHO는 경고한다.[15] 기업광고는 상당한 효력을 발휘하고 있다. 하루
에 적어도 4천명의 젊은 사람들이 흡연을 시작한다. 『미국의료협회저
널』(Journal of the American Medical Association) 1991년 12월호에
실린 기사에서는 아주 어린 아이들도 담배를 피우고 즐기는 심각한 문
제를 지적한다. 일부 만화 형식의 광고들이 아이들에게 아주 효과적이
었다고 한다. 또다른 교활한 형식의 광고는 담배나 그들의 로고를 장
난감에다 그려넣는 것이다. 이 산업은 또한 아이들 사이에서 인기있는
운동경기를 후원함으로써 판매를 촉진시키기도 한다. 담배산업은 죽

어가는 사람들을 대신해 계속해서 담배를 피워줄 새로운 사람들을 모집해야 한다. 더 어릴 때 흡연가로 만들수록 더 빨리 이윤창출에 공헌할 수 있는 것이다.

**가정의 부담**  담배생산은 가정에 경제적 부담을 주고 건강에도 영향을 준다. 여성들이 소규모 담배재배의 가장 무거운 짐을 진다. 담배농사의 온갖 일을 하는 것은 물론, 가정과 헛간에서 사용할 장작도 모아야 한다. 식사가 불규칙하고 가장 바쁜 달에는 잠도 자기 어렵다. 채소밭을 돌아보고 시장을 보러 갈 틈도 없다. 담배재배는 노동강도가 높은 탓에 가난한 가정에서는 자녀들을 노동력으로 이용하게 되는 경우가 많고, 이는 아이들 교육에 심각한 결과를 가져온다. 아이들이 학교에 출석하는 것은 더욱 불규칙해진다. "(우간다의) 나일강 서쪽에서 담배재배는 가족 모두가 떠안아야 하는 일이다"라고 알리로(Aliro)는 말한다. 아이들은 '잡초뽑기, 물주기, 대 세우기, 담뱃잎을 모아서 헛간의 열기송관에 걸어놓기 위해 담배엮기' 등의 일을 위해, 즉 경작과 처리의 모든 단계에서 필요하다.[16] 담배를 재배하는 가정의 아이들은 재배하지 않는 가정의 아이들과 비교해서 학교에 빠지는 날이 많고 더 늦은 나이에 초등학교를 다니기 시작한다고 알리로는 지적한다. 심지어 수업료를 냈어도 담배밭에 일이 많으면 아이들은 학교에 가지 않는다. 아동노동이 담배산업에만 있는 특수한 현상은 아니지만, 경작기간과 처리과정이 더 길기 때문에 어린이들이 부담해야 할 노동의 무게가 한층 무거운 것이다.

**토질 악화**  가난한 나라에서 담배가 재배되는 곳들을 보면 나무들은 드문드문 심어져 있고 기후는 건조하다. 담배산업은 이것이 담배재배의 이점 중 하나라고 주장하지만, 나무들이 점점 사라지는 것은 토지의 자연적 보호력을 없애고 식량재배지를 불모의 폐허로 만들 수 있다. 우간다에서는 담배재배로 인해 자연의 숲과 나무가 거의 소멸되고 있다.[17] 우간다의 나일강 서쪽지역에서 이에 가장 많이 영향을 받은 지역은 사막으로 변할 위험에 처해 있는 마라차(Maracha)이다. 그곳은 더이상 사람과 자연이 어우러져 살아갈 수 없는 모습으로 변해버렸다. 우물과 개울이 마르고 있어서 사람들은 물을 구하려면 더 멀리까지 걸어가야 한다. 이미 장시간노동에 지친 여성들은 이런 가외의 부담까지 짊어져야 한다. 나무들이 베어져나가고 따라서 땅이 보호막을 잃게 되면 폭우가 올 경우 씻겨나갈 가능성이 더욱 커진다. 농민들은 토질 악화와 작물수확량 감소에 불만이 높다. BAT는 우간다에서 나무를 다시 심고 있고 장작 소비를 줄이도록 헛간 화로의 효율성을 높이고 있다고 주장한다.

　　남반구에서 나오는 담뱃잎의 절반이 장작으로 건조된다. 이 건조과정으로 나무가 심각하게 손실되고 열대삼림에도 부가적인 부담이 된다. 한 경제학자는 보고서에서 이렇게 지적한다.


　　제3세계 담배생산의 주요 결과 중 하나는 열기송관 건조처리와 모닥불 연기 건조처리에 드는 상당한 에너지에 기인한다. 이와같이 일부 국가에서는 담배가 숲을 황폐화하는 원인이다. 숲의 벌채는 토양을 침식시키며, 궁극적으로는 인접한 농지의 생산력을 떨어뜨리는 환경문제를 일으킨다.[18]

따라서 담배는 세계에서 가장 굶주리는 나라들의 식량생산에 영향을 끼치며 심각한 벌채의 원인이 된다. BAT는 농민들이 한해에 1천 그루의 유칼리나무를 심는 데 동의해야만 담배농사를 할 수 있다고 말한다. 그러나 이 정책의 추진은 또다른 문제를 일으킨다. BAT의 전 선임직원은 단언한다.

회사는 나무 많이 심기에 대해서 떠들어대고 있지만 내 생각에는, 이것은 전체 문제를 가리려는 부당한 노력에 지나지 않는다. 담배재배지에서 나무들이 막무가내로 베어져나가는 것은 논쟁의 여지가 없는 사실이며, 머지않아 사람들은 더이상 나무를 볼 수 없게 될 것이다. 문제는 농민들은 물론 BAT도 이런 문제에 대해 책임지지 않고 교묘히 빠져나갈 수 있으며 또 그렇게 할 것이라는 점이다.[19]

케냐의 소농들 대부분은 4ha도 안되는 땅을 가지고 있다. 만약 그 소농이 담배를 심으려면, 그것이 반ha를 차지할 것이고 나무들이 1ha를 차지할 것이다. 식량을 위한 땅이나 다른 용도의 땅은 줄어든다. 빨리 자라는 나무라고 해도 한 그루의 나무가 제 모습을 갖추려면 5년은 걸리는데, 농민들은 5년 후에나 벌목할 수 있는 나무를 당장 심는 것에 관심이 없다. 그들에게는 가족이 오늘 하루 살아남을 수 있는 식량을 재배하는 것이 더 급박한 문제이다. 농민들은 담배처리를 위해 계속 나무를 벨 것이다. 또 새로 심는 나무들이 항상 살아남지도 못한다. 그러나 BAT 케냐지사는 자사와 계약한 농민들에게는 나무가 충분히 있으며 이들이 심은 나무 4천만 그루가 잘 자라고 있다고 주장한다.[20]

수출상품의 의존도가 높은 담배산업과 아프리카 국가 말라위의 삼림벌채 문제가 연구보고서로 잘 드러나 있지는 않지만, 이미 심각한 수준에 달한 것은 사실이다. 세계에서 가장 가난한 여섯 국가에 꼽히는 씨에라리온의 북쪽 봄발리(Bombali) 지역에서는 담배경작의 역효과가 분명하게 드러난다고 한 보고서는 경고한다. 그 지역은 한때 숲이었다. 그러나 지금은 불모지이며 불안정하고 작물을 키우지 못한다.[21] 담배로 인한 벌채는 세계에서 가장 큰 담배생산국의 하나인 브라질의 일부지역에서도 심각하다. BBC파노라마의 앵커 피터 테일러(Peter Taylor)는 브라질 싼따끄루스(Santa Cruz)의 한 농장을 방문한 후 이렇게 말했다. "그 농장 주변에는 한때 아름다운 숲이 있었다. 그러나 그 숲의 나무들은 주로 담배건조를 위한 연료로 잘려나갔다." 그가 추정하기를 브라질의 10만 담배농은 한해에 6천만 그루의 나무를 필요로 한다.[22] 브라질에서 초국적 담배기업들은 담배처리과정을 위해 2470만 그루의 나무를 잘라냈지만, 2억 1750만 그루를 새로 심었다고 주장한다. 그러나 그중 몇그루가 살아남았는지에 대해서는 말하지 않는다.

담배재배는 또한 토지의 영양성분을 다른 많은 작물들보다 훨씬 빠르게 고갈시키고, 따라서 토지의 수명을 급속하게 감소시킴으로써 환경에 영향을 끼친다고 굿랜드(Goodland), 왓슨(Watson), 레덱(Ledec)은 경고한다.[23] 예를 들어 말라위·스리랑카·잠비아·짐바브웨에서는 담배가 종종 언덕에서 재배되고 이로 인해 땅의 침식이 촉진되고 있다. 담배를 재배하려면 많은 농약이 살포되어야 한다. 케냐의 담배농들을 대상으로 배포된 교육용 자료에는 BAT가 추천하는 담배작물을 위한 묘판 프로그램이 소개되어 있다. 묘판을 만드는 것에서부터 모종을 밭으로 옮겨심는 데까지 석달 가량이 걸린다. 그동안 16번의 농약 살포를 권장하고 있다. 알드린과 딜드린(영국에서는 1969년 단계적으로 금지된 약품), DDT, 앰부시, 드리녹스를 포함하는 세계에서 가장 위험한 화학물들을 케냐 농민들이 담배생산을 위해 사용하리라는 예측을 할 수 있다. 그러나 농약이 땅에서 수로로, 그리고 지역수도로 흘러들어가버리기 때문에 그 폐해에 대한 수치는 좀처럼 알려지지 않는다.

담배산업에서 가장 많이 사용하는 나무인 유칼리나무는 논쟁의 소지를 많이 안고 있다. 이 나무는 지하수를 빨아들임으로써 건조한 지역에서도 빨리 자란다. 그러나 이렇게 빨리 성장하려면 지하수면이 낮아지게 된다. 그러면 식량을 재배하는 토지에 막대한 피해를 끼칠 수 있다.

여러 의료협회와 WHO는 담배광고가 대중매체에서 완전히 사라져야 한다고 권고한다. 중국은 담배의 TV광고를 금지했다. 케냐에서는 비록 주1회 BAT의 프로그램이 계속되긴 하지만, 담배업계가 라디오와 TV광고를 철회하기로 합의했다. 북반구에서 남반구로 초국적 담배기업들이 수출하는 담배의 일부에는 타르와 니코틴(중독을 일으키는 물질) 함량이 북반구에서 판매되는 브랜드보다 높다. 제임스 윌킨슨(James Wilkinson)에 의하면, 파키스탄에서 가장 인기있는 브랜드들인 캡스탄(Capstan)과 모벤(Morven)은 각각 한 개비당 29mg의 타르를 포함하고 있다고 한다. 영국이나 오스트레일리아에서 1981년도에 많이 팔렸던 담배들은 타르가 담배 한 개피당 19mg을 넘은 적이 없었다.[24]

대체물  담배를 생산 하지 않고도 농민들이 수익을 올릴 수 있는 대체물은 충분히 있다. 많은 작물들이 지금 담배재배를 하고 있는 땅에서 자랄 수 있다. 파프리카·고추 같은 야채, 감귤류·키위·아보카도·망고 같은 과일, 마카다미아·피칸·케슈넛을 비롯한 견과류 등은 대체작물로 아주 좋다.[25] 소규모 재배농에게 가장 적합한 대체작물은 햇볕에 말려서 저장할 수 있고, 수출을 위해 팔 수 있는 것들이다. 짐바브웨의 금융장관 버나드 치드제로(Bernard Chidzero) 박사는 농민들에게 섞어짓기(혼작)를 하고 담배경작지를 축소해야 한다고 말한다.[26] 길게 보면 원예야말로 더 지속가능한 작물이 될 수 있고 고용을 늘리고 외화를 벌 수 있다고 짐바브웨의 농림부장관은 말한다.[27]

개발도상국 정부들이 이런 담배산업에 대해 고민하는 가장 결정적인 이유는 담배의 순경제비용이 부정적이기 때문이다. 치료비용, 장애와 사망의 비용이 경제적 이익보다 최소한 연간 2천억달러나 더 들고, 이 손실의 1/3이 개발도상국에서 일어난다.[28] 흡연에 반대하는 국제적인 공동대응단체들과 대치하고 있는 담배산업은 개발도상국에서 자신들의 사업을 증진시키기 위한 활동을 할 것으로 예상된다. 초국적 담배기업들은 규제와 싸우기 위해 건강단체들보다 훨씬 많은 자금력을 동원해 로비를 할 수 있다. 각국 정부가 아주 구체적인 행동을 취하지 않는다면 얼마 안 가서 자국의 국민들이 흡연으로 병을 앓고 그로 인해 재앙이 만연하는 사태를 겪어야 할 것이다.

## 유아식 ● ●

'아기들이 건강하고 행복하게 자라고 있는 나이지리아에 온 것을 환영합니다'라는 문구가 라고스(Lagos)공항 근처의 광고판에 붙어 있다. 물론 이것은 아기우유 생산기업의 광고이다. 그러나 유니쎄프(UNICEF)의 1995년 보고서 『세계 어린이들의 상태』(*The State of the World's Children*)에 의하면, 1990년에 생후 6개월 동안 모유를 먹었다면 죽지 않았을 아기들이 모유를 먹지 못해서 100만명 넘게 죽었다. 유니쎄프의 이전 보고서는 "젖병으로 우유를 먹는 아기들이 생후 6개월 동안 모유를 먹는 아기들에 비해 어린 시절에 죽을 가능성이 25배나 높다"라고 지적했다.[29] 모유대체물의 판촉은 세계에서 가장 약한 어린이들의 삶에 영향을 끼친다. 그리고 초국적 우유기업들이 이 판촉의 대부분을 담당한다.

아기에게 모유를 먹이는 것이 분유를 먹이는 것보다 건강에 좋다는 인식은 이미 세계적으로 공감대를 형성하고 있다. 모유는 균형잡힌 영양을 섭취하게 하고, 질병과 싸우는 항체와 백혈구를 만들어준다. 최근의 연구에서는 모유를 먹인 아기들의 지능이 더 높다고 한다.[30] 그러나 모유수유는 많은 산업화된 나라와 개발도상국에서 젖병에 밀려나고 있다. 세계인구의 1/5을 차지하는 중국에서도 모유수유는 급격하게 줄어들고 있다. 이슬람국가인 방글라데시에서는 두살이 된 후에 아기의 젖을 떼라는 꾸란의 가르침에도 불구하고, 모유를 먹는 아기의 수가 1983년 96%에서 1993년 46%로 반 이상 줄었다. 아마도 그 감소의 가장 중요한 이유는 연간 80억달러 시장을 놓고 다투는 모유대체물 관련 초국적기업들의 강력한 판촉과 광고일 것이다. 그 초국적기업들은 수백만의 엄마들에게 모유수유를 중지하고 분유를 사용하라고 설득해왔다. 기업이 병원에 무상으로 공급한 모유대체 상품이 특히 효과적이었으며 가장 해로운 수단이 되었다는 것이 유니쎄프의 견해이다.

1973년 잡지 『뉴 인터내셔널리스트』(*New Internationalist*)는 두명의 소아과 전문의가 쓴 모유대체물의 영향에 대한 논문을 게재했다.[31]

이듬해 영국에 위치한 시민단체 '워 온 원트'(War on Want)는 젖병 안에 들어 있는 아픈 아기 모습을 표지에 담은 『베이비 킬러』(*Baby Killer*)라는 자료집을 출간했다.[32] 이 자료집은 베스트셀러가 되었으며, 이 문제를 공론화한 TV영화와 번역물들이 생겼다. 스위스 베른에 위치한 제3세계 활동단체에 의해 독어로 번역되었을 때는 '네슬레가 아기들을 죽인다'(Nestlé Totet Babys)라는 제목이 붙었다. 네슬레는 이 단체에 명예훼손 소송을 제기했으나 판사는 약간의 벌금만을 부과하면서, 개발도상국의 네슬레 상품광고에 따른 피해가 산업화된 국가보다 더 심각하게 확산되고 있다고 했다. 그는 "네슬레가 비도덕적이고 비윤리적인 상업행위로 고발당하고 싶지 않다면 개발도상국들에서 하는 광고를 근본적으로 다시 생각할 필요가 있다"라고 말했다.[33]

스위스에서 시작된 초국적기업 네슬레는 세계에서 두번째로 큰 식품회사이다. 회사의 주요상품은 커피, 과자류, 미네랄워터, 우유, 아이스크림, 애완동물 사료이다. 1988년 네슬레는 영국 회사 로운트리(Rowntree)를 약 40억달러를 주고 사들였으며, 게일즈허니(Gales Honey), 썬팻(Sun Pat) 땅콩버터, 싸슨즈(Sarsons) 식초 등을 포함하여 수많은 작은 회사들도 소유하고 있다. 세계적으로 이 회사의 모유대체물(이 회사가 원하는 대로 부르자면 '유아용 유동식infant formulae')이 전세계 시장의 40% 정도를 점유하고 있다. 그밖에 주요 아기우유 제조사로는 카우 앤드 게이트(Cow and Gate), 와이어스(Wyeth), 카네이션(Carnation), 부츠(Boots), 로스-애벗(Ross-Abbott), 미드 존슨(Mead Johnson)이 있다.

1975년 가톨릭 수녀들의 모임인 보혈선교수녀회(Sisters of the Precious Blood)는 미국 회사 브리스톨 마이어스(Bristol Myers)가 위임장에 잘못된 진술을 한 것에 대해, 다시 말해 '거짓말'을 한 것에 대해 소송을 냈다. 가브리엘 팔머(Gabrielle Palmer)에 의하면 다음과 같다.

수녀들이 주주로서 해외 판촉행위에 대한 자세한 정보를 회사측에 요구하자, 그들은 만성적인 가난이나 무지로 상품이 오용될 수 있는 곳에서는 어떠한 판촉도 없었다고 했다.[34]

그러나 브리스톨 마이어스는 인구의 절반 정도만이 식수를 얻을 수 있는 과떼말라 같은 나라들을 상대로 상품을 팔았다. 수녀들은 18개국에서 증거를 수집했고 회사는 재판에 응하지 않고 타협했다. 그러나 그 산업은 흔들리지 않았다. "그 모든 공론화와 소송에도 불구하고 네슬레를 포함한 회사들은 광범위한 판촉을 계속했다"라고 팔머는 말한다. 미국의 교회들과 이 문제에 관심을 갖는 단체들은 네슬레 제품에 대해 불매운동을 시작했으며 이는 곧 캐나다·유럽·뉴질랜드로 확산되었다. 새로 형성된 NGO연합, '국제 아기식품 행동 네트워크'(International Baby Food Action Network, IBFAN)의 연대로 불매운동이 확산되자, 네슬레는 이 위협에 맞서기 위해 공공단체에 돈을 쓰기 시작했다. 팔머는 네슬레가 힐 앤드 놀튼(Hill & Knowlton)에 100만달러가 넘는 돈을 지불했으며 성직자들과 종교단체에 그럴듯한 책자 30만부를 보냈다고 한다.

기업윤리강령 WHO와 유니쎄프는 모유대체물 마케팅의 문제점을 개선하려면 기업윤리강령이 필요하다고 확신하게 되었다. 이는 1981년 세계보건총회(WHA)에서 118대 1의 지지를 받으며 승인되었다.

반대표를 던진 나라는 오직 미국뿐이었다. 이 강령의 1항에 포함된 네 가지 조항에서 '모유대체물의 판촉 금지, 산모들에게 무료견본품 증정 금지, 건강관리기관을 통한 판촉 금지, 산모들에게 기업 소속 육아간호사의 권유 금지'를 촉구한다. 이 강령은 각 나라가 이 조항을 법적으로 혹은 자발적으로 강제하는 것이었다. 또한 NGO들은 "이 강령의 원칙이나 목표에 위반되는 제조업자들의 행위를 주시할 책임을 갖는다"라고 되어 있다(11조 4항).

강령이 채택된 후에 각 회사는 나름의 안을 만들었으나, 팔머는 "이들 중 어떤 것도 WHO의 기본안에 근접하지 못했다"라고 주장한다.[35] 1984년에 네슬레는 국가 내에 규제효력을 갖는 법이 없더라도 개발도상국에서 WHO의 강령을 지키겠다고 말했다. 이에 소비자 불매운동은 해산했다. 네슬레의 모유대체물에 대한 대규모 광고는 대부분 중지되었다. 그러나 다른 마케팅전략은 계속되었다. 1986년 필리핀에서 실시한 한 조사에서는 병원에서 37%의 아기들이 네슬레가 무료로 제공하는 분유를 먹는다는 사실을 밝혔다. 이것은 윤리강령에 직접적으로 위반된다. 파키스탄·말레이시아·싱가포르에서도 우유회사가 WHO 강령을 위반한 증거들이 있다. 그러자 우유시장 선도자인 네슬레에 대한 소비자 불매운동이 다시 시작되었다.

개선을 촉구하는 시민들의 압력이 거세지자, 유니쎄프 집행부는 1991년에 모유대체물 제조사·공급사가 산후조리원이나 병원에 무료, 혹은 저가로 제품을 공급하는 것을 1992년 12월까지 중지할 것을 요구했다.[36] 이는 사실상 10년 전에 합의된 강령을 지키라고 요구한 것이다.

1991년 9월에 출간된 한 IBFAN 보고서는 아기우유 회사들의 관행을 조사했다. 조사팀은 "어떤 회사도 국제적인 윤리강령을 준수하지 않는다. 네슬레는 다른 어떤 경쟁사보다도 자주 강령을 어겼으며, 힙(Hipp), 미드 존슨, 메지(Meji), 밀루파(Milupa), 뉴트리카(Nutrica)/카우 앤드 게이트, 스노우 브랜드(Snow Brand), 와이어스를 포함한 다른 대부분의 회사들은 아주 낮은 수준에서 강령을 지키는 것으로 드러났다"라고 보고했다.[37] 불매운동이 멈추지 않자 네슬레는 1992년 말에는 의료기관에 공급을 중지하겠다고 말했다.

1994년 5월 강령의 허점을 보완하기 위한 노력으로 세계보건총회는 만장일치로 세계적으로 모유수유를 강화하기 위한 결의를 채택했다. 이 결의는 기업들이 모호하다고 주장하는 1981년 강령을 대폭 수정했다. 그러나 별로 변한 것은 없는 것 같다. 1993년 9월부터 1994년 7월까지 62개국에서 실시한 조사에 근거한 IBFAN의 추적 보고서(1994년 8월에 출간)는 이렇게 말한다.

대부분의 유아식품기업 내부에 작은 개선의 흔적이 보였다. 그러나 1991년에 보고된 마케팅전략 중 현재도 계속 사용되고 있는 것이 많다. 약간의 성공사례도 있는데, 이는 정부와 국제기구들의 현재 분위기가 변화를 갈망하는 쪽으로 크게 기울고 있다는 것을 보여준다.[38]

이 보고서는 초국적기업들이 41개국에서, 그중 적어도 28개국은 정부가 금지한 곳임에도 무료공급을 하고 있다고 주장한다. 특히 기업이 홍보용으로 병원에 무료 혹은 저가 공급하는 것을 중지하겠다는 약속이 허위임이 드러났다. 그리고 보고서는 네슬레가 다른 경쟁사보다 최소한 두배 이상 강령을 어겼다고 주장했다. 보고서는 22개국으로부터 네슬레에 대한 588건의 불만이 접수되었으며 그 내용은 견본품 · 무료

공급·선물 등에 관한 것이었다고 전했다.

　네슬레는 그 진술 중 455건을 조사함으로써 이에 응했다. 1994년 후반 네슬레는 "단지 3건만이 조정을 필요로 했다. 대부분은 회사를 음해하는 거짓 진술이었다. 대부분 너무 모호해서 증거를 댈 수 없었다"라고 보고했다. 이들은 IBFAN의 감독에 근본적인 결함이 있었고 회사는 10년간 개발도상국에서 유아식품을 판촉하지 않았다고 주장했다. 그러나 네슬레의 대답은 믿음이 가지 않는다. 네슬레는 보고서에서 가봉의 '산모와 어린이 건강' 담당부서 직원이 "당신은 이 기록을 실제로 일어나고 있는 것과는 정반대인, 당신 회사에 대한 근거없는 진술을 부정하기 위해 사용해도 좋습니다"라고 이야기하는 것을 인용했다. 그 관리자의 이름은 드러나지 않았다. 영국 단체 '아기우유 행동'(Baby Milk Action)이 가봉 보건부 영양부서 대표인 마르쎌 에뿌올루(Marcelle Epouolou) 여사에게 물었을 때, 그는 이렇게 답했다.

　　나는 단언할 수 있습니다. 가봉에서 소개프럴(SoGapral)로 대표되는 네슬레는 무료공급을 합니다. 그 알려진 '산모와 어린이 건강' 담당 관리자는 허구의 인물입니다. 네슬레에게 그의 이름을 대라고 해보세요. 우리는 많은 개인병원을 방문했고, 그 직원들은 모든 회사에서 우유를 공급받고 있다고 인정했습니다.[39]

　'아기우유 행동'은 네슬레가 강령을 WHO나 유니쎄프가 의도한 것보다 훨씬 약하게 해석했기 때문에 그 진술들을 간단히 처리할 수 있다고 생각했을 것이라고 말한다. 예를 들면, 회사는 강령이 '유아용 유동식'에만 해당되고 '성장기 우유'에는 적용되지 않는다고 주장한다.

이런 우유는 그 강령이 채택된 1991년에는 아예 알려지지도 않았다. '아기우유 행동'의 견해에 따르면 그 우유는 너무 많은 소금과 단백질을 포함하고 있어서 6개월 미만의 아기들에게는 안전하지 않다. 네슬레는 어떤 경우에는 유아식을 무료공급하는 것이 가능하다고 믿는다. 의료노동자에게 제공하는 선물은 괜찮다고 해석하고, 엄마들에게 주는 안내자료에 상품사진을 싣는 것은 허용된다고 생각하는 것처럼 보인다. 그러나 이런 해석은 WHO 강령의 정신과 내용에 위배된다. 유니쎄프의 전직 법률자문 리아 마길스(Leah Marguiles)는 이렇게 말한다.

IBFAN이 네슬레에 한 비난 중 세개만 옳았다고 네슬레측에서 말한다고 해서 그것이 사실이라고 볼 수는 없다. 내가 유니쎄프 생명친화적 병원 설립추진위원회의 법률자문으로 일할 때 감독한 방콕의 한 병원에서 그 위반사실이 드러났다. 네슬레는 이 위반사례에서 무료공급은 과학적 조사를 목적으로 기증한 것이라고 답했고, 물론 이 사례가 세개의 위반 내용에 포함된다고 생각하지 않았다. 나는 좀더 객관적으로 이 문제를 증명하고자 병원을 직접 방문해 간호사들과 면담을 했으며, 네슬레의 유아용 유동식이 정기적으로 기증된다는 말을 들었다. 내가 증거를 요구하자 '무료'라고 표시된 송장의 복사본을 주었다. 그 송장에는 기증이 연구를 목적으로 하는 것이라고 적혀 있지 않았고, 간호사들도 그렇게 이야기하지 않았다. 그들은 단지 정기적 기증에 대해서만 이야기했으며, 그 기증품들이 어디에 보관되어 있는지 보여주었다. 네슬레 상품은 병원 한쪽 창고에 다른 회사에서 보낸 기증품들과 나란히 쌓여 있었다.[40]

1996년 네슬레는 중국의 병원에서 같은 내용으로—무료 혹은 저가로 아기우유 제공 금지 — 윤리강령을 어겨서 이를 감시하던 단체들에게 비난받았다. 네슬레는 1994년 4월에 자발적으로 중국에 무료공급을 중지했다고 주장했다. 중국정부는 1992년에 이러한 관행을 금지했으나, 1996년 2월 원조단체인 '어린이의 생명을 보호하는 기금'(Save the Children Fund, SCF)의 보고서는 네슬레가 7개의 병원에 무료공급을 함으로써 그 지역에 모유수유를 약화시키고 있다고 주장했다. SCF 보고서는 병원을 떠나는 산모들에게 주는 무료식품 때문에 네슬레 아기우유 사용이 크게 늘어나고 모유수유가 급격히 줄었다고 한다. 네슬레는 중국정부가 제조업자들에게 1992년의 정책을 알려주지 않았다고 말했다. 또한 1994년 4월에는 중국 병원에 무료공급을 중지했다고 주장했다. 그러나 SCF 대변인은 그해 6월에도 네슬레가 무료공급을 제공하고 있었다고 반박했다. 네슬레의 대표이사에게 보내는 편지에 SCF 사무총장 마이크 애론슨(Mike Aaronsen)은 이렇게 썼다. "네슬레의 공식적인 위치를 생각해서, 우리는 당신들이 중국에서 일어나는 일을 조사하여 같은 문제가 다시는 발생하지 않도록 조치를 취하길 바랍니다."[41]

  기업윤리강령을 만들고 이를 감독하는 것이 정부의 일이기 때문에 네슬레와 다른 유아식품 회사들은 정부가 기업에 불리한 강령을 만들지 못하도록 압력을 넣고 있다. 가봉·파키스탄·남아프리카공화국·스리랑카·스와질랜드·우간다·우루과이·짐바브웨는 1997년과 1998년에 많은 압력을 받았다. "네슬레는 짐바브웨에서 강력한 규제가 도입될 경우 그 나라에 투자를 중단하겠다고 협박을 했다"라고 '아기우유 행동'은 주장한다.[42]

감독　강령을 감독하는 것은, 특히 고립된 지역이 많은 나라에서는 비용이 많이 들고 어려운 일이다. 초국적기업들은 외진 지역에 홍보직원을 보내거나 상품을 판매할 수 있는 자본이, 정부가 그 일을 감독하기 위한 예산보다 훨씬 많다. 1996년 5월 세계보건총회는 정부의 윤리강령 감독이 '투명하고 독립적으로, 상업적 영향을 받지 않고 실행되도록, 그리고 무료식품이 모유수유를 약화하는 어떤 방식으로도 판매·사용되지 않도록' 보장할 것을 촉구하는 결의안을 통과시켰다.

윤리강령의 위반은 여기저기서 계속 드러날 것으로 예상된다. 1996년, 모유수유 감독 연합단체(Interagency Group on Breastfeeding Monitoring) ──유니쎄프(영국), SCF를 포함하는 27개의 자원단체들──가 강령 위반의 객관적인 증거를 확보하기 위해서 방글라데시·폴란드·남아프리카공화국·타이의 임신중이거나 생후 6개월 이하의 아이를 키우는 여성 3200명과 의료노동자 480명을 감독했다. 그들의 보고서는 4개국에서 인터뷰한 여성 중 일부가 젖병수유를 조장하거나 모유수유를 폄훼하는 회사가 제공하는 정보를 받은 것을 밝혔다. 4개국에서 모두 네슬레, 거버(Gerber), 밀코(Milco), 뉴트리카, 와이어스가 주요회사들이다. 조사된 모든 나라에서 보건기관은 강령을 위반하는 회사들로부터 정보를 받았다고 보고서는 주장한다. 회사 직원이 산모들에게 제품 관련 정보를 주려는 목적에서 의료기관을 방문했다는 것이다. 강령에 위반되는 포스터와 제품전시 역시 발견되었다고 한다. 그 단체는 자신들의 연구가 많은 기업들이 강령을 일회적이 아니라 체계적으로 위반하고 있다는 것을 증명한다고 말한다. 기업의 마케팅으로 모유수유는 계속 위협받고 있다.[43]

초국적기업들은 윤리강령을 판촉에 별로 방해되지 않는 방식으로 해석하고 있는 것으로 보인다. 1998년 4월, 이제 90개 이상의 국가에서 150개 이상의 단체가 소속된 IBFAN이 새 보고서 『규칙 어기기, 규칙 왜곡하기 1998』(*Breaking the Rules, Stretching the Rules 1998*)을 출간했다. 39개국을 상대로 기업의 행태를 감시한 결과를 담은 이 보고서는 제조업체들이 아직도 산모들에게 견본품을 주고 있으며 규칙을 어기고 왜곡하고 있다고 주장한다.

별반 새로운 주장이 아니지만, 이 보고서가 발간된 1998년 초에 일부 국가에서는 우유회사들을 상대로 법적 대응을 준비하기 시작했다. 미국·영국·인도·방글라데시·필리핀·노르웨이·스웨덴의 변호사들이 주요 제조업체들의 모유대체물 마케팅과 관련해 계속적으로 국제윤리를 오용하는 문제를 해결하기 위한 조사기관을 구성했다. 그들은 개인 명예훼손과 인권전문 변호사들이다. 이 기관은 개발도상국의 관계당국들이 초국적기업을 상대로 기소하는 것을 도와줄 계획이라고 영국의 법률회사 로스 앤드 코(Ross & Co.)가 말했다. 기업제품을 사용하도록 설득당한 가족들이, 그래서 아기가 죽은 가족들이 앞으로는 모유대체물 제조업체를 ― 흡연가들이 담배회사를 법정에 세운 것과 비슷한 방식으로 ― 법정에 세울 수 있을 것이다. 로스 앤드 코는 "이것은 자연이 공급할 수 있는 최고의 제품에 맞서 상품을 내놓은 초국적기업들과 벌이는 최대의 소비자 전쟁"이라고 믿는다.[44]

우유회사들의 마케팅전략은 긴 안목에서 볼 때 상업적 이윤추구를 위해 생명을 위협하는 행위이다. 네슬레 제품이 가난한 사람들에게 손해를 줄 수 있다고 의심되고 그동안 드러난 기업의 문제점을 알고 있는 사람들은, 그들의 제품을 구매함으로써 기업에 도움을 주는 일을 하지 않겠다고 결심할 것이다. 단기적 판매증가를 위한 판촉전략에 결사적으로 매달리는 것은 결코 회사의 이미지를 개선할 수 없다. 1998년 12월, IBFAN은 공신력 있는 '바른생활상'(Right Livelihood Award)을 받았다. 감사장 내용을 보면 그 수상의 의미는 다음과 같다. "불온한 기업에 저항하는 헌신적이고 효과적인 캠페인을 위해, 모유대체물을 판촉하는 기업의 상업적 압력과 잘못된 정보에서 벗어나 산모들이 아기들에게 모유수유를 할 권리를 위해."

## 비전통적 수출작물 ● ●

개발도상국의 농민들은 오랫동안 과일과 야채를 재배해 가족은 물론 지역경제를 뒷받침해왔다. 그러나 최근들어서는 수출을 목적으로 재배를 하고 있다. 초국적기업들은 전통적으로는 수출되지 않던 작물들의 재배에 점점 더 관심을 갖고 적극적으로 시장판매에 나서고 있다. 그러나 어떤 지역에서는 수출작물들이 기본식량을 대체하면서 식량부족 사태가 일어나고 있으며, 심지어는 식량가격을 높여 극빈층 사람들을 더욱 심한 가난의 구렁텅이로 빠뜨리고 있다. 더 나아가 이들은 식용작물을 키우는 데 사용되는 농약으로 문제를 일으키기도 한다. 라틴아메리카는 이런 피해가 극단적으로 나타나는 지역이다.

대부분 나라들이 외화를 벌고, 전통적인 수출작물의 낮은 가격 때문에 일정부분 발생한 외채를 갚기 위해 초국적기업들을 유치하면서, 지난 10년간 라틴아메리카로부터 특히 미국으로의 야채수출이 크게 증가했다. 라틴아메리카의 양질의 농지 대부분이 수년간 커피·바나나·설탕·면 같은 수출용 작물을 재배하는 데 사용되었고, 초국적기업들에 상당한 수출수익과 이윤을 창출해주었다. 그러나 1980년대에 그러한 작물들의 가격이 폭락하자, 정부들은 고가작물의 수출을 늘리는 것——망고에서 스노우피(snowpea, 콩의 일종)와 장미로——이 손실을 보충하는 길이라고 생각했다. 국제 원조기구들, 특히 세계은행은 이러한 비전통적 수출작물을 무역자유화와 구조조정정책의 일환으로 촉진시켰고, 지금 이 무역은 활기를 띠고 있다. 이는 북아메리카 소비자에게 1년 내내 과일·야채·꽃을 공급하지만 라틴아메리카의 빈민들에게는 심각한 문제들을 일으킨다.

• 경제적인 이익은 상상할 수 없는 수치로 나타났다. 1985년에서 1992년 사이 비전통적 수출작물의 가치가 남아메리카에서(브라질 제외) 48%, 중앙아메리카에서는 17.2% 증가했다. 같은 기간, 에꽈도르의 꽃 수출은 양적으로는 15배, 가치로는 30배 증가했다.

• 비전통적 작물은 총수출에서 적은 부분을 차지하지만 높은 가격에 팔린다. 세계 곡물가는 1톤당 75~175달러에 머무는 반면, 신선한 과일이나 야채는 1톤당 500달러까지 받을 수 있다. 이런 까닭에 성공한 사업가들에게는 엄청난 이익을 챙길 수 있는 사업이다.

• 이들 작물은 대부분 노동집약적이기 때문에 생산의 확대는 특히 여성들의 일자리를 창출했다.

• 이 무역의 붐은 중간판매를 하는 중개회사들뿐 아니라 운송, 포장 그리고 마케팅산업까지 성장을 가져왔다.[45]

그러나 성공의 배후에는 많은 수출국에서 노동자들의 건강악화, 불공정한 이익분배, 환경피해가 있었다.[46] 대부분의 라틴아메리카 국가들에서 비전통적 수출작물 성장의 주요 수혜자는 초국적기업들과 국내 대기업들이었다.

칠레는 비전통적 작물을 수출하기 시작한 첫번째 라틴아메리카 국가이다. 1980년 칠레는 중요한 기본식품인 콩을 수출했는데, 국내소비를 위해 재배한 것과 같은 양이었다. 그러나 1990년대 초반에 와서는 수출하는 콩의 양이 연간 5만5천톤으로, 국내소비를 위한 2만톤의 거의 세배 가까이 되었다. 1989년에서 1993년 사이에 칠레의 기본식품 경작지는 120만ha에서 86만ha로 거의 30%나 줄었다. 수출시장으로 가게 되어 있는 과일, 꽃 그리고 다른 작물들이 콩, 밀, 다른 기본식량을 대체했다. 초국적기업들은 이 작물무역에 깊이 연관되어 있다. 칠레의 비전통적 수출작물 부분의 4대 회사 중 3개가 외국기업 소유이다. 이들 초국적기업으로 인해 국가 농경산업 전체가 바뀌었고 많은 소농들이 비참해졌다.[47] 대규모 과일재배자들은 새로운 작물에 투자를 할 수 없는 소농들의 경작지를 사들였다.

브라질의 새로운 거대 수출수익 품목은 대두였다. 1970년 대두는 140만ha의 땅에서 재배되었으나 1988년에는 1050만ha에서 재배되고 있었다. 아르헨띠나도 브라질의 예를 따랐다. 대두재배지가 1970년대 초반 이후 1만ha에서 500만ha로 늘어났다. 멕시코와 다른 중앙아메리카 국가들도 미국 수출용 야채, 특히 토마토를 크게 늘렸다. 토마토는 지금 멕시코 야채수출의 절반 가까이를 차지한다.

모든 라틴아메리카 국가에서 초국적기업들은 이 새로운 사업의 주요 투자자이다. 중앙아메리카에서는 초국적기업들이 비전통적 수출작물 총생산의 25% 정도를 통제하고, 수출의 배급과 운송까지 관리한다. 지금 이 사업을 이끌어나가는 현지기업들은 전통적 수출작물을 생산하고 판매하다가 초국적기업의 투자에 합작한 대기업들이다. 역시 대두재배를 크게 늘린 볼리비아에서는 카길(Cargill)이 지역회사와 합작한 회사를 갖고 있다. 과일기업인 델몬트(Del Monte)와 돌(Dole)은 새로운 수출작물로 급속히 확장하는 데 기여한 바나나와 다른 음식에 관한 정보·기술을 입수할 수 있는 강력한 네트워크를 구축했다.[48]

결과   이런 새로운 작물의 이익은 부유한 투자가들, 외국 회사와 배급업자들의 손에 집중되어 있다. 그 작물들 중 상당수는 좁은 땅에서도 경작이 가능하지만, 대부분은 부유한 기업가들이 재배하고 있다. 큰 기업일수록 수출작물을 많이 차지하고, 가난한 농민일수록 이 시장에서 위축되며 가장자리로 밀려나고 있다.[49]

반면 여러 라틴아메리카 국가에서 농민들이 기본식품의 생산을 지속할 수 있도록 하는 정부의 지원이 급격히 줄어들고 있다. 정부는 지금 수출작물을 위해 어떻게 땅을 이용할 수 있는지에 더 관심이 있다. 과학자들도 이들 작물연구로 관심을 돌렸다. 이는 연구비 사용에서 나타난다. 1980년대에는 라틴아메리카 국가들이 농업연구에 사용한 돈의 90% 정도가 식용작물, 특히 콩에 집중되었다. 그러나 전격적인 변화가 일어났다. 이제는 농업연구비의 20% 정도만이 식용작물에 사용되고, 80%는 수출작물에 들어간다. 지금 라틴아메리카 국가들의 우선 관심사는 수출이지 농민의 생계가 아니다. 토지는 더이상 현지 농민들 삶의 터전이 아니라 외화를 벌어들일 수 있는 수단으로 여겨진다. 이 대륙의 일부 국가에서는 소농의 문제에 대한 연구는 더이상 볼 수 없게 되었다. "기본식량의 생산을 지속하기 위한 적절한 기술적 지원이 없는 상황에서 소농들은 수출용 작물을 재배하도록 강요당하고 있다" 라고 꼴롬비아 소재 '열대농업을 위한 국제쎈터'(CIAT)의 프란씨스꼬

모랄레스(Francisco Morales)는 말한다.[50]

라틴아메리카의 소농과 소비자들은 이런 수출농업으로의 급격한 변화에 따른 댓가를 치르고 있다. 이 대륙의 마을과 도시들에서는 한때 콩을 재배하던 땅에서 지금은 수출용 야채를 기르면서 콩이 부족해졌다. 콩은 이 대륙의 2억 저소득가정이 소비하는 단백질의 30% 정도를 차지한다. 대부분의 콩재배 농민들은 지금 수출을 위한 야채를 재배하려고 하고 있으며, 그들 땅의 아주 일부만을 할애해 자기 가족이 먹을 콩을 재배한다.

가중되는 압박 비전통적 수출작물로의 전환은 또다른 댓가를 요구했다. 국제시장은 흠이 없는 과일과 야채를 요구하기 때문에 농민들은 많은 양의 ——대부분의 전통작물에 사용하던 것보다 훨씬 많은—— 농약을 사용해야 한다고 믿는다고 비전통적 작물에 관한 논문의 공동저자인 스럽(Thrupp), 버지론(Bergeron), 워터(Waters)는 말한다.[51] 수출용 야채와 과일을 기르도록 권유받은 농민들은 농약이 최상의 상태로 수확하는 것을 보장하는 길이라고 생각한다.

많은 농민들이 농약을 과다사용하고, 수확 직전 등 부적절한 시기에도 살포한다. 꼴롬비아의 농민들은 농약을 치러 갈 때 "작물을 목욕시키러 간다"라고 말한다. CIAT의 곤충학자 세싸르 까르도나(Cesar Cardona)는 "만약 왜 그러느냐고 묻는다면, 그들은 아마도 '왜냐하면 화요일이니까요'라고 답할 것이다"라고 말한다.[52] 심각한 부작용은, 이렇게 심한 농약살포가 새로운 해충과 바이러스를 불러오며, 식용작물에 극심한 손상을 입힌다는 것이다. 화학농약에 대한 의존은 거의 절대적이라고 모랄레스는 말한다.

야채경작의 확장은 새로운 바이러스를 출현시켰다. 라틴아메리카에서 예전에 콩을 심었던 100만ha 이상의 땅이 가루이(whitefly)가 옮기는 바이러스 때문에 버려졌다. 대두경작이 라틴아메리카가 겪은 최악의 바이러스 전염병 중 하나와 맞물렸다. 그것은 바로 가루이가 옮기는 바이러스가 원인인 골든모자이크 병이다.[53]

이것은 전통적 콩재배지역과 지역사람들을 위한 작물에 심각한 영향을 끼쳤다. 아르헨띠나에서도 가루이가 바이러스 전염을 일으켰다. 1981년 이후로 브라질 국민의 콩소비는 거의 반으로 줄었다. 칠레에서도 콩생산이 바이러스 전염에 점점 영향을 받고 있다. 물론 건강에 직접적인 부작용도 있다. 과일과 야채 수출의 증가는 많은 경우 노동자들의 건강, 경제적 이익의 불공정 분배를 댓가로 이루어졌다.[54] 경제적 불확실성 또한 존재한다. 과일과 야채의 수출가격이 보통은 높은 편이지만 불안정하기 그지없다. 원료들은 비싸고 시장조건은 까다로우며 경쟁도 치열하다. 과일이나 채소에 남은 농약이 수입국의 기준을 어기면 재배자는 작물의 전체가치를 잃으며, 심한 경우 벌금을 내야 할 수도 있다. 제3장에서 언급한 대로, 미국 식품의약품안전청은 라틴아메리카에서 수입된 농작물이 미국의 농약잔여물 기준을 초과했다는 이유로 수천의 선적품을 억류시켰다.

## 화초원예 ● ●

서구국가에서 꽃시장이 인기를 끌면서, 화초재배로 몇몇 개발도상국이 많은 외화를 벌고 있다. EU국가들의 꽃시장은 연간 140억달러 규모이며 수입이 1/5을 차지한다. 항공화물수송의 발달로 이 무역이 성장할 수 있었다. 아프리카에서 온 꽃이 48시간 만에 유럽에서 판매될 수 있다.

꼴롬비아는 최대 꽃수출국 중 하나이다 이 나라는 30년 전에 꽃수출을 시작했지만 최근 5년 동안 더욱 활성화되었다. 미국 행정부는 화초원예가 보급되면 꼴롬비아에서 코카나무를 재배하여 그 잎으로 코카인을 만드는 일이 줄어들 수 있을 것이고, 미국에서 마약을 퇴치하는 데 도움이 될 것이라는 이유로 꼴롬비아정부에 화초원예를 권장했다. 지금 꼴롬비아는 꽃수출로 연간 3억5천만달러 이상을 벌고 있으나, 이 나라의 8만 원예산업 노동자들이 그 댓가를 치르고 있는 것으로 보인다. 많은 노동자들이 '낮은 소득, 아동노동, 농약중독, 심각한 건강문제'를 겪고 있다고 영국 런던 소재 '크리스천 에이드'(Christian Aid)의 한 보고서가 지적했다.[55] 꽃재배에 종사하는 여성들은 높은 유산율에 시달린다. 사용되는 일부 농약은 서구국가에서는 금지된 것이다. 역시 초국적기업들이 연관되어 있다. 꼴롬비아의 화초산업은 미국 소재의 회사 플로라메리카(Floramerica)에 의해 시작되었다. 이웃나라 에꽈도르에서는 화초농장의 2/3가 주로 꼴롬비아·네덜란드·미국의 외국투자와 연결되어 있다.

아프리카에서는 케냐와 짐바브웨가 원예상품의 수출 붐을 누리고 있다. 케냐의 경우 유니레버와 론로(Lonrho)를 비롯해 많은 자국회사들이 무역에 연관되어 있다. 꽃과 야채는 막스 앤드 스펜써(Marks and Spencer) 등의 슈퍼마켓에 공급된다. 나이바샤(Naivasha) 호수 근처의 한 지역에서는 급격한 원예산업 확장계획과 주변의 땅이 자신들의 것이라고 주장하는 마사이(Maasai) 가축 소유자들 간에 땅을 둘러싼 분쟁이 벌어지고 있다. 단시일 내에 조치가 취해지지 않으면 이 지역의 사람들과 그들의 가축이 사라져버릴 수도 있다.[56] 고용이 창출되기도 하지만, 대부분의 고용자들은 단기계약하의 여성노동자들이다. 1997년 2월, BBC의 한 다큐멘터리 프로그램은 대형 슈퍼마켓 테스코(Tesco)가 그들을 위해 '망주뚜'(mange-tout) 콩을 재배하는 짐바브웨의 한 농장의 운영 관련 결정과정에서 엄청난 권력으로 주도권을 장악하고 있음을 보여주었다. 테스코는 매우 높은 손실률을 요구했다. 반 정도의 콩이 적절하지 못하다고 판단되어 가축의 먹이가 되거나 버려져야 했다. 농장노동자들에게 돌아가는 것은 매우 적었고, 그마저도 점점 줄었다. 테스코는 불리해진 노동자들의 조건을 이용해 저임금과 열악한 근로기준을 제시했다.[57]

스럽, 버지론, 워터스는 비전통적 수출상품 무역의 결점을 깨닫는다면 그것의 지속가능성과 배후의 전략에 의문을 제기할 수밖에 없다고 말한다.[58] 그들은 역효과를 피하려면 정책이 바뀌어야 한다고 강조한다. 담배와 유아식품 분야에서도 정책이 바뀔 필요가 있다. 생산자의 지시대로 사용했더라도 목숨을 앗아갈 가능성이 있는 상품은 행동을 요구하는 민중에 의해 끝내는 진상이 파헤쳐질 것이다.

## 델몬트 필리핀 ● ●

필리핀에 투자한 델몬트의 운영방식은 초국적기업 활동의 복잡성과 고용자들에게 미치는 영향에 대한 적나라한 사례이다. 이 기업은 1926년 필리핀 포장회사의 설립과 함께 필리핀에서 사업을 시작했다. 1988년 이름이 델몬트 필리핀 주식회사(DMPI)로 바뀌었다. 이는 미국에 위치한 모기업 델몬트의 법인합병으로 생긴 변화를 반영한다. 1987년 공동파견단이 방문했을 때만 해도 델몬트 법인은 R.J.R. 나비스코(담배회사 R.J. 레이놀즈와 식품회사 나비스코의 합병)의 지사였다. 1988년 R.J.R. 나비스코는 콜버그 크래비스 로버츠(Kohlberg Kravis Roberts, KKR)에게 250억달러에 인수되었다(이는 기업 역사에서 최대규모의 소유권 매입 중 하나였다). KKR은 매입과정에서 끌어온 빚을 갚기 위해 R.J.R. 나비스코의 일부를 매각했다. 이렇게 매각된 사업 중 하나가 델몬트였다. 1989년 R.J.R. 나비스코는 캐나다와 베네수엘라의 가공식품 운영권은 보유하면서 다른 델몬트 가공식품사업은 메릴린치 앤드 코(Merrill Lynch & Co.), 시티콥 캐피탈(Citicorp Capital) 투자회사, 키코만(Kikkoman) 주식회사 그리고 델몬트 주식회사의 선임 경영진으로 구성된 합자회사에 팔았다. 신선식품사업은 불운한 폴리펙 인터내셔널(Polly Peck International)에 팔았다.

필리핀 소재의 DMPI는 미국 소재 델몬트 법인의 계열사로서, 파나마에 등록된 법인회사, 쎈트럴 아메리칸 리쏘스(Central American Resources)가 전적으로 소유하는 지사가 되었다. 따라서 DMPI 법인의 혈통은 미국·일본·유럽에서 그 뿌리를 찾을 수 있다. DMPI의 이사회는 다국적이며, 복잡한 이해관계의 혼합을 반영한다. 델몬트 식품을 대표하는 두명의 미국인, 키코만의 일본인, 델몬트 인터내셔널의 영국인, DMPI의 간부들(네명의 필리핀인과 두명의 미국인)로 구성되어 있다. 1982년 스위스 시위에서 공격을 받은 후에, 델몬트는 기업윤리강령에 맞게 필리핀의 노동조건 개선을 약속했다. 언뜻 보아 델몬트 노동자들은 법적 최저임금 이상을 받는다는 점을 고려하면 그 나라 대부분의 노동자들보다 좋은 대우를 받는 것처럼 보인다. 그러나 최저임금은 빈곤으로부터 벗어나기 위한 최저생계에 근접하지 못하고 있다. 1990년 정부는 6인가족이 빈곤선을 넘기 위해서는 하루에 최소한 130.50뻬쏘를 벌어야 한다고 추정했다. 1991년, 농촌지역 6인가족의 하루 최저생계비는 184.22뻬쏘로 추정되었다.[59]

이 회사는 법적 최저임금이나 주거수당, 식량수당과 같은 부가적 이득을 전혀 누릴 수 없는 단기계약직 노동자를 계속 고용하고 있다. 1994년 NGO들은 기업윤리강령이 적절하게 감시되고 있지 않다고 우려하여 미그로스(Migros, 스위스의 주요 식품소매점)와 델몬트에게 더욱 영구적인 감시기구를 설립할 것을 촉구했다.[60] 이에 대해 합의가 이루어지자 미그로스는 기업윤리강령으로 인해 값이 비싸졌음에도 불구하고 필리핀에서 계속 파인애플을 수입했다.

## 한국 담배산업의 민영화

1999년 스위스 로잔에 위치한 세계적인 담배회사 필립 모리스의 제프리 바이블(Geoffrey Bible) 회장이 김대중 당시 대통령을 만난 자리에서 민영화정책에 관심을 표명하면서, 한국담배인삼공사의 민영화가 가시화되었다. 바이블 회장에게 한국은 다른 어느 나라보다도 '입맛 당기는' 곳이 분명했다. 당시 한국담배인삼공사는 약 2조원에 이르는 흑자를 냈을 뿐만 아니라 인수합병(M&A)의 가치 또한 높았기 때문이다. 전국적인 유통이 안정적이었으며 다른 나라에 비해 담배소비량도 해마다 늘어나고 있었다.

필립 모리스는 뉴욕에 본부를 두고 민영화·하청화를 통해 전세계 담배매출의 약 20%, 미국 시장의 약 50%를 점유한, 세계 초국적기업 30위권에 드는 기업이다. 직접 소유하거나 운영하는 공장이 약 50개가 있고, 150개 국가를 대상으로 이미 소비시장을 형성하고 있는 터라 서구의 담배소비가 줄어들어도 필립 모리스는 전세계 담배시장을 지배하는 힘을 충분히 갖고 있었다. 이런 상황에서 김대중정부의 담배인삼공사에 대한 민영화정책 ─ 동일한 지분한도를 폐지하고 제조독점을 해제하는 민영화방식 ─ 은 향후 기업소유에 대한 통제대책도 없이 초국적기업에 국유기업을 헐값으로 팔아넘기려는 엉성한 발상이라며 한국담배인삼공사 노사양측 모두에게 비판받았다.

당시 공사측 민영화추진단 기획팀장을 맡고 있던 이영태씨는 언론과의 인터뷰를 통해 선진국 어디에서도 기업경영권을 통째로 외국자본에 팔아넘긴 사례는 없다며, 그 대안으로 소유와 경영이 분리된 전문경영인 체제와 국민주 공모 등을 제시했다. 노동조합 역시 민영화정책이 국내 경작농 3만7천가구, 판매인 16만7천명 등 21만명에게 실효성 없는 정책이라며 비판했다. 또한 분할매각 방식으로 민영화가 먼저 이루어진 폴란드·헝가리·러시아 등에서 자국 브랜드가 '퇴출'되고 나아가 자국의 산업이 초국적기업의 담배생산 하청기지로 전락한 사례를 예로 들었다. 또한 '미국 내에서 흡연자가 15% 줄었음에도 경작면적이 오히려 44% 정도 증가한 것은 외국시장을 삼킨 탓'이라고 주장했다. 정부의 한국담배인삼공사 민영화계획은 안팎의 비판과 반발에도 불구하고 2002년 본격적으로 추진되었고, 같은 해 4월 담배인삼공사는 케이티앤지(KT&G Corporation)로 회사명을 바꾸었다. 민영화 후 한국담배인삼공사의 주식 중 약 40%가 해외투자자의 손에 넘어갔다.

참고자료
Voice from the Barbed Wires of Despair, Women in the Maquiladoras, 자세히.

## OECD 가이드라인에 제소된 한국 네슬레

2003년 한국 네슬레 노동자들은 단체협상에 명시된 노동조합 활동을 무시하는 초국적기업을 상대로 150일 파업을 이어가다 급기야 네슬레 본부가 있는 스위스로 원정을 나섰다. 원인은 한국 네슬레가 일방적인 시장유연화정책에 따라 구조조정을 강행하려는 것이었다. 약 480여명의 조합원들은 초국적기업과 싸움에 들어갔다. 기업은 곧바로 공장폐쇄로 맞섰다. 전형적인 수법인 자본철수의 위협도 이어졌다. 그러나 노동자들은 자본금 150억원, 연매출 2300억원, 당기순이익 190억원에 한국 커피시장의 33%를 점유하고 있는 네슬레가 구조조정을 강행하지 않아도 되는 사정이라고 주장했다. 노동자들이 청주공장에서 긴 싸움을 이어갔지만 파업 3개월이 지나도 대표이사는 단체협상에 한번도 응하지 않았으며 여론도 그다지 호의적이지 않았다.

한국 노동자들의 네슬레 스위스본사 앞 시위가 기업이미지에 큰 타격이 되자, 투자국 스위스정부가 적극적으로 나섰다. 현지 언론은 이들이 스위스까지 오게 된 원인에 대해 상세히 보도했다. 현지 항의방문 9일 만에 기업은 노동자들의 요구를 받아들였다. 그 배경에는 투자국 내에서 벌인 항의시위도 있었지만, 더 직접적인 이유는 OECD 가이드라인에 따라 노동자들이 스위스정부를 제소한 것이었다. 한국 네슬레 노동조합은 OECD '다국적기업을 위한 가이드라인 4조' 7항(다국적기업은 피고용자 대표와 근로조건을 협상하거나, 또는 피고용자가 결사의 권리를 행사할 때, 협상에 불공정하게 영향을 주거나 결사의 권리를 저해할 목적으로 생산설비의 전부, 혹은 일부를 이전할 것을 위협해서는 아니된다)을 어긴 네슬레의 본국인 스위스정부와 투자대상국 한국정부를 제소한 상태였다. 제소를 당한 스위스정부는 스위스노총, 국제식품노련(IUF), 네슬레 스위스본사가 참여한 가운데 곧바로 1차 청문회를 개최하였으며, 개최 결과 제소사유가 된다고 결정하였다. 스위스정부는 노동조합 대표자와의 회동을 공식 제안했다. 그리고 일주일만에 협상이 타결된 것이다.

## 긴장이 멈추지 않는 필리핀 네슬레 공장

필리핀 마닐라 외곽의 대표적인 수출자유지역인 까비떼(Cavite), 따반가오(Tabangao), 마까띠(Makati), 까부야(Cabuya) 시에서 네슬레는 대표적인 초국적기업이다. 마까띠 시에 위치한 네슬레 사무실 앞은 지난 몇년 동안 쉬지 않고 항의방문하는 네슬레 노동자들과 그의 가족들로 북적북적하다. 네슬레 까부야 공장은 2001년부터 과잉공급을 이유로 숙련노동자들을 해고하려고 했다. 이에 노동자들은 진정한 해고사유는 노동조합 탄압이라며 현재까지 회사에 맞서고 있다. 사실 네슬레는 필리핀에 일찍이 자본투자를 하여 해마다 순이익이 증가하는 상태이다. 해고계획을 발표한 해에도 네슬레는 필리핀 전역에서 약 29억달러의 순이익을 이미 챙긴 상태였다고 네슬레 노동조합은 밝힌 바 있다.

네슬레 기업이 노동자들을 분노하게 만든 더 큰 이유는 해고의 댓가로 내놓은 기업의 두가지 제안이 기업의 이윤만을 높이려는 처사였기 때문이다. 첫번째 안은 해고된 노동자들이 민다나오(Mindanao)나 루손 섬 중앙에 위치한 불라칸(Bulacan)의 푸릴란(Pulilan) 공장으로 이직하라는 것이었고 두번째 안은 월급의 1.5배에 해당하는 위로금을 받고 해고를 받아들이라는 것이었다.

한창 일할 수 있는 젊은 노동자들이 위로금을 받고 회사를 나갈 이유는 전혀 없었다. 또한 필리핀 노동법은 각 지방마다 최저임금을 차별적으로 적용하고 있는데, 임금과 복지혜택이 까부야보다 훨씬 열악한 민다나오나 푸릴란 공장으로 옮기려고 하지 않았다. 노동자들은 이직을 받아들일 경우 까부야에서 받던 임금을 그대로 지급할 것을 요구하지만 회사측은 받아들이지 않고 있다.

## ✍ 바른생활상

바른생활상(Right Livelihood Award)은 1980년에 스웨덴에서 제정되었다. 전세계의 인권, 환경, 지속적인 발전, 건강, 교육, 평화, 민주주의를 위해 공헌한 민간인들을 대상으로 시상한다. '대안적인 노벨상'으로 불릴 정도로 국제적 권위를 인정받은 상이다.

제 5 장

# 빼앗긴 숲과 바다

> 만약 그들이 우리의 숲에서 통나무와 목재를 계속 빼내간다면 우리의
> 삶은 그 나무들의 잎처럼, 물 없는 물고기처럼 시들어버릴 것이다.
>
> —부족 지도자

## 숲 ● ●

개발도상국의 가난한 사람들에게 숲은 결정적으로 중요하다. 숲은 스펀지처럼 물기를 빨아들여 아주 천천히 주변의 땅과 그 물기를 나누면서 기후를 조절하고 땅의 침식을 방지한다. 숲이 사라지면 땅은 자연스럽게 흘러들어오는 물과 보호막을 잃게 된다. 가뭄과 홍수는 더 자주 일어난다. 강과 물고기들은 베어진 숲에서 떠내려온 침전물로 심각한 영향을 받게 된다. 이런 상상할 수 없는 재앙으로부터 보호막이 없는 사람들, 삼림벌채로 인해 가장 고통받는 사람들은 숲에서 오랫동안 살아온 가장 빈곤한 사람들이다. 숲에서 사는 토착민들도 심각하게 영향을 받는다.

초국적기업들은 나무가 우거진 숲에 도끼를 꽂고 불을 지르는 주범이다. 그들이 불태워버린 숲은 가축을 키우는 단기적인 방목지가 될 뿐이며, 그들이 베어낸 목재의 일부는 나무젓가락이나 이쑤시개 등 일회용품을 만드는 데 사용될 것이다. 숲에서 베어진 유칼리나무와 야자수는 기름을 짜는 농장으로 실려간다.

식량농업기구(FAO)에 따르면 1980년대에 약 1억 5400만ha의 열대 밀림이 손실되었으며 이는 연간 1540만ha에 이른다. 국제적인 우려와 경고로 벌채가 조금씩 줄고 있기는 하지만 손실은 여전히 크다. FAO

의 1997년 보고서에 따르면, 1990년에서 1995년 사이에 6510만ha, 연간 1300만ha 가량의 열대밀림이 손실되었다.[1] 이 파괴로 인간에게 막대한 고통이 시작되었다. 필리핀의 경우를 보자. 7천명의 지역사람들을 죽인 1991년 10월의 홍수는 누가 보아도 숲 파괴로 인한 결과였다. 더 나아가 과학자들은 빈민들에게 큰 타격을 주는 지구온난화현상도 숲이라는 보호막의 손실과 관련이 높다고 경고한다.

그밖에도 파괴의 원인은 많다. 벌채가 그중 6~7%를 차지한다면, 벌채가 끝난 숲에서 정착하고 경작하는 사람들로 인한 손상이 25% 정도이다. 10%는 도로나 제방건설에 의한 파괴이고, 55% 정도는 경작지로의 전환, 나무를 벌채하여 태우는 기술, 가축방목 등의 농축업의 필요, 그리고 장작 모으기 등 인간의 숲 침식에 의한 것이라고 FAO는 말한다.

그러나 FAO의 주장은 신뢰성이 떨어진다. 또다른 보고서에서는 벌채가 삼림파괴의 주된 요인이라고 지적한다. 보통사람들은 거목을 베어낼 도구나 기계가 없다. 아시아의 삼림파괴에 관한 심도있는 보고서가 미국 럿거스(Rutgers)대학에서 출간(1996년 5월)되었는데, 필자들은 삼림파괴의 주범이 벌채업자들이라고 밝혔다. 초국적기업들은 서구로 목재를 팔기 위해 벌채를 주도해왔고 이것이 삼림파괴의 주원인으로 떠올랐다.[2]

아시아와 태평양   일본은 아시아 개발도상국에서 일어난 삼림파괴에 가장 책임이 큰 주범이다. 자국의 숲을 보호하기 위해 가난한 나라들에서 삼림 생산품을 수입했으며 그 이익은 수입을 주도하는 기업이 챙겼다. 1945년 이후부터 일본은 필리핀의 숲에 눈을 돌렸고 그곳에서 벌채한 나무들을 자국으로 가져갔다. 당시 필리핀에는 1700만ha의 열대밀림이 있었으나, 1989년에는 단지 100만ha만이 남았다. 필리핀은 어떤 개발도상국보다도 심각한 삼림황폐화에 따른 후유증을 겪고 있다. 삼림벌채에 뛰어든 일본 회사들은 미쯔비시(三菱), 미쯔이(三井) C. 이또오쮸(伊藤忠), 스미또모(住友) 등이다.

미쯔비시는 세계 100대 초국적기업에 포함된 기업이다. 이 기업은 필리핀뿐만 아니라 말레이시아·인도네시아·파푸아뉴기니·타이·미얀마에도 벌채회사를 가지고 있다. 미쯔비시는 또한 세계에서 가장 큰 목재수입사이기도 하다. 캘리포니아 소재의 '우림 행동 네트워크' (Rainforest Action Network, 45개국 150개 단체로 구성)에 의하면, 미쯔비시는 토착 지역주민들의 반대에도 불구하고 말레이시아의 사라와크(Sarawak) 주를 벌채함으로써 인류 역사상 가장 빠르게 고유 우림을 말살하였다.[3] 1990년 이 회사의 벌채행위에 저항하는 국제시위가 우림행동 네트워크에 의해 주도되었으며, 주민들은 미쯔비시 상품 불매운동을 벌였다(제12장 참조). 이 단체는 미쯔비시가 우림의 나무들로 만든 종이, 베니어판, 합판을 팔고 있다고 주장한 반면, 미쯔비시 대변인은 회사는 건전한 벌채를 하고 있으므로 그 비난은 근거가 없다고 반박했다.[4]

아시아에서 활동하는 말레이시아 벌채기업들도 눈에 띈다. 그들은 캄보디아에서 상당한 벌채권을 따내고 있다. 한 보고서에 의하면, 캄보디아 농림부가 말레이시아에 내준 벌채권은 이미 승인된 부분을 포함해 캄보디아 숲의 640만ha, 30건에 달한다. 영국의 NGO '지구의 목격자'(Global Witness) 사무총장 패트릭 앨리(Patrick Alley)는 이렇게 말한다. "한 나라 숲의 이렇게 방대한 부분이 이토록 짧은 시간에 다른 외국회사들에게 비밀리에 팔려나간 예는 어디서도 찾아볼 수 없다."[5]

타이 신문 『네이션』(*The Nation*)의 기고가인 톰 포스롭(Tom Fawthrop)에 의하면 캄보디아의 '숲 죽이기'는 이미 무시무시한 상태라고 한다. 1970년 캄보디아에는 총국토의 70%인 1700만ha의 숲이 있었다. 벌채회사들이 이득을 챙기면서 1992~93년에 숲은 1천만ha 정도로 줄었다(농림부 추산). 포스롭은 기사에서 "캄보디아정부는 남은 우림 전부를 ─아마도 국립공원 밖의 마지막 나무 한 그루까지도─ 외국 벌채회사에 넘겼다"라 밝혔다.[6] 벌채 뒤에는 보통 채광이 숨어 있다. 말레이시아에서는 많은 벌채권이 채광권으로 변하고 있다. 바우(Bau)지역의 금광채굴을 위해 25개의 채광허가권이 17개 회사들에게 주어졌다.[7]

말레이시아의 초국적 목재기업들은 인도네시아에서 주로 국내회사와 합작 프로젝트를 체결해 왕성한 사업을 벌이고 있다. 인도네시아 삼림파괴를 향해 앞다투어 돌진한 결과는 1997년에 일어난 대형 산불로 생생하게 증명되었다. 산불은 3개월이 넘도록 지속되었고, 연기가 광대한 지역을 덮었으며, 농업은 물론 인근지역에 사는 수백만 사람들의 삶에 심각한 위기를 조성했다. 숲의 많은 부분이 회사들이 판매하는 식용유(한번 쓰고 버려지는)의 원료가 되는 기름야자나무 같은 작물로 대치되면서 숲을 이루던 다양한 나무들은 베어지고 태워졌다. 인도네시아 소재 국제삼림관리연구쎈터(Centre for International Forestry Research)의 보고서에 따르면, "정부는 외국기업이 새로운 고무, 기름야자, 펄프용재 농장을 개발하도록 허가할 뿐만 아니라 그 유치에 혈안이 되어왔다. 외부에서 온 기업이 수천만ha의 땅을 비울 것을 요구하면 산불을 내는 것이 가장 값싼 대안이다."[8]

거대 복합기업 삼링(Samling)이 파푸아뉴기니 목재수출의 2/3를 관리하지만, 말레이시아 회사들은 베트남·쏠로몬군도·바누아투공화국을 포함하는 남태평양국가에도 높은 관심을 보이고 있다. 쏠로몬군도의 숲은 이제 그 회사들이 베어가고 있다. 쏠로몬군도정부는 연간 32만5천m³ 이상의 우림이 베어져서는 안된다는 전문가의 보고서를 무시했다. 대신 정부는 벌채업자들이 연간 400만m³를 베는 것을 허락하는 허가서를 발급했다. 오스트레일리아정부 공사 고든 빌니(Gordon Bilney)는 쏠로몬군도정부의 결정에 대해 이렇게 말했다. "이 자원(열대삼림)은 일분일초가 지날 때마다 더욱 귀한 것이 되고 있는데도, 그들은 이를 마치 장작처럼 팔아넘기고 있다. 이 벌채로 수천의 농민과 어민들과 가족들은 생계를 위해 발버둥치게 될 것이다."[9] 침식된 언덕에서 내려온 물질에 깔려 죽는 산호초와, 침전물이 두껍게 쌓인 강은 지역사람들이 겪어야 할 문제 중 일부에 지나지 않는다.

대부분 아시아 국가들에서 온 외국회사들은 파푸아뉴기니의 마을사람들에게 다가가 숲의 나무를 베도록 매수한다. 파푸아뉴기니에서의 벌채에 대한 공식조사를 담은 한 연구보고서(출판은 되지 않았다)는 다음과 같은 사실을 발견했다. "몇몇 회사들은 악덕자본의 자기과신으로 정치인과 지도자를 매수하고, 사회적 부조화를 야기하며, 마지막 남은 목재를 빼앗아 수출하기 위해 법을 무시하며 지방을 돌아다니고 있다."[10] 지역의 압력이 거세면 가끔 주민들은 보상을 받는다. 1989년 '써바이벌 인터내셔널'(Survival International)은 펄프공장 스코트 페이퍼(Scott Paper)가 인도네시아의 이리안 자야(Irian Jaya) 동남부에 유칼리나무 칩(펄프의 원료) 공장과 펄프공장을 지으려는 것을 막기 위한 캠페인을 벌여 성공했다. 이 계획은 1만5천 부족민의 집인 이리안 자야 디굴(Digul) 계곡의 열대삼림을 베어내는 것을 포함했다. 계획이 성공했다면 부족민은 수렵채취자, 고무채취자들이어서 오랫동안 지켜온 자신들의 생활을 지속하는 것이 불가능했을 것이다. 격렬한 저항에 부딪히자 스코트 페이퍼는 투자를 취소했다.

라틴아메리카   아시아의 초국적 목재기업들은 이제 라틴아메리카로 옮겨가고 있다. 브라질 환경부장관은 말한다.

말레이시아 목재회사들인 WT와 삼링은 브라질 아마조나스 주의 1만5천km²와 인접한 프랑스령 기아나의 5만km²를 획득했다. 아마조나스 주에서 1995년 목재생산은 총 60만m³였다. 하지만 아시아 벌채회사들의 요구를 충족시키기 위해서는 세배 더 증가해야 한다.[11]

삼링은 또한 라틴아메리카대륙에서 숲의 대부분이 손상되지 않고 남아 있는 몇 안되는 나라인 가이아나공화국에서도 엄청난 규모의 벌채작업의 80%를 맡게 되었다고 보고되었다. 인도네시아와 한국 회사들이 아마존우림의 많은 구획을 사들이고 있으며 수출을 위해서 마호가니를 대서양을 건너 실어가고 있다.[12]

바라마(Barama, 삼링 지분 80%와 한국 선경기업 지분 20%에 의해 설립)는 가이아나 서북부지역 삼림의 169만ha를 베는 25년짜리 벌채허가권을 가지고 있다. 그 회사는 10년간 소득세·법인세·소비세·부동산세·목재수출세·수입세 면제를 누릴 것이다.[13] 아메리카인디언연합(Amerindian Peoples' Association)은 면제와 특권을 주기에 앞서 아메리카인디언들의 토지에 대한 권리를 고려하지 않았으며 자기들과 어떤 상의도 하지 않았다고 강하게 비판했다.

일본 기업 미쯔비시는 브라질·에꽈도르·칠레·볼리비아 지역의 벌채에 관심을 가지고 있다. 브라질에서 이 회사는 아마존에서 가장 큰 벌채·제분회사인 에이다이 두 브라질 마디에라스(Eidai do Brazil Madieras)를 소유하고 있다. 우림 행동 네트워크는 미쯔비시가 토착지에서 불법으로 획득한 마호가니를 가공하고 있다고 주장한다.[14] 1996년 7월 브라질 국민의회는 새로운 마호가니 벌채를 2년 동안 일시 금지시켰다. 그러나 토착민들의 지역에서 마호가니를 벌채하는 것은 이미 불법이었고, 새 법이 집행될지는 의문이었다. 칠레에서 미쯔비시는 숲을 유칼리농장으로 바꾸고 있다.

숲을 유칼리농장으로 바꾸고 있는 또 하나의 초국적기업은 세계지속가능발전기업협의회(World Business Council for Sustainable Development)의 회원인 아라끄루스 셀룰로스(Aracruz Celulose)로, 브라질의 에스삐리뚜 싼뚜(Espirito Santo)에서 활동하고 있다.[15] 이 회사는 BAT의 자회사인 브라질 담배회사 쏘자끄루스(Souza Cruz)가 28%를, 노르웨이 회사 로렌첸(Lorentzen)이 28%를, 나머지는 브라질 사업가들이 소유하고 있다. 아라끄루스 셀룰로스는 경재(hardwood) 표백펄프(종이의 원료가 되는)의 가장 큰 수출회사이다. 이 펄프는 유칼라나무로 만들어진다. 그러나 노동자와 인디언들을 대변하는 지역 시민단체들에 의하면, 유칼리재배를 위한 공간조성을 위해 이미 열대 삼림이 파괴되었다. 그들은 이 회사의 활동이 수천의 인디언들과 숲에 거주하는 사람들을 집에서 쫓아내고, 그들의 땅·수로·어업을 손상시켰다고 주장한다.

목재추출산업 노동조합과 에스삐리뚜 싼뚜 지역 농업노동자연맹, 그리고 인디언 상담선교회로 조직된 단체의 주장에 따르면, 아라끄루스는 1967년에 지역의 작은 소유주들과 인디언 투피니킴(Tupiniquim) 부족이 거주하던 열대삼림의 많은 부분을 차지했다고 한다. 아라끄루스는 지금 13만2천ha를 포함하는 20만3천ha의 개간된 땅을 그 지역에서 소유하고 있다. 이 단체에 의하면, 아라끄루스가 착복한 땅의 70%가 우림이었으며 전체적으로 8만ha의 자연림이 유칼리나무를 위해 베어졌다고 한다. 반면 아라끄루스는 부당하게 이용되고 퇴화되고 버려진 땅에 나무를 심었다고 주장하며 이를 부인한다. 인디언들은 유칼리나무로 인해 자신들의 집이 파괴되었다고 주장한다. 인디언 호쎄 루이스(José Luiz)의 말을 들어보자.

> 우리는 무슨 일이 일어나고 있는지 알지 못했다. 나는 당시 겨우 일곱 살이었지만, 중장비 기계가 갑자기 나타나서, 누가 우리 부모님에게 회사가 지주들에게서 숲을 사들였다는 이야기를 하던 것이 기억난다.[16]

이 단체는 아무런 보상도 받지 못한 수천의 투피니킴족을 포함한 7천가구가 집을 떠나야 했다고 주장한다. 비록 일부는 그 지역에 남았지만, 대부분은 생계를 유지하기 위해 근처의 마을로 흘러들어가는 것 외에는 선택의 여지가 없었다. "우리는 전혀 조직되어 있지 않아 회사와 싸울 수 없었다"라고 루이스는 시인했다. 인디언 중 극소수만이 아라끄루스에 일자리를 얻었다.

유칼리나무는 그 지역에서 빨리 자란다. 밑동 근처를 자르면 7년 안에 40피트 가까이 다시 자라, 회사에 안정적으로 원료를 공급한다. 그러나 이 나무들은 많은 양의 지하수를 빨아들이고, 주변의 초목을 메마르게 하고, 지역 수로를 말라버리게 함으로써 그렇게 빨리 자라는 것이다. 아라끄루스 공장 근처 지역에서 유칼리나무는 끔찍한 결과들을 가져오는 것으로 보인다. 이 단체는 지역의 176개 호수와 수많은 강이 농장 때문에 말라버렸다고 주장한다. '무토지노동자운동'의 주앙 뻬드루 스떼딜레(João Pedro Stedile)는 이렇게 말한다.

이 지역은 한때 이 나라에서 가장 좋은 어업지역이었다. 그러나 어업은 황폐화되었다. 5만명 주민들이 매일 생선을 먹었지만 지금은 더이상 먹을 수 없다. 일부 어민들은 잡을 생선이 너무 적어서 고기잡이를 그만 두었다.[17]

유칼리나무는 클로린 다이옥사이드를 사용하는 다섯 단계의 표백과정을 거쳐 목재펄프로 만들어진다. 단체는 매우 유독한 다이옥신이 들어 있는 20만톤의 화학물질이 대서양에 버려져서 생선과 초목이 죽고 독이 들었다고 주장한다. 3천만 브라질인을 먹일 수 있는 생선이 다이옥신으로 독이 들었다고 루이스는 추정한다. 지역농민들은 토지가 말라가고 식량수확이 줄었다고 말한다. 유칼리나무는 세계적으로 지하수면을 낮추고 농민들에게 문제를 일으키는 것으로 악명이 높다. 이 나무들은 아라끄루스에게도 문제를 일으키는 것으로 보인다. 지역에 물이 부족해져서 공장은 몇주 안에 문을 닫아야 할 위기를 맞았다. 주민들은 60km 떨어진 곳까지 걸어가 물을 길어와야 한다.

이런 고통을 견디기 힘들던 1990년대 초반에 인디언 중 몇명은 에스뻬리뚜 싼뚜 주정부에 몇년간 탄원한 끝에 1900ha에 달하는 그들의 땅에 대한 권리를 되찾았다. 그러나 사람들이 숲으로 돌아갔을 때는 이미 유칼리나무가 그들의 주식이었던 숲에서 나는 식량을 파괴했으며 수로를 망가뜨렸고 농업을 파괴했고 땅을 경작하기 몹시 어렵게 만들었다. 돌아간 사람 중 한명은 다음과 같이 당시의 절망을 표현한다.

만약 내가 유칼리나무를 박멸할 수 있다면 그렇게 하겠다. 왜냐하면 그 나무가 우리를 박멸해오고 있기 때문이다. 우리 지역에 지옥이 만들어지고 있고, 심지어는 새들도 유칼리나무가 자라는 곳에는 가지 않는다. 최악의 생태학적 반향이 일어날 것이다.[18]

빈민들은 계속해서 그 댓가를 치르고 있다. 아라끄루스는 70%의 생산품을 북아메리카·유럽·일본의 제지공장으로 보내는, 세계에서 가장 큰 목재펄프 수출회사이다. 연간 수출액이 약 3억3천만달러에 달한다. 회사는 숲을 지속가능하게 운영하고 있다고 주장한다. 이 회사에서 환경과 공공부문을 담당하는 간부직원 까를로스 알베르뚜 로소(Carlos Alberto Roxo)는 아라끄루스의 활동이 수산업을 손상시켰다는 사실을 받아들이지 않는다. 그는 지역의 수로손상이 전반적인 삼림파괴에 의한 것이지 유칼리농장에 의한 것은 아니라고 주장하며, 유칼리나무가 지하수면을 낮추지도 않는다고 믿는다. 그는 지역에 사는 인디언이 줄었다는 것에 동의하지만, 전반적으로 인디언인구가 줄어든 것이라고 지적한다.[19] 숲을 지속가능하게 운영하고 있다는 회사의 주장에 노동자단체 간부인 마누엘 까롤 고메스(Manuel Carol Gomes)는 말했다. "아라끄루스가 무엇을 지속시키는가? 비참함을 지속시킨다. 사람들의 퇴화를 지속시킨다."[20]

1997년, 지역 인디언들은 브라질정부를 대상으로 인디언 고유의 생활방식을 찾을 수 있도록 1300ha에 달하는 자신들의 땅을 더 돌려달라고 청구했다. 토착민 문제를 위한 정부 공식기구는 원주민들의 요구가 정당하다고 결론내렸다. 하지만 아라끄루스는 요구를 묵살했고, 인디언들의 입장이 관철되지 않도록 정부에 엄청난 압력을 넣었다.[21] 1998년 3월, 인디언들의 권리에 반하는 새로운 규정이 통과되었고, 더 나아가 그들의 투쟁을 지지한 NGO 회원들이 토착지에 발을 딛지 못하도록 출입금지령이 내려졌다.

다른 라틴아메리카정부들도 더 많은 외화를 벌어야 한다는 생각에 펄프용 벌채계획을 지속가능하지 않은 방식으로 진행하려고 한다. 1991년 말, 온두라스공화국은 국토의 1/7이 넘는 160만ha를 미국의 펄프제조회사 스톤컨테이너사(Stone Container Corporation)와 계약을 성사시키려다가 취소했다. 만약 이 거대한 땅을 스톤컨테이너의 손에 맡겼다면 베어진 목재가 전세계 펄프시장에 수출되었을 것이다. 올리버 티켈(Oliver Tickell)은 "환경영향에 대한 연구를 실시하고 벌채된 숲을 복원하라는 요구사항이 협정에는 빠져 있었다"라고 당시 상황을 설명했다.[22] 이 협정은 온두라스에 연간 2000만달러의 외화를 벌어다줄 수 있었다. 그러나 환경적인 측면에서 ──토지의 황폐화라는 측면에서── 댓가는 훨씬 컸을 것이다. 환경운동가들이 그러한 댓가를 밝혀내 시위가 일어나자 정부는 선거를 앞두고 지지도가 떨어지는 것을 우려하여 협상을 취소했다. 이 사건은 어떻게 민주사회에서 지역시위가 초국적기업의 권력을 막는가 하는 일례이다.

아프리카  아프리카는 지난 100년 동안 대륙에 있던 나무의 절반 이상을 잃었다. 이 대륙의 숲은 벌채회사들에게 탐나는 것이었기에 유럽, 특히 프랑스의 초국적 벌채기업들이 카메룬·중앙아프리카공화국·콩고·가봉·꼬뜨디부아르·라이베리아·자이르에 앞다투어 진출했다. 카메룬은 삼림벌채로 연간 20만ha를, 가봉은 25만ha를 이미 외국자본의 손에 넘겨주었다. 대표적인 독점권을 이미 손에 쥔 회사는 프랑스의 이조루아(Isoroy)와 루지에(Rougier)이다. 일부 기업은 벌채와 베니어판 제조를 하고 있다.

아프리카의 제일 큰 석유생산국이며 아프리카 기준으로는 부유한 나라인 가봉은 최근까지 숲을 개발할 필요가 없었다. 100만이 조금 넘는 인구는 숲을 황폐하게 만들지 않고도 살아갈 수 있었다. 그러나 유가폭등은 이 나라의 세입을 급격히 떨어뜨렸고, 아프리카에서 두번째로 큰 채무국이 되고 말았다. 이로 인해 정부는 벌채를 허용하며 숲의 대부분을 외국회사들에게 분배했다. 이조루아가 가장 큰 벌채회사이며 50개 이상의 벌채회사가 매년 2500km²의 숲을 벌채하고 있는 것으로 알려져 있다.

이조루아는 생물학적으로 풍요로운 로페(Lope) 보호지역의 5000km²의 열대숲과 싸바나 벌채권을 따냈다. 이 회사는 1993년 세계야생동물기금(World Wildlife Fund)에서 설립한 삼림관리협의회(Forest Stewardship Council, FSC)가 정한 환경지침에 따라 운영하고 있다고 주장한다. 이 지침은 회사가 국법에 따를 것을 요구한다. 삼림관리협의회가 이조루아 목재상품에 녹색라벨을 부여할 계획이라는 보도가 나돌자 야생동물 보호운동을 담당해온 NGO들은 경악을 금치 못했다. 가봉의 법에는 모든 동식물이 이 보호지역 안에서 보호되어야 한다고 나와 있기 때문이다.

세계은행 보고서에서는 인접 국가 콩고의 공포스러운 광경을 언급하고 있다. 이 보고서는 정부 규제가 부족하여 콩고의 숲이 고통받는 동안 초국적기업들은 번영한다고 주장한다. 또한 "콩고정부에는 삼림부가 존재하지 않는다. 숲은 누구도 책임지지 않고 자신들이 원하는 대로 할 수 있는 벌채기업들의 손에 달려 있다"라는 점을 강조한다.[23]

나이지리아의 크로스리버(Cross River) 주에서는 홍콩 소재 초국적기업인 웨스턴 메탈 프로덕트(Western Metal Products Company, WEMPCO)가 541km²의 열대삼림을 베니어판, 이쑤시개, 합판 그리고 나무젓가락을 위해 베어내고 있다고 로리 포틴저(Lori Pottinger)는 말한다.[24] 자원보호론자들은 이 계획이 나이지리아에 남아 있는 우림의 40%에 이르는 크로스리버 숲 전체(약 6400km²)를 위협할 수 있다고 경고해왔다. 회사는 대규모 목재처리공장을 크로스리버 제방에 짓고 있으며, 이는 적어도 300개 지역사회의 2억명 사람들에게 물을 공급하는 것을 위협할 수 있다. "우리는 삶 전부를 숲에 의존하고 있다. 이를 훼손하는 것은 우리 민족에게 많은 것을 의미한다"라고 환경단체연합 활동가는 전한다.[25] 이 연합은 벌채를 중단시키는 캠페인을 계속하고 있으며, 이 지역의 지속가능한 숲관리 제안서도 제출했다.

이 경우에 주로 과실이 있는 쪽은 회사라기보다는 정부이다. 포틴저는 WEMPCO의 벌채활동도 공장건설도 계획단계의 환경영향 진술서에 따르지 않고 있으며, 명백하게 나이지리아 법을 어기고 있다고 생각한다. "이 삼림을 지키는 것은 우리의 정체성, 우리의 영혼, 우리의 생명을 지키는 것이다. 이 숲은 우리의 생명선이다"라고 민간단체 활동가 올리버 이누어(Oliver Enuor)는 지적한다.[26]

필리핀과 마찬가지로, 아프리카 극빈국 중 하나인 가나에서도 90%의 숲이 1940년대 이후로 벌채되었다. 부정과 사기로 얼룩진 영국·독일·네덜란드의 목재회사들이 가나의 숲에서 3천만파운드의 세금을 횡령했다고 '지구의 친구들'(Friends of the Earth)의 보고서는 주장한다. 이 보고서에 따르면 수송되어 나간 목재의 가치를 가짜로 신고하는 부패한 회사가 연루되어 있다. 그 회사는 목재가 세계시장에서 받을 가격보다 낮춰서 정부기관에 제출했다. 수출된 목재는 가나정부에 신고된 것보다 질이 좋은 목재들이었다고 이 보고서는 주장한다. 수출업체는 높은 가격을 받고, 정부는 낮은 가격을 받는다. 이 보고서는 또한 회사들이 수입한 기계와 전문써비스의 가격을 높였고, 그 상품과 써비스에 들인 돈보다 높은 가격의 영수증을 정부에 제출했다고 한다. 보고서는 이와는 또다른 방식을 통해 가나가 목재수출의 실제 가치를 사기당하고 3천만파운드의 손해를 봤다고 믿는다. 가나정부는 이런 강탈과 수탈의 무역관계를 조사하면서 초국적기업들이 횡령을 위해 온갖 부정을 자행했다는 것을 발견했다. 1980년대 후반, 정부는 회사들로부터 다시 돈을 환수하려고 특별사면을 허락했다. 1990년 말까지 106개 회사와 개인이 자발적으로 손해본 돈의 1/5이 조금 넘는 660만 파운드를 갚았다.[27] 그러나 가나의 숲은 이미 손상되었다. 이 모든 일들이 외채를 갚는 수단으로 목재수출을 시작하라고 국제통화기금(IMF)과 세계은행이 가나에 압력을 넣었을 때 일어난 일이다.

어업 ● ●

초국적기업들이 사용하는 기술은 세계의 해양어업 기반을 죽이고 개발도상국의 수백만 사람들의 생존과 미래를 위협한다. 초국적기업들은 어업시장을 장악하고 통조림산업에 필요한 생선원료를 공급받기 위해 어업에 관여한다. 그러나 그 기업들은 세계에서 가장 심각한 식량문제 중 하나를 일으키고 있다. 지속가능성에 대한 일말의 고려도 없이 단기적 이익을 위해 너무 많이 잡아들여 바다를 약탈하는 것이다.

전지구적으로 어획량은 1950년에서 1989년 사이에 2천만톤 정도에서 1억톤 이상으로 다섯배 증가했다. 그러나 1990년대에 어획량은 1억톤에 머물며 사실상 정체되었고 질은 떨어지고 있으며 바다에서 나는 것은 더 적어졌다. 40% 정도의 어획이 국제무역에 들어간다. 따라서 생선은 많은 경우 잡힌 곳에서 멀리 떨어진 곳으로 옮겨져 가공되고 소비된다.

FAO는 사실상 시장에서 팔리는 모든 생선 종류의 어획량이 지나치게 많아 지금 바다는 고갈되고 있다고 경고한다. 세계적으로 17개 어장 중 4개가 상업적으로 고갈되었고 9개는 심각하게 줄어들고 있다. 가장 과도하게 어획이 이루어지는 바다는 동남아에 있는 타이만이다. 그 원인은 서구와 아시아의 초국적기업들이 소유한 트롤어선이다.

제3세계의 수백만 사람들에게 생선은 저가로 단백질을 섭취할 수 있는 중요한 단백질원이다. 생선은 아시아인들이 섭취하는 총 동물성단백질의 29%, 아프리카인들에게는 18.6%, 라틴아메리카인들에게는 7.6%를 제공한다고 FAO는 추정한다. 10억 가량의 아시아사람들이 동물성단백질의 기본섭취를 생선에 의존하고 있다. 그러나 북반구 트롤어선의 과도한 어획이 개발도상국들의 근해어업 기반을 무너뜨리고 있으며 어획량을 감소시키고 있다. 결국 지역사람들은 이전보다 건강을 지켜나가기 힘들 뿐만 아니라 연안지역의 경제에도 심각한 영향을 미친다.

개발도상국에서는 적어도 1천만명이 전업어민이고 또다른 1천만명이 시간제 어민이다. 이 어민들이 지역민이 소비하는 해산물의 대부분을 공급하지만, 그들은 세계 빈민들 중에서도 극빈층에 포함된다. 인도의 전통 어민의 98% 정도가 빈곤선 이하의 생활을 하고 있다고 추정된다. 제3세계 어민들과 그들의 가족, 부양자들은 1억명에 이른다. 인도에서만도 거의 8백만명이 직접적으로 어업에 생계를 의존한다. 어촌여성들은 주로 가공·판매·배급에서 중요한 역할을 한다.

개발도상국의 어민들은 지구 전체 어획량의 1/5 정도를 담당하고 있으나 그들의 삶의 방식은 전례없는 도전을 받고 있다. 대형어선과의 경쟁과 어획량 감소로 인해 매년 수만의 소규모 어업부문의 일자리가 사라진다. 한 어업전문가는 말한다. "수세기 동안 어업으로 지속되어 오던 전통적인 삶의 방식이 무너지고 있다. 어촌사람들은 현대기술이 도입되기 전에는 자신들의 삶을 잘 지속해왔다."[28] 이 현대기술은 대부분 초국적기업들이 갖고 있다. 스페인·독일·노르웨이·한국·일본·미국에서 온 트롤어선들이 축구장보다 몇배나 큰 망을 이용해 몇마일 안의 모든 것을 쓸어버리며 세계의 바다에서 생선을 잡고 있다. 소규모 고기잡이로 생계를 이어온 어민들은 더이상 가망이 없다. 어망의 크기에 대한 규제가 있으나, 더 자라야 할 어린 생선들도 어쩔 수 없이 잡히게 된다.

초국적기업들은 지구 생선보고의 상당한 부분을 통제하고 국제무역을 장악하며 정부들에 큰 영향력을 휘두른다.[29] 스페인 회사 뻬스까노바(Pescanova)는 세계에서 가장 많은 어선을 소유한 회사 중 하나이며, 140개 정도의 트롤어선이 외국의 바다를 항해하고 있다. 아프리카 연안이 가장 주요한 목적지이다. 어업과 냉동식품 초국적기업인 뻬스까노바는 연 6만뻬쎄따(약 3억파운드)의 총매출을 올리고 있으며, 18

개 개발도상국에 30개의 회사 네트워크를 가지고 있다. 뻬스까노바는 스페인 냉동해산물 시장의 50%를 장악하고, 세계공장들을 통해 세계에서 생산되는 메를루사(대구 비슷한 생선—옮긴이)의 1/5을 가공한다. 이 회사는 또한 2만5천개의 소매점을 가지고 있다.

씨애틀 소재의 해산물 초국적기업인 타이슨 엔터프라이즈 씨푸드 (Tyson Enterprises Seafoods, 세계에서 가장 큰 닭고기회사 타이슨 푸드 Tyson Foods의 자회사)는 인도네시아 자카르타 소재의 해산물회사인 이카 무다(Ika Muda, 역시 다른 씨애틀 소재의 생선가공회사 오션 뷰티 씨푸드 Ocean Beauty Seafoods의 자회사)와 합작회사를 가지고 있다. 타이슨 푸드는 『다국적 감시』(Multinational Monitoring)라는 잡지에서 1997년 10대 악덕기업에 포함되었다. 노르웨이의 셸 잉에 로케(Kjell Inge Rokke)는 세계 흰살생선 생산의 10% 가량을 차지한다. 대규모 미국소재 어업회사 스타키스트(Starkist)는 세계 참치생산의 상당 부분을 통제한다.[30] 유니레버, 크래프트푸드(Kraft Foods) 그리고 네슬레도 모두 어업에 큰 이해관계를 갖고 있다.

어업협정을 통해서 초국적기업이 운행하는 트롤어선들은 개발도상국 해안의 200마일 내 배타적 경제수역(EEZ)에서 생선을 잡을 수 있다. 이 지역은 1982년 유엔해양법 협정으로 결정되었다. 각국은 자국의 EEZ 안에서 해양자원을 개발하는 데 독점권을 갖는다. 이는 세계 생선보유량의 80%가 그들의 통제하에 있다는 것을 의미한다. 북반구에서 온 트롤어선들은 남반구에서 보통 협정이나 허가에 따라 활동하지만, 허가없이 생선을 잡는 국제해적도 흔하다.

EEZ 밖의 공해는 최근까지 모두에게 무료로 개방되어 있었고, 트롤어선들과 국가들 간에 심각한 분쟁을 일으켰다. 물고기들이 EEZ와 공해 사이를 오가기 때문에 한 나라의 EEZ 바로 밖 공해에서 잡힌 물고기들은 EEZ 안에 물고기가 줄어든다는 것을 의미하므로 연안국가들은 촉각을 세울 수밖에 없다. 그러나 이런 공해는 이제 국제규율에 따른다.

유럽연합과 아프리카　유럽연합(EU)은 세계에서 제일 큰 생선시장이지만, 유럽 바다는 소비자 수요의 적은 부분밖에 충족시키지 못한다. 유럽 바다에서 유럽 어선들의 과도한 어업은 특정 생선(예를 들면 북해에서 잡히는 대구) 어획량에 정체를 가져왔다. 유럽 소비자들을 위한 생선공급을 유지하기 위해서 EU는 해외로 눈을 돌려야 했다. EU에서 판매되는 생선의 60% 정도는 이제 다른 나라의 어업지역에서 들어온다.

특히 EU는 16개의 아프리카 국가들과 그들의 EEZ에서 EU 트롤어선이 고기잡이를 할 수 있게 하는 협정을 맺었다. 이 협정은 생선공급을 늘려서 가격을 낮게 유지함으로써 뻬스까노바와 같은 초국적기업들과 서구 생선소비자들의 편의를 도모한다(스페인 어선이 EU 선단의 60% 정도를 소유한다). 그러나 그 협정들은 대개 지역어촌의 이해를 고려하지 않는다. 아프리카국가들에서 협정은 지역의 전통적 어업부문을 위협하는 수출중심 어업을 확립시킨다. 외국 어선들은 생선 서식지를 손상시키고, 아프리카 바다의 생선보고를 고갈시키며, 따라서 수천 어민들의 경제적 기반을 무너뜨린다.

브뤼셀 소재의 NGO인 '공정어업협정을 위한 연합'(Coalition for Fair Fisheries Agreements, CFFA)에 따르면, EU와 아프리카 간의 협정들이 생선 기반의 고갈, 연안어촌의 빈곤화와 아프리카·카리브해·

태평양 국가들의 지속가능한 발전기회의 파괴를 가져온다고 말한다. 그것들은 또한 EU의 개발정책과 맞지 않는다.[31] CFFA는 이 어업협정에 대한 EU의 접근방식이 마스트리히트(Masstricht)조약의 조항에 직접적으로 위배된다고 주장한다. 빈곤에 반대하는 캠페인과 개발도상국들의 지속적인 경제적·사회적 발전이 이 조약의 목표이다.

쎄네갈은 아프리카의 가장 큰 어업국가들 중 하나이고, 주요 대EU 수출국으로 생선이 나라의 가장 큰 외화벌이이다. 쎄네갈은 사실상 생선수출 수익의 거의 전부를 외채 이자상환 용도로 지정했다. EU-쎄네갈 협정하에 쎄네갈 EEZ에서 고기잡이는 주로 스페인 트롤어선에 의해 이루어진다.

그러나 쎄네갈의 3만5천 어민의 대표들은 트롤어선들이 근해지역으로 헤엄쳐올 생선들을 잡고 있다고 말한다. 이는 지역민의 생계를 망가뜨리고 식품안정성을 위협한다. 그들은 소규모 어민들을 위해 지정된 그 나라의 10km 근해지역에서 점차 감소하는 어획량을 지적한다. 트롤어선들은 해변 10km 이내에서는 생선을 잡을 수 없지만 그들의 어망이 혀가자미, 메를루사를 엄청나게 건져올리기 때문에 그 지역으로 헤엄쳐오는 생선은 드물다. 지역어민들은 깊은 바다에서는 탈 수 없는 배를 타고 더 먼 바다로 나가도록 강요당하고, 때로는 트롤어선과 관련된 사고로 죽기도 한다. 한 어민대표에 의하면, 큰 EU 어선은 종종 어망이나 약한 배를 주로 밤에 치고 지나가기 때문에 많은 쎄네갈 어민들이 죽기도 하고 엄청난 경제적 손실을 입기도 한다.[32] 소규모 어민 지원단체인 어업중간기술연구발전쎈터(CREDETIP)의 알리우 쌀(Aliou Sall)에 따르면, 점점 감소하는 어획량은 '지역시장에 내놓을 수 있는 생선이 적어지는 것'을 의미한다.[33] 쎄네갈인들을 위한 생선공급의 감소는 더 심한 영양부족을 불러온다. 브라이언 오라이오던(Brian O'Riordan)에 의하면 쎄네갈의 현재 상황은 긴박하다. "EU가 처음에는 새우, 다음에는 참치, 그 다음에는 심해에 사는 어류를 모조리 잡아가고, 이제는 먹이사슬을 따라 낚아가고 있다. 이는 원양어선의 특징이다."[34]

낮은 어획량은 쎄네갈 연안마을의 사회구조에 영향을 끼치고 있다. 젊은 사람들은 어업을 이어받으라는 부모의 제안을 거절하고 있다. 그들은 부모의 문제를 두 눈으로 보았기 때문에 다른 직업을 원한다. 지역어민들은 정부가 그들에게 배정한 지역을 10km에서 20km로 늘려주고 외국 트롤어선을 탐지할 수 있는 감시도구에 더 많은 투자를 하기를 바란다.

인도  1994년 인도정부는 '심해 합작회사'를 통해 200마일 EEZ를 외국어선에 개방하기로 결정했다. 어선 800척을 포괄하는 170개의 허가서가 발급되었다. 그 허가는 100% 수출중심이었다고 브라이언 오라이오던은 말한다. "잡힌 물고기들은 무조건 수출될 것이고 지역경제나 지역 식량공급에는 아무런 기여도 하지 않을 것이다."[35] 인도 어민들은 이에 격노하여 정부에 강력한 시위를 펼쳤다. 전국적인 시위는 '합작회사에 반대하는 전국 수산업어민 행동위원회' 출범의 계기가 되었다.

정부는 인도의 어업기반이 충분히 개발되지 않아 밀어(密漁)까지 발생했다고 주장했다. 정부는 이를 통해 연간 5억달러의 외화를 벌 수 있기를 희망했다. 외국어선으로는 덴마크·일본·한국·미국의 트롤어선이 있었다. 대형어선의 어획량은 지역어선들의 규모와는 비교도 할 수 없는 어마어마한 수준이라고 현지어민들은 전한다. 어떤 때는 지역어선 1만5천척의 어획량과 맞먹는 2천톤에 달했다.

어민들은 정부가 1980년대부터 심해 트롤어선에 고기잡이를 장려하는 지원금을 주었고 이는 해양보고에 커다란 고갈을 가져왔다고 주장한다. 반면 지역어민들에게는 일부 주에서 최소한의 등유 보조금 외에는 어떤 장려금도 지급하지 않았다고 '합작회사에 반대하는 전국 수산업어민 행동위원회'는 강조한다. 그들은 지역소비를 확보하기 위해 합작회사를 위한 모든 허가서를 취소하고, 지역어민들이 해변에서 더 멀리 나갈 수 있도록 장비를 갖춰주기를 요구했다.[36] 그들의 행동은 성공적이었다. 1995년 1월 정부는 새로운 허가서 발급을 동결하고 합작회사정책을 재고하기로 결정했다. 현재는 200개 이상이 아니라 30개 정도의 외국어선만이 인도 바다에서 고기잡이를 계속하고 있다.

인도에 현존하는 몇개 부족 중 하나인 월리(Warli)족에 속하는 뭄바이 근처의 어민들은 1998년 P&O사가 리버풀항보다 8배나 큰 항구를 지으려는 계획에 맞서 거센 시위를 벌였다. 주정부가 항구건설을 장려하였다면 지역의 어업은 붕괴되어 어업에 의존하는 3만명 이상의 월리족 삶에 영향을 끼쳤을 것이다.[37] 2만명가량의 월리족이 1998년 초에 자신들의 의견을 알리기 위한 회의에 참여했으며, 1998년 11월 회사는 계획을 중단했다.

규제   FAO의 '책임있는 어업을 위한 윤리강령'에 1995년 10월 각국 정부가 찬성하였다. 이 강령은 생선과 해산물의 포획, 가공, 무역, 어획활동, 수중생물 배양, 어업연구 그리고 어업과 연안지역 경영의 통합을 포괄한다. 이는 다음과 같은 내용을 규정한다.

보존, 경영 그리고 모든 어업의 발전에 적용 가능한 원칙과 기준을 설정한다. 고기잡이 권리는 살아 있는 해양자원의 효과적인 보존과 관리 보장을 위해 책임있는 태도를 갖출 의무를 함께 지닌다. 각국은 과도한 고기잡이와 과도한 고기잡이 능력을 방지하고 관리조치를 취해야 한다. 그것은 고기잡이 노력이 자원의 생산능력과 지속가능한 이용이 되어 조화를 이루도록 하기 위함이다. 선택적인 고기잡이 장비와 실천이 더 연구되고 적용되어야 한다.[38]

또한 1995년에, 정부들은 전체 해양어족의 10% 가량을 차지하는 공해의 생선을 보호·관리하기 위해 '경계왕래어족과 고도 회유성어족에 대한 유엔협정'을 채택했다. 이것이 비준되면 국제적으로 적용되는 협약이 될 것이다. 그 협정하에서는 공해에서의 어업활동을 규제하기 위해 협력하지 않은 국가의 어선은 공해에서 고기를 잡을 수 없다. 만약 한 나라가 공해의 어선이 보존규칙을 위반하고 있다고 여겨질 합당한 근거를 가지고 있다면, 그 나라는 그 어선에 탑승하여 조사할 수 있으며, 필요하다면 어선이 등록된 나라에 알려야 한다. 그 나라가 3일간의 근무일 이내에 답하지 않으면 조사국은 사후처리를 위해 어선을 항구에 억류할 수 있다.

이 국제협약은 개괄적인 성격을 띤다. 외국 트롤어선을 규제하는 가장 좋은 방법은 국가적 차원에서의 규제인 것 같다. 나미비아는 외국 트롤어선을 자신들의 풍요로운 어장에 들이지 않기 위해서 EU가 제공하는 조건으로 협약하는 것을 거절하여 자국의 구역을 성공적으로 개발하고 있다. 1990년 독립 당시 외국어선, 주로 스페인 어선이 아무런 규제 없이 과도하게 고기잡이를 하여 나미비아의 생선 어족은 위험한 수준까지 감소되었다. 그때는 약 30개의 스페인 어선이 나미비아의 EEZ 내에서 불법어업을 하고 있는 것으로 추정되었다. 나미비아의 새 정부는 모든 외국어선에 그 구역에서 어업을 중지할 것을 요구했다. 그러나 스페인 어선은 응하지 않았다.

1990년 11월, 나미비아 해양수산부 장관은 헬리콥터 공습으로 다섯 대의 스페인 어선을 포획했지만, 불법어업은 계속되었다. 1992년 3월, 스페인 어선 에군쎈띠아(Egunsentia), 에르마노스 가리도(Hermanos Garrido)호가 나미비아 영해에서 고기잡이를 하는 것이 발각되었고, 나미비아 당국이 사격을 개시하는 일이 일어났다. 이후 나미비아와 스페인의 관계가 서서히 호전되기는 했지만, 나미비아정부는 EEZ 내에서 외국 트롤어선의 고기잡이를 엄격하게 규제하면서 단호한 의지를 보였다. 이제 외국어선은 합작회사를 기반으로 정해진 곳에서만 고기잡이를 할 수 있다. 목표는 유럽과의 연계 성격을 바꾸는 것이다. 나미비아는 유럽의 배들이 생선을 냉동해서 해외에서 가공하지 않고, 생선을 그들의 땅에서 가공할 수 있도록 하고 이를 위해 선박들이 신선한 생선을 육지로 가져올 것을 요구했다.

바다는 건전한 정책을 통해 회복될 수 있음이 입증되었다. 어획량은 다시 높아졌고, 더 많은 생선을 지역에서 소비할 수 있게 되었으며, 생선수출도 외화소득을 촉진시키면서 연간 20% 이상 성장하고 있다. 어획량뿐 아니라 일자리도 늘어나고 있다. 나미비아 해양수산부 장관은 그 정책이 적당한 투자를 장려했다고 믿고 있으며, 어업부문에서 해마다 1500개의 새로운 일자리가 창출된다고 추정한다. 초국적기업들의 행위를 규제하기 위한 조치를 취한 것이 오히려 좋은 보상으로 맺어졌다. 대지를 둘러싼 바다와 그 바다에 의존하는 개발도상국 사람들은 정부가 초국적기업에 적절히 규제를 가하고 소규모 어촌을 장려하기를 바라고 있다.

## 어업권을 빼앗긴 캄보디아 어민들

인도차이나의 젖줄인 메콩강 유역에는 수백년 동안 이어진 농업의 역사가 한눈에 들어오는 비옥한 농지가 펼쳐져 있다. 지금은 1인당 국민소득 3백달러에 불과한 아시아의 최빈국으로 알려진 캄보디아에는 이 강과 주변 숲을 바탕으로 살아온 사람들이 있다. 그러나 프랑스 식민통치하에서 서구제국에 의해 풍부한 부존자원이 조금씩 고갈되더니 지금은 가난을 구제하는 개발사업으로 투입되는 원조와 이를 수반하는 개발프로젝트 사업으로 인해 진통을 겪고 있다. 초국적 자본에 의해 환경은 훼손되고, 강은 물줄기를 막는 댐공사로 죽어가고 있고, 어민들의 양식이었던 하천의 물고기들은 점점 사라지고 있다. 1995년 캄보디아정부가 새로운 외국인투자법을 제정한 후 개발붐은 더 가속화되고 있다.

가난한 사람들이 개발사업의 수혜대상이지만, 그들은 오히려 평생 동안 심각하게 생각하지 않았던 자신의 '권리'가 도전받고 있는 실정이다. 아시아의 가장 큰 호수라 불리는 캄보디아의 똔레샵(Tonle Sap)은 캄보디아 전국민의 어머니와 같은 곳으로 1997년 캄보디아정부가 생물권보전지역으로 정한 곳이다. 이곳 사람들은 조상 대대로 기후와 풍토에 맞게 수상가옥을 짓고 강을 기반으로 살아왔다. 마실 물은 풍족했고 단백질이 풍부한 민물고기가 넘치는 탓에 어민들은 넉넉한 살림은 아니지만 자급자족할 수 있었다. 그러나 지금 이곳은 무분별한 하천 유역개발로 인해 생활용수로 사용하던 호수물이 황토물로 변해가고 있고, 황금빛 자연어장에서 살아온 물고기는 점점 사라지고 있다.

똔레샵호수 근처 한 마을에 아시아개발은행(Asian Development Bank) 자금이 들어온 이후부터 변화는 시작되었다. 처음에 개발자금이 들어오면서 항구가 건설되고, 건설장비가 들어서고, 인근지역에 건물들이 들어서면서 새로운 관광객들이 늘어났다. 갑자기 마을은 흙먼지로 뒤덮이고 온갖 쓰레기가 주변에 쌓이기 시작했다. 더 심각한 문제는 자급자족을 하며 살아온 어민들에게 항구가 그다지 필요하지 않다는 사실이다. 항구가 만들어지면서 불법선박도 늘어났고, 외지인들이 어업권을 장악하고 물고기를 잡아들였다. 생선은 베트남과 타이의 큰 시장이나 백화점에 납품하려는 기업들에 의해 이미 매수되어 있었다.

호수를 지키려는 가난한 어민들은 어업주민공동체를 결성했다. 공동체에 참여한 사람들은 외지인들 차지가 된 어업지역으로부터 소외되어 나머지 지역에서 물고기를 낚는 가난한 어민들이다. 결국 이들은 자기 돈을 내고 고기잡이를 해야 하는 지경에 이르렀다. 과거에는 적은 생선으로도 충분히 살아갈 수 있었지만 지금은 초국적기업과 연계된 어업권을 가진 자들에게 종속되어 가고 있었다. 공동체는 외지인들에게 더이상 어업권을 허용하지 말라고 정부에게 요청했고, 불법어업으로 점점 사라지는 물고기들을 지키기 위해 어업구역을 강제적으로 규제해달라고 관련부처에 호소하고 있다. 뿐만 아니라 무분별한 하천유역개발을 막고 이로부터 생명을 지켜나가려는 NGO '어업 행동연대'(Fisheries Action Coalition Team)와 손을 잡았다. 정부는 아직 이들 가난한 사람들의 요구에 묵묵부답이다. 투자사업이 캄보디아의 새로운 미래를 보장한다는 이유로 정부가 투자유치에 앞장서고 있기 때문이다.

## 강을 지키는 SERIAN

아시아에는 다양한 시민단체들이 있다. 초국적 자본에 대항하는 가난한 사람들은 비단 임금노동자들과 땅을 빼앗긴 사람들만이 아니다. 지역원주민들의 생명의 바탕이 되어온 물줄기를 훼손하고 더 나아가 이곳에 새로운 개발붐을 일으키는 초국적기업을 감시하는 사람들도 있다. 그들 속에 동남아시아의 강을 지키는 NGO인 SERIAN(Southeast Asia Rivers Networks, 동남아시아 강 살리기 네트워크)이 있다.

SERIAN은 동남아시아 활동가들이 주를 이룬다. 이들이 몇년 전 한자리에 모이게 된 계기는 말레이시아에서 계획중이던 바쿤댐으로 인한 환경파괴였지만, 지금은 타이·말레이시아·캄보디아 NGO들과의 연대를 바탕으로 개발프로젝트를 감시하는 사업을 펼치고 있고, 더 나아가 주요 투자국으로 떠오르는 한국과 타이완 등과도 연계를 맺고 있다. 특히 동아시아 NGO들을 주요한 연대 파트너로 보는 까닭은 초국적기업과 하청계약을 맺고 개발현장에 들어오는 동아시아 건설기업들을 감시하기 위해서이다.

SERIAN 활동가들은 지난 몇년 동안 개발이 끝나고 나면 해결해야 할 문제들이 고스란히 지역주민들의 고통으로 남는 것을 목격했다. 그래서 SERIAN은 강을 훼손하는 일이야말로 가난한 사람들을 가장 큰 절망에 빠뜨리는 일이라며 하천유역 개발사업에 집중적인 감시활동을 펼치면서, 오랫동안 삶의 터전을 일궈온 원주민들과 직접적이고 밀접한 관계를 맺어가고 있다. 강에서 희망을 찾아가는 이들이 바로 SERIAN 활동가들이다.

참고자료
www.rwesa.org

제 6 장

빈민을 채굴하는
광업

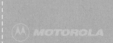

우리는 사실상 모든 곳에서 문제를 본다.

—로버트 윌슨, RTZ 수석위원

광업은 세계에서 다섯번째로 큰 산업이다. 광업은 인류에게 전기, 텔레비전, 자동차, 비행기, 냉장고 그리고 하얀 치약을 안겨주었다. 반면 총, 총알, 그리고 빈민들에게 커다란 문제들도 제공했다. 지속되는, 혹은 지속되지 않는 가치를 가진 상품을 만들기 위해 광물을 캐내는 과정에서 광업은 엄청난 사회적·환경적 손실을 일으켰으며, 이는 대부분 개발도상국에서 초국적기업들이 일으킨 문제점으로 드러났다.

당연하게도 광업은 환경파괴적인 행위이다. 그러나 회사의 이윤이라는 측면에서 보자면 번영하는 산업이다. 1990년대 중후반에는 아마도 역사상 어느 시기보다 더 번영했을 것이다. 최근 초국적기업들은 더 많은 채광의 기회를 찾아 규제가 적은 남반구로 대거 이동했다. 북반구에서 요구하는 —기업이 엄격히 준수해야 하는— 환경적 기준이 대부분의 남반구에서는 적용되지 않는다.

대부분의 광업은 첨단기술을 수반하며 광대한 지역에 걸쳐 있는 노천굴에서 이루어진다. 서파푸아뉴기니에 계획된 탄광은 웨일즈보다 300배나 큰 지역이다. 그러나 대부분의 광업은 수명이 짧고 불안정한 시장과 변화하는 자연에 의존한다. 인간적으로 더 중요한 의미는 광업이 가난한 사람들의 문화와 삶, 그리고 그들이 사는 환경을 황폐화한다는 것이다.

지난 100년간 광업은 개발도상국에서 약 1억의 인구가 삶의 터전에서 쫓겨나는 희생을 댓가로 발전해왔다. 그들이 쫓겨난 땅에는 제일 먼저 불도저가 들이닥쳐 웅장한 숲을 순식간에 무너뜨렸다. 그리고 그 땅을 기반으로 한 광업은 건강과 안전을 위협하는 다량의 폐기물더미를 만들어냈다. 이 폐기물더미는 광산 근처와 약간 떨어진 곳, 가끔은 아주 멀리 떨어진 곳의 수자원까지 오염시켰다.

자유화와 민영화의 붐을 타고 광업은 대단한 속도로 확장되었다. 한때 초국적 채광기업들을 의심스런 눈으로 쳐다보던 개발도상국의 정부들은 이제 그들을 유치하기 위해 규제를 완화하고 세금감면을 위해 법개정에 나서고 있다. 1990년대 시작부터 31개 아프리카국가를 포함하는 70개 국가들이 국제 채광기업들에 문을 개방했고, 정부들은 국유광산을 속속들이 팔아넘기고 있다. 전세계에서 초국적 채광기업들은

〈표 6.1〉 1996년 세계 최대의 채광기업들 (구 동구권 제외)

| 회사 | 소재 국가 | 생산 %<br>(시장가치 기준) |
|---|---|---|
| 앵글로아메리칸 | 남아프리카공화국 | 8.04 |
| 리오틴토 | 영국 | 6.12 |
| 브로큰 힐 프라이어터리(BHP) | 호주 | 4.17 |
| 씨아 발레 두 리우 도쎄 | 브라질 | 3.46 |
| 스테이트 오브 칠레(꼴렐꼬&에나미) | 칠레 | 2.38 |
| 젠코어 | 남아프리카공화국 | 1.87 |
| 노란다 | 캐나다 | 1.65 |
| 프리포트 맥모런 | 미국 | 1.54 |
| 펠프스 도지 | 미국 | 1.46 |
| 아싸코 | 미국 | 1.44 |

출처 : *Who Owns Who Mining*, 1998, The Minerals, Metals and Mining Society, Roskill Information Service.(웹싸이트: http://www.roskill.co.uk)

구시대에 존재하던 것과 비슷한 전지구적 산업을 만들며 지역회사들을 다시 통제하고 있다.[1] 〈표 6.1〉은 1996년 세계 최대 채광기업들을 보여준다.

1996년 10월 캐나다 회사인 메탈 이코노믹스 그룹(Metal Economics Group)의 연구는 각국이 외국회사들에 문을 열고 그들을 끌어오려고 경쟁하자, 광업기업들이 엄청한 돈을 광산개발에 사용하고 있다고 밝혔다.[2] 초국적기업들은 이런 기회를 이용할 수 있는 충분한 자금을 가지고 있다. 스웨덴의 로 머티어리얼즈 그룹(Raw Materials Group, RMG)에 의하면, 최근 채광산업은 괜찮은 수익을 얻은 데 힘입어 집약적인 변화의 국면에 있다.[3]

일부 국가는 광산의 민영화를 경제발전의 중심전략으로 삼기도 한다. 서아프리카의 기니는 광업을 '외자투자의 탁월한 운반꾼'으로 만들기 위해서 채광법의 규제를 철폐하는 계획을 발표했다.[4] 1998년에 잠비아는 국유 구리광산의 민영화에 경제회복의 희망을 걸고 있었다. 광산전문가 로저 무디(Roger Moody)에 의하면, 필리핀에서는 초국적 채광기업들이 초안을 작성한 새 광산법이 1995년 3월에 도입되었다. 이전에는 외국소유권이 40%만 허용된 반면, 새 법은 외국기업들에게 100%의 광산소유권을 준다.[5] 물론 외국기업들은 환영이었다. 그러나 필리핀 광산을 초국적기업들에 개방하는 순간 지역주민들의 반발과 저항은 불가피했다.

일부 개발도상국에서는 농산품이 아닌 광물이 주요 수출소득원이다. 금·다이아몬드·망간·보크싸이트 등의 광물을 추출하는 가나가 대표적이다. 1980년대 중반 가나의 경제자유화 이후로 모든 국유광산이 민영화되었고 200개에 달하는 채광기업들이 해외에서 들어왔다.

금 채광이 1985년 이후 가나 경제성장의 주요 요인이었다.

## 기업 ● ●

　　　　가장 큰 채광기업인 남아프리카공화국 소재의 앵글로
아메리칸(Anglo American)은 금과 다이아몬드(드비어스De Beers), 플
래티늄, 크롬철광의 세계 선두생산자이며 코발트와 망간은 세계 세번
째, 니켈은 네번째로 많이 생산한다. 1990년대까지 이 회사의 채광은
주로 남아프리카공화국에서 이루어졌다. 이 회사는 또한 은행이나 보
험과 같은 금융써비스, 중공업, 출판, 농업, 가공식품으로 확장되는 방
대한 영역의 사업권도 갖고 있다. 1992년 이 회사는 델몬트(Del
Monte)의 과일사업을 차지했다.

　1980년대 중반에는 앵글로아메리칸이 요하네스버그 주식시장에 상
장된 회사들의 60% 이상을 관리한다고 추정되었다. 이후로 이 회사의
통제력이 약해지기는 했으나 아직도 상장회사들의 1/4 정도를 관리한
다. 앵글로아메리칸은 남아프리카공화국과 인접국가들에서 싸고 구하
기 쉬운 노동력과 '건강과 복지에 대한 낮은 기대, 투쟁적인 노동자를
해고하는 능력'을 이용해 이득을 얻었다.[6] 1996년 이 회사는 공식적으
로 파업을 한 플래티늄 광산의 2만8천 노동자 전체를 해고했다.

　이 회사의 광산사고율은 국제적 기준으로 볼 때 높으며——남아프
리카공화국은 다른 어떤 나라보다도 많은 광산사고를 겪어왔지만——
이는 상당한 우려를 불러일으키고 있다. 이 나라의 전국광산노동자조
합은 1994년에 5851건의 사고로 424명이 사망하고 5727명이 부상당
한 것을 지적한다. 1995년 5월 지하철 케이블이 한 앵글로아메리칸의
광산을 강타했을 때는 106명의 광업노동자가 죽었다. "우리는 이런 재

앙을 불러온 경영진의 부주의함을 비난한다"라고 광산노동자 대표가 말했다. 시간과 돈을 절약하기 위해 안전에 대한 무관심이 일상적인 관행이 되어버렸다.[7] 하지만 회사는 부주의에 대한 책임을 부인한다.

인종차별시대에 앵글로아메리칸은 남아프리카공화국 내의 다른 회사들만을 인수할 수 있었다. 그러나 탈인종차별시대를 맞아 국제적으로 활동을 넓히기 위해 재빨리 움직였다. 1995년 회사는 아프리카에서 가장 가난한 두 국가인 말리와 자이르에 투자계획을 발표했고 론로(Lonrho) 사업의 10%를 사들였다.[8] 이 회사는 또한 팔기 위해 내놓은 국유광산들인 잠비아 합병 구리광산에 투자하는 것에도 관심을 가졌다.[9] 세계 최대의 채광기업은 따라서 개발도상국들에서 채광기회를 사용할 새로운 주요세력으로 등장했지만, 이는 빈곤한 지역사회에 심각한 영향을 끼칠 수도 있었다.

1997년 2월까지는 RTZ-CRA로 알려져 있던 리오틴토(Rio Tinto, 세계에서 두번째로 큰 채광기업)는 40개 이상의 국가에 200개 이상의 지사를 가진 회사이다. RTZ-CRA는 1995년 RTZ가 49%를 소유한 오스트레일리아의 콘징크 리오틴토(Conzinc Riotinto of Australia, CRA)를 합병하면서 생겨났다. RTZ(Rio Tinto Zinc)는 1962년에 리오틴토와 징크합병회사(Consolidated Zinc Corporation) 간의 합병으로 설립된 것이다. 리오틴토는 다양한 종류의 광물과 금속을 채굴·가공한다. 이 회사는 세계 최대의 알루미늄 생산을 주도하는 초국적기업이며 보크싸이트·놋쇠·구리 생산규모도 세계 10위권 안에 들어 있다. 석탄도 이 회사의 관심사 중 하나이며, 또한 오스트레일리아의 광산 하나에서 나오는 것만으로 세계 보석과 산업용 다이아몬드의 1/3 이상을 공급하고 있다.[10] 이 회사의 광산 대부분은 노천굴이다. 지하굴은 비교적 적다.

리오틴토도 앵글로아메리칸과 마찬가지로 높은 수익을 올린다. 1995년에 이 회사의 총매출은 56억 3700만파운드였고, 순이익은 15억 6000만파운드였다. 순이익은 전년도보다 57.7% 높고, 총매출의 28%나 된다. 이 회사의 기업철학은 사업의 성공은 다른 누구보다 싸게 상품을 생산하는 데 달려 있다는 철두철미한 신념으로 구축되었다.[11] 이 회사는 1995년 연간보고서에서 목표는 "자원을 책임지는 관리인으로서 책임있게 행동하기, 특히 토착민들이 관련될 때 지역문화와 생활방식을 의식하며 지역사회와 함께 일하기"라고 말한다.

리오틴토의 권력은 사업뿐만 아니라 국가와, 채광지역 근처에 사는 수백만의 삶까지 좌지우지할 정도이다. 초국적기업의 자회사는 보통 사업을 하는 나라의 자국인이 경영을 맡는다. 리오틴토나 RTZ라는 이름을 드러내지 않는다. 그럼에도 무디는 이 거대 채광기업은 때때로 자신들이 국가정부인 것처럼 행동했다고 말한다. 1980년대 초반에 파나마의 RTZ 변호사는 만약 노동조합에 우호적인 노동법이 있어서 기아미(Guyami)인디언들의 영토에 있는 거대한 세로 꼴로라도(Cerro Colorado) 구리매장물을 사용할 수 없다면 "우리는 그 법을 없앨 것이다!"라고 선포했다.[12] 15년 후에 이 협박은 파푸아뉴기니와 아르헨띠나에서 현실화되어 리오틴토의 변호사들의 도움으로 해외직접투자를 끌어들이기 위한 새로운 채광법률이 제정되었다. 이 기업은 항상 자신들에게 대항하는 자들을 협박해왔다. RTZ의 한 중역이 만약 써바이벌 인터내셔널(Survival International)이 쎄로 콜로라도 광산에 반대하는 캠페인을 취소하지 않으면 그 단체를 "파리새끼처럼 눌러 부수겠다"라고 말했다고 무디가 밝혔다. 그러나 요즘은 사정이 변했다고 한다. "요즘은 회사가 그들을 비방하고 다니는 사람들을 점심식사에 초대한다."[13]

또다른 논쟁의 여지가 있는 투자계획은 남아프리카공화국 쎄인트루시아(St. Lucia)호수 근처 지역의 북쪽 주주랜드(Zuzuland)의 해변 모래언덕에서 티타늄을 채굴하는 문제였다. 흰 페인트와 치약 등의 제품을 생산하던 리오틴토와 젠코어(Gencor) 공동소유의 회사 리차드 베이 미네랄(Richard Bay Mineral)이 티타늄 채굴을 계획했다. 쎄인트루시아호수는 '지구상에 가장 아름다운 곳 중 하나'로 꼽혀왔는데 1996년 정부가 환경적 차원에서, 특히 관광개발과 배치된다는 이유로 그 계획을 금지했다.[14] 그러나 리오틴토의 채광활동은 말과 행동이 다른 모습을 그대로 드러냈다. 차라리 "모든 곳에 문제가 있다"는 말이 적절해 보인다.

## 영향 ● ●

광산촌으로 광산노동자와 하청계약 인력이 유입하는 것이 지역경제에 단기적으로 부흥을 일으켜줄 수 있을지 모르나, 많은 경우 장기적으로 해로운 영향을 남기며 곧 지나가버린다. 기업투자가들의 단언에도 불구하고 초국적기업들은 환경적·문화적 측면을 무시하거나 간과한다. 광업은 여러가지 방식으로 직접적인 광산지역 이외의 곳에도 영향을 끼친다. 도로·철도·마을이 들어서며 수력전기발전 제방계획이 광업의 뒤를 이어서 올 수도 있으며, 수로와 지역 유적에도 영향을 줄 수 있다.

가나에서 광산의 합리화는 광업노동자들 절반 이상이 해고되는 것을 의미했다. 계속 일자리를 갖고 있는 사람들에게는 차별적인 임금이 주어졌다. 비교할 만한 직업이나 같은 직업을 갖고도 지역사람들은 백인 노동자의 1/10 정도밖에 받지 못했다고 제3세계네트워크(Third World Network) 아프리카사무국의 토마스 아카브자(Thomas Akabzaa)는 말한다. 그는 가나의 많은 광산들이 처한 현실에 대해 또 이렇게 말한다.

광산개발은 환경을 황폐화하는 결과를 가져온다. 숲과 농지 파괴가 아니더라도, 광물가공에서 나오는 청산염, 수은, 황산염과 다른 중금속들이 강과 토양, 공기를 오염시킨다.[15]

말레이시아환경재단은 태평양지역의 거대한 구리와 금 광산이 지역사회를 훼손시키는 서구식 생활방식을 가져왔다고 지적한다. 채광프로젝트는 전통적 사회씨스템 안에 현금, 수입식품과 술을 유입하면서 오랫동안 지켜온 문화마저 파괴하고 있다. 광산지역에서 남성들의 고용은 현금경제에 참여할 수 있는 기회를 주지만, 농업과 마을에 남아 있는 여성들의 부담을 가중시킨다. 가외의 작업과 가정폭력, 폭음 등으로 여성들의 삶의 질이 광업의 결과로 심각하게 저하되었다. 개인들 간의 우호적인 관계가 사라지고 경쟁의 개념이 팽배했다.[16] 광산에 영향을 받은 토착민들이 참석한 1996년 런던 회의에서는 이렇게 결론지었다.

욕심과 이윤을 추구하는 초국적기업들을 통해 세계를 지배하는 신자유주의경제가 토착민인 우리의 천부인권과 기본권을 어떻게 구조적으로 유린하고 무시하고 모독하는지에 우리는 경악했다. 그 무엇도 우리의 공기, 숲, 물, 땅, 영토를 파괴하고 우리 삶을 파괴하는 것을 정당화하지 못한다.[17]

## 그라스버그 광산 ● ●

1973년 미국의 초국적기업 프리포트 맥모런(Freeport McMoran)은 서파푸아뉴기니(인도네시아 이리안 자야Irian Jaya) 언덕의 그라스버그(Grasberg) 우림에서 구리·금·은의 노천굴 채광을 시작했다. 리오틴토는 프리포트 맥모런에 12%의 지분을 갖고 있으며, 그라스버그의 광산확장에 5억만파운드의 자금을 제공했다. 그후 광활한 숲에는 방대한 광산, 도심, 도로, 세계 최장 전차선로가 들어섰고 지금은 세계 최대의 금광이자 세번째로 큰 구리광이다. 변화에 따른 논쟁은 당연히 따라올 수밖에 없었다.

지역사람들인 아뭉메(Amungme)인과 코로모(Koromo)인들은 그라스버그 광산개발은 자신들에게 파괴적인 결과를 가져왔다고 말했다. 수백명의 사람들이 숲 속에 있는 집에서 태어났으나 지금은 오염이 심한 복잡한 번화가에서 살고 있다. 광산이 7500명을 고용하고 있지만, 그중 150명도 안되는 사람들만이 서파푸아뉴기니 토착민이다. 지역사람들은 광산개발에 대해 사전에 상의받지도 않았으며 적절한 보상도 받지 못했다고 주장한다. 토착민 중 아주 일부만이 보상을 받았다. 그들은 사냥터도 빼앗겼고 식량자원의 일부도 잃었으며, 강도 심하게 오염되었다고 주장한다. 보통 하루에 11만톤의 폐기물과 2만톤의 퇴적물이 강에 버려진다. 이것이 강의 흐름을 막아 홍수를 일으키고 고기잡이와 기본식품인 사고야자 수확도 방해한다. 코로모인들은 그들이 잡던 전통적 생선들을 이제는 찾아보기 힘들다고 주장한다.

아뭉메인들은 성스러운 산인 푼쿡 자야(Puncuk Jaya)가 채광으로 인해 정상 봉우리에 커다란 구멍이 생기면서 파괴되었다고 한다. "프리포트 맥모런이 120m도 넘게 깎아냈다. 구리와 금을 추출하기 위한 것이었다." 아뭉메인들은 이 산이 그들 조상의 영혼들이 사는 집이라고 믿는다. "프리포트 맥모런은 우리 어머니의 뇌수를 파내고 있다. 그래서 우리는 저항하는 것이다"라고 부족 원로는 말한다.[18] 회사는 자신들이 환경관리인이라고 자처하지만, 그들이 환경평가를 실시하는 데 10년이나 걸렸다고 세계개발운동(World Development Movement)은 주장한다. 또한 프리포트 맥모런이 그들의 본거지인 미국에서 환경기록에 대해 이의를 제기받은 후에야 그라스버그 광산의 운영을 감시하는 환경부서를 세웠다고 말한다.

주주들은 프리포트 맥모런이 저지른 파괴와 개발의 가장 큰 수혜자였다. 1995년 RTZ-CRA의 1100만달러 이윤이 그 광산에서 발생했다. 미국의 정부기구인 해외투자공사(Overseas Private Investment Corporation)는 1995년에, 그 광산이 우림에 끼치는 영향 때문에 프리포트 맥모런의 비상위험보험을 거절했다. 이 기구는 계획대로 광물생산이 증가하면 그 폐기물로 강이 뒤덮일 것이라고 했다. 프리포트 맥모런에 보내는 편지에 해외투자공사는 "이 프로젝트가 중요한 환경·경제·안전의 위험을 제기한다"라고 썼다.[19] 1996년 4월 그 정책은 프리포트 맥모런이 특정 환경평가를 도입하는 조건으로 다시 채택되었다. 그러나 1996년 10월 프리포트 맥모런이 자체적으로 비상위험보험을 취소했다. 이는 회사가 필요한 환경적 조치들을 취하지 못한 때문으로 보인다.

1996년 3월, 3천명의 지역사람들이 화살·활·막대·돌로 무장하고 그라스버그 경비사무소를 습격한 폭력사태가 일어났다. 그 시위는 오랫동안 사무친 분노에 불을 붙인 격이 된 지역노동자들의 죽음과 혹사로 촉발된 것이었다. 아뭉메 지도자는 강조했다.

우리는 개발을 원하지만, 우리 자신의 속도에 맞춰 받아들이고 싶다. 우리는 우리의 미래를 결정할 권리를 원한다. 지금은 기업의 권리가 인권보다 더 중요한 것처럼 보인다. 토지는 우리의 생명이다. 그러나 초국적기업들이 그것을 존중하리라고 보장할 수 없다.[20]

## 부겐빌과 리히르 ● ●

파푸아뉴기니의 부겐빌(Bougainville)섬은 팡구나(Panguna)의 구리-금 광산활동이 유발한 수년에 걸친 내전으로 심각하게 영향을 받았다. 섬 인구의 10%가 전쟁통에 죽었으며, 대부분은 무고한 민간인이었다. 53.6%가 리오틴토 소유인 그 광산은 "우림을 황폐화하고, 자바(Jaba)강의 모든 생명체를 쓸어버렸으며, 엠프레스 아우구스타(Empress Augusta) 만에 30m 깊이의 침적토를 쌓아버렸다"라고 로저 무디는 주장한다.[21] 주도적인 여성운동가 중 한명인 퍼페투아 쎄레로(Perpetua Serero)는 원주민들의 심정이 어느 지경까지 다다랐는지에 대해 이렇게 말한다. "우리는 더이상 건강한 작물을 기르지 못하고, 우리의 전통적인 관습과 가치는 훼손되었으며, 우리의 땅이 파헤쳐지고 헐값에 팔리는 것을 구경만 하고 있어야 한다."[22] 피해자가 된 성난 지역사람들은 보상요구를 거절당하자 1988년에 광산 폐쇄를 요구하며 광산을 습격했다. 정부가 그곳에 군대를 보내 분쟁으로 사람들이 목숨을 잃었다. 문제가 된 광산은 그후 폐쇄되었다.

파푸아뉴기니의 작은 섬 리히르(Lihir)는 세계 최대의 금 매장물을 갖고 있다. 그러나 그 금은 휴지상태인 화산의 깊은 땅속에 묻혀 있고, 그것을 추출하기 위해서는 수백만톤의 땅을 파헤쳐야 한다. RTZ-CRA는 그 광산이 섬의 가장 숭배받는 종교적 유적과 문화적으로 중요한 온천, 묘지들을 파괴할 것이라고 인정했다. "금의 64% 정도가 미래를 위해 비축될 것이다. 그러나 땅을 파헤치는 순간, 중금속이 바로 바다로 흘러들어갈 것"이라고 무디는 말한다.[23] 다양한 산호와 생선 종이 줄어들 것으로 예상된다. 또다시 가장 가난한 사람들이 그들의 바다가 오염되고 생선이 줄어들고 식량공급이 위태로워지는 것을 보면서 고통을 겪을 것이다.

### 세계 곳곳에 미치는 ● ● 채광의 영향

다른 나라들도 큰 영향을 받았다. 나미비아에서는 1976년에서 1982년 사이, RTZ의 로씽(Rossing) 우라늄광산이 핵 관련 계약들을 이행하기 위해서 바쁘게 돌아가고 있었다. 20년 후에 로씽의 광업노동자들은 냉혹한 댓가를 치르게 되었다. 나미비아 광업노동자조합은 수백명의 노동자들이 1976년에서 1982년 사이의 끔찍한 환경에 기인한 폐병과 암으로 현재 고통받고 있다고 주장한다.

마다가스카르에서는 리오틴토 소유의 회사 QIT가 국유 광산회사와 공동으로 티타늄 다이옥사이드(표백에 사용된다) 채광사업을 고려하고 있다. 이 프로젝트에서 추천된 채광지역이 유일하게 남아 있는 숲 바로 밑이기 때문에 마다가스카르 해안삼림의 2/3를 파괴할 수 있다고 '지구의 친구들'은 말한다. 이 숲은 생물 다양성이 풍부하며, 숲을 파괴하는 것은 미래세대에 대한 범죄가 될 것이라고 한다.[24] 댐건설로 염분이 증가하면 27개 연안마을의 어촌을 위협할 것이다.

리오틴토의 활동이 개발도상국 사람들에게 가장 막대하고 심각한 영향을 끼쳐온 것으로 보이지만, 다른 채광기업들 또한 극심한 반대에 부딪혔다. 그들의 활동이 삶을 위협할 것이라는 두려움 때문이었다. 파푸아뉴기니에서는 오크 테디(Ok Tedi) 구리광산의 가장 큰 투자사인 오스트레일리아의 BHP(60% 투자)가 이 커다란 광산이 지역에 끼친 환경피해 때문에 지역주민들에 의해 고소당했다. 그 광산은 연간 20만톤의 구리를 생산한다. 협정에 따라 1976년 그 채광활동은 대부분의 환경법에 적용되지 않았다. 광산지역에는 4만명 이상의 사람들이 산다. 그들은 매일 약 8만톤의 부스러기(폐기물 잔재)와 9만톤의 폐기된 돌이 오크 테디 강으로 흘러들어오고, 광산에서 발생하는 대규모 산사태 또한 심각한 피해를 일으키고 있다고 주장한다. 강의 700km에 걸친 부분이 "생물학적으로 죽었다"라고 보고되었다.[25] BHP는 미국에서 출간하는 잡지 『다국적 감시』가 뽑은 1995년의 10대 악덕기업에 선정되었다.

수리남의 니유 코피캄프(Nieuw Koffiekamp) 지역도 캐나다 회사 골든스타(Golden Star)와 캠비어(Cambior)가 금광을 운영하려고 하자 지역주민들과 기업의 갈등이 깊어졌다. 베네수엘라의 토착민들은 수일라(Zuila)와 과히라(Guajira) 지방에서 초국적기업의 노천굴 채광으로 인해 2만4천명의 사람들이 사멸할 위기에 있다고 주장한다. 브라질정부가 채광기업들, 특히 초국적기업들의 투자를 장려하기 위해 규제를 바꾸었으며 회사들이 토착민의 땅에서 광물을 찾기 위해 3만개가 넘는 청원을 냈다고 '토착민교육을 위한 여성단체'(GRUMIN)의 활동가 일레인 포티구아라(Elaine Potiguara)가 지적한다.

브라질 토착민에게는 지금이 최악의 시기이다. 토지는 지역사람들과 어떤 합의도 없이 채광기업들이 사용하고 있다. 환경적인 결과들은 계산할 수조차 없다. 나는 그 회사들에게 메씨지를 전달하고 싶다. 이제는 우리 땅에 들어오지 말라, 우리의 권리를 침해하는 짓을 그만두라.[26]

## 금 ● ●

다른 금속들과는 달리, 금광을 캐는 사람들과 이를 사용하는 사람들 간의 삶의 격차는 건널 수 없는 강만큼이나 크다. 금은 오랫동안 부의 상징이었다. 다신교 사회에서는 순금으로 여신상들을 만들었다. 금의 85%는 보석을 만드는 데 사용되고, 금을 걸치는 것은 개인적 부의 상징이다. 채광산업에서 막대한 돈을 벌 수 있는 것은 역시 금광이다. 그러나 금이 생산되는 환경과 금광이 지역사회에 끼치는 영향은 매력적이고 화려한 것과는 동떨어져 있다. 적은 임금으로 위험한 노동조건에서 일하며 대개는 병이 끊이지 않는 철제 오두막에 사는 금광 광업노동자들의 억압사는 잔인한 역사이다.

금광채광은 여전히 엄청난 건강과 환경적 댓가를 치러야 하는 위험한 사업이다. 금을 추출하려면 수십억톤의 광석을 비워내고 나무·표토를 제거하고, 대개 청산염이나 수은도 사용해야 한다. 필리핀에서는 수은에 몇차례 노출된 광업노동자들 4명 중 3명이 중독증상을 보였다.[27] 1995년 중반에는 남아프리카에서 두번째로 큰 금광인 가이아나의 오마이(Omai)가 무너지면서, 300만m³의 청산염 오염수와 중금속을 포함한 잔여물들이 흘러나왔다. 이 광산은 주로 캐나다 회사들인 캠비어와 골든스타가 소유하고 있다. 정부는 그 지역을 재난지역으로 선포했고, 한 보고서는 두개 강의 생명체들이 심각하게 영향을 받았다고 전했다. 일부 사람들은 청산염 중독으로 추정되어 병원에 입원했고, 일부는 물을 마신 후 입에 물집이 생긴다고 호소했다. 물고기가 오염된 미생물을 섭취하면서 먹이사슬에도 독성금속이 쌓일 위험이 있다. 누수 6개월 후 광산은 다시 문을 열었다.

그 사건에도 불구하고 가이아나 바라미타(Baramita) 지역의 카립(Carib)인들은 지금 그들의 땅이 금과 다이아몬드 광산시굴 회사들에게 분배되는 것을 목격하고 있다. 그 회사들 중 주요회사는 골든스타와, 다른 회사들과 시굴협정을 맺고 있는 캐나다 소재의 카나크(Canarc)이다. 써바이벌 인터내셔널에 따르면 많은 카립인들은 급속한 광산확장을 그들의 미래에 대한 심각한 위협으로 여긴다. 이미 강제이주가 이루어지고 병이 유포되었다.[28]

금으로 인한 소득은 많은 개발도상국들에 이익을 주었지만, 대부분은 값비싼 댓가를 치렀다. 작은 섬나라 피지가 그 전형이라고 할 수 있다. 위험한 광물잔여물이 흘러나오는 연못, 오염된 공기와 물, 광업노동자들과 그들 가족들의 건강문제 등 건강과 생태에 일어난 무수한 재앙은 피지 금광산업의 책임이다.[29] 세계적으로 금의 수요는 어느 때보다도 높고 금광은 막대한 확장을 할 준비가 되어 있다. 1996년 10월, 덴버에서 열린 연례 채광산업포럼에서 많은 회사들이 "비축분과 생산물을 몇년 안에 두배로 늘리겠다"라고 약속했다. 생산물의 증가는 경영진들이 거대기업을 선호하는 기관투자가들을 유혹하기 위해 큰 회사를 만들려는 시도로, 합병의 물결이 이어질 것이다.[30] 남아프리카 이외의 지역에서 가장 큰 금 생산회사인 배릭 골드(Barrick Gold)는 앞으로 10년 안에 생산을 두배로 늘릴 수 있다고 장담한다.

리오틴토와 앵글로아메리칸 같은 거대 초국적기업들이 금광산업을 지배하는 가운데, '공격적인 주니어회사들'이라 불리는 신종회사들도 현재 활발히 활동하고 있다. 1995년, 캐나다 채광기업들은 뻬루·에꽈도르·에티오피아·라오스·베트남·수리남·가이아나에서 광산탐사의 새 장을 열고 있다. 주니어회사들은 매장물들을 찾아내는 데 종종 거대 초국적기업과 제휴한다. 그러나 일부 주니어회사들은 시굴자에 지나지 않으며 그들의 주장이 항상 맞지는 않는다. 일례로 캐나다 소재 회사 브리-X 미네랄(Bre-X Minerals)은 1997년 3월 인도네시아 부쌍(Busang)에서 20세기 최대의 금광을 발견했다고 주장했다. 이 소식에 회사의 주가는 치솟았다. 하지만 회사의 주된 파트너인 프리포트 맥모런이 나중에 부쌍의 금은 시시한 양이라고 발표했다. 브리-X 미네랄의 주가는 폭락했고, 부쌍의 광석표본이 조작된 것이라는 추측도 나왔다.[31]

아프리카 사하라 이남지역은 금 채굴에 나선 초국적기업이 거대수익과 함께 번창할 곳으로 예상되었다. 1996년 11월 런던에서 열린 한 회의에서, 200개 이상의 채광기업들이 아프리카 사하라 이남지역을 활발히 탐사중이며 그중 최소한 15개 회사는 가나·꼬뜨디부아르·쎄네갈·부르키나파소·말리에서 세계 수준급의 금 매장물을 발견했다고 보고되었다.[32] 앞으로의 전망도 밝다고 한다.

이러한 '화려한 금-가난한 지역' 커넥션이 초국적기업의 수익 대차대조표에는 즐거움을 가져다줄지 모르나, 문제는 세계 극빈층의 일부가 포함된 이들 나라의 평범한 사람들이 조금이라도 혜택을 볼 수 있을 것인가이다. 채금의 새로운 물결은 사회적으로 취약한 사람들의 생계에 피해를 입히는 오염과 황폐화라는 유산을 남길 우려가 있다.

## 문화 ● ●

토착민 공동체들에게는 삶 속에 축적된 문화적 요인들

이 엄청나게 중요하다. 문화가 파괴될 수 있는 광산개발은 삶과 역사의 단절이라는 가장 심각한 위협으로 여겨질 수 있다. 오스트레일리아의 와아니(Waanyi) 원주민들은 리오틴토가 제안한 퀸즈랜드 론힐(Lawn Hill)의 쎈추리(Century) 광산이 자신들의 문화를 심각하게 훼손할 수 있다고 주장한다. 이 광산은 연간 45만톤의 아연 생산능력을 가진 잠재적인 세계 최대 아연광산이다.

쎈추리 광산은 와아니 원주민들과의 협정을 조건으로 1995년 12월 허가가 났다. 약 150가구가 이 광산개발로 직접적인 영향을 받는 처지에 놓였다. 1996년 2월, 와아니 원주민들은 광산지역을 포함하는 247ha의 땅이 자신들의 소유임을 주장했다. 론힐은 많은 강들이 만나서 심장을 상징하는 신성한 곳이라고 강조하며 "그곳을 파는 것은 우리의 육체에서 피를 빨아내는 것이 될 것"이라고 했다.[33] 그들은 또한 광산의 유해폐기물이 열대성 폭풍이 일어나기 쉬운 지역에 보관될 것이라고 주장했다.

리오틴토는 원주민들에게 20년에 걸쳐 6천만 아프리카달러(약 3천만파운드)를 지불하겠다고 제안했다. 이는 분열을 일으켜서 투표를 통해 근소한 차로 제안을 받아들이기로 결정했다. 그러나 반이 겨우 넘는 원주민들의 지지를 받는다는 것을 알고는 회사가 계획을 연기하기로 결정했다. 그리고 승인이 나기도 전에 강에서 엄청난 양의 물을 퍼냈다. 이미 강의 일부가 손상되고 있는 것이다. "우리 조상들이 한번도 마르는 것을 본 적이 없었던 강이 말라가고 있다. 그들이 우리를 철저히 무시했다"라고 원주민 그레그 필립스(Greg Philips)는 말한다.[34]

**또다른 피해자 • •**

**여성** 채광활동이 여성에게 미치는 악영향은 더 심각하지만, 광산이 계획될 때는 거의 고려되지 않는다. 여성과 광업에 관한 국제회의의 조정관인 케리마 모히딘(Kerima Mohideen)은 이렇게 말한다.

여성은 대체로 그 프로젝트가 요구하는 인간적 댓가에 정면으로 맞서야 한다. 광업과 관련된 환경피해는 여성들의 건강, 전통적 삶을 희생시켰고 노동강도를 높였다. 채광기업들이 공동체에서 여성의 위치를 무시하는 경우도 있다.[35]

여성들이 토지에 대한 권리를 갖고 있다고 해도 여성의 반대의견은 무시당한다. 부겐빌에서는 그 섬의 모계사회가 여성들에게 모든 토지 사용에 대한 최종결정권을 준다. 그러나 부겐빌 코퍼(Bougainville Copper) 회사가 팡구나 구리광산 개발을 위해 1960년대에 협상을 할 때, 여성 토지소유자 대표는 건너뛰고 남성들과 협정에 서명을 했다. 회사가 그 토지에 들어오자마자 여성들이 앞장서서 반대했다. 토지소유자협회장인 퍼페투아 쎄레로는 보상을 요구했고 결국은 고통받는 토지소유자들은 게릴라전을 감행했다.

필리핀에서는 이토곤(Itogon)의 여성들이 그들의 공동체가 수세기 동안 소규모로 지속가능한 채광을 해온 땅에서 벵구에트사(Benguet Corporation)가 노천굴 채금을 하는 것에 맞서 싸웠다. 케리마 모히딘은 아이를 갖게 되는 여성들이 노천굴과 용해로에 의한 오염의 부작용을 처절하게 겪어왔다고 말한다. 코딜레라(Cordillera) 지역의 필리핀

건강연구원들의 기록에 의하면 금광과 구리광 근접지역에서 유산율이 급격히 증가했다.[36]

만약 채광이 그들을 토지에서 몰아낸다면, 농업이나 유목에 종사하던 여성들은 성매매 등 다른 생존수단을 찾아야 할 것이다. 브라질에서는 금 생산지역에서 특히 성적 대상으로 여성과 아이들을 거래하는 성산업이 많이 퍼져 있다. 볼리비아에서는 수천의 여성들이 폐광의 부스러기가 버려진 잔여물에서 광물을 줍는 일을 한다. 그들은 해발 4000m의 추운 곳에서 일하고 오랜 시간 화학물질이 섞인 물에 맨발을 담가야 한다. 남편이 광산에서 사고로 죽거나 규폐증 같은 광산 관련 병으로 죽은 후 직접 광업에 종사해야만 했던 과부들이 대부분이다. 모히딘에 따르면 안데스의 다른 지역들에서는, 세로 데 빠스꼬(Cerro de Pasco)에 있는 뻬루의 거대한 광산단지와 인접한 라 오로야(La Oroya)의 용광로 같은 거대 프로젝트가 환경적 재난지역을 만들었고 여성들의 삶을 훼손했다.

국제적으로도 여성들은 광산 반대시위에 앞장선다. 뻬이징에서 열린 1995년 세계여성대회에서 발표된 선언에서, 토착민 여성들은 자신들의 섬에서 우라늄광산 금지를 촉구했다.

### 필리핀의 • •
### 정부 행동

필리핀은 세계에서 일곱번째로 많은 금과 열번째로 많은 구리를 보유하고 있는 것으로 추정된다. 필리핀의 1995년 광산법은 더 많은 노천굴을 허가하고 회사측에 집, 농장, 혹은 그들의 활동을 방해하는 다른 '장애물'에서 마을사람들을 몰아낼 수 있는 권리를 주면서 환경기준을 약화했다. 그 법에 따라 초국적 채광기업들은 필리핀의 1/4에 달하는 토지를 요구했다.[37] 많은 채광지역이 그 나라의 850만 원주민들과 모로(무슬림) 조상들의 땅이다. 유엔개발계획(UNDP)과 다른 기구들이 "채광이 그 나라 빈민들의 땅과 삶을 빼앗을 것임을 알면서도 외국 채광투자가를 끌어오려는 정부의 노력을 재정적으로 지원했다"는 주장이 있다.[38] 그러나 1996년에 필리핀정부는 캐나다 채광기업 플레이써 돔(Placer Dome)이 부분적으로 소유한 지역회사 마코퍼(Marcopper)가 유독한 부스러기를 마닐라 남쪽의 보아크(Boac) 강으로 흘려보내자, 법 개정을 요구하는 대중들의 압력을 받게 되었다.[39] 당시 마코퍼에서 일하던 두명의 외국 채광기업 이사들이 다섯개의 환경법을 어긴 혐의로 형사고발을 당했다. 이 사건은 외국소유의 채광기업 허가권에 대한 광범한 국내논쟁을 일으켰다.

시굴허가를 원하는 초국적기업들은 "광산자유화로 창출된 긍정적인 힘이 멈추어졌다. 지난 18개월간 일어난 중요한 발전과 투자가 실패할 위험에 처해 있다"라고 주장했다. 세계 20대 초국적 채광기업들은 1995년 채광법의 환경조약들이 "세계 여러나라의 사례와 비교해도 최상이라고 할 만하다"라고 말하며 필리핀정부가 환경단체들의 압력——채광법을 개정하라는——에 버틸 것을 촉구했다. 초국적기업들은 만약 '녹색' 압력에 굴복한다면 방대한 금과 구리 채광산업을 개발하려는 필리핀정부의 노력이 수포로 돌아갈 것이라고 말했다.[40]

환경단체와 원주민단체들은 채광의 확장을 막기 위한 국제적 지원을 호소하면서 이에 맞섰다. 그들은 코딜레라 지역에서는, 1995년 법이 소규모 광업노동자들이 수십년 동안 사용해오던 땅에서 채광을 하는 것을 회사가 금지하게 하여 10만 광업노동자들의 생활을 위협할 수 있다고 지적했다. 1996년 10월 필리핀정부는 외국회사들이 채광비용의 10%를 환경개선을 위해 사용할 것을 요구하는 개정된 새 법을 발표했다. 소규모 광업노동자들의 생계를 보호하려는 움직임이었다. 외국 채광기업들은 그 개정에 '격분'한 것으로 보고되었다. 그러나 환경부장관 빅토르 라모스(Victor Ramos)는 지금까지 친환경적으로 운영해온 회사들이라면 두려워할 이유가 없다고 말했다.[41]

### 책임있는 채광 ● ●

지속가능성은 초국적 채광기업들의 의사결정에 여전히 중요하게 취급되지 않는 까닭에 모범이 될 만한 채광기업을 찾기 어렵다고 로저 무디는 지적한다. "어느 광산이 단지 몇해가 아니라 수십년 동안 높은 이익을 낸다 하더라도, 초국적기업들은 이익이 나는 광산을 공고히하는 것보다는 새로운 광산을 개발하는 데 투자하는 경향이 있다."[42] 채광계획에 영향을 받은 사람들은 자신들의 의견을 명확히 표현하고 있다. 오스트레일리아 북쪽의 새 우라늄광산 자빌루카(Jabiluka)는 반대의사를 분명히한 지역 원주민 토지소유자들에 의해 봉쇄되었다. 꼬스따리까에서는 토착민들이 정부측에 광업을 원하지 않는다는 것을 확실히 밝혔다. 그래서 광업이 진행되지 않고 있다. 체코에서는 RTZ-CRA가 비타바(Vitava)강 제방에서 금을 시굴했으나, 채광이 토지와 물을 오염시킬 것을 우려한 지역주민들은 채광을 강력하게 반대했다. 캠페인을 활발히 전개한 결과 RTZ는 사실상 환경부의 지원을 받는 모든 지역당국으로부터 떠나라는 이야기를 들었다.

만일 현재의 채광산업이 최근에 만들어진 채광폐기물을 치우는 것조차 부담할 수 없다면, 어떻게 그들이 만들어내려고 계획하는 더 많은 폐

기물로부터 미래세대를 보호할 수 있겠는가.[43]

무디는 북러시아, 라오(Lao), 칼리만탄(Kalimantan), 서파푸아뉴기니 그리고 싸밀랜드(Samiland)와 같은, 토착주민들이 대규모광산이 제기하는 위협을 이해하고 그들의 자연과 토지에 대한 권리가 전지구적으로 인식된 지역에서 새로운 매장물이 발견될 것이라고 지적한다.[44]

대체로 아프리카에는 환경보호 의식이 부재하다는 사실은 초국적기업의 관심과 흥미를 끈다. 아무도 환경에 대해 걱정하지 않기 때문에 채광기업들이 아프리카로 온다고 가나의 토마스 아카브자는 믿는다. "정부들은 환경을 고려조차 하지 않고 광산에 대한 결정을 내린다." 그러나 아프리카인들도 저항하고 있다. 가나 타콰(Tarkwa) 지역의 국유금광을 인수한 초국적기업 골드필드 남아프리카(Goldfield South Africa)는 거센 반대에도 불구하고 사람들을 자사 소유의 토지에서 몰아내기 위해 광적으로 애쓰고 있다고 아카브자는 말한다. 회사가 농민들에게 보상금을 주기를 꺼리고, 광산을 보호하기 위해 남아프리카에서 훈련된 맹견들을 데려오는 것을 고려하고 있다고 한다.[45]

미래에는 초국적기업의 채광활동이 엄청나게 확장될 것이다. 그러나 건강문제의 심각성이 드러나 제동이 걸릴 수 있다. 과연 이런 어마어마한 광산프로젝트들이 계속 추진될 수 있을 것인가? 세계보건기구(WHO) 1996년 연간보고서는 88개국에서 나타난, 눈에놀이(파리과의 흡혈곤충)에 의해 전염되는 리슈만편모충증(leishmaniasis)이라는 병에 대해 경고하며, 이 병은 기생충을 퍼뜨리는 눈에놀이와 자주 접촉하는 도로·방파제 건설노동자들에게 피해가 심각하다고 밝혔다.[46]

언제 광산이 될지 모르는 지역의 공동체들은 새 채광행위를 감시할 것이며, 만약 그것이 지역사람들과 환경에 해가 되도록 운영된다면 채광이 중단될 수 있다는 것을 보여줄 것이다. 그러나 회사들도 그들의 이해와 이윤을 지키기 위해 맞설 것이다.

책임있는 채광은 토착민들의 토지를 침입하지 않기 위해 주의해야 한다. 채광을 시작하기 전에 주민들과 민주적인 합의를 구해야 한다. 세계은행과 국제통화기금(IMF)은 무분별하게도 지역사람들과 합의하지 않은 한 광산에 대출을 해주었다. 토지에 대한 권리와 노동권 그리고 엄격한 환경적 기준을 보장하기 위해 광업에 대한 국제적 윤리강령이 필요하다. 또한 독립적인 감시도 필요하다. 세계는 광업이 생산하는 자원들을 필요로 하지만, 채광지역 사람들이 볼모가 되고 그들의 삶을 댓가로 하는 광산을 계속 지켜볼 수만은 없다.

## 채광산업이 만들어낸 인간의 고통 —— 이따이이따이병

1910년경 일본의 광업소가 있던 토야마현(富山縣) 진즈우천(神通川) 주민들이 집단적으로 허리와 관절에 심한 고통을 호소하기 시작했다. 강 근처에 가까이 살수록 뼈가 위축되는 정도가 심해지고 심지어는 작아지기까지 했다. 많은 사람들이 그저 풍토병이려니 생각하며 고통에서 신음하고 있을 뿐이었다. 이들은 자신들이 앓고 있는 병이 무엇인지, 왜 이런 증상이 나타나는지도 모른 채 수십년을 지냈다.

그러나 동일한 증상으로 죽어나간 사람들이 56명에서 이르고 수백명이 고통에 시달리며 정부에 조사를 요구했다. 그러나 일본 정부는 이를 묵살하다가 50여 년이 지난 후인 1961년 공식조사에 착수했다. 일본 후생성의 조사는 7년 동안 실시되었고, 이들이 일본말로 '이따이, 이따이'(いたい, 아프다는 뜻)라며 고통스러워했던 병의 원인은 1968년 카드뮴 만성중독으로 알려졌다.

카드뮴은 광산현장에서 아연·납·구리·광석을 녹일 때 나오는 부산물이다. 진즈우천 상류에는 1874년부터 미쯔이(三井) 광업소가 있었는데, 이 광업소에서 납과 아연을 제련하는 과정에서 생성된 물질이 카드뮴이었다. 강으로 배출된 폐광석 속에는 이미 많은 양의 카드뮴이 섞여 있었고, 물은 물론 물고기와 주변 농지까지 오염됐다. 주민들은 오랫동안 진즈우천의 물을 식수로 사용하고 살았기 때문에, 이 강을 오염시킨 카드뮴이 자신들을 괴롭히는 병의 원인이라고는 아무도 생각하지 않았다. 결국 주민들의 몸속에 흡수된 카드뮴은 축적되어 뼈에 심각한 손상을 일으키게 되었다.

1960년대까지 죽음의 공포가 이어졌다. 사망한 사람만도 128명이 넘어섰고 조사과정에서 258명이 심한 중금속 오염환자로 판명되었다. 환자와 가족들, 농지피해자들은 정부와 미쯔이 광업소를 상대로 집단소송을 제기하였고, 법원은 미쯔이 그룹이 이 피해의 책임을 져야 한다고 판결했다. 미쯔이 그룹은 판결에 따라 피해자들에게 78억엔을 보상했다. 그리고 광산폐기물에 의해 농작물이 감소한 농민들에게 7억 8500만엔을 보상했다.

　최근 한국에서도 창원과 밀양 소재 광산에서 일한 광업노동자들과 인근 주민들이 이따이이따이병과 유사한 병을 앓고 있어서 다시 한번 광업으로 인한 심각한 후유증이 심각한 사회문제로 제기되고 있다.

제 7 장

# 화려한 상품과
# 굶주린 노동자

스포츠스타와 거액의 협상을 하고 자신들을 진보적이라고 선전하면서 신발을 만드는 아시아 노동자들의 임금을 착취하는 것은 용인할 수 없다.

—마틴 코팅험, 크리스천 에이드

완구·신발·의류·화학제품·전자제품·운송장비는 초국적기업들이 개발도상국의 지사와 하청업체들을 통해 생산하는 주요 공산품이다. 일부 국가에서는 초국적기업 브랜드가 총생산의 절반 이상을 차지한다. 이런 생산은 특히 빠르게 성장하는 개발도상국에서 일어난다. 타이에 있는 초국적기업들은 전체 공산품의 49%, 전기·전자장비의 80%, 기계장비의 80%, 화학제품의 72%, 운송장비의 60%, 섬유·의류·가죽제품의 46%를 생산한다.[1]

그러나 이같은 수치도 초국적기업이 관여하는 사업연계의 규모와 영향력을 다 보여주지는 못한다. 에버스(Evers)와 커크패트릭(Kirkpatrick)은 통계의 문제점에 대해 이렇게 지적한다. "(통계는) 초국적기업들이 경계를 넘어 관계맺는 새로운 형태의 계약협정이 미치는 영향까지 잡아내지는 못한다." 하청계약이 대표적인 예이다. 그들은 "많은 경우 초국적기업들이 개발도상국 기업들의 생산·디자인·기획에 관여한다"라고 지적한다.[2] 이런 종류의 협정은 이전보다 더 빈번히 성사되고 있다. 초국적기업들은 최소의 투자로 통제력을 행사할 수 있기 때문에 이런 방식을 선호한다. 그들의 자본을 잃을 염려도 없고, 직접적인 금융투자도 없다. 지난 10년간 아시아와 라틴아메리카에서 초국적기업들이 중소기업과 하청계약을 맺는 경우가 크게 늘어났고,

아프리카 일부지역에서도 늘어나는 것으로 보인다.[3]

상업적인 하청계약에서는 초국적기업이 제시하는 사항에 맞춰 상품이 생산되어 그 회사의 상표를 달고 판매된다. 피지에 관한 한 연구는 "하청계약은 상대적으로 임금이 낮은 작은 회사들과 맺어지기 때문에 임금수준을 억제하는 경향이 있다"라고 결론짓는다.[4] 이런 경향은 이미 보편적으로 확산되었다. 일반적으로 한 국가의 공식 최저임금수준보다 낮은 임금, 긴 노동시간, 열악한 노동환경은 초국적기업과 하청계약으로 장난감·섬유·신발을 만드는 개발도상국들의 공장에서 흔히 보이는 상황이다. 이들 초국적 상품의 대부분은 최고급 브랜드를 달고 상점이나 백화점에서 고가로 팔린다. 그러나 하청계약은 상품을 생산하는 노동자들에게 높은 이득은커녕, 오히려 높은 노동강도로 착취를 강요한다.

개발도상국에서 제조업체 간의 경쟁은 치열하다. 코튼(Korten)은 "아동노동을 사용하고, 잔업수당을 정확히 지불하지 않고, 가혹한 업무량을 부과하고, 안전을 무시한 경영을 하지 않고서는 대규모 소매업체의 계약을 따기가 점점 더 어려워지는, 바닥을 향한 경주"라고 설명한다.[5] 서구 브랜드상품을 생산하는 개발도상국에서 제조업의 아동노동 착취는 ─ 국내기업이나 초국적기업 모두에서 ─ 특히 비난받아 마땅한 관행이다. 1990년대 초반 인도·파키스탄·네팔의 양탄자공장에서 어린아이들을 고용한다는 사실이 폭로되어 세간의 주목을 받았다. 1996년 국제노동기구(ILO) 보고서에 의하면, 개발도상국에서 약 2억5천만명의 14세 이하 어린이들이 일을 하고 있으며, 그중 1억 5300만명은 아시아에 있다.[6] 다섯살 이하의 어린이는 고용되지 않는다고 가정하면, 이는 개발도상국의 5~14세 어린이의 1/4 정도가 노동하고 있다는 것을 의미한다. 대부분은 농장에서 일하고, 일부는 초국적기업들을 위해 비싼 완구·신발·의류를 만드는 공장에서 일한다. 어린 노동자들은 대부분 식구들을 먹여 살릴 만큼 수입이 충분하지 않은 부모들에 의해 일터로 보내지는 것이다.

## 완구 ● ●

완구사업은 초국적기업들에게 큰 사업이다. 소비자 수요가 높으며 계속 급증하고 있다. 미국 어린이들은 평균적으로 해마다 약 300달러의 가치를 지닌 장난감들을 선물받는다. 1994년 세계 완구 소매판매는 약 310억달러에 달했다.[7] 대부분의 장난감들은 초국적기업이나 하청회사들에 의해 생산되었다. 최대의 초국적 완구기업은 바비인형과 피셔-프라이스, 디즈니를 만드는 마텔(Mattel, 미국), 씬디·액션맨·모노폴리를 만드는 하스브로(Hasbro, 미국), 파워레인저와 스타트렉을 만드는 반디(Bandi, 일본), 레고와 듀플로를 만드는 레고(Lego, 덴마크), 게임보이·NES·울트라64를 만드는 닌텐도(Nintendo, 일본), 자체상표를 가진 소매업체 토이즈알어스(Toys R Us, 미국) 등이다.

1990년대에 완구브랜드를 갖고 있는 초국적기업들은 눈에 띄는 성장률을 기록했다. 마텔은 1994년 총매출 32억 500만달러에 순이익 2억 5600만달러로, 순이익 성장률이 88%나 되었다. 그러나 1998년에 이르러 심한 경쟁으로 인해 최대순익 달성이 한계에 다다랐다. 완구사업은 성장하는 시장에서 브랜드로 대변되는 각 기업의 입지를 공고히 하기 위해 경쟁하면서, 경쟁사 입찰과 인수를 통해 끊임없이 변화하고 있다. 일례로 1996년 10월 토이즈알어스는 그해 초에 개업한 베이비즈알어스(Babies R Us) 사업을 확장하기 위해 4억 300만달러에 경쟁사 베이비 수퍼스토어(Baby Superstore)를 인수했다. 한달 후 마텔은 하스브로 합병에 실패하자 7억 5500만달러에 티코 토이즈(Tyco Toys)를 인수하는 계약을 발표했다.[8]

초국적 완구기업들의 사업투자는 개발도상국에서 하청계약을 통해 확장된다. 싸게 취급되는 노동력과 낮은 임금, 취약한 안전 관련 법에 매료되어 이들 중 일부는 중국·타이·말레이시아·타이완·홍콩·한국의 하청생산에 크게 의존한다.[9] 국제자유노동조합연맹(ICFTU) 보고서에 의하면 장난감의 75%가 아시아에서 생산된다. 더욱 엄격한 기준을 촉구하며 캠페인을 주도하는 세곳의 NGO에 의하면, 인기있는 장난감 중 일부는 기본적·국제적으로 합의된 기준도 만족시키지 못하는 노동조건에서 빈곤선 이하의 임금을 받는 노동자들에 의해 생산된다.[10] NGO들의 연구원들은 세계 최대의 장난감 생산공장들을 직접 방문했다.

타이에서 마텔은 4천명을 고용하고 있는 방콕의 대규모 공장 다이내믹(Dynamic)과 하청계약을 맺었다. 영국에 있는 세계개발운동(World Development Movement)의 연구원이 1995년에 이 공장을 방문했고, 노동자들은 연구원에게 낮은 임금, 강제잔업, 위험한 노동환경의 어려움을 호소했다. 하루 148바트(약 42펜스)의 임금을 위해 노동자들은 한달에 60개 이상의 인형(라이온킹이나 101 달마시안 같은)을 만들어야 한다. "경영자측은 항상 잔업근무를 강요하지 않는다고 말하지만, 해고당하지 않으려면 잔업근무를 해야만 한다"라고 한 노동자는 주장한다. 노동환경은 덥고 끈적끈적하다. "숨쉬기도 힘들고 어지럽다"라고 말하는 노동자도 있다. 임신했던 한 여성은 유산을 했다. 그가 사용하던 페인트 때문에 유산되었다는 의사의 진단서가 나왔다.[11] 노동자들은 얼마 안되는 임금으로 직접 가위와 유니폼을 사야 하는 기업의 관행에 대해서도 불만을 터뜨렸다.

다이내믹 노동자들의 1/4 정도가 118일마다 해고당했다가 다시 고용된다고 한 노동자는 인터뷰에서 밝혔다. 이런 방식으로 회사는 '120일 이상 근무한 노동자는 병가와 퇴직수당 같은 권리를 갖는다'라고 명시한 타이 노동법을 피해간다. 한 노동자는 이렇게 말한다. "공장은 안전하지 않다. 2월에 불이 났었다. 건물 한 채가 바닥까지 불탔고 우리는 또다른 화재가 일어날까봐 걱정하고 있다. 출구도 너무 좁다." 노동조합 지도자 아루니 시투(Arunee Situ)는 1995년 타이의 여러 공장에서 약 1천명이 사망하거나 부상당했다고 주장한다. 완구공장의 이런 열악한 노동환경으로 인해 1993년 5월, 비상구를 다 막아놓고 화재경보기와 살수장치조차 갖추지 않은 방콕의 완구공장 케이더(Kader)에서 화재사고로 188명이 사망했다.

마텔의 대변인은 제품의 75% 이상을 자체 공장에서 생산한다면서 이렇게 말했다.

엄격한 안전기준을 적용하며, 하청업체에 대해서 우리는 평판있는 납품업체들하고만 함께 사업을 한다. (…) 우리는 마텔의 납품업체들이 안전한 노동환경을 지키기를 바란다. (…) 우리는 납품업체측에 마텔의 기준을 엄격하게 지키지 않는 회사들과는 사업을 취소할 것이라고 통보했다.[12]

마텔 매출의 1/3 이상이 바비인형이며, 그중 90%는 도합 8천명의 노동자를 고용하고 있는 두개의 중국 공장에서 생산된다. 이들 공장의 임금이나 환경에 대해서는 별로 알려진 것이 없다. 완구공장들의 노동환경을 우려하는 동남아시아의 여러 단체와 영국의 세계개발운동 회원들의 압력으로, 국제완구산업협의회(International Council of Toy Industries)는 1996년 5월에 하청업체들이 지켜야 하는 기업윤리강령을 채택하기로 합의했다. 이 강령은 완구회사들이 자사의 장난감을 생산하는 공장의 노동조건에 책임을 지도록 하는 것을 목적으로 한다. 완구도매상협회 회원들은 이제라도 적합한 환경에서 생산되는 장난감만을 구입하기로 약속했다. 이 강령은 '노동자들에게 공정한 대우와 법에 따른 보상을 제공한다. (…) 강제노동 혹은 미성년 노동자에 의한 완구생산은 금지한다. 종업원들이 재해의 위험에 처하지 않도록 해야 한다. (…) 환기가 잘되고 조명이 적당한 장소에서 생산되어야 한다'라는 내용을 담고 있다.[13]

이론상으로는 공장들은 영국완구오락협회(British Toy and Hobby Association, BTHA)의 회원사에 장난감을 팔기를 원한다면 이 강령을 준수해야 한다. 그러나 그 감시에 대해서는 심각한 의구심이 제기된다. 영국에서 판매되는 대부분의 장난감을 생산하는 회사들의 모임인 BTHA의 총재 데이비드 호틴(David Hawtin)은 감시를 적절하게 하기에는 완구공장들이 너무 많다고 말한 것으로 알려졌다. "우리 같은 일개 단체로서는 조사단을 꾸리는 것을 생각조차 할 수 없다. 이는 정부가 해야 할 일이다."[14] 하지만 완구공장을 대상으로 캠페인을 벌이고 있는 NGO들의 견해로는, 감시는 독립적으로 이루어져야 한다. 독립적으로 철저하게 감시하지 않는 한 그 강령은 별 의미가 없다. 고용환경과 공장안전 문제의 대대적인 개선이 완구산업에 가장 시급한 사안이다. 외부의 독립적인 윤리강령 준수 검사가 합의되어야 한다(제12장 참조).

## 신발 ● ●

현란함 속에 가려진 빈곤은 특히 신발산업에서 심각하게 드러난다. 노동집약적인 신발산업은 개발도상국에 있는 여성노동자들의 손을 거쳐 발전해왔다. 크리스천 에이드(Christian Aids)의 보고서에 의하면 신발산업은 개발도상국에서 주요 산업이다. 이는 일자리와 돈을 창출할 뿐만 아니라 제조업의 기반을 쌓기 위한 초석이 된다.[15] 신발업종도 완구와 다르지 않다. 초국적기업은 이들 하청노동자들을 통해 큰 재미를 보고 있다. 현재 신발산업의 큰 부분은 대개 운동화라고 불리는 스포츠화이다. 이 신발들 중 10% 정도만이 실제로 스포츠를 위해 사용된다. 주요 스포츠화 초국적기업들은 아디다스(Adidas), 하이-텍(Hi-Tec), 나이키(Nike), 푸마(Puma), 리복(Reebok) 등이다. 스포츠화의 99% 정도가 아시아에서 생산된다. 수만명의 아시아 노동자들이 초국적기업들을 위해서 고급스러운 신발이라는 고부가가치 상품을 만들지만, 그들에게 주어지는 것은 열악한 장시간노동과 저임금뿐이다.

'저스트 두 잇'(Just Do It)이라는 슬로건을 표방한 나이키는 7만5천명의 손을 거쳐 생산되지만, 실제로 기업에 고용된 직원은 8천명밖에 되지 않는다. 직접 고용에 포함되지 않는 사람들은 아시아 하청기업의 노동자들이다. 임금은 중국에서 시간당 23펜스, 타이에서 시간당 46펜스로 완구공장들과 큰 차이가 없다. 노동환경도 비슷하다. 대부분 나이키의 하청공장은 한국인이나 타이완인이 운영하며 인도네시아에 있다.

인도네시아에 있는 10개의 나이키 공급공장에서 신발을 만드는 노동자들이 악덕기업을 고발하는 사건이 있었다. 고발은 가끔 이렇게 노동자들에 의해 제기되기도 하지만 그보다는 일자리나 안전문제를 두려워할 필요가 없는 국제 NGO들의 캠페인을 통해 확산되었다. 소비자운동을 통해 압박을 받아온 나이키는 1992년 윤리강령을 채택했다.[16]

나이키는 또한 각 납품업체로부터 나이키의 윤리강령을 준수할 것을 약속하는 '이해각서'를 받았다. 그러나 1995년 인도네시아 나이키 하청공장에서 가장 기본적인 약속조차 빈번히 어긴다는 사실이 드러났다고 제프 볼린저(Jeff Ballinger)는 주장한다.[17]

나이키 하청공장의 노동자들은 위험한 작업환경, 고용자 협박, 적은 임금에 대해 불만을 토로했고, 대부분은 이해각서를 시행하지 않는 것으로 보였다. 볼린저는 공장 여성노동자 시티(Siti, 가명)에게서 자카르타 근처 세르퐁(Serpong)의 'P.T. 프라타마 아베디 인더스트리'(P.T. Pratama Avedi Industri, PAI)에서 한국인 관리자 강씨가 시티에게 가한 신체적인 학대에 대해 들을 수 있었다.

강씨는 시티의 뺨을 치고 등을 때렸다. 시티가 나이키 신발을 만들면서 실수를 저지르는 바람에 바이어들이 구입을 거부했던 것이다. 또다른 인도네시아 나이키 공급업체인 P.T. 나가사크티(P.T. Nagasakti)에서 온 강씨는 다른 관리자인 이씨를 데려와서 시티가 실수한 것을 보여주었다. 그는 "개같은 년!"이라며 노동자들이 알아듣는 유일한 한국어로 소리

쳤다. 시티는 너무 무서워서 항의할 수 없었다.[18]

PAI 노동자들은 휴식시간도 거의 없이 주당 60시간을 일한다. 시티는 "가질 수 있는 유일한 휴식은 일하던 기계에서 쓰러졌을 때"라고 말한다. 그는 최근 작업시간에 졸다가 머리를 부딪혔고 의무실에서 잠깐 쉴 수 있었다. 극도로 피곤한 지경에 달한 노동자의 실수에 대해 묻자 시티는 관리자들이 용서해주는 경우는 거의 없다고 답했다. 구타도 빈번하게 발생했다. 시티의 친구에 의하면, 강씨는 최근에 PAI의 품질관리팀 소속의 14명을 모두 때렸다. 인도네시아에서 가장 큰 나이키 공급업체인 거대한 니코마스(Nikomas) 공장의 1만2천 노동자들 중 일부도 비슷한 이야기를 한다. 생산라인 관리자들은 심각한 부상을 일으키는 비현실적인 생산목표를 요구할 때가 많다. 한 노동자가 손가락 4개를 잘린 경우도 있다. 니코마스 노동자 중 한명은 "노동자들은 일주일의 훈련도 없이 위험한 기계에 투입된다"라고 주장했다.[19]

니코마스 노동자들은 임금을 속이는 것도 문제라고 말한다. 1994년 4월 초에 시작하기로 한 새 최저임금의 지급을 연기했다. 임금은 일당 1.35달러에서 1.80달러로 올라야 했다. 그러나 회사는 7월 중순에 대규모 파업이 있기까지 인상된 임금을 지불하지 않았다. 1995년 3월, 회사는 불만을 표현한 12명의 노동자를 공장의 사용하지 않는 방에 일주일간 가두고 정복을 입은 지역 군인들이 감시하게 했다. 이후 그 노동자들은 인도네시아 노동법 위반으로 무급휴직 처리되었다. 볼린저는 "나이키는 이 12명의 노동자들에 관한 질문에 답하지 않았다"라며 나이키의 무책임성에 대해 지적했다.[20]

인도네시아에서 노동자의 열악한 노동조건은 1990년대 중반에 노동자들과 고용주 간의 단체협상력을 높이는 데 도화선이 되었을 뿐만 아니라, 최저임금 지급을 의무화할 것을 촉구하는 바탕이 되었다. 그러나 정부는 해외투자를 끌어오기 위해서 최저임금을 빈곤선의 6% 한도 내에서 인상하도록 규정하고 있다. 억압적인 인도네시아에서 나이키가 납품업체들에게 명확한 경제적 대안을 주지 않는다면, 나이키 하청공장의 노동환경 개선 전망은 불투명하다.[21] 빈곤 수준의 임금은 스포츠화 초국적기업들이 광고를 위해 유명인에게 지불하는 엄청난 돈과 극명한 대조를 이룬다. 일례로 아디다스는 폴 개스코인(Paul Gascoigne)에게 자사의 발목신발을 신는 조건으로 200만파운드를 지불했다. 소문에 의하면 마이클 조던(Michael Jordan)은 나이키로부터 연간 1800~2000만달러를 벌어들인다. 나이키의 육상선수 지원비용은 1994년 380만달러에 달해 총수입의 약 7%를 차지했다.[22] 크리스천 에이드의 마틴 코팅험(Martin Cottingham)은 "이들 기업이 스포츠 스타와 거액의 협상을 하고 자신들을 진보적이라고 선전하면서 신발을 만드는 아시아 노동자들의 임금을 착취하는 것은 용인할 수 없다"라고 말한다.[23]

1996년 9월, 리복 사장 폴 파이어맨(Paul Fireman)은 리복이 시작한 '세계 공장의 열악한 근로조건에 맞서는 캠페인'에 참여할 것을 나이키측에 촉구했다. 리복은 이미 1992년 기업윤리강령을 채택한 기업이었고, 이 분야에서 일찍이 인권기준도 발표했다. 한편 리복은 나이키가 가진 시장 내에서의 주도력과 이미지, 더 나아가 지분의 힘까지 합쳐진다면, 그동안 리복이 쌓아놓은 캠페인이 더 효과적일 수 있다고 판단했다.[24]

1996년 11월 나이키, 리복 그리고 다른 초국적기업들이 런던에 모여 산업 전체의 실천강령을 세웠다. 이는 노동조건 전반을 개선하는 것보다는 아동노동에 주로 집중했다. 그러나 계속되는 노동권 개선 캠페인과 소비자 압력으로 인해, 나이키와 다른 주요 회사들은 1997년 4월, 노동조건을 포괄하고 외부의 감시조항도 포함하는 새 기업윤리강령에 동의했다. 회사들은 60시간을 주당 최장노동시간으로 정하고, 14세 이하의 노동자는 고용하지 않기로 합의했다.[25]

이러한 발의는 환영할 만하지만 과연 이런 기업윤리강령으로 아시아 공장의 노동권이 대폭 개선될 수 있을 것인지에 대한 의구심은 여전히 남아 있다. 회사들은 이제 그들의 관심이 단순한 겉치레가 아니라는 것을 증명해야 한다. 특히 나이키는 지금까지 믿음을 주지 못했다. 1997년 세계 최대 회계회사 중 하나인 언스트 앤드 영(Ernst and Young)이 나이키를 위해 준비한 보고서는 베트남의 한 공장에서 보여준 노동관행의 문제점을 자세히 서술하고 있다. 이는 부적절한 안전장비와 화학제품, 소음, 열 그리고 먼지 등 심각한 작업환경의 문제점을 지적하고 있다.[26] 나이키는 이런 노동조건을 개선하기 위한 조치들을 취했다고 했으나, 『다국적 감시』에서 선정한 1997년 10대 악덕기업에 포함되었다.

## 의류 ● ●

1994년 11월 『메일 온 썬데이』(*Mail on Sunday*)에 실린 헤드라인 기사, 「내가 다시는 리바이스 청바지를 사지 않는 이유」는 소비자들에게 방글라데시 청바지 생산노동자의 노동조건을 인식시키는 중요한 계기가 되었다. 그 신문이 인터뷰한 여러명 가운데 열네살짜리 소녀는 (3천명을 고용한 공장단지에 있는) 오펙스(OPEX)라는 회사에서 아침 8시부터 자정까지 주당 약 2파운드를 받으며 일하다가 아파서 하루 결근했다는 이유로 해고당했다. 이 회사는 미국 소재의 초국적기업 리바이 스트라우스(Levi Strauss)와 하청계약을 맺고 의류를 생산해왔다. 회사는 연간 50만벌의 의류를 생산하는데 이중 절반은 리바이스이다. 이 공장에서 일하는 비숙련노동자들은 한달에 약 8파운드를 받으며 하루 14시간까지도 일한다. 한 고용자는 그 일을 "강도 높고 단조롭고 가혹한 것"으로 묘사한다.[27] 그 신문기사에 대한 응답으로 리바이 스트라우스는 방글라데시에 감독단을 파견하겠다고 말했다.

리바이 스트라우스는 초국적 의류기업들 사이에서 진보적인 경영과 사회적 책임감이 높은 기업으로 평판이 자자했다. 그러나 이 기사가 나간 순간 지금까지 쌓아놓은 이미지는 한순간에 무너졌다. 리바이스를 생산하는 3만8천 노동자 중 약 3천명만이 개발도상국에 있다. 1996년 6월 리바이 스트라우스는 회사의 세계 전체 노동자들 모두에게 1년치 상여금을 주는 것으로 보고되었다.[28] 계약노동자들은 그 수혜 대상이 아니었을 것이다.

청바지를 비롯한 진(jean)소재 의류는 면으로 만들어지기 때문에, 진에 대한 수요는 목화 수요와 목화재배를 위한 토지 수요에 큰 증가를 가져왔다. 연구보고서에 의하면 목화는 세계의 경작가능한 토지의 5%에 달하는 약 3400만ha의 토지를 차지한다. 목화의 문제는 해충들이 목화를 아주 좋아한다는 것이다. 목화에는 다른 어떤 작물보다도 많은 농약——전체 농약 살포량의 25%——이 살포된다. 목화밭 근처에 사는 사람들에게 이것은 심각한 건강문제를 일으켰다. 초국적기업들은 진 제조를 위해 유기농법으로 재배된 목화를 사용함으로써 이런 독약의 살포를 줄일 수 있다. 그러나 그들은 이런 것에 별 관심을 보이지

않는다.[29]

의류산업은 저임금으로 악명이 높다. 미국과 접경해 있는 멕시코 같은 나라에서조차 의류노동자들은 미국에서 받는 시간수당의 1/5에서 1/10 정도밖에 받지 못한다. 그러나 역시 하청계약을 주는 것이 보통이다. 유럽과 북아메리카에서 판매되는 많은 의류들이 초국적기업들의 지역 제조업체들과 하청계약을 통해 개발도상국에서 생산된다. 유럽의 쇼핑몰에서 가장 유명한 브랜드들을 포함하는 초국적 의류판매기업들은 적은 인건비로 만들어진 의류를 판매하고 있다. 그 기업들은 자신들의 의류가 어떻게 생산되는지에 대해 아는 바가 없는 듯한 인상을 준다.

그러나 초국적기업들은 기업의 사회적 책임과 노동권 준수를 촉구하는 다양한 시민캠페인의 도전을 받고 있다. 네덜란드 소재의 NGO인 '깨끗한 옷 입기 캠페인'(Clean Clothes Campaign, CCC)이 1989년에 개발도상국들과 유럽의 의류생산 여성노동자들의 투쟁을 지원하기 위해 설립되었다. 노동조건 개선을 위한 캠페인에서 CCC는 네덜란드의 의류소매업체를 위한 윤리강령인 '의류공정거래헌장'을 제정했다. CCC의 캠페인 활동가 야네케 반 에이크(Janneke van Eijk)에 의하면, 하청업체와 구매업체에 책임이 있으며, 또한 그들의 정책을 통해서 더 나은 노동환경·조건을 실현할 수 있다.[30] 1996년 CCC는 네덜란드노동조합연맹(FNU), 원조기구 노비브(Novib), 소매업체연합(MITEX), 네덜란드 의류생산업체연맹(FENECON)과의 합의를 이루어냈다. 이 합의는 의류소매업체들이 공정거래헌장에 서명하는 것을 촉진하는 것은 물론, 장차 공정거래재단의 설립에 동의할 것을 명시하는 내용이었다. 당장은 아니지만 소비자들의 인식이 높아질수록 소비자들은 공정거래헌장 마크가 표시된 의류를 점점 더 많이 찾게 될 것이다.

공정거래헌장에 서명한 회사들은 그들이 판매하는 의류가 노동자들에게 단결의 자유, 생계임금, 강제잔업 금지, 건강한 노동조건을 제공하며 아동노동을 사용하지 않는다는 국제노동기구(ILO) 기준을 준수하는 제조업체에서 생산된 것임을 보장할 것이다. CCC는 암스테르담 소재의 연구단체 쏘모(SOMO)와 초국적기업연구쎈터와 협력하여 특히 벨기에·영국·프랑스·독일의 참여를 목표로 하는 유럽 전체 캠페인을 시작했다.

CCC 캠페인이 언론의 지지를 받으며 국제적인 NGO 옥스팜(Oxfam)과의 공동캠페인까지 하게 되자, 네덜란드의 대형 소매체인점 C&A는 1996년 일부 공급업체에 의한 노동착취를 없애기 위해 자사의 구매업무를 변화시키겠다고 발표했다.[31] 그러나 개발도상국에서만 노동자들이 착취당하는 것은 아니다. 영국에서도 런던의 이스트엔드(East End, 동부 빈민가) 의류공장의 일부 노동자들은 시간당 1파운드밖에 받지 못한다. 전지구화와 극심한 경쟁은 남반구에서뿐만 아니라 북반구에서도 노동기준에 하향 압력을 넣고 있다.[32] 1996년 10월 C&A는 영국 의류산업에서 열악한 노동조건들을 개선하는 데 앞장서겠다고 말했다. 이 회사는 노동조건 개선을 위해 소매업체·제조업체·지역당국·정부의 토론회를 요구했다.[33] 국가적으로뿐만 아니라 국제적 수준에서도 그러한 토론회가 열릴 가능성이 높다.

1996년 미국 노동부가 출간한 보고서는 미국 회사들과 상점에 납품할 의류를 만드는 중앙아메리카의 공장들이, 소매업체들의 기업윤리강령 채택을 포함하는 미국 소매업체, 소비자 그리고 노동단체들의 압력에 아동노동의 사용을 크게 줄였다고 주장한다. 그러나 노동부는 소

매업체들에게 강령이 시행되도록 더 나은 감시체제를 적용할 것을 요구했다.[34]

1996년 11월 초, 역시 방글라데시 의류수출의 60%를 수입하는 미국의 소비자와 소매업체들의 압력으로, 방글라데시 의류산업에 저임금 아동노동이 금지되었다. 공장들은 국제적인 조사를 받게 되고, 그 금지령을 위반하는 경우에는 수출허가를 박탈당하게 된다. 그러나 문제는 이 금지령이 계획대로 시행될 것인지 하는 것이다. 기업윤리강령과 정부의 법제가 작업장의 불공정을 막기 위해 필요하지만, 시행되지 않는다면 효력없는 종이헌장에 불과할 것이기 때문이다.

## 양탄자와 • •
### 아동노동

인도·파키스탄·네팔은 세계 양모 양탄자의 2/3를 생산한다. 인도에서 30만, 파키스탄에서 50만, 그리고 네팔에서 20만명 등 약 100만명의 어린이들이 양탄자공장에서 일하고 있다. 그들의 고사리손을 거쳐 생산되는 양탄자들은 수출용으로, 대부분 유럽으로 수출된다. 아이들 중에는 여섯살짜리도 있다. 그들은 적은 임금으로 장시간 노동하며 많은 경우 직조소에서 산다. 그들의 임금은 숙식비 조로 깎이거나 아예 없기도 하다. 그들이 어른이 되었을 때는, 너무 어린 나이에 일을 시작한 까닭에 시력을 잃기도 하며, 양모의 먼지와 보풀로 인해 폐병까지 앓고 있기도 하다. 강제노동 반대 캠페인을 주도하는 '노예노동 반대 인터내셔널'(Anti-Slavery International)은 그들의 곤경을 "불법이지만 남아시아 전체의 섬유산업에서 흔히 일어나는 (…) 빚으로 인한 속박"의 형태로 설명한다.[35]

인도에서는 1980년대 중반부터 아동노동 착취근절 캠페인이 시작되었다. ILO는 인도정부가 아동노동 고용 불법행위를 근절하는 법을 제정할 것을 촉구했다. 1993년 2월 인도 NGO들과 유니쎄프(UNICEF), 양탄자 수출업체, 인도-독일 수출진흥위원회는 연석회의를 통해 아동노동을 사용하지 않는 제조업체에서 생산된 양탄자에 '러그마크' (Rugmark)라는 라벨을 붙이는 프로젝트를 시작했다. 이어서 1994년 10월 러그마크 재단이 설립되었다. 러그마크 사용을 원하는 수출업체들은 직조소를 재단에 등록해야 하고, 아동노동을 사용하지 않기로 서약해야 하며, 성인들에게 일정수준 이상의 임금을 지급하고, 양탄자 가격의 1%를 유니쎄프 아동개발 복지프로그램 기금에 납부해야 한다.

인도-독일 수출진흥위원회는 독일에서 러그마크를 단 양탄자의 판로를 개발하는 데 도움을 주었다. 노예노동 반대 인터내셔널의 데이비드 오울드(David Ould)에 의하면, 현재 러그마크의 시장점유율이 독일 수입무역의 20~30% 정도를 차지한다고 한다. 인도정부는 러그마크에 이어 모든 양탄자 수출업체가 사용해야만 하는 '칼린'(Kaleen)이라는 라벨을 도입했다. 이제 새로운 씨스템에서는, 양탄자수출진흥위원회가 승인한 라벨이 부착된 양탄자만이 수출될 것이라고 정부는 강조한다.[36]

칼린 라벨 제도는 수출업체를 포함하는 인도의 양탄자산업이 규제할 것이며, 러그마크와 비슷한 방식으로 감시할 것이다. 1996년 6월, 미국정부는 러그마크 제도를 의류산업을 비롯하여 아동노동이 문제가 되는 다른 경제부문으로 확대할 것을 제안했다.

완구·의류산업에서 자발적인 기업윤리강령의 짧은 역사는 기업이 의지가 있든 없든, 필요성에 공감을 하든 안 하든 더이상 피해갈 수 없는 현실이 되었다. 앞으로 남은 과제는 정부의 통제와 강령의 독립적인 감시체계 구축이다. 물론 지속적인 소비자 압력도 중요하다. 부당 행위를 없애기 위해 노력하지 않는 기업들의 상품 구매를 거부할 수 있는 힘을 가진 것은 소비자이기 때문이다(제12장 참조).

## 수출자유지역 ● ●

공산품의 수출을 극대화하기 위한 노력으로 70개 이상의 개발도상국들이 수출자유지역(Export Processing Zone, 수출가공지역)을 만들었다. '자유무역지역'이라고도 알려진 이 지역은 전지구화의 결과로 나라마다 곳곳에 들어서 있다. 대부분 항구나 공항 근처의 산업화된 지역에 있으며, 초국적기업들이 공산품 생산의 노하우를 들여오고 지역사람들에게 필요한 기술을 전수할 수 있게 구축되었다.

1998년 ILO 보고서는 수출자유지역들이 현재 2700만명의 사람들을 고용하고 있으며 몇십년 만에 불과 몇개에서 850개로 증가했다고 한다. 보고서는 점점 더 많은 개발도상국들에게 수출자유지역이 '소중한 투자의 공급, 고용, 기술적 노하우를 제공하는, 그러나 몹시 복잡한 결과들도 가져오는, 국제 제조업경제로 진입하기 위한 중요한 관문'이라는 점에 주목한다.[37] 수출자유지역에서는 보통 임금이 낮고, 노동조건이 열악하며, 노동조합의 권리가 제한되어 있고, 필요한 기술 또한 한정적이어서 다른 사업에 사용되기에는 한계가 있다.

미국은 가장 활발하게 수출자유지역을 이용하고 있으며 북아메리카에 가장 많이(320개) 있다. 아시아에는 225개가 있으며 카리브해(51개), 중앙아메리카(41개), 중동(39개)과 같은 개발지역에서도 빠른 속도로 늘어나고 있다. ILO 보고서는 그 수치가 세계 전반에서 늘어날 것으로 예측한다. 필리핀에서는 1999년 현재 35개의 수출자유지역이 운영되고 있으나 83개의 계획이 승인된 상태이다. 중국에는 48개의 기술·경제개발지역과 학교, 운송링크, 사회복지시설 등의 지역 인프라를 갖춘 수백개의 새로운 지역——대체로 전면적인 도시·산업개발의 규모——이 있다. 방글라데시·파키스탄·스리랑카도 대규모 수출자유지역 전략을 갖고 있다. 아프리카에는 47개의 수출자유지역이 있으며, 그중 14개는 케냐에 있다. 모리셔스는 나라 전체를 수출자유지역으로 지정했다.

　수출자유지역의 일자리는 보통 개발도상국들의 전체 제조업 고용의 5%를 넘지 않으며, 비공식부문에서 일하는 약 3억의 사람들과 비교하면 매우 적다. 그럼에도 불구하고 정부는 투자가들을 수출자유지역으로 유치하기 위해 상당한 예산을 소모하고 있다. 국가는 일반적으로 기업체에 건물비 무료, 5년간의 비과세 기간, 저임금 등의 여러 특권들을 제공한다. 일례로 필리핀에서는 바탄(Bataan)에 수출자유지역을 개발하기 위해서 100% 소유권 보장, 수도 마닐라보다 낮은 최저임금 상정 허가, 수입원료와 장비에 대한 세금면제, 수출세 면제, 낮은 토지 사용료 등의 유인책을 제시했다.[38] 바탄에서는 고용 후 여섯달까지는 최저임금의 75%만 지급하면 되는 수습기간이다. "일부 공장은 이 기간이 지나면 새 수습노동자들로 교체한다"라고 ILO 조사는 밝혔다.[39]

　수출자유지역의 성과는 일부지역을 제외하고는 대부분 실망스러운 수준이다. ILO 조사에 따르면, 수출중심 생산에 사용 가능한 인프라를 제공하고 투자 가능한 자금을 들이부었음에도 불구하고 수출중심 산업화과정은 지금까지 그다지 큰 소득이 없었다.[40] 또한 이 지역들은 경제의 다각화를 가져오지도 못했다. ILO 조사는 수출자유지역들이 계속해서 절대적으로 미숙련·저숙련노동자를 요구하며, 습득된 기술들도 대부분 한정적이어서 그 공장 밖에서는 사용될 수 없었다고 지적한다.[41]

수출자유지역은 소수의 개발도상국에서만 수출증가와 고용증가를 가져왔다. 라틴아메리카(마낄라maquila라고 부르는 지역)에서는 대부분의 고용이득이 중앙아메리카와 카리브해로 간다. 대부분의 나라들이 수출자유지역을 세운 아시아에서는 홍콩·말레이시아·한국·필리핀·스리랑카가 세계투자의 많은 부분을 끌어오면서 이득이 좀더 공평하게 분배되고 있다. 수출자유지역은 상품이 일반적으로 관세없이 드나들지만, 서구국가들의 관세장벽은 수출자유지역에서 생산된 상품이라도 이외의 지역에서 생산된 상품들과 마찬가지로 다룬다. 모리셔스가 한 예이다. 자주 성공사례로 인용되는 모리셔스 수출자유지역 투자의 90%는 섬유, 특히 스웨터와 셔츠로 투입된다. 이 나라의 수출 대부분은 프랑스·독일·영국·일본으로 간다.

모리셔스 수출자유지역의 임금은 홍콩 수출자유지역 노동자들이 받는 임금의 1/4 정도밖에 되지 않아 투자가들에게 특히 매력적이다. 그러나 모리셔스의 양모섬유가 1980년대 초반에 유럽시장의 많은 부분을 차지하기 시작하자, 모리셔스는 '자발적으로' 수출을 제한할 것을 요구받았다. 이는 확장이 아니라 축소를 의미했다. 국제통화기금(IMF)의 토의문서는 "수출자유지역 관련 기본시설을 위한 지출이 긍정적인 보상을 장담하지 못하면 장기적으로 예산에 심각한 부담이 될 것이며, 경제적 복지의 감소도 완전히 배제할 수 없다"라고 지적했다.[42]

노동조합은 수출자유지역이 오히려 노동자들의 권리를 약화시킨다며 저항에 나서기 시작했다. 노동조합 운동진영은 수백만 노동자들, 특히 젊은 여성들이 대단히 억압적인 환경에 고용되어 있는 수출자유지역에 대해 우려하고 있다고 국제자유노동조합연맹은 1996년 5월 유엔사회개발위원회에 제출한 서류에서 지적했다. 캐나다에 위치한 시민단체 '함께 협력하는 캐나다'(CoDevelopment Canada)와 노동조합단체(Trade Union Group)는 네개의 라틴아메리카 국가의 여성단체들과 함께, 노동력의 대부분이 장시간 노동을 하며 수당없이 잔업을 강요당하는 젊은 여성들로 이루어진 수출자유지역들의 개혁을 위해 일하고 있다.

그러나 수출자유지역은 지금도 계속 늘어나고 있다. 가장 늦게 수출자유지역을 만든 나라는 1996년 9월에 새로 수출자유지역법을 제정한 꾸바이다. 국내와 국외 두 종류의 투자가를 예상하면서 초국적기업들을 위한 문을 크게 열어둔 것이다. 수출자유지역들은 또한 아프리카에서도 케냐·모잠비크·쎄네갈 같은 나라들에서 빠르게 성장하고 있다.

정부들이 수출자유지역들에 자원을 소비하면서, 같은 양의 자금을 지역시장을 위한 소기업들에 투자하고 지원해서 더 많은 고용을 창출할 수 있는 기회를 저버리고 있다.[43] 빈민들을 직접적으로 돕는 프로젝트를 위해 사용될 수도 있었던 정부자금이 수출자유지역으로 흘러들어간다. 수출자유지역의 성장은 빈민의 희생으로 이루어지는 것이다. 제조업 관련 초국적기업들은 그들이 수출자유지역 안에서 활동하건 밖에서 활동하건, 대부분 개발도상국들의 무역액 감소를 개선하는 데 도움이 되지 않았으며, 빈민들이 가난에서 벗어나는 데에도 기여한 바 없다.

우리는 할 수만 있다면 도망간 한국 사장을 인도네시아 법정에 세우고 싶다. 삼보기업 노동조합에서는 한국대사관에 출국금지를 요청했다. 그러나 한국정부가 진짜로 이를 실천에 옮겼는지는 알 수 없다.—삼보기업 인도네시아 노동조합 위원장 라흐만

인도네시아 까와산(Kawasan) 수출단지 내 봉제공장 삼보기업 방규호 사장이 자녀 결혼을 이유로 지난 2003년 5월 8일 자카르타 국제공항에서 출국한 후 두달이 다 되어가는 7월 3일 아침, 마침내 공장 문이 닫혔다. 한참을 기다려도 한국인 관리자들은 보이지 않았다. 그리고 얼마 후 노동자들은 깜짝 놀랄 소식을 듣게 되었다. 사장이 수십대의 재봉틀 기계만 버려둔 채 부도를 내고 한국으로 도망간 것이다.

이날부터 노동조합 위원장인 라흐만(Rahman, 여 25세)을 중심으로 약 400여명의 현지 노동자들은 공장 안에서 밀린 연장근무수당과 퇴직금, 지난해에 받지 못한 휴가보너스 등의 지급을 요구하며 농성에 들어갔다. 이미 사장이 인도네시아를 빠져나가자 수출단지 내 관리자들은 파산 4일 만에 공장의 물과 전기 공급을 모두 끊어버렸다. 그러나 노동자들은 공장을 떠날 수 없었다. 농성자 중 한명인 사니아(Sania, 여 30세)는 삼보공장에서 4년 동안 재봉사로 일해왔다. 받은 돈을 대부분 고향에 있는 두 아이에게 보냈다. 그는 이렇게 말한다. "지금 이 상황이 혼란스럽다. 내 주머니 안에는 돈이 하나도 없다. 방세를 못 내서 얼마 전 살던 집에서도 쫓겨났다. 나는 7월 2일까지 지난 4년 동안 한결같이 열심히 일만 했다. 손끝이 벗겨질 정도로 재봉틀을 돌린 적도 있다. 한국사람이 나에게 남긴 것은 절망뿐이다."

2001년부터 현재까지 인도네시아에서 한국 기업의 사장들이 도주하여 출국금지명령을 받은 기업은 한두 곳이 아니다. 삼보 인도네시아 외에 트렌돌,

인도린, 자야톰슨(Jaya Tomson) 공장 등 10여곳이 유사한 문제를 일으켰다고 현지 노동자들은 전한다. 한국도 가입해 있는 OECD는, 해외투자기업이 공장을 이전하거나 폐업할 경우에는 사전에 노동조합과 충분한 협의를 하도록 가이드라인에 명시하고 있다.

다음은 옮긴이가 2003년 7월 삼보기업 인도네시아 노조위원장인 라흐만과 인터뷰한 내용이다.

－농성이 한달을 넘어섰다. 어떻게 연명하고 있나?

초기에는 불량 재고상품을 거리에서 팔아서 식량을 샀다. 지금은 그것도 다 떨어져서 하루에 한끼로 살아가고 있다. 인근 공장에 재취업한 동료들이 모아준 돈으로 견디고 있다.

－어떤 사람들이 공장에 남아 농성을 하고 있나?

여기 남아 있는 노동자들은 방세를 못 내 오갈 데도 없는 사람들이다. 차비가 없어 고향에도 돌아갈 수 없다. 투쟁 외에는 희망이 없다.

－사장이 어디 있는지 알고 있나?

한국에 있다. 그러나 연락을 할 수 없다.

－사장이 지금이라도 체불임금 지급을 약속하면 어떻게 할 것인가?

우리는 만족한다. 그러나 그렇게 하지 않으면 끝까지 싸울 것이다. 그동안 주변공장에서 비슷한 일들이 많이 있었다. 대부분 한국 기업들이었다. 노동자들은 아무것도 받지 못한 채 공장 밖으로 쫓겨났다. 이런 일이 다시는 일어나지 않으려면 우리가 잘 싸워야 한다. 이번 사태가 마지막이길 바란다.

－남아 있는 한국 기업은 어느 정도인가?

약 30～40개 정도인 것으로 알고 있다.

－현재 농성은 공장을 불법 점거한 상태에서 이루어지고 있다. 언제든 공권력이 개입할 수 있는 상태이다.

나도 알고 있다. 감옥에 갈 각오로 싸운다. 아침마다 눈을 떠서 동료들을 보면 내가 괜히 앞장서서 이들을 고생시키고 있는 것은 아닌가 하고 마음이 흔들릴 때도 있다. 다행히 지금까지는 이들이 나에게 힘을 실어주고 있다. 농성장에는 낮에도 약 350여 명이 모여 있다.

−당신들을 걱정하는 한국사람들에게 하고 싶은 말이 있다면?

삼보기업에 근무하던 한국인 관리자 한명이 우리를 많이 도와주었다. 이 사람도 임금을 받지 못했다. 그러나 끝까지 우리에게 지침을 내려주고 우리들의 마지막 월급을 챙겨주었다. 좋은 한국사람도 있다는 것을 알고 있지만, 지금 우리들뿐만 아니라 주변 한국 기업 공장들로 인해 힘든 노동자들이 너무나 많다. 특별히 한국의 노동조합에서 우리들과 연대를 해줬으면 좋겠다.

−앞으로 당부하고 싶은 말은?

우리들의 처지를 한국 내에 알려주길 바란다. 우리는 그동안 열심히 일했다. 기업이 흑자를 본 적도 있다. 현재 우리들은 쥐와 바퀴벌레가 우글대는 공장에서 목숨을 걸고 싸우고 있다. 왜 한국사람으로 인해 우리가 이렇게 고통을 받아야 하는지 한국사람들이 알아야 한다. 더이상 피해자가 없어야 한다.

## 한국 기업의 사례: 필리핀

필리핀 마닐라에서 고속도로를 거쳐 좁은 국도를 약 2시간 달리면 까비떼(Cavite) 수출자유지역이 보인다. 가도 가도 끝이 없을 것 같은 길의 곳곳에 한국 기업들이 있다. 까비떼 수출자유지역에 들어온 해외 기업 중 약 50%를 한국 기업이 차지하고 있다.

필리핀 출신의 존(John) 신부가 지난 1995년 11월 세운 '까비떼 노동자의 집'은 아침저녁으로 이곳을 찾는 노동자들로 항상 붐빈다. 활동가들은 1997년 이곳에서 공동체생활을 하며 노동자들을 보살펴준다. 노동자의 집을 찾는 대부분의 노동자들은 밀린 임금, 열악한 노동조건, 장시간 연장근무로 인한 어려움을 호소한다. 의류공장이 압도적으로 많은 까비떼에서 일하는 노동자들은 대부분이 여성들이다. 그런데 정부의 특혜로 공장이 들어선 이래 한국 기업은 지난 몇년 동안 이곳에서 골칫거리였다. 4년 동안 세금특혜를 받는 기업들은 3년 연장 특혜기간이 지나면 폐업신고를 하고 기업 상호를 변경하여 노동자들을 해고한다. 비단 한국 기업만 이렇게 정부정책을 악용하는 것은 아니지만, 한국 기업들의 수가 약 50%를 차지하는 탓에 한국 기업은 더 악명이 높을 수밖에 없다. 특히 한국 기업들은 쉽게 폐업신고를 하는데 그 이유는 노동자들의 노동조합 활동을 불허하기 위해서라고 노동자의 집 사무국장 세실(Cecile)은 전한다. 한국 기업들이 다른 나라 기업들보다 유난히 현지인들의 문화와 습관을 무시하는 발언과 행동을 많이 하는 것도 현지인들에게는 불만이다. 이런 관행이 줄어들지 않는 것을 오랫동안 지켜본 노동자의 집 소장인 아르넬(Arnel)은 목청을 높여 한국 기업을 성토했다.

우리나라에 오지 않아도 좋다. 한국사람들보다 필리핀 노동자들이 못한게 뭐가 있나? 지적수준이 낮은 것도 아니다. 그런데 한국 기업은 필리핀사람들을 무조건 무시한다. 인간으로 생각하지 않는다. 같은 땅에서 함께 살고 싶지 않다.

## 중국 경제특구와 노동자의 현실

중국에 투자한 완구산업은 세계적 하청공장으로 전세계 완구생산의 1위를 달리고 있다. 무역 하청공장은 대부분 경제특구(Special Economic Zones)에 기지를 두고 있다.

최초의 경제특구는 1980년 중국의 꽝뚱(廣東)지역 셔커우(蛇口)에 설립되었으며, 곧이어 션전(深川)에 대규모 경제특구가 형성됐다. 그후로 경제특구는 '투자와 개발' 추진계획에 따라 중국 전역에서 꾸준히 증가해왔다. 곧이어 홍콩 기업들이 생산설비를 꽝뚱지역으로 옮기기 시작했고, 타이완·일본·한국 회사들이 뒤따랐다.

조립라인에서 일하는 노동자들은 중국 전역의 가난한 내륙지역에서 채용된 국내 이주노동자들(Domestic Migrant workers)이다. 영세 소작농가 출신의 젊은이들, 주로 여성들(17세부터 30세)이 꽝뚱에서 일자리를 구하기 위해 고향의 인력송출업체에 돈을 냈다. 지역간의 노동 유동성과 소작농의 도시이주를 통제하기 위해서, 중국정부는 외부인에게 영구주거 자격을 주지 않는 주거제도를 만들었고, 이 노동자들을 이주 혹은 객원노동자들로 만들어 주변으로 내몰았다. 이주노동자들은 이러한 산업구역에 머물며 일하기 위해서 많은 돈을 지불해야 했다.

경제특구의 노동법은 한마디로 무용지물이다. 공장들이 노동자들이나 지역노동당국과의 사전협약 없이 노동계약 조건을 만드는 것은 태반사이다. 내용을 보면 문서화된 노동법이나 건강과 안전 규약과 상관없는 규정들이 까다롭고 복잡하게 열거되어 있다. 예를 들어 허가 없이 화장실에 가거나 작업장에서 대화할 수 없다. 그리고 이러한 작은 위반에도 벌금과 벌칙이 부과된다. 이런 조건에서 노동자들은 생산성과급, 혹은 기본/최저 임금에 따라 급여를 받는다. 노동유연화와 무역과 사업의 불안정 때문에, 이 구역의 노동자들은 점점 더 계절노동자로 전락하고 있다. 성수기에는 엄청난 초과근무시간을 감수한 채 일하다가 비수기에는 정당한 보상도 없이 대량해고가 되는 일이 빈번하게 일어난다.

중국노동조합총연맹은 외국투자기업이나 합작벤처기업들에는 거의 영향력을 행사하지 못한다. 제한적이긴 하지만, 국유기업에서의 임금체불과 대량해고에 반대하는 와일드캣 파업(조합의 일부가 본부의 승인없이 하는 파업)의 수가 늘고 있다. 외국기업이나 합작벤처기업 대부분의 노동자들은 조직된 조합원이 아니다. 중국 당국은 꽝뚱에서 전체 노동자의 30%가 조직되어 있다고 하나, 이는 대부분 본래의 노동조합이 아니라, 복지·여가클럽에 참여하는 노동자들을 포함하는 것이다. 노동자들은 그들의 권리를 보호하기 위해서 많은 비공식 단체를 만들기도 하지만 독립적·정치적 목적으로 만드는 것은 정부와 경영자측에 의해 가혹한 탄압을 받게 된다. 지도자들은 많은 경우 투옥·해고·강등되거나 심지어는 경비직원에 의해 구타당하기도 한다.

## 마낄라도라 수출자유지역

멕시코 국경지역 최대 마낄라도라(maquiladoras, 줄여서 '마낄라'라고도 함) 수출자유지역에는 일자리를 찾아 나선 젊은 여성노동자들이 하루에도 수백명씩, 신입사원을 채용하려는 공장 주변에서 서성대고 있다. '마낄라도라'는 초국적기업이 소유한 조립공장을 가리키는 말이다. 미국 시장에서 판매되는 TV·VCR·스테레오·자동차부품·가전제품·의류 등 수천가지의 상품을 조립·가공·수출하는 대규모 공단이다. 투자가들은 이 지역의 낮은 임금뿐만 아니라 외국에 투자함으로써 관세를 줄일 수 있다는 데 매력을 느낀다.

1964년 미국은 공식적으로 제2차 세계대전 동안 시작되었던 '손님노동자 프로그램'을 폐지했다. 이 프로그램은 농산물을 수확하기 위해서 임시적으로 멕시코의 노동력을 미국으로 유입하는 정책이었다. 1965년 의회에서 '국경산업화 프로그램'이 제안되었는데, 이 프로그램은 이후에 '마낄라도라 프로그램'으로 이름을 바꾸었다. 1993년 북미자유무역협정(NAFTA)을 통해서 마낄라도라 프로그램은 성장을 위한 생산기지로서 급성장하였다.

마낄라도라는 완제품을 생산하는 것보다는 주로 조립을 한다. 부속품은 미국이나 다른 나라에서 생산되기도 한다. 텍사스에 있는 많은 마낄라공장은 미국에서 부속품을 생산하고 멕시코 자매도시의 공장에서 조립을 한다. 보통 쌍둥이공장이라고 한다. 이렇게 생산된 상품은 미국, 캐나다로 역수출된다.

1999년에는 국경을 따라서 4235개 이상의 마낄라도라가 있었다. 2001년에는 5000개 이상이 있는 것으로 파악되었다. 마낄라도라가 증가할수록 미국의 노동조합은 힘을 잃을 수밖에 없다. 미국 회사가 노동조합의 임금인상과 복지

요구를 피하기 위하여 멕시코로 이동하기 때문이다. 멕시코 쪽에서 볼 때는 새로운 마낄라도라는 더 많은 일자리를 창출할 수 있으나, 반드시 삶의 질이 보장되는 것은 아니다. 노동자들은 아직도 장시간의 단조롭고 반복적인 노동, 독성물질과 위험한 도구에 노출되는 노동착취에서 벗어나지 못했기 때문이다.

## 『마낄라도라의 여성들』

『마낄라도라의 여성들』은 캐나다 밴쿠버에서 활동중인 초국적기업 감시단체들과 여성단체들의 활동을 보도하는 뉴스레터이다. 활동단체 회원들이 벌이고 있는 초국적기업 감시캠페인, 국경지역에서 발생하는 인권유린, 이주노동의 문제, 초국적기업의 하청공장에서 벌어지는 노동권 침해, 여성노동자들의 조직활동 등을 소개한다.

뉴스레터는 정기적으로 초국적기업과 정부들이 한 테이블에 모여 자유무역의 효과성을 높이려는 정책에 대해서도 연구하고 비판한다. 특히 이들은 마낄라도라 여성노동자들간의 연대를 높이기 위해 라틴아메리카 조사여행을 정기적으로 할 뿐만 아니라, 연례회의를 통해 여성노동자들이 바라는 인권개선의 요구를 캐나다정부와 언론에 알리는 다리역할을 하고 있다.

지난 몇년 동안 『마낄라도라의 여성들』은 캐나다 기업의 마낄라도라에서 일하는 여성노동자들이 직접 자신들이 당하는 노동권유린의 실태를 캐나다 시민들에게 고발할 수 있도록 캐나다 방문프로그램을 지원했고, 밴쿠버에 이주하여 일하고 있는 라틴아메리카 여성노동자들의 이주노동단체들과 '마낄라도라 인권개선' 공동캠페인을 벌여왔다.

참고자료
*Workers Rights' for the News Century*, AMRC, Hong Kong.
"We are in the Zone," *WAC newsletter*, Philippines.

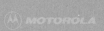

제 8 장

# 가난한 자에게 나눠줄
# 에너지는 없다

우리는 신뢰할 수 있는(trust-me) 세계에서 불확실한(show-me) 세계
로 옮겨가고 있다.

—존 제닝스, 쉘 회장

## 댐건설 ● ●

1980년대 중반에서 1990년대 중반까지 매년 400만
명의 사람들이 대규모 발전용 댐 건설계획으로 자기 집에서 쫓겨났다.
댐 건설계획은 집과 숲, 비옥한 토지가 물에 잠길 수 있는 거대한 저수
지공사를 동반했다. 그 땅에 살던 많은 사람들은 자기 뜻과 상관없이
다른 곳으로 이주하라는 외부의 강요를 받아들이거나 그에 맞서 싸워
야 하는 현실에 직면한다. 물론 이런 프로젝트가 성사될 때까지 주민
들은 무성한 소문만 들을 뿐이지, 그들의 의사는 전혀 고려되지 않는
다. 그렇게 밀려난 일부 주민들은 생존을 위한 필사적인 자구책으로
숲으로 들어가 나무를 베어내고 살기도 한다. 댐이 건설되고 전기가
생산되어도 농촌의 가난한 사람들은 이득을 보기는커녕 혜택조차 받
지 못하는 경우가 대부분이다. 전기는 도시지역의 공장과 주택을 위한
것이기 때문이다. 대부분의 대규모 댐 프로젝트들이 환경적·사회적·
인간적 희생을 떠나, 경제적 측면에서도 큰 도움이 되지 못하고 있음
은 이미 여러 나라에서 증명되었다.

댐건설 프로젝트는 대부분 세계은행이나 해외원조기금에 의해 성사
되고 진행된다. 잘 알려지지 않은 사실은, 세계 최대의 국제 건설회사
들이 이권을 챙기기 위해 아주 깊숙이 개입하고 있다는 것이다. 초국

적 건설기업들의 원조자금으로 진행되는 대규모 댐계획들은 '신이 내려준 양식'과 같다. 원조프로젝트로 주어진 자금의 대부분은 결과적으로 초국적기업의 은행계좌로 들어가게 된다. 세계 곳곳의 댐 건설현장 입구에 붙은 게시판에는 세계 최대의 건설기업들 이름이 출석부에 기록된 학생들 이름처럼 줄줄이 나열되어 있다.

이 기업들은 대규모 댐 사슬의 중요한 연결고리이다. 이들은 오랫동안 프로젝트에 개입해왔기 때문에 일반적으로 댐을 건설하고 추진하는 데서 국내기업들이 갖지 못한 전문가의 의견을 제공받을 수 있다. 이런 초국적기업들이 없었다면, 지난 40년간의 대규모 원조자금 댐 건설계획들은 성사될 수 없었을 것이다. 앞서 밝혔듯이 댐 건설계획의 자금은 대부분 해외원조에 의존하기 때문에, 초국적기업들에게 안정적인 수익을 주고 적은 위험부담으로 큰 이윤을 남길 수 있는 기회를 제공한다. 비용이 폭등하면 대개는 추가자금이 투입된다. 댐은 대부분의 경우 애초에 추정한 것보다 추가로 들어가는 비용이 발생한다. 그 지불책임은 개발도상국 정부가 지불해야 할 가외의 청구서로 돌아온다.

빅토리아댐　스리랑카의 빅토리아(Victoria)댐은 1980년에 건설이 시작될 때 영국에서 1억파운드를 배정받았다. 당시에 이는 영국이 지원한 프로젝트 중 가장 큰 규모였다. 빅토리아댐 건설계약 당시 정부는 약 1억 3700만파운드의 예산을 계획하고, 그 가운데 3700만파운드를 정부예산으로 지출했다. 4년 만에 댐은 완성되었다. 그러나 그 총 비용은 2억 4000만파운드로 치솟았다. 영국정부가 추가원조금으로 약 1300만파운드를 지급했을 뿐, 나머지는 고스란히 스리랑카정부의 몫이었다. 결국 총 예산규모가 3700만파운드에서 1억 2700만파운드로 불어난 만큼, 그 차액의 책임은 스리랑카인들에게 돌아간 셈이다. 산업용 전기와 도시지역 전기를 생산하는 발포어 비티 건설회사(Balfour Beatty Construction), 에드먼드 뉴톨(Edmund Nutall), 코스테인스 (Costains) 등 15개의 영국 기업들은 댐 건설공사의 댓가로 거의 2억 파운드를 받았다. 국가 재정부담이 늘어난 것 외에도, 약 5만여 주민들이 살던 땅에서 쫓겨나 이주할 땅을 배정받았지만 그곳은 사람이 살기에 적합하지 않은 숲지역이었다. 식량재배를 위해 주민들은 우선 숲을 제거해야만 했다.

빅토리아댐은 스리랑카의 마하웰리(Mahaweli)강 개발계획 안에 포함된 4개의 댐 프로젝트 중 하나였다. 캐나다·독일·스웨덴은 나머지 3개의 댐 추진과정에서 발생한 엄청난 추가비용을 원조로 제공했다. 1977년, 전체 계획에 약 7억파운드가 들 것으로 예상되었고, 그중 4억 파운드가 외국원조로 들어오고 3억파운드는 스리랑카에서 만들어야 했다. 1984년에 이르자 비용은 20억으로 치솟았고 스리랑카는 (처음 예상한 것의 5배가 넘는) 16억파운드를 마련해야 했다.

마하웰리강 계획은 어떻게 사회적 부가 가난한 개발도상국의 민중들에게서 세계 최대의 초국적기업들로 이전되는지를 잘 보여준다. 마하웰리강 계획에 비판적이었던 한 시민은 이렇게 말한다. "우리는 가난한 나라이다. 우리는 이런 형식의 원조를 감당할 수 없다."[1] 이주민들에게는 최소의 보상만이 지급되었으며, 또다시 가난한 사람들이 고통을 받는 처지에 놓였다. 보상금 이외에 돈이 좀 있었던 이주민들은 새로운 환경에 적응할 여러 방법이 있었다. 하지만 돈이 없는 사람들은 운조차 따르지 않는다.

대규모 댐 건설계획에 따라 강제이주를 당하는 사람들은 수백마일 떨어진 낯선 곳으로 옮겨가거나, 이주 보상금을 아예 받지 못한다. 방글라데시의 캅타이(Kaptai)호수 댐이 그 예이다. 이 댐은 미국의 자금을 받아서 산업화를 위해 전기를 제공하려는 목적으로 지어졌으나, 그 지역의 경작 가능한 토지의 40%를 파괴했다. "댐건설에 따른 사람들의 고통과 불안정은 대단히 심각했다"라고 옥스포드대학의 앤드류 그레이(Andrew Gray)는 전한다.[2] 10만명 가량의 사람들이 이주해야 했으며, 보상을 약속받았음에도 불구하고 절반 이상이 아무것도 받지 못했다. 보상을 받은 사람들도 댐이 지어지기 전에는 6에이커의 땅을 가지고 있었으나 3에이커밖에 받지 못했다.

세계은행은 지금 건설되고 있는 인도의 나르마다(Narmada)댐 때문에 25만명의 사람들이 이주해야 할 것이라고 예측한 반면, 현지 인권운동가들은 200만명의 삶이 영향을 받을 것이라고 믿는다. 세계은행은 또한 중국 양쯔(揚子)강의 스리조지스(Three Georges)댐이 130만명의 사람들을 쫓아낼 것이라고 한다. 이 댐의 저수지는 350마일 이상 펼쳐질 것이다. 스리조지스댐의 건설은 1994년 시작되었고 20년이 걸릴 것으로 예상되었지만, 문제는 벌써 자금이 부족하다는 것이다. 미국 워싱턴 DC의 수출입은행은 1996년 5월에 환경적 우려를 이유로 그 프로젝트에 참여하고자 하는 회사들에게 신용장 발급을 거부했다.

페르가우댐  말레이시아 북부의 페르가우(Pergau)댐을 지원하고자 해외원조자금을 사용한 영국정부는 1994년 11월 세계개발운동(World Development Movement)의 캠페인 이후 영국 법원에 의해 자금 사용 금지령을 받았다. 영국은 이 댐에 2억 3400만파운드를 제공할 계획이었으나, 두 고등법원 판사가 정부의 결정을 불법으로 공표하고 모든 원조자금의 지급을 중단시켰다. 그 결정이 내려졌을 때, 3000만파운드에 달하는 원조가 이미 댐건설 지원자금으로 지급되었으며 약 200개의 영국 회사들이 작업을 하고 있었다.

세계개발운동은 페르가우댐에 자금을 대는 것은 영국의 1980년 '해외개발협조법'에 어긋난다고 보고 법적 대응을 준비했다. 그 법은 원조의 기본목적은 한 나라의 경제적 이득 혹은 그 나라 사람들의 복지라고 말한다. 고등법원은 페르가우댐 원조는, 그 프로젝트가 경제적으로 건전하지 못하고 한 국가의 경제발전을 촉진하지 않았기 때문에 결정적인 오점을 갖고 있다고 말했다. 말레이시아 환경단체들도 그 댐에 반대했다.

영국은 말레이시아와의 13억파운드 무기협상을 위한 뇌물로 1989년에 페르가우댐 건설을 위한 원조자금을 약속했다. 1991년 당시에는 원조예산을 담당하던 영국정부의 해외개발부 전직 상임위원장 티모시 랭케스터(Timothy Lankester)가 댐이 경제적이지도 효율적이지도 않다면서 원조를 반대했지만 그의 의견은 무시되었다.

역시 댐 건설비용은 치솟았다. 페르가우 프로젝트에 관련된 영국 회사들이 영국정부가 계획을 승인하자마자 2주 만에 비용을 3억 1600만 파운드에서 3억 9700만파운드로 올린 것에 말레이시아는 경악을 금치 못했다. 말레이시아 당국은 영국 회사들이 큰 계약에서 정부의 돈을 갈취하려 한다고 비난했다. 페르가우댐은 영국의 원조자금 없이 진행되었다. 이는 약 4억 5000만파운드의 비용이 들 것이고, 약 600메가와트의 전력을 공급하게 될 것이다.

바쿤댐  페르가우댐 계획을 둘러싼 논쟁이 채 가라앉기도 전에, 말레이시아에서 또다른 대규모 댐계획이 발표되어 말레이시아 내는 물론 국제 환경단체들로부터 강한 비판이 쏟아졌다. 환경단체 회원들은 말레이시아 동부 사라와크(Sarawak) 주에서 바쿤(Bakun) 수력전기발전 프로젝트를 진행하기로 한 정부의 결정에 격분했다. 페르가우댐보다 훨씬 큰 바쿤댐은 54억달러가 들 것으로 예상되었다. 이는 동남아에서 가장 큰 댐으로 10년 안에 약 1만6천 메가와트의 전력을 공급할 것이다. 사라와크 북서쪽 라장(Rajang)강을 따라 자리한 이 댐은 싱가포르 크기만 한 지역인 270평방마일을 범람시킨 이집트 아스완(Aswan)댐보다 거의 두배나 높은 것으로 계획되었다. 그 댐을 위해서 약 6만9640ha의 우림이 제거되어야 하는 상황이 된 것이다. 역시 케냐(Kenyah), 카얀(Kayan), 라하난(Lahanan), 우킷(Ukit), 페난(Penan)의 토착민들 9500명 가량이 쫓겨나는 사태가 예상되며, 이로 인해 가난한 사람들은 고통받을 것이다. 물론 초국적기업들이 댐건설에 깊이 관여하게 될 것이다.

'지구의 친구들'(Friends of the Earth) 말레이시아 지부는 바쿤댐의 전체 환경비용이 어마어마할 것이며, 그 댐의 수력전기발전은 단지 30년에서 50년간, 혹은 더 짧게 사용될 것이라고 주장했다. 그들은 (계획의 일부로 건설될) 큰 저수지에 잔여물(강물의 찌꺼기)이 모이게 되어 댐의 수명이 줄어들 수 있다고 주장했다. 이는 대규모 댐계획에서 드러나는 전형적인 문제였다. 이 단체는 또한 댐 예정지의 한쪽에 있는 바위들이 새 저수지에서 나오는 물의 압력을 견디지 못할 것이라고 우려했다. 그 바위들이 압력을 견디지 못하면 지진이 일어날 수 있다는 독일 지질학자의 경고도 인용했다.

프로젝트로 인해 이주하게 된 부족민들은 전통적인 공동주택에 살고 있었다. 지구의 친구들 말레이시아지부는 댐에 대해서 아무도 부족민과 상의하러 오지 않았으며, 이주와 관련된 어떤 제안도 하지 않았다고 주장했다. 삼림부족들은 또한 그 댐을 조상들의 묘에 대한 위협으로 보았다. 그 단체는 댐이 건설된다면 댐지역에 물 공급이 어려워질 만큼 지하수면이 상당히 낮아질 수 있다고 경고했다.[3]

말레이시아 수상 마하티르 모하마드(Mahathir Mohamad)는 그 댐을 국가 에너지수요를 맞출 수 있는 핵심이라고 설명했다. 그는 프로젝트에 착수하면서 일부 동식물을 파괴하고 사람들을 쫓아낼 것이라는 점은 인정했으나, 사람들이 희망하는 복지를 달성하기 위해서는 댓가를 치러야만 한다고 말했다. 말레이시아정부는 자체적으로 실행한 연구에 따르면 그 프로젝트의 경제적 이득이 환경적 영향을 크게 넘어선다고 말했다. 그러나 오래지 않아 1990년 6월, 정부는 바쿤댐 계획을 폐기하기로 결정했다. 마하티르 수상은 정부의 결정이야말로 정부가 환경을 걱정한다는 증거이며 말레이시아가 환경을 위해 큰 희생을 했다고 공치사했다.[4] 그러나 1994년 9월, 마하티르 수상은 불과 4년 전에 취소한 그 댐의 기공식을 거행했다.

그리고 3년 만에 바쿤댐은 다시 취소되었다. 말레이시아 회사 에크란 버하드(Ekran Berhad)가 그 프로젝트 경영권을 받았다. 에크란은 말레이시아의 억만장자인 팅 펙 키잉(Ting Peck Khiing)이 사장으로 있으며 중국·이란·필리핀 등 많은 개발도상국들에서 프로젝트를 운영하고 있는 말레이시아의 신흥 초국적기업이다. 영국 투자가들이 1995년 11월 바쿤댐 예정지를 방문했을 때 그들에게 이주를 원하지 않는다는 편지를 쓴 공동주택의 원주민들을 만났다. "바쿤 프로젝트가 진행된다면, 이 지역의 다수를 이루는 우리 가난한 사람들은 우리 조상들의 땅과 함께 죽을 것입니다."[5]

댐의 경제적인 실행가능성 면에서, 바쿤의 연간소득이 예상수치의 반밖에 되지 않을 것이라고 믿는 도르트문트대학의 댐 전문가 웨일로우 왕(Weillou Wang) 박사에 의해 문제가 공론화되었다. 지구의 친구들 말레이시아지부에 따르면, 정부는 댐이 제값을 하게 하기 위해 이웃 국가들에게 전기를 판매하려고 했다. 그러나 그 단체는 거리 문제를 생각할 때 주변국의 수요는 적을 것이라고 보았다. "바쿤댐을 경제적으로 실행 가능하게 하는 유일한 방법은 정부가 전기세를 높이는 것인 듯하다. 소비자들은 바쿤댐이 생기면 전기요금을 더 많이 지불해야 할지도 모른다."[6]

가난한 사람들이 또다시 가장 큰 타격을 받을 것은 분명한 일이다. 댐 건설계약은 1996년 유럽에서 '가장 명망이 높은 회사'로 선출된 아시안 브라운 보버리(Asian Brown Boveri, ABB)가 이끄는 협회에 돌아갔다.[7] 그러나 129개 NGO들과 유럽의회의 의원 30명은 ABB 대표이사에게 보내는 편지에서, 댐 기술과 자문 부족에 대해 '심각한 불안'을 표하며 다음과 같은 입장을 발표했다. "개발지역에서 대규모 댐이 비효율적이고 비경제적이며 환경적·사회적으로 파괴적인 구식기술이라는 교감이 형성되고 있다." 그 편지는 또한 말레이시아정부가 댐을 승인하면서 자국의 환경법을 위반했다고 주장했다. 회사의 대표이사는 환경을 최대한 존중하며 댐을 지을 것이라고 답했다.[8] 마하티르 수상은 법적 문제들과 환경론자들의 반대에도 불구하고 댐건설이 계획대로 2002년에 끝날 것을 확신한다고 말한 것으로 알려졌다.[9] 그러나 1996년 12월, 협회 회원이며 그 나라의 주요 채광기업인 말레이시아 채광회사(Malaysian Mining Corp)가 프로젝트 경영에 대해 충분한 참여권이 없다는 이유로 손을 떼었다. 프로젝트와 관련된 위험이 너무 크다는 우려를 반영하는 결정으로 보인다.[10] 1997년 ABB가 빠져나가자 댐건설은 무기한 연기되었다. 그러나 말레이시아정부는 원주민을 몰아내며, 벌채와 플랜테이션 초국적기업들이 투자할 땅을 만들기 위해서 계획을 계속 밀어붙였다. 바쿤댐은 영영 건설되지 않을지도 모르나, 그 그림자는 일부 말레이시아 극빈층의 삶에 오래 드리워질 것이다.

## 석탄·가스발전소 ● ●

석탄발전소와 가스발전소 건설도 빈민들에게 문제를 일으킬 수 있다. 미국 노스캐롤라이나에 있는 코젠트릭스(Cogentrix)라는 초국적기업은 인디아 방갈로르 주의 다드시나 칸나다(Dadshina Kannada) 지역에 1000메가와트 석탄발전소 건설을 계획하고 있다. 유엔이 '소중한 생물다양성 지역'으로 지정한 다드시나 칸나다는 풍요로운 숲, 다양한 동식물종, 40만 어민의 생계를 책임지는 해안선을 자랑한다.[11] 회사는 그 발전소가 인디아에서 가장 깨끗한 발전소가 될 것이라고 주장하지만 지역 NGO들, 특히 어민단체들은 발전소가 자신들의 어업지역을 오염시키는 것에 우려를 나타내며 반대의 목소리를 높였다.

인도의 마하라슈트라(Maharashtra) 주에서는 세계 최대 가스회사 엔론(Enron)이 28억달러, 2015메가와트의 가스발전소를 뭄바이에서 100마일 남쪽에 건설하려고 했다. 주민들은 발전소의 유해방출물이 그들의 어업과 코코넛, 망고나무를 파괴할 것이라고 주장한다. "그들이 우리를 없애기 전에 우리가 그들을 없애야 하지 않는가?"라고 한

주민은 물었다. 1995년 6월, 지역선거 직후 새로 들어선 정부는 엔론
과의 협상을 취소하며 엔론이 인도 빈민들의 '등을 쳐서' 큰 이윤을 만
드는 것을 방지하기 위한 행동이었다고 말했다.[12]

## 석유 ● ●

　　　　초국적 석유기업은 세계 대기업 순위에서 단연 선두를
차지한다. 로얄 더치/셸(Royal Dutch/Shell)은 1998년에 가장 수익을
많이 남긴 기업이었다.[13] 영국석유(British Petroleum, BP), 엑손 모빌
(Exxon and Mobile) 역시 선두권을 형성하고 있다. 셸은 3000개 이상
의 회사들과 이해관계를 맺고 있으며, 100개국 이상에서 활동하고 있
다. 셸의 석유는 세계적으로 다른 어떤 브랜드보다도 많이 판매되었
다. 그러나 한편으로 거대 초국적 석유기업들은 비난의 대상이 되어
왔다.

　　개발도상국들에서 기업의 석유자원 개발은 수백만 빈민들의 생계에
악영향을 미치며 엄청난 사회적·환경적 비용을 남발했다. '개발'이 대
부분 토착민들이 살고 있는 고립된 지역에서 일어났고 무계획적으로,
지역에 끼치는 역효과에 대해 고려하지 않은 채 진행되었다. 많은 지
역공동체의 전통적 생활방식이 근본적으로 변화하였는데, 특히 '오일
타운'(oil town)이 생겨나 심각하게 훼손되었으며, 서구식 생활방식의
도입과 함께 범죄와 성매매가 우후죽순으로 생겨났다.

　　물리적 환경 또한 엄청난 압력을 받게 되었다. 석유기업들은 탄화수
소·중금속·살균제 등의 독소들을 방출한다. 시설이 잘못 운영되고 제
대로 감시되지 않아 많은 양의 석유방출 같은 사고들을 통해 해당지역
을 오염시킨다. 많은 회사들이 예전부터 석유에 포함된 가스를 태워

공기 중에 버려왔다. 이런 연소는 정제소 근처에 사는 사람들에게는 심각한 오염문제이며, 그 나라 에너지자원의 완전한 낭비이다. 이는 또한 오존층을 훼손시키며 지구온난화를 가중시키는 요인이다.

지역사람들은 초국적 석유기업들의 활동으로부터 거의, 혹은 아무 것도 얻지 못하는 경우가 많으며 사실상 피해자가 되고 만다. 나이지리아의 니제르 델타(Niger Delta)와 에콰도르의 오리엔떼(Oriente)지역 사람들의 경험이 적합한 예이다.

니제르 델타　우림과 맹그로브(홍수림, 열대 강 어구, 해변에 생기는 교목, 관목의 특이한 숲―옮긴이) 서식지를 가진 나이지리아의 니제르 델타는 세계에서 가장 연약한 생태계의 하나로 알려져왔다. 쉘은 1958년부터 이 지역에서 활동을 했다. 404평방마일에 50만명의 사람들이 살고 있는―나이지리아 전체 인구밀도의 네배― 오고니(Ogoni)지역을 포함한 특정지역들은 인구밀도가 높다. 오고니지역의 풍부한 석유는 1960년대에 쉘에게 중요한 의미로 다가왔다. 나이지리아 국립석유회사(Nigerian National Petroleum Corporation, NPC)와 석유기업들인 엘프 아끼뗀(Elf Aquitaine), 아집(Agip)의 합작회사이자 쉘의 자회사인 쉘 석유개발회사(Shell Petroleum Development Company)는 오고니에서 하루 약 100만배럴(1배럴=42갤런)을 생산할 수 있는 능력이 있었다. 쉘처럼 큰 회사에게도 이는 중요한 수익의 원천으로 간주되었다.

그린피스(Greenpeace) 보고서의 주장에 의하면, 쉘은 니제르 델타에서의 기업활동 초기부터 지역사회와 환경을 파괴해왔다. 회사의 고압관이 마을 전체의 땅 위로, 그리고 한때 농업에 사용되던 땅을 가로

질러 가서 땅을 쓸모없게 만들었다.[14] 도합 2100km의 관이 깔렸다. 당연하게도 유출이 있었다. 델타지역 공동체의 재산과 환경이 석유유출로 계속적인 파괴를 당했다.[15] 1982년에서 1992년 사이 쉘의 유출기록에 의하면, 나이지리아 사업에서 27개의 사고로 162만 6000갤론의 석유가 새어나갔다. 1983년 NPC 수사부는 이렇게 보고했다. "우리는 석유유출로 이 나라 수자원이 천천히 독살되고 초목 서식과 농경지가 파괴되는 것을 목격했다."[16] 그러나 보고서는, 이러한 환경문제를 관리하기 위해 정부와 석유기업들은 아무런 협조적인 노력도 하지 않았다고 말한다.

연소는 심각한 문제가 되어왔다. "나이지리아의 석유지대는 석유가 있는 가스지대라고 하는 편이 낫다"라고 '기업의 사회적 책임을 위한 세계위원회'(Ecumenical Committee for Corporate Responsibility)는 지적한다.[17] 이 지대의 일부지역에서 쉘은 30년 이상 하루종일 가스를 연소해왔다. 회사는 전세계에서 연소된 가스의 1/10 정도인 1100입방피트의 가스를 나이지리아에서 매일 방출했다. 이 엄청난 낭비는 지구온난화의 한 원인이 되었을 뿐 아니라 연소지역 근처의 토지에도 치명적인 영향을 끼쳤다. 심지어는 쉘의 자체 계산으로도 연소는 2008년까지 계속될 것이다. '오고니 사람들의 생존을 위한 운동'(Movement for the Survival of Ogoni People, MOSOP) 대표 켄 사로-위와(Ken Saro-Wiwa)는 이렇게 말한다.

가스의 연소는 야생 동식물을 파괴했고, 근처의 대기와 서식생물을 오염시켰으며, 거주자들은 난청과 호흡기질환으로 고통받고 있다. 오고니에서는 비가 왔다 하면 수로와 시내, 지류 그리고 농지를 더욱 오염시키

는 산성비이다. 산성비는 땅으로 다시 스며들어, 한때 델타의 곡창이었
던 곳이 지금은 완전히 불모지가 되어버렸다.[18]

또한 폐기물 문제도 있다. 안에 보호막도 없이 열려 있는 폐기물 저
장 구덩이들이 96개의 유정, 2개의 정제소, 그리고 석유화학물 복합단
지가 있는 지역을 더럽히고 있는 것으로 보고되었으나, 지역공동체들
은 그러한 행위를 막을 힘이 없다. 오고니 식수의 석유유출 정도가 서
유럽 허용치보다 680배나 높은 것을 독립연구단체들이 발견했다.

1993년 여름 내내 오고니에서 일어난 석유산업에 의한 훼손을 고발
하는 시위는, 수백명의 오고니 사람들의 죽음을 불러오고 수천명의 사
람들을 노숙자로 만들었으며, 지역사람들이 경찰에 끌려다니고 난폭
한 공격을 받아야 하는 상황으로까지 이어졌다. 나이지리아정부는 오
고니에 대한 공격은 인접 지역들과의 분쟁 결과였다고 주장했다. 그러
나 사용된 무기의 정교함과 공격 전에 오고니 경찰들이 해산되었다는
사실은 이것이 군대의 소행이라는 것을 암시한다. 오고니는 27개의
마을이 공격당했고, 2천명 이상이 사망했으며, 8만명이 갈 곳을 잃었
다고 주장한다. 한번은 오고니지역이 군사검문소에 의해 봉쇄되기도
했다.

MOSOP는 쉘에게 그들이 35년 이상 행해온 '생태적 전쟁'을 중지하
고 그들이 일으킨 혼란을 정리할 것을 촉구했다. 1994년 4월, 쉘은 오
고니에서 사업을 중단했으나, 석유유출의 60%는 파업 때문이라고 주
장했다. '유엔 문화와 개발 세계위원회'(UN World Commission on
Culture and Development)의 클로드 에이크(Claude Ake) 교수는 이
를 '무책임한 프로파간다'라고 하며 반박했다. 1960년에서 1994년 사

이에 오고니에서 300억달러 가치의 석유가 생산되었지만, 사람들과 환경이 치른 전체 희생은 끝까지 알려지지 않을 것이다. 오고니 주민들은 자신들이 석유를 제공하고 받은 것이라고는 황폐한 시골, 오염된 시내와 지류 그리고 물고기가 없어진 강들, 한마디로 생태학적 재앙 이외에는 아무것도 없다고 주장한다.

그러나 쉘은 그들이 오고니에서 환경피해를 일으켰다는 것을 부정한다. 쉘의 경영이사 마크 무디-스튜어트(Mark Moody-Stuart)는 "오고니에서 우리가 사용한 토지는 1000km²가 넘는 전체 토지 중 약 7km²밖에 되지 않는다"라고 주장한다. 쉘 나이지리아지사의 1996년 보고서는 석유유출이 증가하고 있다고 인정했지만, '부식에 의한 유출량'은 36% 감소했다고 주장했다.[19] 이 보고서는 또한 1996년에 오고니 지역사회를 포함한 니제르 델타의 지역사회에 사회시설과 복지를 제공하는 데 3600만달러를 지출했다고 주장한다.

1994년 10월, 켄 사로-위와와 MOSOP는 '바른생활상'(Right Livelihood Award)을 수상했다. 사로-위와는 젊은이들에게 오고니 정치인 네명을 살해하도록 교사한 혐의로 당시 나이지리아 감옥에 있었다. 국제앰네스티(Amnesty International)는, 그는 아무 근거 없이 고발당했고, 폭력을 사용하지도, 주장하지도 않았으며, 순전히 오고니의 석유기업들이 야기한 환경피해와 부적절한 보상에 반대하는 캠페인을 벌였기 때문에 구류된 것이라고 밝히며 그를 양심수로 지정했다. 1995년 11월 켄 사로-위와는 나이지리아 당국에 의해 사형당했다.

그 이전에 많은 쉘 주주들이 회사측에 그를 교수형으로부터 구하기 위해서 무엇을 하고 있는지 물었다. 그들은 자기들이 활동하는 나라의 정치에 연루되지 않는 것이 회사의 방침이라고 대답했다. 쉘의 간행물에서는 "켄 사로-위와와 그의 동료 피고들은 형사범죄로 고발되었다. 쉘 같은 상업적인 조직은 자주국가의 법 절차에 간섭할 수 없고 간섭해서도 안된다"라고 했다.[20]

오고니에서 쉘의 경영방식은 특히 켄 사로-위와의 죽음 이후로 많은 주목을 받았다. 쉘은 1995년 '10대 악덕기업'에 선정되었다.[21] 오고니의 환경적 손상에 대한 쉘과 지역주민들의 상충되는 견해는 쉽게 조정될 수 없다. 이는 누구를 믿을 것인지의 문제가 된다. 그곳에 사는 사람들인가, 그곳에서 일한 기업인가? 이 상반되는 입장을 볼 때 회사의 업무집행에 대해 외부의 독립적인 조사가 절실히 필요하다. 그린피스(Greenpeace)는 "쉘이 오고니에서 사업을 운영한 방식은 거대 석유기업들이 적당한 단속 없이 해외에서 운영하는 방식을 고스란히 드러낸다"라고 말한다.[22] 석유산업 전체에서 쉘의 행위는 그다지 예외적인 것으로 보이지 않는다.

오리엔떼    에꽈도르 동쪽 오리엔떼지역은 석유회사들이 토착민들과 가난한 지역사회에 미치는 악영향의 또다른 예이다. 에꽈도르의 아마존이라고 알려진 오리엔떼는 1300만ha의 열대우림에 걸쳐 있다. 이 지역에는 9만5천명의 토착민들이 있으나, 1967년 첫 석유 발견 이후 계속된 석유개발로 25만명의 이주민이 생겨났다. 텍사코(Texaco), 걸프(Gulf), 엘프 아끼뗀 등이 소속된 기업들의 모임에서는 빈약한 시설에도 불구하고 1960년대 후반과 1970년대 초반에 비계획적으로 석유자원을 개발했다. 당연히 커다란 사회적·환경적 문제들이 발생했다.

석유회사들은 지역사람들에게 일자리를 약속했으나, 대개는 어떠한 혜택이나 보장 없이 열악한 환경에서 일하는 단기 비정규 계약직이나 임시직이었다. '오일타운'이 늘어갔고 범죄와 성매매 문제가 생겨났다. 정제소들은 주로 더 가난하고 멀리 떨어진 지역에 세워졌고, 계약이 끝나고 나면 사람들은 빈털터리가 되었다. 그동안 농장일을 소홀히 했기 때문에 수확할 것도 별로 없었다.

오염은 현재 심각한 수준이다. 1991년의 한 보고서에 따르면, 에콰도르의 석유사업은 하루에 430만갤런의 독성폐기물을 방출했다. 뉴욕 소재의 '경제적·사회적 권리 쎈터'(Center for Economic and Social Right)의 이후 보고서는 이 폐기물 때문에 "식수의 독물오염 수준이 미국 연방환경청의 권장 안전기준의 1000배에 달해 잠재적 건강 대참사를 눈앞에 두고 있다"라고 말한다.[23]

폐기원유의 대부분은 석유탐사와 6개월마다 시행되는 유정 청소로 발생되었다. 이 폐기물들은 개방되어 있는, 많은 경우 보호막도 없는 숲속 웅덩이에 버려져 지하수로 흘러들어간다. 폭우가 쏟아져도 그 석유는 강으로 흘러간다. 한 석유회사 고위직은 일상적인 오염의 영향이 한순간의 엄청난 유출보다 더 심각하다고 인정했다.

강에서 목욕을 하고 강물을 마신 사람들은 심각한 두드러기와 복통을 겪었다. 동물들은 폐기물 구덩이의 오염된 물을 마시고 죽었다. 물고기 알은 아주 낮은 정도의 탄화수소에도 죽기 때문에 결국 물고기들도 사라졌고, 사람들은 중요한 식량자원을 잃었다. 그 지역 토착민들의 고통을 연구해온 헬레나 폴(Helena Paul)은 이렇게 말한다. "나는 사람들이 석유기업들의 행위로 공기·토양·물 오염에 고통받고 소음 공해에 시달리며 열악한 환경에서 살아가는 것을 보았다."[24]

세계은행은 이 지역의 사회경제적 상태를 '재앙'이라고 묘사한다.[25] 오염된 호수들은 토착민들이 어떤 도움도 받지 않고 스스로 정화했으나, 오염은 이 부족의 조상들 영역인 숲에도 일어났다. 그들 대부분이 땅과 생계수단을 잃었다. 적어도 한 부족, 테테테스(Tetetes)족은 텍사코의 사업 후에 사라졌으며, 코판(Cofan)지역 인구는 1만5천명에서 3백명으로 줄었다.[26]

석유탐사지역에 들어온 음식들은 서구식이었고 비싸서 많은 사람들이 끼니를 과일·야채·생선에서 더 질이 나쁜 음식으로 바꿔야 했다. 석유착취의 댓가는 그 영향을 심각하게 받은 지역들로는 돌아오지 않았다. '오일타운'의 사람들은 시설이 부족하다고 시위를 하자 이방인들과 인디언들을 한패로 묶어 매도했다.

텍사코는 낡은 시설들과 장기간의 오염만을 남기고 1992년 계약이 끝나 그 지역을 떠났으나, 이후 정화작업을 하도록 강요당했다고 헬레나 폴은 말한다.[27] 그 정화작업이 효과적으로 진행되려면 주의 깊은 감시가 필요할 것이다. 회사는 "우리는 우리가 책임을 다하는 국제적 기준을 가지고 있다"라고 말하며 그들의 사업이 지역을 손상시켰다는 것을 부정한다.[28] 그들은 지금 에꽈도르정부 총세입의 절반 정도가 석유세임을 지적한다. 1993년 11월 뉴욕의 한 법원에 건강과 환경 피해를 주장하는 3만명의 에꽈도르인 원고들이 텍사코를 상대로 15억달러의 법정소송을 냈다.

환경파괴에도 아랑곳하지 않는 정부는 1994년 1월에 석유채취를 위해 파괴해야 하는 우림을 두배로 늘리는 계획을 발표했다. 이는 국내외 시위를 불러일으켰다. 헬레나 폴이 말했다. "일자리와 부를 열망하는 사람들은 현실에서 드러나는 증거들 앞에서 눈을 감고 이런 확장을 환영하지만, 석유채취가 생태계를, 무엇보다도 악영향을 받게 되는 문화와 사회를 손상시키는 것 외에 무엇을 줄 수 있는지 보여주는 증거는 하나도 없다."[29] 국제노동기구(ILO) 보고서는 이런 문제들의 많은 부분이 석유사업이 지역정세와 통합되지 못한 것임을 강조했다. "문제들은 부적절한 물리적·사회적 인프라, 마약, 성매매 그리고 상대적으로 부유한 석유노동자들과 나머지 사람들 간의 갈등 등이다."[30]

석유사업에 대한 관리 부족이 잘못된 개발의 주요요인으로 등장했다. 오리엔떼의 오염된 강들이 점차적으로 뻬루로 흘러가기 때문에 문제는 이제 뻬루로 확장되었다. 1994년 12월 뉴욕에서 텍사코의 전 에꽈도르사업과 연관된 비슷한 피해에 대해 2만5천 뻬루인들이 소송을 낸 사건이 있었다.[31]

초국적 석유기업들이 그들의 권력을 남용하는 것으로 보이는 다른 사례들도 있다. 미얀마에서는 석유회사들이 불법 정권을 직접적으로 지지하고 도로와 시설 건설에 토착민들을 노예처럼 착취해서 이익을 취한다는 이유로 비난을 받아왔다. 민주적으로 선출된 미얀마정부는 망명중에 미국에서, 프랑스 석유회사 또딸(Total)과 미얀마 군부정권과 합작회사인 초국적 석유회사 유노칼(Unocal)에 대해 미얀마에서 석유관을 건설할 당시 저지른 무수한 인권침해를 이유로 법정소송을 제기했다.[32] 이 소송에서 수만명의 사람들이 그 프로젝트를 위해 강제 노역에 이용되었으며 석유관이 통과하는 지역의 마을들이 파괴되었다고 주장했다. 유노칼은 강제노동이 없었다고 주장하지만, 미얀마 군부정권이 그 프로젝트에 대해 초국적기업들과 확실한 경제적 이해를 갖고 협력한 흔적이 보인다. 석유관에서 들어오는 연간소득이 4억달러에 달하기 때문에 미얀마의 다른 어떤 외화소득보다도 크다.

꼴롬비아 까싸나레(Casanare)지역의 풍부한 석유지대는 캘리포니아금광과 맞먹는 20세기 후반판 '와일드 웨스트'(Wild West)로 묘사되곤 한다. 석유기업들은 이 지대를 1970년대 알래스카 이후로 잠재적으로 가장 돈을 많이 벌 수 있는, 군침 돌게 하는 땅으로 간주했다. 그 결과 기업은 20억배럴의 비축분을 손에 넣을 수 있었다. BP, 옥시덴털(Occidental) 그리고 또딸은 수출을 위해 하루 100만배럴을 생산할 수 있을 것으로 예상하고 그 지대를 활발히 개발하고 있었다.

그러나 유럽의회 의원인 리처드 호위트(Richard Howitt)가 꼴롬비아에서의 석유개발권을 나이지리아 오고니 사람들에 대한 쉘의 행위와 비교분석했다. 많은 석유가 있을지는 모르나, 꼴롬비아는 소위 나르꼬-게릴라(narco-guerilla)라고 불리는 우익 게릴라집단과 정부 간의 마약이해를 둘러싼 무장분쟁이 일어나는 곳이다. 석유회사들은 비싼 댓가를 치르며 정부의 보호를 받고 있는 것으로 드러났다. BP가 군대에 (생산되는 석유 1배럴당) 1.25달러의 전쟁세와 3년간 자발적인 협조로 560만달러를 추가 지불한다.[33] 대신 정부의 군대가 회사시설을 게릴라들로부터 보호해준다.

1996년 10월, BP는 꼴롬비아군대에 의한 엄청난 인권침해에 공모하고, 이윤추구를 위해 막대한 환경피해를 일으켰다는 이유로 유럽의회에서 고발당했다. 고위급 인권위원회 보고서는 BP가 파업자들 사진, 비디오정보를 군대에 보냈으며 구타·살인·실종을 야기했다고 주장했다. 보고서는 또한 회사가 삼림보호구역에 막대한 피해를 일으키고, 강을 오염시키고, 지역민들이 그들의 생산품을 시장에 내놓기 위해 사용하는 유일한 다리와 도로를 훼손했다고 주장했다.[34] BP는 처음에는 이 주장들을 부인했으나, 이후 일부 회사직원들이 군대와 공모했다는 주장들을 조사할 것을 꼴롬비아정부에 촉구했다. 옥시덴털과 또딸의 역할도 논쟁의 소지가 많다. 꼴롬비아의 우와(U'wa)족은 옥시덴

털이 조상들의 토지에서 석유탐사를 계속하려고 한다면 집단자살을 하겠다고 위협했다. 또딸도 꼴롬비아군대의 대규모 인권침해를 묵인하고 동참했다고 리차드 호위트는 비난했다.[35]

권력을 쥐고 이윤을 많이 얻는 석유기업들은 전반적으로 우연히 석유 비축지역에 살고 있었던, 석유가 없어진 후에도 오랫동안 그곳에서 살아갈 가족들의 요구에 무감각한 것으로 보인다. 이 지역주민들은 세계에서 가장 가난하고 약한 사람들에 속한다. 그러나 지역사람들이 초국적기업의 이윤에 장애가 되면, 그들은 기업의 장기판에서 잡아먹히고 마는 졸(卒)의 신세가 되는 듯하다.

## 환경을 지키는 두 NGO

초국적기업의 지배력에 저항하는 국제적인 NGO들 중에는 심각하게 생태계를 파괴하는 기업의 개발사업에 제동을 걸며, 산업사회의 기본이념이 반지구적·반여성적·반자유적이라고 주장하는 단체들이 있다. 대표적인 단체로 어스퍼스트(Earth First)와 지구의 친구들(Friends of Earth International)을 들 수 있다.

어스퍼스트(www.earthfirstjournal.org)는 초국적기업의 개발사업으로 파괴되어가는 생태계와 자연을 '보호하는' 데 그치지 않고 '구하는' 활동을 펼친다. 그래서 조직의 체계나 운영에 상관없이 활동방식을 지지하는 개인들의 모임에 의해 유지된다. 예를 들면, 초국적기업에 의해 새로운 댐건설 프로젝트가 추진되어, 지역주민들이 쫓겨날 상황이 발생하면, 댐건설을 막는 것으로 충분하지 않다고 생각하여 현존하는 대형 콘크리트댐들을 허물기도 한다. 어스퍼스트의 행동가들은 이렇게 과감한 행동을 통해 초국적기업을 위협하며 생태계를 지켜가는 시민운동을 펼치고 있다.

어스퍼스트가 행동주의자, 또는 행동으로 초국적기업에 저항하는 조직이라면, 지구의 친구들(www.foei.org)은 체계적인 조직활동을 통해 초국적기업의 환경파괴 행위감시, 유전자조작 식품문제, 화학폐기물에 의한 공기오염 등을 감시하고 이에 저항한다. 1971년 프랑스·스웨덴·영국·미국의 4개 환경단체가 모여 설립했고, 현재는 세계 66개국에 거점을 둔 자발적 조직과 회원들이 핵에너지와 고래잡이 같은 중요 사안에 대해 지역적·국제적 환경운동을 전개하고 있다. 5천여개의 지역조직과 1백만명의 회원, 약 700여명의 상근실무자가 활동하고 있다. 이들은 지금도 정부와 기업으로부터 자금을 받지 않고 회원들의 회비로만 단체를 운영하고 있다.

## 미얀마의 가스전 탐사작업

현재 한국 대우인터내셔널은 한국가스공사와 함께 벌이고 있는 가스전 탐사작업을 부도덕한 미얀마 군사정부와 협력하여 추진하고 있는 것으로 알려졌다. 2004년 6월 28일 국제자유노동조합연맹(IFCTU)은 이를 즉각 중지할 것을 촉구하는 국제성명서를 발표했다. 국제자유노동조합연맹에서 특정기업의 이름을 거론하며 강도깊은 비판과 반대의 입장을 발표한 것은 드문 사례이다. 이 배경에는 그동안 미얀마의 현 군사정부가 유전탐사를 위한 초국적기업들과 지난 몇년 동안 비밀스럽게 추진한 프로젝트들이 끔찍한 인권유린행위를 통해 진행되었기 때문이다. 이번에 한국 기업들이 체결한 탐사작업의 규모는 프랑스 또딸(Total)과 미국 유노칼(Unocal)이 벌여온 탐사작업보다 훨씬 큰 것으로서 프로젝트가 완성되는 2009년부터는 연 1000억달러 이상의 순수익을 가져올 것으로 예상된다. 그러나 이미 대우인터내셔널의 탐사작업이 국제사회에 알려지면서 NGO들은 물론 국제노동조합까지 이 프로젝트가 강제노동을 부추기게 될 것이라며, 군정과 손을 잡고 가난한 사람들의 인권은 유린할 수 있는 탐사작업을 즉각 중단해야 한다고 주장하고 있다.

참고자료
www.icftu.org
www.rwesa.org

## 유노칼, 해외 인권침해에 유죄판결

미얀마에서 가스 파이프라인 공사 도중 발생한 강제노역·강간·살인에 대해 미국의 에너지기업인 유노칼(Unocal)이 책임져야 한다는 판결이 2002년 9월 18일 내려졌다고 인터 프레스 서비스가 보도했다. 미국 제9항소순회법원은 1심을 뒤집고 야다나 파이프라인을 건설하던 중 미얀마 병사들이 저지른 범죄에 대해 유노칼에 법적인 책임이 있다고 판결했다. 유노칼이 다른 기업들과 컨쏘시엄을 만들어 참여한 이 사업은 안다만해로부터 미얀마를 지나 타이까지 가스를 공급하는 파이프라인을 설치하는 것으로 1992년부터 1999년까지 진행됐다. 국제인권기구에 따르면 미얀마 군사정부는 사업이 진행되는 동안 강제로 마을사람들을 이주시키고 이들을 징발해 노역에 종사하게 했으며 살인·고문·강간등의 범죄를 저질렀다. 원고측은 유노칼이 군부를 고용했기 때문에 인권침해에 대해 법적인 책임을 져야 한다고 주장했으나 유노칼은 혐의를 전면 부인해온 상태다. 이번 소송은 1996년에 '지구의 권리'(Earth Rights)와 헌법권리쎈터가 15명의 미얀마 주민을 대신해 제기했다. 연방지방법원 스탠리 로이 판사는 1심에서 원고측은 유노칼이 이 일에 직접 참여했거나 군인들을 통제한 증거를 대야 한다고 밝혔다. 그러나 연방항소법원은 "유노칼은 강간, 살인사건이 일어날 가능성이 있음을 알고 있었기 때문에 실제로 사건이 발생한 데 대해 법적인 책임이 있다"며 사건을 지빙법원으로 돌려보냈다. 원고측 변호인단은 이에 대해 해외에서 활동하는 도중 발생한 인권침해에 대해 기업의 책임을 인정한 획기적인 사건이라고 평가했다. 이번 판결은 현재 진행되고 있는 다른 사건들에도 영향을 미칠 것으로 예상된다. 이번 소송은 외국인들이 국제인권범죄에 대해 미 연방법원에 소송을 제기할 수 있도록 한 '외국인 불법행위 소송 조례'(Alien Tort claims act)를 근거로 이뤄졌다.

여성신문, 2002년 9월 27일자.

제 9 장

관광이라는
거대한 환상

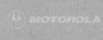

관광산업은 개발도상국에 (석유 다음으로) 두번째로 큰 외화소득원
이며 번창하고 있는 사업영역 중 하나이다. 써비스업에서 지속적으로
흑자를 내는 유일한 주요 국제무역이기도 하다. 유엔무역개발회의
(UNCTAD)에 따르면, 개발도상국들의 관광업 무역수지는 1980년 60
억달러에서 1996년 622억달러로 증가했다.[1] 그러나 관광산업이 특히
외국 관광업체를 유혹할 자연자원을 가진 나라의 정부에 많은 것을 약
속하지만, 그 약속은 환상이다. 국제관광으로 개발도상국들이 버는 것
처럼 보이는 외화의 대부분은 초국적기업의 호텔, 항공사, 관광 오퍼
레이터에 돌아가며, 초국적기업이 이득을 갈취하는 동안 그 산업은 개
발도상국의 환경과 빈민들에게 해를 입힌다.

많은 개발도상국들은 경제를 다각화하고 전통적 수출상품 의존에서
벗어나게 해주며 성장을 약속하는 매력적인 방법으로 관광산업을 인
식하는 경향이 있다. 관광산업은 가격이 낮고 불안정한 커피나 차 같
은 전통적 수출상품이 가진 문제들을 야기하지 않는다. 서구사람들은
일반적으로 소득이 늘어나도 커피나 차 같은 상품의 소비를 늘리지는
않지만, 휴가에는 더 많은 돈을 사용하고, 아프리카·아시아·라틴아메
리카·태평양까지 더 멀리 여행하려고 한다. 관광산업은 또한 서구국

가들이 개발도상국들의 공산품을 막기 위해 적용하는 관세와 할당제의 장벽도 피할 수 있다. 관광산업은 현재 개발도상국들의 상품과 써비스 전체 수출의 10% 이상을 벌게 해준다(해운과, 해외에서 일하는 자국민들도 외화를 벌어들이는 주요한 써비스부문이다).

경제위기의 영향으로 세계 전반의 낮은 성장률이 초래된 까닭에 사람들이 관광에 사용할 돈이 적을 수도 있지만, 지역 경제위기 이후로 화폐가 엄청나게 평가절하된 아시아국가들은 외국 관광객들에게 더욱 매력적인 장소로 부각되었다. 1998년 여름 일본인 해외관광객의 수가 18년 만에 최저수준으로 떨어졌다.[2]

절망적인 경제는 제3세계 관광산업의 성장에 한몫을 했다. 무력감을 증대시키는 외채부담, 악화되는 무역조건, 그리고 감소하는 원조에 직면한 개발도상국들은, 특히 관광업이 외채상환에 도움이 되는 것처럼 보였기 때문에 관광업을 위한 개발에 뛰어들기 시작했다. 관광전문가 베로니카 롱(Veronica H. Long)은 "한 지역의 자연적 속성들을 이용하면 경제적으로 빠른 보상을 받을 수 있기 때문에, 관광산업 개발은 많은 경우 경제적으로 발전되지 않은 지역의 문제에 비교적 빠르고 간단한 해결책으로 보인다"라고 지적한다.[3] 관광산업의 부정적인 측면들도 상당하지만 이는 고려하지도 않고 평가하지도 않는다. 서구 관광객들이 개발도상국에서 휴가를 위해 지불하는 돈은 대부분 항공료와 호텔비이고, 이는 초국적기업들에게 돌아가는 수익이다. 유엔초국적기업쎈터(UN Center on Transnational Corporation)는 "이 산업(관광업)의 주인공은 선진국의 초국적기업들"이라고 말한다.[4] 관광객들이 개발도상국의 해변을 방문할 때, 국가는 보통 관광객들이 지불한 돈의 1/3도 안되는 돈만을 갖게 되고, 그마저도 못 챙기는 경우가 많다. 켄

트대학 관광연구쎈터의 티아 씽클레어(M. Thea Sinclair)는 지적한다. "개발도상국들의 관광업과 관련된 주요 이슈는 목적지와 출발지 국가의 회사들과 개인들 간의 관광소득 분배이다."[5] 국제관광을 통한 개발도상국들의 이득과 비용은 개발도상국과 선진국의 관광산업 회사들 사이에 존재하는 계약관계와 관련이 있다.[6]

관광산업의 ● ●
　　　세 부문　　　세계관광기구(World Tourism Organisation)는 초국적 관광기업을 '하나 혹은 그 이상의 수취국에서 직접투자 혹은 다른 형식의 계약으로 사람들의 이동을 위한 써비스를 제공하는 외국기업'이라고 정의했다.[7] 기업들은 효과적으로 개발도상국 산업의 주요부문을 관리하기를 원하지만, 대부분 자본을 직접투자하는 것은 꺼린다. 많은 기업들이 최소한의 금전적 투자로 권력을 누리는 길을 이미 터득했다. 국제관광의 영향을 연구한 오스트레일리아의 하비 퍼킨스(Harvey Perkins)는 13개의 초국적기업들이 관광산업을 지배한다고 추정한다. 미국 6개사, 프랑스 4개사 그리고 오스트레일리아, 영국, 캐나다 각각 1개사이다. 그는 그들 중 4개가 자국 이외에 있는 자사 호텔의 97~100%를 운영하고, 9개가 50% 이상을 운영한다고 추정한다.[8]

　초국적기업들이 관광산업에 매력을 느끼는 것은 충분히 이해할 만하다. 관광이 세계에서 가장 빠르게 성장하는 산업인만큼, 기업들은 성장하는 시장에 들어가 새로운 기회를 이용하려고 하기 때문이다.

　국제 관광산업 내부를 보면 신흥 초국적 산업군을 새롭게 발견할 수 있다. 가장 중요한 것은 항공사, 호텔·식당체인, 관광 오퍼레이터, 여행

사이다. 그들이 국제관광 거래의 상당부분을 차지한다.[9]

관광산업의 또다른 특징은 서로 이권을 챙기기 위해 그물망처럼 촘촘히 엮여 있다는 사실이다. 대부분의 관광객들이 선진국의 여행사나 관광 오퍼레이터를 통해 표를 산 뒤, 그 나라 국적의 항공사를 이용하고, 초국적 호텔 그룹이 부분적으로 소유하거나 운영하는 호텔에 묵는다. 일부 관광기업들은 수직적 구조를 가지고 있다.

항공사　항공사들이 국제 관광객의 80%를 실어나른다. 그러나 국제관광에서 항공사의 역할은 단순히 탑승객 수입만으로 측정될 수 없다. 많은 주요 항공사들이 호텔·식당체인, 관광 오퍼레이터 회사들, 식품공급업체, 여행사들에 직접투자하거나 계약을 맺는 방법으로 보조적인 관광사업을 운영한다. 일례로 영국항공(British Airways, BA)은 관광 오퍼레이터를 소유하고 있고, 여행보험으로 사업을 확장하고 세계 철도·해상·호텔 업체들과 협력할 것을 계획하고 있다고 알려져 있다.[10] 또한 많은 항공사들이 개발도상국들에 음식·보험·컴퓨터써비스·기술써비스·운송과 같은 업무를 하는 지사들을 가지고 있다.

개발도상국들이 전혀 통제할 수 없는 국제 항공사의 정책변화들은 관광산업을 통해 얻는 수익에 결정적인 영향을 끼칠 수 있다. 예를 들어, 1998년 일본항공(Japan Airlines)과 컨티넨털항공(Continental Airlines)이 피지 국제공항에서 철수하는 바람에 일본·캐나다·미국에서 오는 관광객 수가 크게 줄었다. 개발도상국들에게 관광무역은 큰 모험이 될 수 있다.

〈표 9.1〉 1995년 세계 10대 항공사 (총매출, 단위: 백만달러)

| 1. 아메리칸항공 | 미국 | 16,910 |
|---|---|---|
| 2. 일본항공 | 일본 | 15,026 |
| 3. 유나이티트항공 | 미국 | 14,943 |
| 4. 루프트한자 | 독일 | 13,904 |
| 5. 델타항공 | 미국 | 12,194 |
| 6. 영국항공 | 영국 | 12,143 |
| 7. 전일본공수 | 일본 | 10,031 |
| 8. 노스웨스트항공 | 미국 | 9,085 |
| 9. 에어 프랑스 | 프랑스 | 7,957 |
| 10. US 에어 | 미국 | 7,474 |

출처 : Euromonitor, *World Tourism*, 1997.

관광 오퍼레이터　관광 오퍼레이터들은 관광이나 여행 패키지의 다양한 요소를 통합하여 소비자들에게 상당한 가격절감 효과를 제공하는 도매업자들이다.[11] 그들은 영국과 일본에서는 중요한 역할을 하지만 프랑스와 독일, 미국에서는 국내 여행객의 수요가 더 높기 때문에 상대적으로 덜 중요하게 인식되고 있다. 한 나라의 관광 오퍼레이터는 그 나라 거주자들만 응대하고, 따라서 규모가 작은 편이며 호텔이나 항공사들에 비해 국제적으로 덜 알려져 있다.

　일부 오퍼레이터들은 호텔체인들과 항공사들을 포함하는 초국적기업에 소속되어 있다. 그들은 특히 관광객들이 서구국가들의 항공사를 선호하기 때문에, 보통 이들 항공사를 이용하는 것을 선호한다. 그들은 그들의 관광상품을 때로는 같은 계열사에 속한 여행사를 통해 판매하고 전원적인 개발도상국의 이미지를 보여주는 설득력 있는 광고를 잘 이용하지만, 그 국가가 정말로 어떤지 보여주기 위해서는 거의 혹

| 1. 호스피탤리티 프랜차이즈 씨스템 | 미국 | 5,010 |
| 2. 베스트 웨스턴 인터내셔널 | 미국 | 3,642 |
| 3. 초이스 호텔 인터내셔널 | 미국 | 2,902 |
| 4. 아꼬르 | 프랑스 | 2,379 |
| 5. 홀리데이인 월드와이드 | 미국 | 2,096 |
| 6. 메리어트 인터내셔널 | 미국 | 1,036 |
| 7. 포르테 | 영국 | 926 |
| 8. 프로뮤스 | 미국 | 669 |
| 9. 쏘씨에떼 뒤 루브르 | 프랑스 | 453 |
| 10. ITT (쉐라톤) | 미국 | 312 |

출처 : Euromonitor, *World Tourism*, 1997.

은 아예 아무것도 하지 않는다.

호텔　관광산업을 구성하는 모든 활동 중에서 아마도 호텔이 개발
도상국들에게 가장 큰 영향력을 갖고 있을 것이다. 세계적으로 가장
큰 호텔들의 압도적인 다수가 초국적 자본에 의해서 소유·운영·경영
되거나 초국적기업에 가맹되어 있다. 이런 호텔들은 선진국보다 개발
도상국에서 더 많은 객실 수를 보유하고 있다.[12] 그들은 다른 방식들로
운영된다. 한 유엔 연구서는, 아시아에서 초국적 호텔체인에 가맹된
호텔의 60%가 경영계약으로, 23%가 체인영업권(franchise) 계약으로,
그리고 15%가 주식분배로 연결되어 있다고 밝힌다.[13]

관광산업의 성장으로 아시아처럼 빠르게 성장하는 지역의 호텔들이
초국적 호텔체인들과 비교해 좀더 유리한 조건으로 경영계약을 할 수
있게 되었다. 아시아에서 초국적 체인에 가입된 호텔 객실의 비율은

필리핀 44%에서부터 타이 10.4%까지 이른다. 아프리카의 주요 관광지 중 하나인 케냐에는 초국적 관광자본이 많이 투자되었다. 1988년까지 해안지역 주요 호텔의 대략 78%, 나이로비 67%, 국립공원과 호수 66%에 해외직접투자가 있었다.[14] 세계 최대의 호텔 네트워크들은 미국에 기반을 둔 호텔들이 대부분이다. 제3세계에 기반을 둔 호텔체인 중 유일하게 홍콩의 뉴월드 르네쌍스(New World Renaissance)가 상위 15개에 들어간다. 비교적 소규모인 호텔체인들은 개발도상국들에 기반하고 있다. 이를테면 인도의 오베로이(Oberoi) 호텔체인은 네팔·이집트·싸우디아라비아·인도네시아를 포함하는 제3세계 국가에 9개의 호텔들을 갖고 있다.

하나 혹은 그 이상의 큰 체인을 갖는 호텔은 세계 거의 모든 나라에서 찾아볼 수 있다. 가장 큰 호텔체인인 호스피텔리티 프랜차이즈 씨스템(Hospitality Franchise System)에는 하워드 존슨(Howard Johnson)과 데이즈 인(Days Inn) 호텔 등이 소속되어 있다. 이 회사는 미국과 캐나다에 있는 라마다(Ramada) 호텔체인 영업권도 가지고 있다. 개발도상국에서는 호텔체인들이 꿀단지 주위의 벌떼처럼 들끓는다. 정부가 호텔을 해외투자를 위한 '우선순위지역'으로 발표한 인도에서는 적어도 상위 15위 안에 드는 호텔기업들 중 8개의 호텔기업이 지역 동업자들과 경영계약이나 체인영업권 계약을 맺고 협조하고 있다. 아꼬르(Accord)는 노보텔(Novotel) 브랜드 호텔을 인도에 세우기 위해 오베로이와 합작회사 협상을 맺었다. 이코노미스트 인텔리전스 유닛(Economist Intelligence Unit)의 보고서에 따르면, 데이즈 인은 뭄바이 기반 기업과 8개의 중급시장(mid-market) 호텔을 위한 체인영업권 계약을 맺었다. 홀리데이인 월드와이드(Holiday Inn Worldwide)는

앞으로 10년간 70개의 중급시장 호텔을 세우기 위한 합작회사 협의에 착수했다.[15]

초국적기업들은 주로 해외에 직접 호텔을 소유하거나 직접적인 재정투자를 하는 것은 원치 않는다. 호텔체인은 대부분 호텔을 경영하거나 아니면 단지 브랜드 사용료를 아주 비싸게 매겨서 돈을 번다고 제3세계관광세계연합(Ecumenical Coalition on Third World Tourism) 사무국장 코손 스리상(Koson Srisang)은 말한다.[16] 경영계약을 맺거나 체인영업권을 가진 회사가 개발도상국에 있는 초국적 호텔의 90% 이상을 차지하며 그 산업을 장악하고 있다.

경영계약을 맺은 초국적 관광회사는 지역 동업자가 소유하는 개발도상국 호텔의 운영과 경영을 맡는다. 이는 기업에게 인기가 높은 유망사업이다. 초국적기업은 손해의 위험 없이 호텔의 재정에 대해 큰 통제력을 발휘할 수 있다. 기업들은 점점 더 호텔 자산에 직접투자하지 않고 경영계약을 확보하는 데 노력을 집중하고 있다고 스리상은 말한다.[17]

체인영업권 계약은 지역회사가 상당한 비용(보통 기본사용료에 객실 수에 따라 추가로 지급)을 지불하고 초국적 호텔체인의 이름·상표·써비스를 사용하는 것이다. 그리고 그 호텔은 그 초국적그룹 호텔의 회원이 된다. 지역 호텔이 힐튼(Hilton)이나 홀리데이인(Holiday Inn)의 상호를 사용하는 것이 한 예이다. 만약 심각한 경제침체 등으로 잘못되었을 때, 파산하는 것은 지역회사이다. 초국적기업은 어떤 위험부담도 갖지 않는다.

초국적기업이 항공사, 여행사, 관광 오퍼레이터, 호텔 등 모든 것을 소유하는 수직적 구조를 갖는 경우도 간혹 있다. 예를 들면 인터내셔널 톰슨(International Thomson) 조직은 톰슨 홀리데이(Thomson Holiday), 포틀랜드 홀리데이(Portland Holiday), 스카이투어 오퍼레이터(Skytour Operators), 브리태니아항공(Britannia Airways), 어라이언항공(Orion Airways) 그리고 런폴리(Lunn Poly)여행사를 소유하고 있다. 또한 초국적기업과, 초국적기업의 통제가 적은 합작회사를 선호하는 개발도상국의 동업자가 호텔 소유권을 나누어 갖는 합작회사도 있다.

### 관광산업의 부흥 ● ●

초국적 관광기업들에게 비용을 줄이면서 사업을 부흥시키는 것은 일종의 게임이다. 그들은 성장을 방해하는 방해물을 재빨리 찾아낸다. 일례로 미국 기반의 금융기업인 아메리칸 익스프레스(American Express)는 라틴아메리카에서 관광산업 종사자가 공식적인 훈련을 받지 않는다는 것을 발견하고는, '파트너 오브 아메리카스'(Partners of the Americas)라는 NGO에 훈련코스를 제안했다. 도미니까공화국이 시험지역으로 선정되었고, 그 결과로 관광산업에 부흥이 일어났다. 캐슬린 어지너(Kathleen Agena)는 말한다.

잘 훈련된 관광 종사자는 아메리칸 익스프레스 신용카드와 여행자수표를 사용하는 소비자들에게 개선된 써비스를 제공했고, 도미니까공화국의 관광산업이 붐을 일으키자 아메리칸 익스프레스를 포함한 모든 신용카드와 여행자수표 회사에 간접적인 이득이 발생했다.[18]

초국적 항공사의 비용을 줄이고 이윤을 증대시키기 위한 가장 최근의 노력은 사무실 업무의 대부분을 개발도상국으로 옮기는 계획이었다. 1995년 7월, 스위스항공(Swissair)의 티켓 계산, 컴퓨터 입력절차와 확인업무가 뭄바이의 사무실로 옮겨졌다. 티켓예약은 탑승객의 나라에서 계속되겠지만, 다른 업무는 어느 곳에서나 가능하다며 국제운송노동자연맹의 스튜어트 하워드(Stuart Howard)는 새로운 변화를 지적했다.[19] 루프트한자(Lufthansa, 독일), 영국항공(영국), 아메리칸항공(American Airlines, 미국)도 정보처리 기능의 일부를 저임금국가들로 옮겼고, 루프트한자는 티켓 판매의 일부도 인도와 아일랜드에서 하게 될 것이라고 발표했다.

관광산업에 관련하는 기업들은 계속적으로 새로운 행선지와 기회들을 엿보고 있다. 아시아에 관한 한 보고서는 "타이의 푸켓(Phuket)이나 필리핀의 쎄부(Cebu) 같은 2급 행선지들이 관광산업의 구원자가 되었다"라고 밝힌다.[20] 이 보고서에는 호텔들이 새로운 기회를 이용하기 위해 노동비용이 낮은 내륙지방으로 옮겨가는 새로운 추세도 밝히고 있다.

## 영국 기반 기업 ● ●

영국항공은 영국 국제운송의 80% 이상을 통제한다. 이 회사는 총매출로는 세계에서 여섯번째로 큰 항공사이지만, 비행한 탑승객 마일수로 따지면 제1위 운송업체이다. 1997년에 이 회사는 총매출 83억6천만파운드, 순이익 6억4천만파운드로 영국에서 37번째로 큰 회사였다. 영국항공은 영국 이외의 많은 항공사들과 이해관계를 맺고 있고, 패키지 휴가 자회사인 영국항공 홀리데이스(British Airways Holidays Ltd.)를 소유하고 있다. 1996년 말에, 이 회사는 거대사업체를 만들기 위해 아메리칸항공과 제휴계획을 발표했다. 1998년 7월 유럽위원회에서는 두 항공사들이 일부 노선을 포기하는 조건으로 이 제휴를 승인했다. 이 때문에 두 항공사는 이 계획을 4~5년에 걸쳐 단계적으로 시행하기로 결정했다. 그럼에도 불구하고 1998년 9월, 영국항공과 아메리칸항공은 에어 캐나다(Air Canada), 캐세이 퍼시픽(Cathay Pacific), 콴타스(Qantas) 등과 함께 항공사동맹체를 구성하기로 발표했다(1998년 원월드One World를 설립했다―옮긴이). 유나이티드항공(United Airlines), 루프트한자, 스칸디나비아항공(Scandinavian Airlines System) 등도 거대사업을 만들어내는 동맹체를 계획하고 있다(1997년 스타얼라이언스Star Alliance를 구성하였다―옮긴이). 이런 제휴들은 초국적기업 직원들이 쉽게 여행계획을 짤 수 있게 하고, 그들이 다른 나라에서 더 많은 사업을 할 수 있도록 도우며, 수익을 가장 많이 올려주는 고객인 초국적기업의 앞길을 닦아준다.

관광 오퍼레이터, 전세항공사, 여행사와의 관계에서도 초국적기업의 힘은 지배적 위치를 차지한다. 캐나다 톰슨 기업의 부분인 톰슨 트래블 그룹(Thomson Travel Group)은 항공사, 관광 오퍼레이터, 여행사체인을 포함하며, 1997년 총매출 17억 8천만파운드, 순이익 1억 1240만파운드를 올렸고, 영국에서 영국항공 다음으로 큰 관광회사이다. 이 회사를 에어투어스(Airtours, 1997년 매출 17억 2천만파운드, 순이익 8600만파운드)와 퍼스트 초이스(First Choice, 전 오너스 어브로드Owners Abroad)가 바짝 추격하고 있다. 모두가 자사 내 항공사를 가지고 있다. 각각 브리태니아, 에어투어스 인터내셔널, 에어2000이다. 톰슨 관광 오퍼레이션(Thomson Tour Operations), 에어투어스, 퍼스트 초이스는 영국에서 마련되는 전세기를 이용한 휴가패키지 1천만개 중―

1980년대 후반의 25%에서 증가하여——60% 정도를 판매한다. 이는 2000년에는 80%로 오를 전망이다. 톰슨과 에어투어스는 하이스트리트(High Street)여행사들과 연계되어 있다. 톰슨은 런폴리(750개의 점포를 가진 영국 최대 여행사), 에어투어스는 고잉 플레이스(Going Places)와 연계되어 있다. 500개의 독립 여행사들이 파산하거나 큰 오퍼레이터로 넘어가는 가운데, 이 거대 그룹들은 1992년 이후로 1천개 이상의 새 지점을 열었다. 영국 소재의 초국적 관광기업들은 결국 작은 회사들의 희생으로 기반을 얻고 있는 것이다. 관광산업은 점점 더 많은 것들을 초국적기업들의 손에 쥐어주고 있다.

초국적기업들은 개발도상국을 행선지로 하는 휴가프로그램을 팔아서 큰 이득을 취하고 있다. 그들의 행위는 많은 의문을 제기한다. 그들은 개발도상국의 사람들에게 끼치는 영향을 조금이라도 고려하는가? 그 기업들이 권력을 이용해 자신들에게는 유리하지만 개발도상국들에는 별로 남는 것이 없는 거래를 따내는 것은 아닌가? 관광지에서 일으킬 수 있는 부정적 영향에 대해 인식하고 있는가? 초국적기업들이 개발도상국들에게 돌아갈 수 있는 이득을 위해, 관광산업의 이득분배에 협조할 준비가 되어 있는가?

외화 • •

개발도상국들의 외화순소득은 많은 경우 소득지표가 보여주는 것보다 훨씬 낮다고 유엔 보고서는 밝힌다.[21] 그 차이는 '누출'——관광객이 쓴 돈이 방문한 나라에 남지 않고 외국 소유의 항공사, 관광 오퍼레이터, 호텔로 가는 비율——때문이다. 카리브해에서는 그런 누출이 명목상 외화유입의 30~80%에 달한다. 감비아에서는

77%의 누출이 '전세기 운영비용'으로 간 것으로 추정된다.[22] 1978년 아시아태평양경제사회위원회(Economic and Social Commission for Asia and the Pacific)에서 출간한 연구서는 호텔과 항공사 모두 외국 소유인 경우 누출이 75~78%였고, 외국 항공사와 지역 소유 호텔인 경우는 55~60%였다. 이런 수치는 중요한 의미를 갖는다. 호텔이 지역 소유인 경우 많은 외화가 그 나라에 남는다는 것을 보여준다.[23]

관광객이 지출한 돈이 케냐에 얼마나 남았는지, 외국 관광 오퍼레이터, 여행사, 항공사에 얼마나 누출되었는지, 그 비율을 추정하기 위해서 티아 싱클레어는 케냐로 가는 235개 휴가패키지 브로셔를 조사했다. 톰슨, 에어투어스, 토마스 쿡(Thomas Cook) 등 9개의 관광 오퍼레이터가 해변과 싸파리 여행을 포함하는 다양한 형태의 휴가상품들을 내놓았다. 관광객들이 지불한 가격을 추정하여 케냐의 호텔경영자, 지역교통, 국립공원, 오락시설, 항공사, 외국 관광 오퍼레이터가 받게 될 견적액을 나누었다. 숙식비의 추정은 브로셔에 나온, 관광 오퍼레이터가 추가적인 숙식에 매기는 가격의 표본과, 호텔 경영자들이 얻은 수익의 차이(호텔 경영자들과의 면담을 통해서 얻은)를 계산해서 얻었다. 숙식비의 상당한 비율(30~50%)이 관광 오퍼레이터에게 전달되는 것으로 드러났다. 이 조사는 가장 흔한 14박 해변휴가에서 해외 관광 오퍼레이터에게 간 외화누출이 62~78%임을 발견했다. 싸파리 휴가의 경우에는 더 많은 돈이 지상교통과 오락시설 입장료에 쓰이면서 누출(34~45%)이 적은 편이었다. 따라서 금전적으로는 케냐는 해변휴가상품보다는 싸파리휴가상품에서 훨씬 많은 이익을 보았다.[24]

## 고용 ● ●

　　　　　카리브해의 일부지역 관광산업은 그 지역 노동력의 절반 이상을 고용한다. 여성, 젊은이 등의 사회적 특권이 적은 집단은 잘 고용되지 않음에도 불구하고, 그 산업의 일자리 대부분은 비숙련·저숙련의 저임금 노동자들이다. 국제노동기구(ILO) 보고서는 세계 많은 지역에서 호텔과 식당 고용자들의 임금은 임금스펙트럼의 가장 낮은 부분에 위치한다고 말한다.[25] 우루과이에서 1987년 웨이터의 평균시급은 171뻬쏘로 계산기기 오퍼레이터의 573뻬쏘와 비교된다. 노동시간도 다른 경제부문보다 긴 것으로 드러났다. 방글라데시에서는 호텔·음식부문의 주당 노동시간이 56시간인 데 반해 은행, 건설, 인쇄 등의 다른 부문에서는 45시간이다. 대부분의 나라에서 호텔 노동자들의 노동시간이 보통은 48시간(주6일 근무가 보통)을 넘지 않으나, 타이에서는 54시간이라고 ILO 보고서는 전한다.[26] 호텔의 업무량은 불규칙한 경향이 있다. 그 보고서는 "항상 정중하고 친절한 써비스를 제공해야 하는 육체적·정신적 피로와 합쳐져 (호텔과 식당) 업무량이 극단적으로 불규칙"하다고 말한다. 대부분의 국가에서 노동시간과 다른 노동조건들을 통제하는 법이 있지만, 개발도상국에서는 그 기준들이 항상 지켜지는 것은 아니어서 노동조합이 취약하다.

　　초국적 관광기업들은, 그 국가의 기술향상(이를테면, 호텔의 경우에는 컴퓨터기술)에 이바지할 수 있다. 또한 관광부문에 연관되는 지역산업과 여성들이 일자리를 찾는 비공식 부문에 고용이 창출되는 파급효과가 있을 수도 있다. 관광객 상대의 세탁, 소규모 상점, 요리, 공식적으로 관광산업에 고용된 여성들의 아이 보기, 혹은 "해변에서 마싸지나 성적 써비스 같은 다른 써비스 제공 등"의 잡다한 것이 있다고 앤 배저(Anne Badger)는 말한다.[27] 성매매를 제외하면 초국적기업의 호텔에 직접 고용이 되건 간접적으로 계약을 하건 스스로 돈을 버는 여성들은 가족과 지역사회 내에서 자신의 위치를 높일 수 있다. 그러나 가사노동도 예전처럼 해야 하기 때문에 노동시간이 상당히 길어질 수 있다. 관광산업은 여성의 지위를 높일 수도, 낮출 수도 있는 가능성을 모두 가지고 있다.[28]

호텔이 들어서면 새로운 일자리가 만들어질 수 있지만, 고용의 심각한 저하도 일어날 수 있다. 관광개발로 지역사람들은 그들이 평생 해오던 일을 그만둘 수 있다. 어촌마을은 보통 관광산업으로 인한 가장 큰 피해지역으로 여겨진다. 개발도상국들에서 대부분 호텔은 해변 가까이에 지어진다. 지역어민들이 해변에 기반해서 생계를 유지해왔다고 해도, 새로운 관광복합단지에 관해 그들과 협의하지도 않으며 아무런 보상도 없이 쫓아낸다. 필리핀의 한 지역에서는 지역어민들이 새 호텔단지의 25마일 이내에서 고기잡이하는 것을 금지당했다.

또한 새 관광단지에 일자리가 생기긴 하지만, 그것들이 반드시 지역사람들에게 돌아가는 것은 아니다. 1988년 멕시코 태평양 해안의 싼따끄루스(Santa Cruz)에 쉐라톤(Sheraton)호텔이 개장했을 때, 프론트데스크를 담당하는 노동자의 자격은 100% 영어 구사, 청소원은 80% 구사였다. 싼따끄루스 지역민의 절대다수가 자격미달이었다.[29] 결국 고용혜택은 외부인에게 주어졌다. 멕시코의 다른 지역에서 온 훈련된 노동자들이 곧 노동시장을 점유했다.

관광산업으로 창출되는 또다른 문제점은 새로운 직업 종사자들이 늘어나고 있는 것이다. 식당과 술집에서 부유한 선진국 사람들의 시중을 들고, 그들의 방을 치우고, 그들의 비위를 맞추는 것은 사람들의 품위와 자존을 향상시키는 데 어떤 도움도 주지 않는다.

한 나라의 고용상황에 광범위하게 미치는 영향 또한 의심스럽다. 어떤 경우에는 관광지에서 일자리도 별로 생기지 않고 경제도 거의 발전하지 않는다. 케냐에서는 관광산업의 새 일자리가 실업문제를 전혀 해결하지 못했으나, 일자리 없는 사람들은 더 많이 관광중심지로 이주했다.[30]

이것이 과연 ● ●
　　　발전인가　　유엔초국적기업쎈터의 보고서는 말한다.

　초국적 관광기업들은 지역경제와 많은 연계를 갖고 있다. 연계의 일부는 지역사회 구조에 ── 부정적·긍정적 모두 ── 중요한 영향을 끼친다. 초국적 관광기업 사업행위의 일부는 그 나라에 부가적인 희생을 가져올 수도 있다.[31]

대부분의 개발도상국에서 관광산업이 개발에 긍정적인 도움을 주었다는 증거는 거의 없다. 관광산업은 다른 경제부문을 자극할 가능성은 있지만, 실제로는 보통 다른 부문과의 충분히 긍정적인 연관을 발전시키지 못하고, 전체적으로 나라 발전에 이득을 주지도 않는다. 이득을 주는 파급효과는 거의 없이 비용만 많이 든다. 경제도 관광객들의 필요에 맞게 조정되어야 한다. 토지·해변·물 등이 인프라·호텔·복합단지를 위해 확보되어야 한다. 대개 새로운 도로들이 필요할 것이고, 써비스도 공급해야 한다. 인프라를 구축하는 비용이 그 국가의 예산에서 나오게 되면 정부가 지출해야 하는 다른 항목들은 미루어져야 한다. 발전은 거의 진행되지 않는다.

관광산업은 개발도상국 밖에서 물품을 구입하는 경향이 있다. 태평양지역 관광산업의 영향을 연구한 세계교회협의회(World Council of Churches)의 로린 테비(Lorine Tevi)는 태평양 섬에 있는 호텔이 가구는 스웨덴에서, 사무실 기기는 미국에서, 조명기기는 네덜란드에서, 트럭은 독일에서, 커튼은 프랑스에서, 식료품은 오스트레일리아에서 구입하는 것이 보기 드문 일은 아니라고 말한다.[32]

관광산업의 성장은 피지·통가·바누아투·서사모아 같은 일부 태평양 도서국가에서 새로운 건설 붐을 일으켰다. 호주·일본·미국·뉴질랜드·동남아 자본이 새 호텔과 편의시설 건설에 깊이 관련되었다. 이 새로운 붐은 서구 기반의 건설·호텔 기업들에 주로 이득이 된 것으로 보인다.

호텔들이 식품을 그 지역에서 구입한다면, 식량생산과 농민의 수입이 늘어날 수도 있다. 그러나 이런 경우는 쉽게 볼 수 없다. 감비아의 한 호텔 경영자는 호텔 손님들에게 제공되는 모든 식품을 사실상 수입하고 있음을 시인했다.[33] 초국적 관광기업들은 식품의 원산지에 대해 매우 까다롭기 때문이다.

지역 동업자들은 의무적으로 특정업체나 호텔체인의 본사에서 특정상품을 공급받아야 하는 경우도 있다. 예를 들면, 맥도날드(McDonald)는 프렌치프라이에 특정 종류의 감자만을 사용할 것을 강요한다. 만약 수요가 증가하면 감자는 수입되어야 한다.[34]

제3세계 관광지에 사는 사람들은 보통 그들에게 심각하게 영향을 미치는 산업에 대해 거의 혹은 전혀 힘을 쓸 수 없다. 그들은 집과 땅, 전통적 생계수단을 잃기도 한다. 부유한 관광객의 시중을 들지 않으면 살아남을 수 없게 된다. 호텔 근처에 사는 여성들이 주로 가장 큰 부담을 진다. 인도의 고아(Goa)휴양지에서는 엄청난 양의 물이 휴양지(호화호텔)로 옮겨졌다. 이 때문에 지하수면이 낮아지고 우물이 말랐다고 고아 여성공동체의 알베르티나 알메이다(Albertina Almeida)는 지적한다. "호텔 경영인들이, 돌이킬 수 없는 염수침해를 일으킨다는 사실을 무시하고 만조선 500m 안에서 물을 퍼가는 것으로 알려졌으며, 이로써 여성들은 더 많은 일을 해야 하고, 건강도 나빠졌다."[35] 여성들이 일상적으로 하는 일의 일부, 예를 들면 물긷기가 관광산업이 들어서면서 더욱 힘들어진 것이다. 관광호텔의 물 수요가 늘어나면 마을의 우물과 수도가 마르거나 오염되거나 염수로 변할 수 있다. 지역농민들은 물을 사용하지 못하게 되기도 하고, 식량생산을 감소시키기도 한다. 따라서 관광산업은 지역사람들을 위한 지역 식량공급에 영향을 미친다.

## 문화 ● ●

관광객들은 많은 경우 문화를 경험하기 위해서, 가능하다면 문화유산과 유적지까지 경험하기 위해서 개발도상국을 방문한다. 그러나 관광객이 있음으로써, 그리고 그들을 위해 구축된 인프라 때문에 정작 관광객들을 끌어들이는 요소가 파괴된다. 성스러운 지역을 관광명소로 바꾸는 것은 관광객들이 경험하고자 찾아온 그 신성함을 감소시키는 것이다. 그러나 비판을 일으킨 것은 관광산업 전반의 문화적 영향이다. 하와이의 마노아대학 아메리카연구전공 교수 하우

나니-케이 트래스크(Haunani-Kay Trask)는 "관광산업은 문화적 매춘이다. 이는 우리에 대한 폭력이다"라고 말한다.[36] 하와이의 문화는 정확히 관광산업 때문에 고통을 받았다. 약 100만명의 인구를 가진 하와이는 매년 700만명 가량의 관광객을 끌어들이는데 그 영향은 엄청나다. 제3세계관광세계연합은 1993년 회의 후 발표한 성명서에서 "현재 형식의 관광은 하와이원주민들의 생명과 안정, 정신건강에 해롭다. 만약 점검되고 변화하지 않는다면, 이는 치명적인 폐해를 끼칠 것"이라고 말한다. 또한 관광산업이 하와이원주민들의 가난을 영속시킨다고 전한다.

대규모 호텔개발은 물 공급에 극심한 부담을 주었다. 모래톱과 고기잡이 기반이 호텔 하수와 골프코스 관개로 파괴되었다. "관광이 하와이원주민들과 토지·문화·전통·생활방식 간의 관계를 끊고 있다"라고 지역 목사 레브드 칼레오 패터슨(Revd Kaleo Patterson)은 경고한다. 인류학자 로버트 피크(Robert Peake)는 케냐 해안의 인기있는 휴양지 말린디(Malindi) 근처에 사는 사람들에게 관광이 미치는 영향에 대한 글을 쓰면서 "여가의 서구개념에서 관광이란 사회의 타당하고 유익한 모든 것의 반대를 상징한다. 관광은 전통적 스와힐리사회의 기본을 형성하는 사회관계를 위협한다"라고 말한다.[37]

관광산업이 사람들과 문화에 끼친 최악의 결과는 그것이 많은 행선지에서 성매매를 크게 증가시켰다는 점이다. 이는 특히 타이나 필리핀 같은 나라에서 확연히 드러나고 있다. 필리핀의 일본 관광객 3명 중 2명은 섹스가 딸린 패키지관광을 온 남성이다. 개발도상국들에서 약 100만명의 어린이가 대부분 관광객을 상대로 하는 아동성매매의 노예로 묶여 있다. 크리스천 에이드 보고서는 타이에서는 약 20만명, 필리핀에서는 약 6만명의 어린이가 성매매에 종사한다고 추정한다. 20만 네팔 소녀들이 인도 매음굴에 노예로 팔려갔다. 스리랑카에는 약 2500명의 소위 '해변소년'이라 불리는 성매매소년이 남성 관광객들에게서 생계비를 번다.[38] 이 어린이들은 국제관광의 가장 비극적인 피해자이다. 일본뿐 아니라 유럽의 초국적 자본 관광 오퍼레이터들도 이런 사업에 관계가 있다.

## 환경피해 ● ●

관광객의 수가 증가하면서 환경피해도 증가한다. 일부 국가에서는 환경의 파괴가 심각한 수준에 달했다. 멕시코의 호텔체인은 관광객을 위한 새 단지를 조성하기 위해서 숲의 일부를 태워버렸다. 그 나라의 아까뿔꼬(Acapulco) 휴양지에서의 무계획적인 관광개발은 만을 오염시키고 투기를 목적으로 한 불법 점거자들을 양산했다. 동아프리카의 몇몇 동물보호구역은 관광객들의 차량 때문에 모래구덩이로 변해버렸다. 인도네시아의 관광기획부 수석은 발리섬의 전통적 삶이 관광산업에 따른 환경피해로 위협받고 있다고 경고했다. 카슈미르(Kashmir)의 라다크(Ladakh)에서는 호텔들이 우후죽순으로 생겨나 락(Lak)마을의 연약한 생태에 과부하를 주었다. 고아에서는 바닷가에 늘어선 많은 호텔에서 버린 하수오물이 바다를 오염시키고 해양생명에 피해를 주었다. ITT 쉐라톤호텔 그룹은 보존계획에 기부하고 있지만, 보고서는 쿡제도(Cook Islands)에서 지역사람들에게는 신성한 영토로 여겨지는 곳에 지은 객실 204개의 별 다섯개짜리 호텔이 환경파괴로 100만달러가 넘는 계산서를 남겼다고 말했다.[39] 환경을 보존하기 위한 조치들이 행해지지 않는다면, 자연보호지역의 오염과 손상으로 관광객의 유입이 점차 감소할 것이라고 아시아태평양에 관한 유엔 보고서는 적고 있다. 한편 보존조치들은 관광객의 증가를 제한할 것이다.[40] 그러나 관광산업이 심각한 환경피해를 가져오고 있는 개발도상국들의 입장에서는 관광객 증가를 제한하는 조치들이 오히려 환영받을 것이다.

부분적으로는 관광객들을 위해서 건설되는 골프코스도 물 공급, 그리고 또한 토지와 숲에 심각한 부담을 주는데, 이런 현상은 아시아 개발도상국들에서 급속하게 확장되고 있다. 1980년대 초반까지만 해도 일본을 제외한 지역에는 골프코스가 거의 없었다. 현재는 타이에 약 160개, 말레이시아에 155개, 인도네시아에 90개, 필리핀에 80개가 있으며 계획된 것도 많다. 이 문제에 관심을 촉구하기 위해서 (말레이시아를 기반으로) 골프반대운동을 시작한 '아시아태평양 민중들의 환경 네트워크'(Asia Pacific Peoples' Environment Network)의 치 욕 링 (Chee Yoke Ling)이 지적한 것이다. 이들 코스 중 일부는 일본 원조금을 지원받았다.

세계 최대의 골프코스 운영사는 미국 초국적기업인 아메리칸 골프사(American Golf Corporation)이다. 기본 18홀의 골프코스는 하루에 6500m³의 물을 사용한다. 마을사람들 6만명의 수요를 충족시킬 수 있는 양이다. 열대지역에 골프코스를 지으면 숲이 없어지고, 연안지역이 불도저로 파헤쳐지고, 산 정상이 깎여나가고, 늪이 마를 수 있다.[41] 코스를 관리하려면 보통 비료와 살균제 같은, 물을 오염시키고 건강문제를 일으키는 화학약품을 많이 필요로 한다. 관광산업 전반과 마찬가지로 골프코스도 가끔은 식량재배에 쓰이던 땅을 사용함으로써 지역 식량공급에 영향을 끼칠 수 있다. 1998년 5월, 필리핀 농민들이 토지 사용방식에 대한 시위로 마닐라의 골프코스에 모를 심었다.

## 생태관광 ● ●

초국적기업들은 '생태관광'이라는 유행에도 재빠르게 편승했다. 생태관광이 국제관광에서 가장 급성장하는 부문이지만, 생태관광이라는 꼬리표는 거의 혹은 아무것도 의미하지 않을 수도 있다. 꼬스따리까와 타이 같은 나라에서 NGO들은 조심성없는 개발자들과 정치인들이 생태관광이라는 이름으로 거대한 휴양지를 짓고 있다고 주장한다. 꼬스따리까는 세계 최고의 생태관광지 중 하나가 되었다. 그러나 여기저기서 비판과 의문이 제기된다. "과연 지역사람들이 그 개발에 조금이라도 발언권을 갖고 있는가?"

1991년, 세계여행관광위원회(World Travel and Tourism Council)에 속하는 관광기업들이 세계 여행과 관광을 위한 효과적인 환경정책·목표·프로그램을 감시·평가·공유하기 위해 '세계여행관광환경연구쎈터'(World Travel and Tourism Environmental Research Centre, WTTERC)를 세웠다. 그때까지 관광산업은 환경적 영향을 고려하기 위해 별로 한 것이 없었다. 그러나 "매년 수천 수백만의 사람들을 옮기고 재우고 먹이는 것은 당연히 환경적 영향을 미친다"라고 관계자는 말한다.[42] 이 쎈터는 관광산업이 세계적으로 환경개선을 달성할 수 있는 큰 잠재력을 지니고 있다고 지적한다. 그러나 1992년 그 잠재성을 실현하기 위해서 거의 아무것도 하지 않았다는 것이 명백하게 드러났다.[43] 그 쎈터에서 1994년 비평의 주제로 다룬 '중요한 환경문제'는 지구온난화·오존층·산성비·수자원·자연자원이었다. 관광산업이 사람들에게 미치는 영향은 빠져 있다. 수자원에 관한 부분도 관광객들의 물 사용이 지역 물 공급에 미치는 영향에 대해서는 어떤 논의도 들어 있지 않았다.

몇가지의 규제는 따른다. 즉 초국적 관광기업이 최소한 사업의 환경적 영향에 대해서 고려해볼 것을 장려한다. 1994년 7월, 세계여행관광위원회는 '녹색지구'(Green Globe)라는 프로그램을 만들었다.

이것은 기업이 자신의 환경적 행위를 개선하고 고객들에게 이러한 개선을 알리기 위한 프로그램이다. 확실한 사실은 회사가 환경적 행위를 관리하는 프로그램을 개발하지 않으면, 점점 비용이 많이 들고 복잡한 규제와 마주치게 된다는 것이다.[44]

지속가능한 발전에 기여할 수 있는 소규모 참여관광이 제대로 자리를 잡았다. 쎄네갈과 스리랑카에서는 관광객들이 호텔이 아니라 지역주민들과 함께 머무는 대안적인 관광이 가능하다. 지역사람들의 참여가 핵심요소이다. 짐바브웨에서는 캠프파이어(CAMPFIRE, Communal Areas Management Programme, 공동 지역관리 프로그램)라는 프로젝트가 1989년에 시작되었으며, 지금은 12개 전원지역 사람들이 자신의 토지를 관리한다. 짐바브웨 사람들은 관광 벤처사업을 경영하려는 싸파리 오퍼레이터들의 입찰 견적서를 검토하는 데 참여하고 마을 안에 관광객들의 숙소를 짓는 것을 돕는다.

관광사업에 영향을 미치는 주요 국제협약은 GATT 우루과이라운드 이후에 모로코에서 1994년 4월에 서명된 '써비스무역에 관한 일반협정'(GATS, General Agreement on Trade in Services)이다. GATS는 관광산업을 포함한 국제 써비스무역의 장벽을 점차적으로 제거하기 위한 법적·실무적 뼈대를 세운다. 무역제한은 현재 많은 면에서 기업들에게 영향을 끼친다. 외국으로 직원 배치, 상표 사용, 해외지사 설립·운영, 본국으로 이윤 회수 등에 그렇다. GATS가 완전히 적용되면 이러한 제한들은 한꺼번에 사라질 것이다. 호텔 부문에서 GATS는 체인점 영업, 경영계약, 허가를 용이하게 할 것이다. 초국적기업은 지역회사와 같은 이득을 누릴 수 있게 될 것이며, 제한없이 국제적으로 지불과 송금을 할 수 있게 될 것이다. 관광산업의 수입은 늘어나겠지만, GATS는 초국적 관광기업들의 행위를 조정하기 위한 현지 정부의 통치권을 제한할 것이다. 결국 GATS는 정부의 희생을 발판으로 기업의 권력을 증대시킨다.

## 규제 ● ●

　　　　만약 정부들이 지속가능한 개발을 정책 전반의 중심으로 만들려고 노력한다면, 관광산업정책을 재고하여 초국적 관광기업들의 활동을 규제하기 위한 준비를 해야 한다. 기업들의 투자기간에는 한계가 있다. 그들의 관심사는 짧은 시간에 이윤을 남기는 것이다. WTTERC는 초국적기업이 한 국가의 장기적으로 지속가능한 개발에 기여하기 위해 자신들의 관행을 바꾸도록 하는 일에 별다른 성과를 내지 못했다. 지속가능성은 초국적기업들이 지역환경과 사람들을 보호하기로 합의해야만 실현될 수 있다.

　개발도상국의 정부들은 관광객들을 끌어오기 위해 서로 경쟁하고 있다. 그러나 이것은 정부가 기업을 규제하지 않는 한 쓸모없는 거래에 불과하고, 많은 사람들의 삶에 악영향을 끼칠 수 있다. "정부는 관광산업이 스스로를 규제하지 않을 것이라는 것을 인정해야만 한다. 필요한

방식으로 그 산업을 규제하는 것은 정부에게 달렸다"라고 영국 NGO
'투어리즘 컨썬'(Tourism Concern)의 트리샤 바넷(Tricia Barnett)은
말한다.[45] 정부는 해외 관광업자들을 공정하게 규제하며 지역사람들,
문화·환경을 해치지 않는 방법으로, 그들의 관광산업이 지속가능한
방식으로 운영되도록 할 필요가 있다. 민주적 투표제도가 있는 국가에
서는 지역사람들에 대한 관광의 부정적인 영향은 투표소에서 저지할
수 있다. 관광산업에 대한 통제력을 갖기 위해서 정부는 다음의 내용
을 적극적으로 실현해야 한다.

1. 관광프로젝트 설계단계에서 지역사람들과——남성뿐 아니라 여
   성들과도——협의하라. 멕시코의 한 관광단지의 경우, 휴양지 설
   계와 사회적 영향완화 계획이 관광산업 전문가들에 의해 실제 휴
   양지 현장에서 멀리 떨어진 곳에서 이루어졌다. 그래서 사회경제
   적 지위가 낮은 토착지역 공동체에 엄청난 부담이 되었다.[46] 그러
   한 협의의 부재는 기본적으로 지역사람들에게 부당하며, 관광개
   발에 그다지 기여하지 못한다.
2. 국가에 입안된 법을 검토하라. 그리고 모든 관광 개발계획을 위
   한 독립적인 평가를 실시하라.
3. 계획된 모든 프로젝트에 인간적·환경적 기준의 평가를 하라. 가
   능한 한 가장 넓은 시야에서 비용과 이득을 고려하라.
4. 호텔 건설에 지역의 건축가, 기술자, 프로젝트 관리자 그리고 기
   술직원들을 고용하라. 호텔 건설자재도 지역에서 수급할 수 있
   다. 이는 하청계약산업들의 개발을 촉진할 것이고 경제의 연계를
   확고히할 것이다.

5. 가능한 한 모든 면에서 토착적인 관광시설 개발을 장려하라.

6. 경제의 다른 부문에 손해를 주면서까지 관광산업에 투자하지 말라.

7. 서구국가들의 정책을 이용하고, 외국 관광객의 수를 제한하여 '할당'을 부과하라. 객실 세금이나 높은 공항세 등의 '관세'를 부과하라.

8. 물 보존을 장려하기 위해 호텔에 물 사용료를 청구하라.

9. 초국적 관광기업들에 대한 통제력을 효과적으로 구사하기 위해서 지역의 다른 국가들과 협력하라.

10. 서구 국가들에 그들의 국민이 ─ 예를 들면 섹스관광으로 ─ 관광지의 어린이들을 착취하는 것을 형사범죄로 만드는 법안을 통과시키도록 촉구하라.

일부 정부들은 최고급 호텔을 짓는 계획을 다시 생각하고, 초국적기업 주도의 관광보다는 토착 관광시설을 장려하려는 의지를 보이고 있다. 감비아는 투어리즘 컨썬에 유엔개발계획의 원조로 개발된 관광산업 계획을 다시 작성해줄 것을 요청했다. 그 계획의 약점이 ─ 특히 단체관광을 강조한─ 확실히 드러났다. 1995년 대안적 관광에 관한 쎄미나가 DEEGOO(협동과 이해라는 뜻)라는 이름의 벤처기업을 탄생시켰다. 투어리즘 컨썬, 볼런터리 써비스 오버씨즈(Voluntary Service Overseas), 아프리카 문화유산(Afrikan Heritage)이라는 NGO, 그리고 소규모 사업가들이 이 벤처기업에 참여하여 지역사람들이 직접 경영하는 작은 호텔들을 시장에 내놓으려고 노력하고 있다.[47] 이는 초국적기업의 폐해로부터 벗어날 수 있는 중요한 대안이다. 올바른 관광은 기업들이 아니라 지역사람들을 위한 이윤을 창출할 수 있다.

세계관광기구(World Tourism Organisation)는 자체 보고서를 통해 2000년에 7억2백만명이 해외관광을 하였고, 2010년이 되면 10억의 인구가 국제관광을 다닐 것이라고 예측하고 있다. 가히 폭발적으로 늘어나는 관광객의 수는 관광지의 문화, 주민생활, 경제와 환경에 심각한 문제가 발생할 수 있다는 경고이기도 하다.

2004년 1월 22~23일 인도 뭄바이에서 세계사회포럼이 열리던 기간, 임시 천막으로 세워진 주제별 부스 한곳에서는 제3세계의 생명과 환경을 지키는 에코투어 네트워크(Ecotour Network)가 주관한 워크숍이 진행되었다. 참가자들은 초국적 자본의 그물망 아래 해외여행이 증가하는 현상, 특히 제3세계지역으로 떠나는 여행자들이 증가하는 현상, 관광이 가난한 나라에 미치는 폐해, 일반적인 관광의 대안으로서 생태적 대안여행, 초국적 관광기업에 대한 감시활동과 네트워크 구축에 관해 토론을 벌였다.

에코투어 네트워크는 국제관광객이 제3세계로 유입하는 현상에 대하여 가난한 사람들이 직면하게 된 변화에 대해 자신들 스스로 우려하는 바를 밝힐 수 있는 기회를 제공한다. 잠시 머물면서 즐기는 향락사업으로 타락하고 있는 관광산업이 반인간적인 행위라는 사실을 고발하며, 제3세계 고산지역이나 해안에서 살아온 원주민들이 관광산업의 써비스 제공자로 전락하여 값싼 임노동자로 대우받는 현실에 대해 밝힌다. 또한 점차 늘고 있는 골프장을 규제하고 감시하기도 한다. 가장 궁극적인 활동의 목표는 지금의 자본중심적인 관광산업을 지속가능한 보존과 개발을 위한 생태지향적인 여행으로 바꾸는 것이다.

성매매산업의 증가는 섹스관광과 밀접히 연관된다. 캄보디아 시내 한 빌딩 안에서는 10살짜리 어린이가 유럽에서 온 남자들을 위한 성매매산업의 노동자가 되어 살아간다. 자신의 건강을 제대로 보호할 수 없는 조건에서 일하는 여성들과 심지어는 10살도 되지 않은 여자어린이가 섹스관광에 강제적으로 이용되다가 에이즈로 죽어나가기까지 하고 심지어는 살해되기까지 한다.

빈곤 때문에 자기 몸에 대한 권리를 상실한 채 살아가는 어린이들의 성학대 문제는 어제오늘의 일이 아니다. 동남아시아를 대상으로 한 유럽인들의 섹스관광이 늘어나는 현실을 규제하기 위한 논의가 1996년 덴마크 코펜하겐에서 열렸던 것도 이미 섹스관광의 정도가 심각한 수위를 넘어섰기 때문이었다. '상업적 목적을 위한 아동의 성적 착취에 반대하는 국제회의'를 조직한 '아시아 관광에서 아동성매매 근절을 위한 국제모임'(End Child Prostitution in Asian Tourism, ECPAT)은 섹스관광을 근절시킬 수단으로 유럽 내에서 법안을 만들 것을 촉구했고, 더 나아가 동남아시아 대상국가들과 국제적 형사공조 방안을 마련하기 위해 유럽 각국 정부에 협조요청 의견서를 제출했다.

그러나 여전히 섹스관광은 규제되지 않은 채 늘어나고 있다. 프랑스에서 방콕으로 날아오는 비행기에서 잠시 섹스관광에 의한 에이즈 발생을 경고하는 비디오가 상영되기도 하지만 여전히 현실은 형식적으로 몇건의 사례들을 처벌하는 수준에 머물고 있다. 최근에는 일본과 한국 관광객의 수도 급격히 늘어나고 있어서 문제가 더욱 커지고 있다. 유니쎄프는 자체 보고서를 통해 전세계 200만명의 어린이들이 성매매에 종사하고 있고, 이중 40만명이 타이 어린이들이며 매년 타이를 찾는 1900만명의 관광객 중 70%가 섹스관광 목적의 남성 관광객들이라며 유럽 각국에서 섹스관광의 문제점에 대해 미디어 등이 적극적으로 나설 것을 촉구했다.

문제는 정부가 규제를 위한 법을 제정해도 아시아 곳곳에 초국적 자본에 의해 유흥가가 세워지고, 뒤를 이어 호텔과 나이트클럽, 마싸지홀 등이 줄줄이 들어서면 그곳은 어느새 환락가를 찾는 새로운 관광객들로 붐비는 것이다. 관광산업의 폐해를 조사해온 NGO들은, 많은 여성들이 외부 관광객들을 상대로 성매매를 하다 에이즈에 감염된다는 조사에 근거하여 더이상 피해자들이 늘지 않도록 예방교육에 집중하고 국제적 캠페인을 벌이고 있다. 설령 에이즈에 감염되었다 해도 피해자들의 인권을 정부가 그대로 방치하지 않도록 각종의 로비를 펼쳐간다. 더 나아가 에이즈 확산을 예방하기 위한 국가의 정책이 일시적 캠페인이 아니라 지속적이고, 투명하고 민주적인 방식을 통해 집행될 수 있는 방편을 취하도록 권고한다.

## 여행자들을 위한 윤리강령

2004년 뭄바이 세계사회포럼에서 초국적 관광산업의 폐해와 문제점을 알리는 회의를 주도적으로 이끈 제3세계 NGO들은 2005년 브라질에서 열릴 세계사회포럼을 준비하는 몇가지 의제를 각국 시민사회에 제안했다. 이 제안문은 '인권을 생각하는 여행자들을 위한 윤리강령'로 불린다.

물론 단체들은 초국적기업의 체인화되어 있는 관광산업을 감시하는 역할을 소홀히하지 않을 것이다. 그러나 여행이 시민문화의 반영이라는 점에서 참가자들은 현지 문화를 말살하고 향락화의 길로 치닫는 여행문화를 바꾸기 위해 반세계화와 인권의 지향을 담은 아래의 내용을 발표했다.

첫째, 시민사회는 자국에서 여행자들이 될 수 있는 시민들 대상으로 여행의 목적이 인간의 영혼을 파괴하지 않고 정신의 조화를 이룰 수 있도록 하는 시민문화교육을 권장할 것.

둘째, 나의 여행이 다른 사람들에게 공격적인 행위, 즉 문화를 파괴하거나 다른 사람들의 일상의 습관을 무시하는 행위가 되지 않는지 자신의 행위에 대해 고찰할 것.

셋째, 가이드를 통해 쉽게 듣고 보지 말고 관찰하고 깊은 마음으로 생각해 볼 것.

넷째, 단지 여행이 집을 떠나고 싶은 충동의 연장이라면, 그것은 불필요한 낭비라는 것을 인식할 것.

다섯째, 쇼핑을 할 때는 구입하는 상품이 헐값의 임금을 받는 노동자들이 만든 것이라는 사실을 명심할 것.

여섯째, 환상적인 해변을 찾기 전에 다른 눈으로 현지인들이 살아온 삶과 문화를 알아보려는 마음을 가질 것.

일곱째, 여행자들에 의해 직접적인 피해자가 될 수도 있는 원주민·여성·어린이·섬사람의 인권을 상품화하지 말 것.

여덟째, 여행하고 있는 지역의 주민들이 지금도 물, 자연의 보존, 천연자원을 지키기 위해 목숨을 걸고 싸우고 있다는 사실을 상기할 것.

참고자료
http://action.web.ca
www.ourworldisnotforsale.org

제 10 장

잘 팔리는 의약품은
약인가 독인가

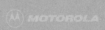

> 약물은 그냥 보통 상품과는 다르다. 그것은 다른 상품들보다 더 윤리적이고 도덕적인 원칙들에 의거해야 한다.
>
> —프레드릭 헤들런드, 스웨덴
>
> 의약품을 둘러싼 광경은 추잡하기 짝이 없다.
>
> —쑤전 조지

가난한 마을과 도시의 길을 가다보면 유독 불빛이 밝은 상점이 자주 눈에 들어온다. 바로 약국이다. 판매하는 제품들을 자세히 들여다보면 절대 다수가 유럽이나 미국의 제약기업, 혹은 개발도상국에 설립된 지사나 자회사에서 만들어진 것이다. 그들 국가의 의료예산은 줄어들고 있을지 모르나, 번화가의 약국들은 장사가 꽤 잘되는 편이다. 사람들은 병의 근본원인을 알기에 앞서 텔레비전과 광고판에 나오는 그럴싸한 선전에 설득당해 '만병통치약'을 찾는다. 광고에 감동받은 가난한 사람들은 완치의 희망으로 소득의 상당한 부분을 약값으로 지불한다.

유명 초국적 제약기업들은 수백만 사람들에게 이로운 약들을 개발해왔다. 그러나 건강권과 관련된 NGO들은 바로 그 제약기업들이 빈민들의 건강을 해치고 있다고 주장한다. 제약기업에 대한 이들의 주장은 다음과 같은 근거를 가지고 있다.

- 서구에서는 사용이 금지된 제품들을 개발도상국에서 판매한다.
- 그럴듯하게 오도된 광고와 판촉으로 제품을 판매한다.
- 빈민들이 식료품과 같은 필수항목에 쓸 돈을 값비싼 약을 사는 데

쓰도록 하고, 따라서 영양부족의 문제를 증가시킨다.

- 너무나 부적절한 식욕촉진제 같은 제품을 판매한다.
- 비교적 하찮은 병에도 항생제 사용을 조장한다.
- 개발도상국에서 제품을 더 비싸게 판매한다.
- 사용법을 해당지역의 언어로 포장에 표시하지 않는다.
- 개발도상국 정부가 상표등록이 되지 않은 약들을 저가에 판매하는 것에 반대한다.
- 국가적 약물정책을 방해하기 위해 영향력을 행사한다.
- 비상시에 필요한 사람들보다는 자기들에게 이익이 되는 회사에 약물을 기증한다.
- 개발도상국 정부가 자신들의 이해를 위협하는 어떤 일을 할 경우, 필요하다면 개발도상국에 제공하는 원조를 취소하도록 자국 정부에 압력을 넣는 방법을 이용한다.

이런 주장의 근거들은 개발도상국에 사는 40억명 이상 되는 사람들의 건강에 대한 연구와 조사의 결과로서 드러나지 않았다. 이는 현재 세대만이 아니라 수년 후 수백만의 건강까지 위협할 수 있다. 이는 초국적 제약기업들이 대부분 정부들과 사람들이 건강 관리에 쓸 수 있는 한정된 돈을 따내려고 최선을 다해 경쟁하는, 부족한 자원을 위한 투쟁이다. 제약기업들은 빈번하게 지역회사들이 만든 제네릭 의약품(상표 있는 상품과 같은 품질의 상품을 싸게 판매하기 위해 상표 없이 제조한 상품-옮긴이)에 더 많은 이익이 돌아갈 수 있도록 정부가 규제법령을 도입하는 것을 막기 위해 다양한 로비와 압력을 행사한다.

빈민을 대상으로 약을 파는 것은 부자들에게 대단히 큰 사업이다.

세계 의약품시장은 연간 3000억달러에 달하는 가치가 있으며, 제약산업은 연간 총매출의 15~20%를 마케팅에 사용한다. 이는 새 약을 개발하는 데 사용하는 것보다 많은 액수이다. 많은 가난한 나라에서 의료예산의 20~30%가 의약품 구입에 사용되며, 그 의약품의 대부분은 초국적 제약기업들이 제조한 것이다. 일부는 서구국가에서는 안전하지 않다고 판단되어 금지되거나 사용이 중지된 약이다. 그러나 제3세계에서는 '안전' 표시가 붙은 것을 보고 곧 나을 것이라는 희망을 가지고 그 약들을 살 것이다. 그 약들이 그들을 죽일지 모르는데도 말이다.

초국적 제약기업들은 전례없는 속도로 성장하고 있다. 1996~97 회계년도에 머크(Merck)는 19%, 화이자(Pfizer)는 16%, 아스트라(Astra)는 16%, 스미스클라인 비챔(SmithKline Beecham)은 10% 이상 성장했다.[1] 1998년 중반에는 아시아 시장 판매율이 각 지역의 경제문제로 잠시 주춤했다.

주요 제약기업들의 규모와 연간예산은 정부의 의료정책과 소비자

<표 10.1> 1997년 10대 제약기업 (의약품 총매출, 단위 : 10억달러)

| 1. 머크 | 미국 | 13.5 |
| 2. 그락소 웰컴 | 영국 | 13.1 |
| 3. 노바티스 | 스위스 | 9.7 |
| 4. 브리스톨 마이어스 스큅 | 미국 | 9.7 |
| 5. 화이자 | 미국 | 9.2 |
| 6. 로슈 | 스위스 | 7.9 |
| 7. 존슨앤드존슨 | 미국 | 7.6 |
| 8. 엘리릴리 | 미국 | 7.4 |
| 9. 아메리칸 홈 프로덕트 | 미국 | 7.3 |
| 10. 스미스클라인 비챔 | 영국 | 7.3 |

출처 : Lehman Brothers, July 1998.

모두에게 영향을 끼칠 수 있는 상당한 수준에 달하고 있다. 개발도상국 사람들 대부분에게는 제약산업이 약에 관한 정보의 주요출처이다. 이는 회사들이 정확한 정보를 제공하고 소비자들에게 충분한 사실을 알려줄 도덕적 책임이 있음을 의미한다. 그러나 그 책임은 많은 경우 오용된다.

## 판촉 ● ●

초국적 제약기업의 의약품 광고나 영업판촉은 그 방식에서 논란의 여지가 매우 많다. 선진국에서 지불하는 광고비용에 비하면 더할 나위 없이 싼값으로, 비윤리적이며 아주 교묘한 방법으로 가난한 사람들에게 의약품을 선전한다. 서구국가에서는 법에 의해 금지될 법한 터무니없는 주장들이 제기된다. 『내복약 연보』(*Annal of Internal Medicine*)에 실린 한 조사는 "의학잡지에 실린 의약품 광고의 62%가 크게 오해의 소지가 있거나 완전히 부정확하다"라고 지적한다.[2] 가난한 사람들에게 병을 치료하는 우선권이 주어지지 않는 것은 말할 나위도 없다. 유엔 보고서에 따르면 의약품의 경우, 개발도상국에서 초국적기업의 판촉노력은 대부분 애초에 개발도상국을 겨냥해 만든, 비교적 값비싼 상품들에 집중되어 있다. 가난한 사람들 사이에 흔한 병들을 다룰 수 있는 비교적 간단하고 값싼 조제약 대신에 개인 건강관리(personal care) 제품들 또한 확실치 않은 의학적 가치를 마치 지니고 있는 양 자주 선전된다.[3]

또한 방글라데시 국가의약품정책을 개발한 자프룰라 차우두리(Zafrullah Chowdhury)에 의하면, 유엔이 소비·판매를 금지 또는 중지하거나 철저하게 제한한 약품들이 제3세계에서는 흔하게 사용된다.[4]

일례로 그는 강장제를 든다. "브리스톨 마이어스 스큅(Bristol Myers Squibb)이 '버디비션'(Verdivition)이라는 이름으로 판매한, 17%의 알코올을 함유한 평범한 강장제가 인도에서는 두뇌강장제로 판촉되었다." 1980년 네팔에 관한 유엔무역개발회의(UNCTAD)의 한 연구는 의약품시장의 2천개 제품 중에서 733개가 강장제였다고 말한다.[5]

제약기업들은 가난한 나라와 부자 나라 사이를 오가며 터무니없는 이중기준을 적용하면서 장사를 한다. 프랑스령 아프리카에서는 메클로자인이 함유된 약이 메스꺼움과 임신중 구토를 방지하는 약으로 선전되었으나, 프랑스에서는 메클로자인의 안전성에 대한 증거가 충분치 않아 임신중에는 메클로자인을 처방하면 안된다고 경고했다. 필리핀에서 발간된 한 보고서는 의사들이 상업적 출처에 의한 정보에 의존할수록 부적절하게 처방한다는 사실을 발견했다.[6] 제품이 유럽시장에서 사용금지되고 제조업체가 그 상품의 생산을 중지하면, 제3세계 시장은 잔여상품을 처분하여 손실을 줄일 효과적인 장소로 이용된다.

차우두리는 "제약산업은 권력이 있는 만큼 부패했다"라고 주장한다. 오스트레일리아 범죄학교수 존 브래스웨이트(John Braithwaite)는 "제약산업은 다른 어떤 산업보다도 역사적으로 뇌물수수와 부정의 기록이 많고, 의약품 생산에서 범죄적 과실을, 안전성 실험에서 부정행위를 저질러왔다"라고 말한다.[7] 개발도상국에서 첫번째 의약품시장에 대한 조사는 1974년 인도정부가 세운 위원회에 의해 실시되었다. 그 조사의 주요 결론 중 하나는, 시장에서 자주 이루어지는 불필요하고 때로는 비합리적인 처방은 이름있는 제약기업들에게 책임이 있다는 것이었다.[8]

의사들은 대개 의약품 판촉의 첫번째 목표대상이 된다. 의사들에게

쓰는 판촉비는 엄청나다. 필리핀에서는 판촉비가 1987년 의약품 판매 수익의 22%를 차지했다고 필리핀의약품협회는 주장한다. 이 판촉비의 대부분은 의사들에게 사용되었다. 의사들의 처방양식에 대한 의약품 마케팅의 효과는 여러 과학적 연구에서 증명된다.[9]

의사들은 종종 특정 제약기업의 제품을 권장하라는 목적으로 뇌물을 받는다. 그러므로 초국적 제약기업, 서구정부(자국 회사의 이익을 보호하는), 지역의사들과 의학단체들 간의 동맹이 형성된다. 판촉의 목표를 달성하기 위해 다양한 방식으로 의사들을 유인한다. 『미국의료협회저널』(*Journal of the American Medical Association*)에 실린 한 보고서는 회의에서 발표비를 받거나 제약회사로부터 무료 식사나 기타 접대를 받은 의사들이 그 회사의 권장제품을 환자에게 권할 가능성이 높다고 밝혔다. 병원 창고에 계속 약을 보태는 의사는 제약기업들과 깊은 연관을 맺고 있을 것이다.

## 항생제 ● ●

항생제는 어떤 종류의 약보다도 많은 생명을 살렸지만, 항생제의 과도사용은 개발도상국에서는 가난한 사람들을 위험에 처하게 하는 원인일 뿐만 아니라 심각한 건강문제를 일으키는 주범이 되었다. 이 약은 박테리아를 죽이거나 그 성장을 저하시키는 작용을 하는, 그 자체로는 아주 좋은 발명품이다. 1987년 한 보고서는 항생제의 사용이 지금까지 가장 큰 '유전학적 개가'라고 말했다.[10] 그러나 이렇게 엄청나게 자연에 개입하는 방법은 위험을 수반할 것이라고 예상할 수 있다.

국제 제약기업들이 과도하게 항생제를 판촉하여 상대적으로 가벼운

병에도 그 약을 사용하면 개발도상국의 수백만 사람들이 항생제에 내성을 갖게 된다. 그러면 정말로 심각한 병에 걸렸을 때 항생제가 역할을 하지 못할 수도 있다. 너무 많이 복용하면 항생제가 쓸모없어지는 것이다. 이는 건강에 엄청난 영향을 미친다.

일부 박테리아는 현재 항생제 내성을 갖게 되었다. 보스턴의 터프츠 대학 약물내성쎈터(Center of Drug Resistance) 소장인 스튜어트 레비(Stuart Levy) 교수는 지적한다. "사회는 가장 심각한 공중의 건강문제에 직면해 있다. 그중 하나는 사용 가능한 모든 항생제에 내성을 갖고 있는 전염성 박테리아의 출현이다."[11] 세계보건기구(WHO)에서 항균체에 대한 박테리아 내성 감시와 관리를 위한 실무부서를 맡고 있는 자끄 아까르(Jacques Acar) 교수는 말한다. "많은 나라에서 항생제에 대한 내성이 전염병 수준에 달했으며, 여러 약에 대한 내성은 의사들이 많은 병의 치료에 사실상 손쓸 방도가 없게 만든다."[12] 그러므로 빈민들은 생명이 위태로워 절대적으로 약이 필요할 때에는 정작 마땅한 약을 쓸 수 없게 될지도 모른다.

가장 취약한 사람들이 가장 크게 당할 수 있다. 시겔라 디쎈테리(Shigella dysenteri)라고 불리는 박테리아가 지금 아프리카 영아 사망의 주요원인인 이질을 일으키고 있다. 이 박테리아는 모든 항생제에 내성이 있다.[13] 그래엄 듀크(Graham Dukes) 박사는 말한다. "우리는 항생제가 만들어낸, 전염성이 있으며 치명적인 감염에 항생제가 더이상 듣지 않는 의학적 암흑시대의 귀환을 눈앞에 두고 있다."[14] 그러나 이 문제는 꽤 오랫동안 이미 알려져 있었다.

1989년 9월, 인도 마하라슈트라(Maharashtra)의 슈리람푸르

(Shrirmapur) 지역에서 500건 이상의 장티푸스가 보고되었다. 장티푸스를 일으킨 박테리아 중 83%가 인도에서 장티푸스 치료의 핵심이 되어왔던 생명구제약인 클로람페닌콜에 내성을 갖고 있었다.[15]

그러나 초국적 제약기업의 판촉은 계속된다. 약사들은 각별한 판촉 대상이다. 일례로 뻬루에서는 약사들이 3개 회사에서 생산된 약을 판매해 충분한 점수를 얻으면 텔레비전이나 다른 상품을 받았다. 그중 항생제를 판매하면 높은 점수를 받았다.

항생제는 지금 비박테리아성 설사, 기침과 감기를 포함한 호흡기감염, 그리고 다른 흔한 감염들 같은 바이러스성 감염의 치료에 흔하게 오용되고 있다. 제약기업인 래버러토리즈 LAFI(Laboratories LAFI)는 볼리비아에서 흔하게 발생하는 급성 호흡기감염에 걸린 아기들과 어린이들에게 복합항생제를 권장한다고 건강 행동 인터내셔널(Health Action International, HAI, 소비자와 의료 NGO들의 네트워크)이 말한다. 표시에는 '박테리아 감염용'이라고 되어 있으나, 열거된 감염의 상당수는 보통 바이러스성이라고 한다. 광고에서는 여러 상황에서 제품을 사용하라고 강조한다.[16] 라트비아에서는 엘리릴리(Eli Lilly)가 의사들에게 어린이용 항생제를 광고하기 위해 1996년 달력을 제작했다. 이 달력은 특징과 사용량 등을 언급하지만, 사용해야 할 증상, 사용하지 말아야 할 증상, 경고 혹은 부작용에 대한 정보는 전혀 밝히지 않는다.[17]

없는 돈을 쪼개어 광고와 의사, 약사들에게 항생제를 구매하도록 설득당한 가난한 사람들은 두가지 방식으로 영향을 받는다. 그들은 정작 심각한 병에 걸렸을 때 저항력을 가지지 못할 수 있다. 그리고 항생제를 살수록 그들에게 더 필수적인 상품과 써비스를 위해 사용할 돈이 줄어든다.

## 비타민과
### 촉진제

비타민 알약의 광고와 판매는 개발도상국에서 역시 초국적 제약기업들의 주도로 일반화되어 있다. 다시 한번 빈민들은 비싼 약품들을 사도록 설득당할 수 있는 것이다. 1991년 제약기업 애보트(Abbott)는 카리브해에서 그들의 제품인 파라메트(Paramettes)를 "가족 전체를 위한 균형 잡힌 비타민·무기질 복합제로서 영양결핍을 예방하거나 치료하며 아이들의 적절한 성장촉진을 돕는다"라고 광고했다.[18] 그러나 가장 좋은 비타민의 보고는 음식이다. 만약 아이들이 적당한 종류의 음식을 충분히 섭취한다면 비타민제를 먹을 필요가 없다. 영국의료협회는 대부분의 사람들이 "일상적 식사를 통해 충분한 양의 비타민을 섭취하고 따라서 대부분의 경우 보조제의 형식으로 추가적 비타민을 섭취하는 것은 불필요하다"라고 전한다.[19]

영양부족이 만연한 개발도상국들에서 광고는 사람들이 영양가있는 음식을 사기보다는 포장된 물약을 사도록 설득할지도 모른다. 널리 유포된 비타민 광고는 "영양부족의 경제적·사회적 원인이 논쟁되지 않도록 굶주림을 의학화하는 것을 돕는다"라고 앤디 체틀리(Andy Chetley)는 지적한다.[20] 비타민제를 사용하는 것은 건강에 위험이 되기도 한다. "한가지 혹은 그 이상 특정 비타민의 과도한 섭취는 다른 필수 미량영양소의 상대적인 결핍을 일으키기도 한다. (무기질과 비타민의) 과용은 오히려 해가 된다."[21] 체틀리에 의하면, 비타민의 오용은 국가적 건강문제 우선순위를 왜곡할 수 있고, 한정적인 국가의 경제자원을 새어나가게 하고, 개인과 가정의 한정된 재원을 낭비하게 하며,

건강에 대한 부정확하고 해로운 속설을 믿게 하고, 비효율적이고 해로운 약의 섭취를 장려한다.[22]

식욕촉진제의 능란한 판촉으로 가정의 재원이 새어나간다. 식욕감퇴는 병의 흔한 증상이나 대개 일시적이어서 약을 필요로 하지 않는다. 이는 음식이 부족해서일 수도 있다. 심하게 영양이 부족한 상황에서는 식욕촉진제 사용이 오히려 해롭다.[23] 그러나 일부 개발도상국에서 초국적 제약기업들은 이런 촉진제를 광범위하게 선전한다. 파키스탄에서는 항히스타민제가 어린이들의 영양부족을 위한 식욕촉진제로 광고되기도 한다. 진정작용이 부작용으로 나와 있으나, 의사들은 이렇게 설득당한다. '이는 신경질적이고 산만한 아이들에게 좋다.' 그러나 어떤 경우에도 영양결핍 아이들에게 필요한 것은 식욕촉진제가 아니라 음식이라고 HAI는 강조한다.[24] 1991년에 식욕촉진제는 파키스탄에서 네번째로 많은 의약품이 되었다.

## 기부 ● ●

초국적 제약기업들이 가난한 나라에 의약품을 기부하는 것은 아주 인도적인 행위로 보일 수 있다. 1988년부터 머크는 서아프리카에서 수백만명의 사람들에게 영향을 끼치는 병인 회선사상충증을 치료하기 위한 약을 기부했다. 스미스클라인 비챔은 1998년 1월 수십억 복용량분의 상피병(사지와 생식기가 붓는 병) 치료약을 기부하겠다고 발표했다.[25] 이 발표가 나자 기업의 평판이 좋아졌다. 그러나 근본적인 측면에서 볼 때, 개발도상국 사람들의 건강은 기업이 그러한 약의 가격을 낮추면 더 잘 관리될 것이다.

긴박한 상황들에서는 기부된 약이 쓸모없게 되기도 한다. WHO는 말한다.

수년에 걸친 비상사태의 경험으로, 약물 기부가 도움이 되기보다는 종종 해가 된다는 것을 알 수 있다. 그 약들은 특정한 긴급상황에 적절치 않을 수도 있고, 혹은 지역 의약정책이나 치료기준에 맞지 않을 수도 있다.[26]

보스니아 모스타르(Mostar)시에서, 1995년 말에 340톤가량의 기증된 약이 저장소에 보관되어 있다고 추정되었다. 모스타르 사람들은 내전으로 크게 타격을 입어 약이 급하게 필요했다. 그러나 저장되어 있던 약은 너무 오래되었고 위험했다. 조사해보니 5%도 안되는 약만이 사용 가능했다. 나머지는 너무 위험해서 특별한 관리를 필요로 하는 폐기물처럼 태워야만 했다.[27] 1995년에 한 항생제 용기에는 '1962년 6월까지 사용할 것'이라는 표시가 붙어 있었다. 이것은 아마도 1950년대에 생산되었을 것이다. 그 약들은 유럽의 초국적기업이 보낸 것이다. 모스타르 시장은 그것들을 '의약품 폐기물, 심각한 건강 유해물질'이라고 불렀으며, 모두 태워버리는 데만 3개월이 걸릴 것이라고 말했다.[28]

사상 최대의 의약품 기부 에피쏘드는 미국 인디애나 소재의 회사 엘리릴리가 1994년 르완다 난민 위기 때 그 나라에 쎄클로CD(CeclorCD)라는 항생제를 기증한 것이다. 회사는 130만명 사람들이 복용할 수 있는 양을 보냈다. 그러나 항생제는 WHO의 난민 치료를 위한 필수의약품 목록에 들어가지 않는다. 중앙아메리카 어느 나라의 치료계획에도 포함되지 않았다. 유명한 구조단체인 '국경 없는 의사회'(Médecins sans Frontières)는 "그 난민수용소에서 절대로 그런 약을 처방하지 않을 것"이라고 말했다.[29] 르완다의 의사들은 항생제는 너무 위험의 소지가 많다고 믿었다. 1996년 르완다 당국의 문제는 대부분 유효기간이 지난 600만개의 알약을 어떻게 처치할 것인가 하는 것이었다. 내전의 여파로 이미 문제가 많은 나라에게, 원치 않는 약을 처치하는 것은 추가적으로 발생하는 문제일 뿐이었다. 엘리릴리는 기증한 알약이 유효기간이 다 되어가는 재고였음을 인정했지만, 기부한 것만큼은 올바른 일이라고 주장했다.[30]

NGO들도 기부한 약의 분배에 협조했다. 1995년, 미국의 한 원조기구는 10만 복용량분의 설사약을 유효기간 만료 한달 전에 에리트레아(Eritrea)에 보냈다. 그러한 약은 급성설사로 인한 사망의 주요원인인 탈수증을 치료하는 데 어떤 도움도 되지 않았다. 1996년 4월 미국 캔싸스 소재의 NGO '하트투하트 인터내셔널'(Heart-to-Heart International)은 유럽과 미국의 30개 이상 제약기업들이 빈민들을 위해 기증한 1050만달러어치의 약을 캘커타에 공수했다. 이에 대해 HAI는 이렇게 주장한다. "57종의 약 중 9종류만이 필수의약품이었다. 다른 7종은 판단하기 어려운 것이었고, 41개(전체의 90%)는 불필요한 것이었다. 대부분은 유효기간이 지났거나 1년도 채 남지 않았다."[31] 캘커타 소재의 NGO인 지역사회개발의학모임(Community Development Medical Unit)은 보내온 항히스타민제 전부와 항생제, 소염제 그리고 감기치료제 중 가장 나은 것들조차 기부할 가치가 없는 것들이라고 설명했다.[32] 또한 그 약을 인도시장에서 구입했다면 비용도 줄었을 것이라고 계산했다. 지역의 한 의사는 필요를 전제로 의약품을 보낸 것이 아닌 것 같다고 말했다.[33]

의약품 기부는 순전한 이타주의로 보일 수 있으나, 그것들은 때로

위급한 상황의 피해자들을 돕기보다는 해를 끼칠 수 있다. 반면에 의약품 기부는 거의 항상 기업의 대차대조표에는 도움이 된다. 유럽과 미국 소재의 제약기업은 기부의 댓가로 상당한 세금혜택을 받는다. 미국 세금법규는 생산비용의 두배까지 이르는 면세혜택을 준다.

기부된 의약품이 필요로 하는 사람들에게 돌아가는 경우도 있을 것이나, 잘못된 기부는 개발도상국의 시간과 자원을 낭비시킨다. WHO는 4개의 핵심원칙에 근거한 의약품 기부지침을 채택했다. ① 기부는 수령인에게 가능한 한 최대의 혜택을 주어야 한다. ② 기부는 수령자의 희망과 권위를 존중해 이루어져야 하며, 현재의 정부정책을 따라야 한다. ③ 품질에 관해 이중기준이 있어서는 안된다. 만약 한 제품의 품질이 본국에서 적합하지 않다면, 기부용으로도 적합하지 않다. ④ 기부자와 수령자 간의 효과적인 의사소통이 있어야 한다.[34]

### 제네릭 의약품 ● ●

초국적 제약기업들은 개발도상국 정부가 안전하고 효과적이며 값싼 제네릭 의약품을 사람들에게 제공하려는 노력을 방해해왔다. 제네릭 의약품의 이름은 합성물의 약학적 명칭이며 (예를 들어 아스피린), 대개는 WHO에 의해 명명된다. 제네릭 의약품들은 1890년대부터 존재해왔으나(특허의약품은 일찍이 19세기부터 급증했다), 1950년대에 더욱 두드러지기 시작했다. 그 약들은 상표가 있는 상품들보다 훨씬 저렴하고 효과도 높다. 빈민들에게 이 약들은 중요하다. 그러나 제약기업들은 저가의 제네릭 의약품에 반대하는 전략적인 마케팅 전쟁을 벌여왔다고 차우두리는 주장한다. 그들의 수많은 판매대리인은 제네릭 의약품이 '비위생적이고, 경험없는 무자격 가

내공업에 의해 생산되었으며, 불순하고 오염되었거나 효과가 없다'라는 루머를 퍼뜨렸다.[35] 그러나 1960년대 중반 초국적 제약기업들은 제네릭 의약품을 깎아내리려는 노력이 실패할 것임을 간파하고 자신들이 직접 제네릭 의약품 시장으로 뛰어들기 시작했다.

방글라데시는 1982년에 처음으로 국가 의약품정책을 도입한 개발도상국이었다. 이는 비교적 소수의 제네릭 의약품 제조업체를 기반으로 하고 일부 특허의약품을 제한하는 의료전략을 취했다. 방글라데시는 세계 극빈국 중 하나이고, 국민들은 상표 있는 의약품을 구입할 능력이 거의 없었으나, 제약사들은 새 정책에 대해 소란을 피웠고, 그것을 폐지하기 위해 많은 노력을 기울였다.

방글라데시는 1971년 독립 직후에 동유럽국가에서 제네릭 의약품을 구입하기 시작했다. 주된 요인은 비용이었다. 이 약은 초국적 제약기업들의 약보다 저렴했다. 그러나 기업들은 예상대로 이런 상황에 적대적이었으며 의료종사자와 상류 소비자들 사이에 잘못된 정보를 퍼뜨리는 캠페인에 착수했다. 그들은 동유럽 의약품의 질이 의심스럽다고 헛소문을 냈다고 차우두리는 주장한다. 미국정부 또한 방글라데시가 사회주의국가들과 무역하는 것을 불쾌해했다. 이는 결과적으로 수십만명이 사망한 1974년 방글라데시 기근 동안에 미국이 밀 수출을 중단하는 보복적인 정책을 불러왔다.[36]

1981년 5월 WHO의 세계보건총회(World Health Assembly)는 회원국들에게 필수의약품 목록, 제네릭 의약품 이름, 엄격한 약물법, 의약품 가격인하를 위한 전략, 의약품 마케팅의 윤리강령을 채택할 것을 촉구하는 필수의약품 행동계획(Action Program on Essential Drugs)을 채택했다.

에르샤드(Ershad) 장군 군부통치하의 방글라데시가 이에 응한 첫번째 국가였다. 1년 후, 1982년 5월 방글라데시 장관회의에서 국가약물 정책 보고서가 승인되었다. 그 정책으로 4340개의 상표 있는 약들 중 1742개가 불필요하거나 비효과적이라고 간주되고 금지되었다. 이 정책은 전문가들과 상담사들에 의해 처방될 150개의 필수의약품과 100개의 전문의약품을 추천했다. 필수의약품 중 45개는 제네릭 상표로만 제조되고 판매된다. 초국적 제약기업들은 더이상 흔한 진통제나 비타민 같은 단순한 제품을 제조할 수 없다. 그것들은 지역회사들만이 생산할 수 있다. 1981년 6월 국민의료쎈터인 고노샤스타야 켄드라(Gonoshasthaya Kendra)가 설립되었고 10년 후 저가의 제네릭 의약품을 생산하고 판매하는 고노샤스타야 제약기업(Gonoshasthaya Pharmaceuticals, GPL)이 만들어졌다.

이 새로운 정책은 미국 소재 제약기업의 약 1/4에만 위협이 되었으나, 미국 회사들 대부분이 이 정책을 폐기하도록 미국정부에 영향력을 행사했으며 그 저항은 대단했다. 그 보고서가 승인되고 며칠 지나지 않아, 주 방글라데시 미국대사는 방글라데시정부에게 "그 정책은 미국이 받아들일 수 없으니 실행되어서는 안된다"라는 강력한 메씨지를 전달했다.[37] 초국적 제약기업들은 방글라데시의학협회와 엘리뜨층을 동원했다고 차우두리는 말한다. 한 공청회에서 제약기업들은 제네릭 의약품 정책이 세계 모든 곳에서 실패했다고 주장했다. 그러나 공청회 의장은 초국적기업 캠페인이 거짓에 근거하고 있으며, 그들은 단순히 상업적 이익을 지켜내기 위해서 권력을 휘두르고 있다고 결론지었다. 그리고 그 정책에 즉시 법적인 틀을 마련해야 한다고 권고했다.[38]

그러나 제약기업들은 신문에 광고와 특별기고를 내며 새 정책에 반대하는 캠페인을 계속했다.

그들은 의사들을 현혹시켰다. 마치 그 정책이 의사의 처방권을 구속하고 임상의 자유를 침해하는 것처럼 자극했다. 기업은 다른 방법들도 동원했다. 영국·네덜란드·서독 대사들이 의약품정책에 대한 반대의사를 표명하기 위해 에르샤드 장군을 방문했다.[39]

미국 국무장관은 주 방글라데시 미국대사관에 '의약품정책에 관한 우려를 최고 수준에서 표현할 것'을 지시했다. 초국적 제약기업들이 염려한 것은 막대한 압력에도 불구하고 방글라데시정부가 정책을 밀고나간다면 다른 나라들도 그 선례를 따를 것이라는 점이었다. 그들의 우려는 현실로 드러났다. 1983년 7월 23일 인도정부가 25개 의약품의 제조와 판매를 즉각적으로 금지했다.[40]

1992년에 방글라데시는 새 의약품정책의 상당한 혜택을 누리고 있었다. 필수의약품의 국내생산이 30%에서 80%로 증가했고, 소비자 가격지표는 178.8% 인상했지만 의약품가격은 단지 20%만 높아졌다. 가난한 이들에게 이는 구원이었다. 실질가격 하락은 필수의약품을 훨씬 쉽게 구매할 수 있게 만들었다. 또한 국가 의약품정책으로 방글라데시 회사들은 지역생산의 자신들 몫을 35%에서 60%로 증가시켰다. 이로써 방글라데시는 수입의약품에 드는 외화 6억달러를 절약하게 되었고, 또한 사용 가능한 약들의 품질도 향상시켰다. 기준 미달인 약의 비율이 36%에서 9%로 떨어졌다.

그럼에도 불구하고 자국정부의 보호를 받는 초국적기업들은 정책을 수정하라는 압력을 계속 넣었고 약간의 양보를 받아냈다. 1992년 6월

화이자는 1982년에 금지된 2개의 약을 시장에 다시 내놓을 수 있게 하는 법원판결을 얻어냈다. "그 의약품정책을 처음부터 반대해온 집단들은 이를 폐지하기 위한 노력을 계속하고 있다"라고 차우두리는 말한다. 세계은행의 보호를 받는 초국적기업들과 지역생산자들 모두가 규제완화와 자유화라는 압력을 넣고 있다. 1982년 정책의 부분들은 아직도 남아 있지만, 그것의 기초가 되었던 기본원칙들은 단계적으로 변질되었다.[41]

방글라데시의 정책을 지지하던 WHO의 목소리는 점점 약해졌다. WHO 의장 해프던 말러(Halfdan Mahler)가 국가 의약품정책이 제정된 지 다섯달 후인 1982년 9월 방글라데시를 방문했을 때, 그는 '2000년까지 모두에게 건강을'이라는 WHO의 프로그램에 대한 방글라데시 정부의 참여를 칭찬했으나 의약품정책에 대해서는 언급하지 않았다. WHO가 직접적으로 지지를 하면 프로그램이 시작하는 데 사기를 높였겠지만, WHO의 최대 기부국인 미국의 기분을 상하게 하고 싶지 않기 때문에 소리 없이 지지한 것으로 보인다. 이러한 상황에서 미국은 자국 기업의 이해관계라는 좁고 치우친 견해만 표명했다. 그러나 방글라데시에서 미국의 행동은 필리핀에서와는 달랐다. 필리핀이 1987년 국가 의약품정책을 발표했을 때, 마닐라의 미국대사는 필리핀 보건부장관에게 그 정책이 실행되면 해외투자는 없을 것이라고 경고했다.

1974년 심각한 콜레라 전염병이 스리랑카 전역에 만연했을 때, 스리랑카의 국영제약사(State Pharmaceutical Corporation)는 미국 소재 제약사 화이자에 획스트로부터 수입된 원료로 테트라싸이클린(항생제의 일종) 캡슐을 조제해줄 것을 부탁했다. 화이자는 이를 거절했다. 미국대사는 스리랑카 수상을 방문했고, 화이자에 반대하는 어떤 조치가 취해지면 미국으로부터의 식량원조가 심각한 위험에 처할 것임을 시사했다.[42] 제약기업들은 원하는 것을 얻기 위해서 자신들의 정부를 이용하지 않은 적이 없다.

파키스탄에서는 자산과 경제적 배경을 가진 명망가들로 이루어진 권력층이 정부가 WHO 권고에 맞추어 제정한 국가 의약품정책을 약화하도록 설득한 것으로 보인다. 그 정책은 '필수의약품의 보편적 이용권, 기술이전을 통한 의약품 자급생산, 그리고 초국적 제약기업들의 의약품 중 자국에서도 판매가 허용된 것만을 수입할 것'을 약속했다.[43] 정부는 기업들의 압력과 이해에 따라 기업들이 꺼리는 조항들을 국가의 경제자유화정책과 상반된다는 이유로 삭제했다. 다시 한번 초국적 기업들이 자치권이 있는 국가보다 막강한 권력과 힘을 갖고 있다는 것이 증명되는 순간이었다. 이 사건은 또한 자유화가 한 나라의 독립적인 조치를 취할 수 있는 능력을 방해한다는 것을 보여주었다.

비판의 신뢰성 ● ●

　　　　　　떨어뜨리기　　초국적 제약기업들은 영향력이라는 측면에서는 아마도 세계에서 가장 힘있는 기업들일 것이다. 그들은 비판을 어떻게 다룰 것인지에 대한 전략을 주의깊게 고안했다. 앤디 체틀리는 1970년대 초반에 유엔이 제약기업과 화학기업의 높은 이윤을 조사하기 위한 저명인사위원회(Committee of Eminent Persons)를 어떻게 설립했는지를 회상한다. 적어도 6개의 스위스 회사들(씨바-가이기Ciba-Geigy, 싼도즈Sandoz, 로슈Roche 등)의 분과소위원회가 조사의 영향을 약화시키기 위해, 그리고 제약기업들을 대상으로 한 국제윤리강령의 도입을 막기 위해 세워졌다. 한 회의에서 그 회사들은 비판에 대처하기 위한 다섯가지 전략을 다음과 같이 정리했다.

1. 비판하는 자들은 씨스템의 반대자로 간주하며, 따라서 토론 상대자로서 신임을 받지 못하게 한다.
2. 비판에는 사상적·민족주의적 편견, 질투, 어리석음, 무지, 경험의 부족 등 의심스러운 동기가 있다고 인식시킨다.
3. 비판이 세계적이거나 정황적일 때, 독자적인 사례(예를 들면 개별적인 프로젝트의 설명)들을 이용해 그것을 '반증'한다.
4. 비판이 논박의 여지가 없을 때는 그것이 개별적인 사건이라는 점과 아직 조사중이라는 사실을 강조한다.
5. 어떤 경우에도 공중 앞에서는 자유기업을 방어하는 것이 모든 사람에게 이익이라는 것을 말해야 한다. 그러므로 특히 대중매체에서는 초국적기업에 대한 비판은 기본적으로 자유기업에 대한 비판이며, 그 배후에는 맑스주의에 기반한 자유세계의 적들이 있다는 것을 보여주어야 한다.[44]

NGO들의 신뢰를 떨어뜨리려는 기업의 노력에도 불구하고 NGO들은 성공을 거두고 있다. 독일에서는 200개 NGO들의 네트워크에서 'BUKO 제약 캠페인'을 통해 불필요하고 비합리적인 약물을 회수하고 마케팅전략을 바꿀 것을 초국적기업들에게 촉구하였다.[45] 이 캠페인은 성공적으로 독일의회에 압력을 가했고, 의약품 수출의 규제를 강화하는 법안이 통과되었다.

## 맺음말 ● ●

　　　개발도상국에서 초국적 제약기업들은 그 이윤이 그들의 전체이윤에 비해 아주 적을 때조차, 이윤추구를 사람들의 건강보다 우선해왔다. 돈에 대한 욕망은 기업의 비이성적인 행위와 거짓으로 드러나곤 했으며, 이로 인해 많은 곳에서 논쟁이 일어났다. 여전히 남아 있는 우려는 초국적 제약기업이 근본적으로 해야 할 인도적 행위를 하지 않고 있다는 점이다. 아픈 아이를 둔 가난한 부모는 지역에서 생산된 값싼 약을 살 수 있어야 한다. 그러나 가난한 나라의 정부는 이미 초국적 제약기업들로부터 지역적 생산이 불필요하다는 주장에 설득당했다. 따라서 가난한 사람들에게는 더 싼 약을 살 수 있는 선택권이 없다. 기업이 빈민들의 선택권을 박탈한 것이다.

　　물론 특허의약품은 뛰어난 효과를 발휘한다. 올바르게 처방되었을 때 그 약들은 생명을 구할 수 있다. 그러나 그 약들은 남용되기 쉽다. 그 남용에는 일부 주요 초국적 제약기업들이 관련되었다. 대부분 정부들이 범한 실수는 기업들이 의료문제에 대한 해답을 갖고 있다고 믿은 것이다. 그러나 뻬루에 위치한 NGO '건강을 위한 행동 인터내셔널'(Acción Internacional por la Salud)의 로베르또 로뻬스(Roberto Lopez)는 지적한다. "빈곤 때문에 생긴 문제들은 알약으로 해결할 수 없다."[46] 초국적기업들의 알약은 특히 삼키기 어렵다.

2004년 6월 8일자 국민일보에는 메틸 페니데이트라는 약품을 청소년들을 대상으로 판매한 학원강사가 구속되었다는 기사가 실렸다. 이 약품은 1937년 스위스 노바티스가 개발한 의약품으로서 주의력 결핍 과잉행동장애(ADHD) 환자들을 치료하는 약품으로 널리 보급됐지만 장기복용에 따라 뇌세포 구조에 변화를 불러일으킬 수 있다는 논쟁 이후, 최근 많은 나라에서 향정신성 의약물로 규정하여 사용을 금지하고 있다.

그런데 2주 후 다른 국내 신문에는 한 의사의 기고가 실렸다. 이 메틸 페니데이트가 미국국립정신보건원(NIMH)의 후원으로 수년 동안 진행된 여러 기관의 연구에서 ADHD 치료제로서 우수성이 입증됐고, 약품 사용에 따른 부작용으로 식욕부진·체중감소·불면증·우울증·짜증·두통·복통 등이 나타날 수 있지만 큰 문제가 되는 것은 아니며, 의사의 적절한 지시와 처방만 따르면 오히려 치료에 도움이 된다는 내용이었다.

같은 의약품을 두고 검찰은 마약과 같은 위험물질이라고 하고 의사들은 치료제라는 상반된 입장을 펼치는 상황 앞에서 혼란을 느끼지 않을 수 없다. 이와 비슷한 사례는 다른 나라에서도 종종 일어난다. 신약이 개발되면 위해성이 충분히 입증되기 전까지 시중에 유포되다가 사용이 금지되는 경우가 있다. 각국 정부가 초극적기업에 대한 규제조치는 물론, 약품의 위해성을 가려서 엄격히 예방조치를 취하지 않는 것이 현실이다.

그러나 또다른 근원적인 문제는 국민의 생명과 미래를 염려해야 할 책임이 있는 그 누구도 초극적 제약기업들이 개발하는 약품들이 인간의 삶을 어떻게 바꿔가고 있는지 심각하게 경고하지 않는다는 사실이다. 제약기업이 제조한 신경정신약물은 유전자조작기술과 더불어 인간의 행동양식을 유전학적으로 변형·통제하는 것을 가능하게 한다. 지금 세계는 초극적기업이 키워놓은 생명공학이 가져온 이점에 주목할 뿐, 도덕적 판단에는 관심이 적다.

위험한 미래에 대해 시민단체들은 몇가지의 현실적인 대안을 내놓고 있다.

첫째, 모든 나라에서는 유전자변형 작물, 독성물질, 중독성 마약같이 건강과 안전에 위협을 가할 수 있는 상품들의 수출입을 금지할 권리가 있음을 인식해야 한다. 그리고 이런 물질들이 더이상 국경을 넘어 유통되지 않도록 국제협정을 만들어야 한다.

둘째, 제약기업들의 반인간주의와 이기주의를 허용하는 지적재산권 협정을 무력화할 수 있는 국제적인 캠페인·압력·협상이 민주적인 방식을 통해 조직되어야 한다.

셋째, 수백년 동안 각 나라의 공동체에서 지켜온 종자, 의약품의 원료들, 기타 유전물질들이 약탈적 방식을 통해 초국적기업으로 넘어가는 것을 허용하지 않으려면 그것들을 지역주민공동체가 통제할 수 있는 상태로 유지되고 보존되어야 한다.

마지막으로 인간의 오랜 역사 속에서 병을 치료해온 약용식물이 지속적인 효과를 발휘하려면 이런 식물들이 인간을 중심에 둔 의료목적에 사용될 수 있도록 초국적기업의 무차별적인 약품남용을 감시해야 한다.

제 11 장

진실을 감추는
기업홍보의 진실

그들은 (민중을) 반대할 모사꾼들을 고용하여 민중의 목적을 좌절시키려 하였으니. —「에스라서」 4장 5절

만약 기업이 정부에 영향을 미치기를 바란다면 나 같은 사람이 도움이 될 수 있다. —데릭 드래퍼, 정치로비스트

초국적기업은 일반인들과 달리 주요기구의 선임 정책결정자들에게 접근하기 쉽다. 초국적기업의 책임자들은 자신의 이해를 관철하기 위해 대통령, 총리, 주요 국제기구의 대표들에게 전화를 걸 수 있고 쉽게 통화할 수 있다. 또한 대부분의 정부장관들도 필요할 때 적당히 뇌물을 주면 기업의 주장에 더욱 쉽게 설득당한다는 것을 알고 있다. 거대기업들은 그렇게 할 수 있는 돈을 가지고 있지만, 개발도상국은 많은 경우 무일푼이다. 가난한 나라에서는 특히 장관들이 자신들에게 일정 정도의 경제적 보상을 주는 협상을 싫어하지는 않을 것이다.

뇌물 ● ●

뇌물은 나이지리아에서는 '급행료'로, 말레이시아에서는 '돈의 정치'로, 다른 나라들에서는 '부정'으로 알려져 있다. 무엇이라고 부르든, 뇌물은 불쾌하지만 관행적인 기업활동의 일부분이다. 초국적기업들이 사업을 따내기 위해 엄청난 뇌물을 바치면서 만연하게 된 부패는 세계적 문제가 되었다. 대규모 부정은 개발도상국에 막대한 손상을 입히므로, 역시 피해자들은 평범한 사람들이다. 일반적으로 사

업비용의 10~20%가 뇌물로 정부장관이나 공무원들에게 주어지고, 그 일부는 사업비용에 가산된다. 결국 뇌물을 더 많이 쓴 기업이 계약권을 딸 것이고, 개발도상국의 극소수 사람들이 뇌물의 이득을 얻겠지만, 그 나라 전체는 그들이 지불해야 하는 것 이상을 지불하게 된다. 이는 의료써비스나 교육 같은 다른 목적에 사용할 수 있는 돈이 줄어드는 것을 의미한다.

여기에는 큰돈이 결부되어 있다. 한 사업에 2천만달러에 이르는 뇌물을 바치기도 한다. 부커 농업(Booker Agriculture)의 전 의장인 조지 무디-스튜어트(George Moody-Stuart)에 의하면 군수산업의 경우 한해에 30억달러 정도의 뇌물이 오간다고 한다. 그는 돈이 개발도상국의 경제를 만신창이로 만든다고 말한다. 많은 경우 이는 외채부담에 큰 책임이 있다.[1] 그러나 돈이 큰 만큼 더욱 심각한 것은 뇌물이 의사결정에 미치는 폐해이다. 의사결정자가 뇌물을 바치겠다는 회사에 개인적인 관심을 가지고 물품을 주문하려고 한다면 그의 판단 자체는 이미 문제가 되지 않는다. 이는 우선순위가 왜곡된다는 것을 의미하기 때문이다. 필요하지 않은 상품과 써비스를 구매하게 될지도 모르며(군수물자가 그 전형적인 예이다), 더 유용할 수도 있는 다른 프로젝트는 젖혀두고 많은 뇌물을 주는 프로젝트에 우선순위를 둘 것이다. 이렇게 되면 경제적으로 아무 가치도 없는 것을 만드는 프로젝트에 착수하게 될 수도 있다.

뇌물수수와 부패의 기회들은 자본재 판매, 주요 토목프로젝트, 진행 중인 납품이나 컨썰팅 써비스를 통해 다가온다고 무디-스튜어트는 지적한다. 그리고 몇몇 국가에서만 문제가 되던 것이 이제는 지난 10~15년간의 경제악화로 인해 남반구 전반의 주요문제가 되었다. 거대한 부패는 남반구 정부가 관여하는 주요 계약들에서 보편적인 관례가 되었다. 큰돈을 받는 자들은 간접적으로 그 돈을 받으며 스위스은행에 번호계정(이름 대신 번호로 등록되는 당좌계좌—옮긴이)으로 보호를 받는다.

모든 초국적기업들이 뇌물과 부패에 연루되는 것은 아니며, 연루된 기업들은 물론 이를 부인할 것이다. 드러나지 않게 대리인을 통해 조심스럽게 진행할 것이다. 초국적기업들에게는 이미지가 무척 중요하며, 좋은 이미지를 갖기 위해 많은 돈을 쓰고 주의를 기울인다. 그들은 정부와 유엔, 그리고 유엔 산하기구들의 정책입안자에 대해 영향력을 행사하면서 대중을 대상으로 이미지 만들기도 게을리하지 않는다.

## 유엔에 ● ● 영향력 행사하기

1992년 리우데자네이루에서 열린 정상회담(유엔환경개발회의)에서 초국적기업의 규제에 관한 의제가 협의사항에서 빠진 것은 호기심을 끌 만한 일이었다. 그러나 이는 전혀 놀랍지 않다. 기업들은 상당한 영향력을 행사해 기업의 역할이 논외거리가 되도록 유도했다. 결국 유엔과 유엔기구들의 정책이 초국적기업들의 로비에 의해 큰 영향을 받았다는 사실이 드러났다. 리우 정상회담 몇달 전에 국제상공회의소와 대다수 초국적기업 회원들이 (정상회담 지도자들에 의해 합의된) 지속가능한 개발을 위한 「아젠다 21」 문서를 작성해, 기업들과 그들에 대한 규제를 언급하지 않을 것을 촉구했다.

유엔에 대한 초국적기업의 영향력은 여러해에 걸쳐 축적되어왔다. 1978년 스위스 소재의 '연대적인 개발을 위한 연합'(Association pour un Developpement Solidaire)이라는 조직이, 유엔 체제 안에서 기업들이 어떻게 작용하는지를 보여주는 내부용 문서를 발췌해 출간하자 이 문제가 본격적으로 제기되었다. 그 문서들은 초국적기업이 유엔과 유엔기구에 '파괴적으로 침투하는 것과 잠재적인 대항세력으로 중립화하는 것, 심지어는 그들을 기업의 목적을 위해 이용하는 것'에 성공했음을 보여준다.[2] 1970년대 후반과 1980년대에 기업들은 당시 유엔에서 토론되고 있었던 초국적기업 윤리강령을 없앴다.

유엔초국적기업쎈터는 ──1974년에 유엔사무국에서 초국적기업 관련 사항들에 대한 중심적 역할을 하기 위해 설립── 투자대상국의 이익을 보호하고 그들의 협상력을 강화하고 초국적기업의 활동이 국가 개발목표에 부합하게 하기 위해서 초국적기업들의 행동기준을 제정하기 위한 강령을 만들기 위해 노력했다. 또한 정당한 투자가들의 이익을 보호하도록 초국적기업에 관한 대우의 기준을 세우기 위해, 그리고 투자와 관련된 모든 당사자들에게 이익이 되는 해외직접투자의 환경을 만들기 위해 노력했다.[3] 그러나 초국적기업의 영향력은 최고에 달했다. 서구국가들은 협상에서 개발도상국이 초국적 자본의 투자를 장려하고 더 나아가 보호해야 한다고 주장했다. 개발도상국은 자국의 개발목표를 초국적기업이 지지해야 한다고 강조했다. 그래서 초국적기업들이 경제·사람·환경에 대한 책임을 명시하는 강령을 원했다. 그러나 토론에서 그 강령은 개발도상국의 정부들이 회사를 어떻게 대우해야 하는지 하는 문제보다 훨씬 적은 주목을 받았다.

1980년대 후반, 점차 많은 개발도상국들이 무역장벽을 없애고 초국적기업의 투자보호를 보장하기 시작하자, 초국적기업의 영향을 받은 서구국가들은 강령에 대한 관심을 잃었다. 1992년 협상은 유기되었고 유엔초국적기업쎈터는 축소되어 '초국적기업과 경영 분과'(The Transnational Corporations and Management Division)로 다시 명명되었다. 그 쎈터가 무능하게 초국적기업 윤리강령을 완성하지 못한 것은 기업들이 유엔체제와 각국 정부에 깊은 영향력을 미치고 있음을 강조하는 것이다. 게임을 주도한 것은 정부들이 아니라 기업들이었다. 초국적기업들은 강령에 대한 협상이 기업에 이익이 되도록 영향력을 행사하여 마침내 대성공을 거두었다. 그들은 유엔초국적기업쎈터를 초국적기업들에 관한 쎈터라기보다 사실상 초국적기업들을 위한 쎈터로 바꾸어놓았다.

기업들은 유엔 최대의 전문기구인 식량농업기구(FAO)와 함께 FAO의 산업협동프로그램(ICP)을 통해 '특별한 지위'를 누렸다고 자프롤라 차우두리는 지적한다. 그는 수년간 FAO에서 일한 에릭 자코비(Eric Jacoby) 교수의 말을 인용하며, 이 프로그램을 통해 기업들이 FAO 정책에 큰 영향을 미쳤다고 말한다.

초국적기업들은 FAO/ICP 중앙위원회의 대표자들을 통해 투자기회들에 대한 중요한 정보를 얻었다. ICP가 유엔체제의 일부분이 되고 난 이후, FAO는 사실상 후진국들에 있는 초국적기업들을 위한 기구로 기능했다.[4]

FAO의 모든 업무가 초국적기업들을 돕거나 지원하지 않는다 해도 이는 중요한 비판이다. 예를 들면 FAO가 아시아에서 통합적 해충관리 업무를 하면 농약 판매가 감소될 수 있었다. 1996년 세계식량정상회담에서 FAO가 '뉴 홀랜드(New Holland), 전세계의 농업기계'라는 광고자료를 발간했을 때, 그들과 산업의 관계는 다시 한번 분명해졌다. 뉴 홀랜드는 네덜란드에 있는 주요 농기계 제조업체이다.

세계보건기구(WHO) 정책 일부를 보면 이 또한 초국적기업의 눈치를 살피며 조심스러워한 흔적이 보인다. 1978년 WHO의 세계보건총회(WHA)는 공식적으로 필수의약품에 대한 행동계획을 권장했다(제10장 참조). 1981년에야 그 프로그램이 WHO에 의해 제정되었고, 세계보건총회는 1988년까지 의약품 판촉을 위한 윤리적 기준을 채택하지 못했다.

마찬가지로 WHO는 건강에 해로운 제품을 판매하고 있는 초국적 제약기업과 불편한 관계가 되는 것을 원치 않는 것 같다. WHO는 흡연이 예방 가능한 여러가지 병의 가장 큰 원인임에도 불구하고, 흡연규제를 그들 업무 중에서 굉장히 낮은 비중을 두었다. 1980년대 WHO가 '2000년까지 모든 이에게 건강을'이라는 목표를 선언할 때도, 그들은 흡연규제 프로그램에 한명의 시간제 직원만을 고용했다. WHO는 흡연이 완전히 사라지기 전에는 '모든 이에게 건강'이 달성되지 않을 것임을 분명하게 알고 있을 것이다. 이는 불가피하게 그 기구가 빈민들의 건강보다는 초국적기업과의 이해관계에서 벗어나지 못하고 있다는 인상을 준다. 초국적기업들이 ―미국과 다수의 유럽 정부들과 함께― WHO를 인간건강이라는 가장 큰 문제를 낮은 우선순위에 두도록 설득한 것으로 보인다. 그러나 1998년 7월에 그로 하를렘 브룬틀란(Gro Harlem Brundtland) 박사가 담배에 반대하는 캠페인을 자신의 우선순위 중 하나로 두며 WHO총재 자리를 맡았다. 하지만 1990년대 후반과 21세기 초반 몇년간 WHO의 흡연에 대한 공격이 기대에 못 미친다면 다시 담배산업의 압력에 굴복하는 것일 수 있다.

원조기금이 줄어들면서, 유엔 산하기구들은 거대기금을 낼 수 있는 기업의 압력을 받고 있다. 유니쎄프와 WHO 같은 기구들은 심지어는 담배나 우유 회사의 자금을 받을지도 모른다. 기금을 받는다면 이는 초국적기업의 홍보에는 큰 수확이지만 그 기구들의 미래는 재앙을 부르는 것이나 다를 바 없다.

## UNCTAD ••

길들이기    1961년 유엔총회의 결의에 따라 1964년 설립되어 제3세계 무역전망에 대한 우려를 표하는 유엔무역개발회의(UNCTAD)는 또다른 기업의 전리품이 되었다. UNCTAD의 목적은 가난한 나라들의 무역과 개발 노력을 돕기 위한 것이었으며, 처음에는 구리나 커피 같은 1차상품의 외화소득을 올리고 가난한 국가들이 가공식품 수출로 더 많이 벌 수 있는 상품을 개발하려는 계획으로 시작했다. 최근에는 UNCTAD가 가난한 사람들 편에서 일하는 기구라는 인식도 점차 변화하고 있다. 매 4년마다 주요회의를 위해 모이면서도 UNCTAD의 사업은 별 성과가 없는 것으로 평가된다. UNCTAD 회의의 얼마 안되는 성과 중 하나는, 1976년 UNCTAD 4차회의에 따라 설립된 '1차상품 공통기금'(Common Fund for Commodities)이었다. 이론적으로는 UNCTAD는 대부분 개발도상국에서 가장 중요한 1차상품에 관계하는 주요 유엔 산하기구이다.

1990년대 초반에 일부 서구정부들은 UNCTAD에 변화가 일어나지 않는 한 이 기구를 폐지하는 것에 집중했다. UNCTAD에는 심지어 없어진 유엔초국적기업쎈터가 맡고 있던 '초국적기업에 관한 유엔위원회'(UN Commission on Transnational Corporations)의 경영을 책임지는 임시업무도 주어졌다. 1994년에 세계무역기구(WTO) 설립 후에 서구 지도자들은 UNCTAD의 역할에 대해 재고할 것을 권유했고, 이를 위한 논의는 1996년 UNCTAD 9차회의에서 이루어졌다. UNCTAD 의 주요과업은 이제 초국적기업의 개발도상국 투자의 길을 닦아주는 것으로 보인다.

UNCTAD에 대한 초국적기업의 압력과 지원은 이 조직의 1995년 『세계 투자 보고서』에 실린 글 「아시아 구조조정에서 초국적기업들의 역할」에서 드러난다. 이 글은 '지역기업가들의 퇴출, 시장장악, 사회문화적 영향'과 같은 부정적인 기여가 아니라 초국적기업들의 긍정적인 기여가 무엇인지에 집중한다.[5] 이런 글을 보면 UNCTAD는 더이상 가난한 사람들을 보호하고 그 기구의 이상적인 목적에 맞는 활동을 하는 것으로 보이지 않는다. 오히려 이들은 친산업적인 기구, 기업들의 애견으로 변했다.

1996년 UNCTAD 9차회의에서 UNCTAD는 자신들의 엄청난 변화를 전세계에 공표했다. 이 기구는 기업들을 고용창출과 기술변화 증진뿐 아니라 가난을 줄이고 구조조정을 가속화하는 것 같은 더 넓은 사회경제적 목표에 기여하고 있다고 칭찬했다.[6] 1996년 프랑스 G7 정상회담에서 발표한 공식성명은 UNCTAD 9차회의에서 "우리는 UNCTAD 의 정부간 조직을 개혁하고 무역과 투자를 통해 개발에 다시 초점을 맞추는 데 성공했다"라는 것이었다. 서구정부들과 초국적기업들은 UNCTAD를 자신들이 원하는 대로 만들었다.

## 세계무역기구 ● ●

초국적기업들에게는 무역이 주요부문인만큼

그들은 무역정책 입안자들과 가까운 유대를 맺었다. 세계무역을 위한 협상에서 1986~93년까지 기업들은 GATT 우루과이라운드의 협상결과에 적극적으로 영향을 미치기 위해 노력했다. 그 협상기간에 초국적 기업 대표단은 레이건(Reagan)행정부가 세운 15개 자문기관들 모두가 미국의 입장을 지지하도록 했다고 케빈 왓킨스(Kevin Watkins)는 지적한다.[7] 대표단은 무역관련 지적재산권 협정(TRIPs)의 초안을 제공했다.[8]

"미국에서 상업국제무역 행정부는 그들의 주요목표를 국제시장에서 경쟁하는 미국 기업들을 헌신적으로 돕는 것으로 규정한다"라고 미리암 밴더 스티첼(Myriam Vander Stichele)은 말한다. 브뤼셀 소재의 '유럽산업경영자연맹조합'(Union of Industrial and Employers' Confederation of Europe)——25개국의 33개 기업들과 경영자로 구성된——은 유럽위원회와 전화 통화를 하고 고위 직원들이 직접 방문하며 빈번히 접촉했다. 이 단체는 유럽공동체(EC)의 무역에 관한 계획들을 면밀히 감시했다.[9]

우루과이라운드는 더 자유로운 무역의 시대로 이끌었고, 세계무역기구(WTO)의 설립을 가져왔다. WTO 회의에서 사안을 결정하는 것은 장관들과 공무원들이지만, 주요 기업의 대변인들이 자신들의 사업을 위해 얼굴을 내미는 한편 심지어는 공식대표단의 일부분으로 참여하기도 했다. "초국적기업들이 한 나라의 경제에서 차지하는 막대한 역할은 그 국가를 '고분고분하고 말 잘 듣는 지지자'로 만들 수 있다. 기업들은 WTO 의사결정자들에게 시민단체들보다 훨씬 쉽게 접근할 수 있다"라고 스티첼은 말한다.[10]

초국적기업들은 WTO에 가입하기를 원하는 개발도상국은 경제자유화를 하지 않는 한 가입을 허락해서는 안된다고 주장할 만큼 권력이 있다. WTO 회원국이 되기를 원하는 국가에서 자신들의 상품판매를 금지당한 기업은 그 나라가 상품수입 금지를 철회해야만 가입할 수 있다고 주장한다. 확실한 것은 초국적기업들의 로비가 '초국적기업의 이미지를 본뜬 세계질서'를 창조하기 위한 새로운 국제무역의 규범을 공고히했다는 점이라고 왓킨스는 말한다.[11]

최근에 정부의 지위가 하락하고 경제적·사회적 역할이 축소되면서 초국적기업들의 역할은 더욱 커졌다. 선진국에서 많은 사람들에게 일자리를 제공하는 기업들의 이야기는 귀담아 들을 필요가 있다. 그러나 그것이 정책입안자들에게 접근하지 못하는 대중들의 견해보다 더 가치있는지가 문제이다.

기업은 공식적 원조예산이 줄어드는 상황을 이용해 자신들이야말로 가난한 국가들을 지원할 수 있는 경제적 후원자라고 자처한다. 미국 소재 에너지 초국적기업 엔론(Enron)의 대변인은 미국의회에서 다음과 같이 말했다.

우리 회사나 다른 회사들 같은 사적인 세력들은 지금 이들 국가에서 민간 사회기본시설 프로젝트를 개발·건설·소유·운영할 능력이 있다. 그리고 미국 해외원조가 오랫동안 달성하려고 노력해온 두가지를 이룰 수 있다. 첫째, 그 프로젝트들은 오랫동안 촉구되어왔던 법·정책 수정을 국가가 마침내 이행하도록 하는 계기가 될 수 있다. 둘째, 이러한 정책들의 부속물로서, 지역의 지지를 얻기 위해 민간자본 개발자는 이들 나라의 현재 문제들을 해결하기 위해 많은 의료시설, 학교 등을 세우고 있다.[12]

사유화된 원조의 개념은, '우리는 너희 가난한 사람들에게 무엇이 최선인지 알고 있다. 너희는 우리가 좋아하는 기준에 따라 변화해야 할 것이다'라는 초국적기업의 지배적인 사고에 기초한 협박이다. 결국 이를 받아들이고 나면 주권의 문제가 제기되곤 한다.

## 대중들과의 관계 ● ●

초국적기업이 사활을 거는 것 중 하나가 홍보활동이다. 정책을 바꾸고 문제의 근본적인 원인을 제거하는 대신 기업은 대외홍보에 의존한다. 기업은 이미지를 조작하고 부각하기 위해 많은 월급을 받는 직원을 채용하고 홍보사무실을 자체적으로 운영한다. 목적을 달성하기 위해서는 무엇보다도 이 분야 전문기업들의 협력이 수반되어야만 한다. 그래서 그들은 홍보회사로부터 기업홍보에 탁월한 전문가를 고용하고 막대한 자금을 지원한다. 홍보직원들은 회사가 규제와 강령에 맞추기 위해 상당한 노력을 하고 있는 듯한 성명서를 작성하고 언론에 공개함은 물론 비판에 대응할 준비태세까지 갖춘다. 그들의 포부는 유아식품, 장난감, 신발, 섬유 그리고 다른 제품군에 대한 대중의 두려움을 가라앉히는 것이다.

1990년대 후반에 이르러 홍보사업은 세계경제의 가장 **빠르게** 성장하는 부문 중 하나가 되었다. 많은 홍보회사들이 개발도상국에서 활동하고 있는 초국적기업들의 조언자 역할을 담당한다. 모빌 석유회사(Mobil Oil Company) 이사는 홍보의 의의는 "사람들에게 그것이 궁극적으로 그들의 이익을 위한 것이라고 설득시킴으로써 사람들을 당신이 원하는 대로 행동하게 하는 것"이라고 말한다.[13]

거대 홍보회사들은 그들 자신이 초국적기업이다. 세계 최대 홍보회사인 버슨 마스텔러(Burson Marsteller)는 32개국에 63개의 사무실을 갖고 있다. 보팔(Bhopal)의 재앙(제3장 참조) 이후 유니온 카바이드(Union Carbide)를 위한, 발데스(Valdez) 석유유출 이후 엑손(Exxon)을 위한 '위기경영'으로 잘 알려진 이 회사는 리우데자네이루 회담의 아젠다에서 초국적기업에 관한 토론을 없애는 데에도 중심역할을 한 것으로 나타난다. 1997년 버슨 마스텔러는 유럽 생명공학기업들이 생명공학산업을 위한 성공적인 홍보전략을 세우는 데 도움을 주었다. 이는 1997년 7월 유럽의회에서 동식물의 특허권을 인정하는 법령을 통과시키게 했다. 생명공학산업이 어떻게 생물상품을 대중이 인정할 수 있는지에 대한 버슨 마스텔러의 전략문서는 한 상품의 장단점이 어떻게 규정되고 농락되었는지를 보여준다. 그린피스에 의해 노출된 이 문서는 환경과 인간건강 위험에 대한 대중적 문제제기가 유럽 생명공학산업 측에는 '커뮤니케이션의 킬링필드'라는 것을 인정한다. 또한 이윤을 추구하려는 순간 이런 문제들에 대한 이 산업의 신용도가 치명적으로 훼손된다는 사실이 모든 연구결과에서 확인된다는 점을 인정한다.[14] 생명공학산업은 생명공학의 '환경과 경제적 이익'에 대한 대중매체 캠페인을 조직할 것을 제안받았다. 그 문서는 힘있는 기업들이 어느 정도까지 논점을 조작하려고 애쓰는지를 보여준다.

두번째로 큰 홍보회사 샌드윅(Shandwick)은 그들의 사업을 '국제적 명성관리'라고 설명한다. 고객은 ICI, 몬싼토(Monsanto), 쉘(Shell) 등이다. 회사의 브뤼셀 사무실은 EU 자체의 구조를 모방하고 있다고 회사의 광고책자에 나온다. 세번째로 큰 홍보회사, 힐앤드놀튼(Hill & Knowlton)은 1980년대에 네슬레(Nestlé)에 고용되어 교회 목사, 종교단체에 네슬레상품 불매운동을 그만두게 하기 위한 광고물을 보냈다

(제4장 참조).

주디스 리히터(Judith Richter)는 WHO가 1981년 모유대체물 마케팅 윤리강령을 채택하자마자 "초국적기업들은 시민들의 세계적 힘에 대해 우려하기 시작했다. 시민들은 초국적기업이 해로운 사업을 하고 있다는 생각을 공개적으로 드러냈고, 기업행동에 영향을 끼치기 위해 소비자 불매운동을 시작했다"라고 말한다.[15] 1980년 8월, 네슬레의 당시 부사장 어니스트 쏜더스(Ernest Saunders)는 회사의 한 간부에게 보내는 비밀문건에 이렇게 썼다.

> 국제 아기식품 행동 네트워크(IBFAN)를 통해 제기되고 있는 전반적인 선전캠페인과, 관련된 세력의 전문가의식을 볼 때, 우리가 미국 내 전쟁에서 이기더라도 제3세계 정부들과 의료당국에 대한 결연한 압력 때문에 전체 전쟁에서 지는 일이 언제든 일어날 수 있다. 개발도상국에서 유아영양의 전문적 상황에 대해 잘 알고 있는 상담가들을 요지에 배치하고, 논문들을 실을 수 있도록 적절하게 접촉하여 효과적인 반대선전작업을 개발하는 일이 시급하다.[16]

기업은 방대한 수의 사람들과 모든 가능한 전문세력을 — 많은 경우 소수의 사람들만 고용하고 있는 NGO들과 싸우기 위해 — 고용할 수 있는 수단을 가졌는데, NGO활동이 '전문가의식'을 갖고 있다고 지칭된 것은 한편 모순적으로 보인다. '반대선전작업'은 네슬레가 회사 이미지를 개선하고 비판을 피해가기 위해 영양코디네이터쎈터(Coordinator Center for Nutrition)를 설립하면서 시작되었다.

리히터는 기업들이 논쟁적인 문제를 대중의 시선으로부터 숨기려고 노력하지만, 만약 그것이 실패한다면 공공논쟁에 영향을 미치기 위한 네가지 전략(연기·비정치화·관심전환·날조)을 사용할 것이라고 말한다.[17] 자신들의 활동에 대한 더 엄격한 규제를 미루기 위해 자발적인 윤리강령을 발표할 것이고, 논쟁을 정치적인 것에서 기술적인 문제로 옮기려고 노력할 것이며, 주요논점에서 부차적인 문제로 관심을 돌리도록 할 것이고, 마지막으로 — 리히터에 따르면, 네슬레의 모유대체물 강령처럼 — 적당히 꾸며낼 것이다.

그러나 어떤 사안에 대해서는, 한 초국적기업이 특정한 사건에 대해 대중을 설득하려고 노력하기 위해 직접적인 방법을 사용할 수도 있다. 1998년 6월 몬쌘토는(제3장 참조) 영국에서 유전자변형된 음식이 사람들에게 좋다고 설득하기 위해서 100만파운드짜리 캠페인을 벌였다. 세달 넘게 신문에 전면광고를 내며 반대의견을 가라앉히려고 노력했다. 반면 NGO들은 한정적인 자금으로 유전자변형 식품의 결점을 강조하기 위해 싸웠다.

1998년, 미국 담배산업은 피해를 입은 흡연자들에게 5160억달러를 지불하도록 강제할 수 있는 상원 담배법안을 파기하기 위해서 4000만달러를 들여 8주간 라디오와 TV광고 캠페인에 착수했다. 5개의 주요 담배회사들이 CNN에 광고시간을 사들였다. 그들은 또한『워싱턴포스트』를 포함, 주요 전국 신문에 거대 광고를 냈다. 이는 주로 동요하는 민주당의 상원의원들에게 압력을 가하려는 것이었다. 공화당 의원들은 그럴 필요가 없었다. 최근 몇년간 수백만달러의 담배 기부금을 받아온 의원이 많았기 때문이다. 그 광고 전면전은 의회의 움직임을 막기 위한 다른 캠페인들을 훨씬 능가했다.[18] 당시 빌 클린턴(Bill Clinton) 대통령은 그 광고를 '멍청한 짓거리들'이라고 공격하면서, 담배산업이 공모하여 흡연의 위험에 대해 나라 전체를 속였다는 사실을 숨기려 한다고 말했다. 결국 상원은 그 법령을 폐기했다. 담배산업이 승리한 것이다.

큰 산업은 대부분 이긴다. 그들은 이길 수 있는 돈이 있고 이기기 위해 교묘한 수단을 모두 이용할 것이다. 그러나 사람들이 얼마나 기만당했는지를 인식하고 분노가 생기면 사태는 전환된다. 대중이 충분히 관심을 기울인다면 초국적기업들을 막을 수 있다. 세계 빈민들은 절대 홍보회사의 고객이 되지 않을 것이고, 오히려 많은 경우 기업과 홍보담당 기업의 연계에 의한 '이중 재앙'의 피해자가 될 것이다. 이는 빈민들에 반하는 직접적인 음모는 아니라 하더라도 결과는 같다.

역사를 거슬러 올라가면 18세기 초부터 시장을 찾아나선 제국주의자들의 경제적 활동을 초국적기업의 시작이라고 볼 수 있지만 진정한 의미에서의 초국적기업 활동의 역사를 20세기 초반부터 정립하는 것은 당시 미국을 중심으로 해외투자가 본격화되었기 때문이다. 씽어(Singer), 아메리칸 벨(American Bell), 스탠더드 오일(Standard Oil) 등이 당시 해외투자의 물꼬를 튼 대표적 기업들이다. 그러나 초기 해외투자가 이루어질 때만 해도 국제사회는 이들이 거대한 공룡과 같은 규모로 시장을 지배할 것이라고 예측하지 못했다. 따라서 이들 기업의 인권침해적 활동에 대한 감시조차 언급되지 않았다. 그러나 제2차 세계대전 이후 국제사회는 보편적 인권이 국가주권을 넘어서는 문제로 인식하기 시작했고, 그 연장에서 나찌와 협력했던 기업들을 처벌하는가 하면, 한편으로는 뻗어가는 초국적기업의 규제를 위한 논의가 시작되었다.

유엔에서 초국적기업의 활동을 규제하기 시작한 것은 1972년 7월 유엔 경제사회이사회에서 칠레 대표가·미국의 초국적기업인 국제전화전신회사(International Telephone and Telegraph Company, TTT)가 칠레 내정에 깊숙이 개입하여 인권을 유린한 사례를 드러낸 것이 계기가 되었다. 이후 유엔 경제사회이사회는 세계 경제발전과 국제사회에서 초국적기업이 차지하는 역할에 대하여 보고서를 제출하게 하였다.

1975년에는 유엔 산하에 초국적기업위원회(Commission on Transnational Corporation)가 결성되었다. 초국적기업위원회는 개발도상국가의 입장보다 선진국의 입장에 설 수 밖에 없는 태생적 문제를 안고 있었다. 유엔을 지탱시켜주는 재정적 기금을 선진국에 의존하고 있었기 때문에 개발도상국의 인권문제를 언급하면서도 위원회는 정작 기업의 활동을 규제할 수 있는 규범은 최소주의에 기초하여 마련할 수밖에 없었다. 1970년대 들어서 자유무역이 늘고 이에 따른 인권유린은 물론, 빈곤문제가 심각해지자 유엔뿐만 아니라 국제노동기구(ILO), 경제협력개발기구(OECD) 등이 자체 규범을 제정했다. 그러나 규범은 국제투자를 위한 준칙 정도에 불과한 내용을 담고 있어서, 국제사회에서 실효성을 둘러싼 논쟁이 벌어졌다. 그 쟁점의 핵심은 초국적기업 행동규범이 인권적 측면보다는 개발도상국에서의 경제개발에 대한 주도권을 누가 갖는지, 즉 초국적기업이 개발도상국의 간섭 없이 비교적 자유롭게 활동할 수 있는지, 개발도상국이 자국의 경제·사회적 목적을 위하여 초국적기업을 규제할 수 있는지였다.

기업투자에 의한 폐해를 시정하기 위한 대책 논의는 1980년대 초국적기업을 감시하는 NGO들에 의해 폭넓게 담론화되었다. 특히 구속력 없는 행동기준들이 선언되자 투자국의 NGO들은 명문화된 행동기준의 준수 여부를 엄격히 밝히기 위한 자체 조사를 추진하였고, 일부에서는 독립적인 기구의 감시활동을 제도화하려는 노력도 이어졌다. 초국적기업들 역시 점점 더 높아지는 기업의 사회적 책임론에 대한 활로를 찾기 위해, 외부 비판을 잠재우기 위한 수단으로 또는 사회적 책임에 동감하는 차원에서 자체 기업윤리강령을 만들기 시작했다.

반면 1980년대부터 초국적기업의 윤리규범 제정작업에 들어간 유엔 초국적기업위원회는 선진국과 개발도상국 사이에서 초국적기업 활동의 규제와 보호에 대한 입장 차이가 줄어들지 않자, 유엔 초국적기업강령을 채택하지 못한 채 폐기하게 된다. 이는 경제발전에 대한 외국자본 유입의 필요성을 둘러싼 논의과정에서 초국적기업의 보호와 투자증진을 위한 조치가 초국적기업위원회의 중심내용이 되었음을 의미한다.

1980년대 후반부터는 세계무역기구(WTO) 체제의 출범을 위한 자유무역 논의와 이에 대한 우려가 국제 시민사회에서 본격적으로 논의되기 시작했다. 특히 개발도상국의 NGO들과 연구자들은 신자유주의하에서 국가보다 더 위력을 갖는 초국적 자본을 규제하기 위한 방안과 저항의 담론을 국제적으로 펼쳤다. 그 과정에서 기업감시단체들은 유엔을 비롯한 국제기구들이 제안한 자발적 규율제도의 한계를 넘어서는 방안으로, 초국적기업의 자국에서 기업의 반인권적·반환경적·반노동적 행위를 규제하는 법안을 만들자는 운동이 시작되어 일부 국가(미국, 프랑스, 노르웨이 등)에서는 관련 법안이 통과되기도 했다.

## 유엔과 세계은행에서의 개혁에 대한 목소리

기업투자에 적극적인 파트너이자 협력자인 세계은행조차 1990년대에 들어서는 그동안 기업의 입장에서만 개발전략을 펼쳐온 점이 부분적인 실수였다고 인정하며 세계은행 내부개혁의 필요성을 시인했고, 빈곤개발사업이 역으로 빈곤을 심화시킬 수 있다는 점에서 시민단체와의 연석회의를 제안하기도 했다. 그 결과 1990년대 중반 이후 세계은행과 협력파트너로서 빈곤퇴치에 나선 NGO들이 네트워크를 구성하는가 하면, 한편에서는 이런 행위 자체가 시민사회의 독자성과 선도성을 갉아먹는 국제사회의 음모라며 세계은행과 아시아개발은행(Asian Development Bank)을 감시하는 NGO들도 나타나기 시작했다.

1990년대 후반 유엔 인권증진 및 보호를 위한 소위원회(Sub-Commission on the Promotion and Protection of Human Rights)는 유엔 산하에서 소강상태로 들어갔던 초국적기업에 대한 규제를 다시 논의했다. 그 시작으로 초국적기업에 대한 견제 및 감시의 방안을 만들기 위해 초국적기업행동규범 제정작업에 나섰다. 이 작업은 초국적기업의 활동이 인권에 미치는 영향에 초점을 맞추어 규범의 대상자를 초국적기업뿐만 아니라 초국적기업 활동과 관련된 모든 형태의 기업, 즉 계약자·하청업자·공급자·배급자까지 확대했다. 그리고 규범은 경제적·사회적·문화적 권리 외에 차별금지, 신체에 대한 권리 등 별도의 항목을 자세히 규정하고 더 나아가 소비자 보호, 환경보호에 관한 규정까지 포함하고 있다. 투자국과 해외기업을 허용하는 정부가 규범이 실행될 수 있도록 필요한 법적·행정적인 조치를 취할 것은 물론, 초국적기업으로 인한 피해자들에 대해 보상이 이루어져야 한다는 규정까지 추가되었다. 이 규범은 2003년 8월 유엔에서 통과되었다.

유엔을 비롯한 국제기구, 심지어는 세계은행까지 초국적기업으로 인해 빈곤이 심화된다는 것을 인정했다. 기업의 투자가 궁극적으로 가난을 해결하지 못한다는 사실은 국제사회에서 이미 폭넓은 공감대를 형성하고 있다. 그럼에도 여전히 기업규제를 위한 구속력 있는 규범을 만들어내는 데까지는 여전히 이어지지 못하고 있다. 빈곤의 문제를 근본적으로 파헤치는 입장에서 활동하는 NGO들, 개발도상국의 활동가들은 지금까지 논의되고 진행된 초국적기업의 통제가 초보적 단계의 수준에 불과하다고 지적하고 비판한다. 그럼에도 세계적인 환경문제, 파괴되는 생태계, 초국적기업에 의한 새로운 문제들에 직면한 상황에서 보편적인 세계발전에 대한 전망을 갖기 위해서는 여전히 초국적기업의 국제적 통제와 관리에 대한 논의가 계속 확대되어야 한다.

## 책임있는 기업활동을 위한 전략을 찾는 '워 온 원트'

워 온 원트(War on Want)는 영국 런던에 있는 진보적 NGO로서, 40여년 동안 초국적기업으로 인한 폐해와 문제를 연구하고, 제3세계 단체들과 캠페인을 벌여왔다. 옮긴이가 2004년 7월 이메일을 통해 이 단체와 인터뷰를 진행했다.

**-초국적기업에 대한 워 온 원트의 입장은 무엇인가?**

지난 20년 동안의 국제경제에서 초국적기업들은 눈에 띄게 강력하고 중요한 행위자로서 군림해왔다. 2000년에는 80만개가 넘는 외국 합작사를 보유한 6만개 이상의 초국적기업이 존재하였으며, 외국인직접투자는 1조3천억달러에 달했다. 세계시장의 자유화·민영화·탈규제화가 증가함에 따라 이들 초국적기업의 중요성은 더욱 커지게 되었다. 역사적으로 해외원조가 줄어드는 이

싯점에 해외직접투자가 개발도상국들의 빈곤을 완화하는 데 기여할 수 있는지 지켜봐야 한다. 초국적기업이 일자리 창출, 투자, 신기술 도입을 통해 지속가능한 개발에 긍정적인 공헌을 할 수 있다. 그러나 사업의 근본적인 목적이 이윤창출인만큼 투자대상국의 지속가능한 개발을 보호하고 양성하기 위해 초국적기업에 규제를 가하는 것이 필요하다.

–이미 영국은 초국적기업의 해외지사 활동에 대한 법적 규제를 할 수 있도록 했는데 또다른 규제는 무엇인가?

유럽상공회의소가 2002년에 지적하였듯이, 무역시장의 자유화과정은 사회와 환경영역을 포함해 효과적인 글로벌행정을 향한 과정과 적절히 병행되어야 한다. 현재 전지구적·국가적 단계에서 행정이란 상당히 부적절한 상태에 있으며, 그 때문에 기업들 사이에 책임감과 신뢰성을 증진시키기 위한 공적 행동이 필요하다. '기업 책임 협약' 같은 것도 새로운 입법과정에서 검토해볼 만하다.

–이런 노력들이 초국적기업의 성격 자체를 변화시킬 수 있다고 보는가?

지금 전세계는 이미 가치관의 충돌, 기득권의 강화, 전지구적 관리 구상에 대한 WTO 같은 기구의 부적절한 중재행위 때문에 빈곤만큼 불신도 깊어가고 있다. 정치세력들은 그러한 행위를 예방하기에는 역부족으로 보인다. 이것은 사상초유의 현상이며, 기업뿐만 아니라 전세계 경제와 서구의 민주주의 전통에도 위협요소로 다가오고 있다. 지금은 기업의 사회적 책임에 대해 기업의 자발성에 초점을 맞춘 접근방식이 우세하다. 2001년 5월 유럽상공회의소는 직원수가 500명 이상이고, 대외적으로 잘 알려진 회사들을 초대하여 주주들에게 그들의 성과를 알리는 연례보고서에 '세개의 최저선'(triple bottom line, 금융활동의 의사결정에서 경제·사회·환경의 세 요소를 기준으로 삼는 것)을 포함시키도록 하였다. 자발성을 강조하는 이러한 접근 방식은 사회적 책임을 공유하려는 회사들의 선의에 의존하고 있으며, 이렇게 함으로써 규제가 더욱 효과적일 것이라는 견해가 그 밑바닥에 깔려 있는 것이다.

–이런 방식으로 개발도상국에서 약탈적 기업을 추방할 수 있는가?

기업의 사회적 책임감과 관련한 많은 종류의 국제적 규제와 회의가 존재하기는 하지만, 그 협정들을 실제로 집행하고 감시, 규제하는 조직은 없다. ILO 협정은 이 사항에 특히 관련된 것으로서 국제노동법을 마련하고 있다. 1998년의 근본원칙의 선언에서는 현재 핵심 노동기준으로 알려진 8개의 ILO 협약을 마련하였다. 이 협약에는 집회의 자유, 단체교섭권, 공정배분, 차별금지, 그리고 강제노역과 아동노동의 금지 등이 포함되어 있다. 하지만 이러한 항목들이 지켜지지 않는 데 대한 제재는 명시되어 있지 않다.

국내법도 핵심적인 요소이기는 하지만 동시에 그것을 둘러싼 문제들이 많다. 대부분의 개발도상국에는 법적 규범들이 존재하기는 하나 정부가 외국 투자자본을 끌어들이는 동시에 그 규범들을 집행하는 것은 어렵다. 예를 들어 수출과정에서 노동법은 보통 유보된다. 또한 대부분의 경우 초국적기업이 국가간 법의 차이를 이용하거나 법적 제재를 피해가기 위해 다른 회사들을 중간에 끌어들이기도 한다.

법인체들의 사회적 책임에 관해 많은 중요한 문제들이 현재는 잊혀지고 있다. 재정적 유동성과 불안정성, 국가업무의 민영화 등은 개발도상국 정부의 빈곤해결 역량에 중요한 주제들이다. 초국적기업의 파괴적인 영향력을 줄이기 위해 국제적 접근전략이 새롭게 모색되어야 할 것이다.

–책임감 있는 기업활동을 위한 전략사업의 목표는 무엇인가?

유엔 내 초국적기업에 대한 전지구적 규제구조의 확립을 촉진하는 것을 목표로 한다. 이로써 기업은 인권과 환경규범을 존중할 책임을 지게 될 것이다. 또다른 대안은 초국적기업들에 대한 규제가 각 국가에 의해 집행될 수 있도록 하는 법안을 만드는 것이다.

우리의 목표는 초국적기업의 전지구적 규제에 대한 유럽, 특히 영국에서의 지지를 이끌어내는 것이다. 이를 통해 개발도상국에서의 지속가능한 개발에 영국이 공헌할 수 있는 방안을 찾고자 아래와 같은 구체적인 목표로 접근하고 있다.

**목표 1** 노조원과 학생들을 대상으로 교육프로그램을 개발하고 교육시키며 지원한다. 우리가 노조에 집중하는 이유는 이 사업의 진행에서 핵심적 주체이며 세계화에 따른 문제들로 인해 다른 지역의 노동자들과 비슷한 문제들을 공유하기 때문이다. 그들은 활동가들을 위한 정기적 회의, 연례회의를 열고 있으며 이는 인식을 넓히는 데 중요한 역할을 하고 있다. 학생단체들도 대표자회의 구조를 지니고 있는데, 이는 교육과 네트워크를 구축하는 데 활용될 수 있다. 특히 미래의 시민들에게 인식을 확립하는 일이 중요하다.

**목표 2** 기업의 사회적 책임과 규제에 대한 출판물을 제작하고 미디어를 통해 연구결과와 정보를 제공한다. 지속가능한 개발에서의 기업활동에 관한 믿을 만한 연구와 정보가 부족한데, 이는 미디어를 통해 널리 알려져야 한다.

**목표 3** 개발도상국의 NGO들로부터 수집한 정보를 이슈화한다. 빈곤층을 중심으로 개발도상국에서 필요한 것들이 충족되었는지를 알 수 있게 하는 믿을 만한 정보가 꾸준히 필요할 것이다. 현재 더 강한 보호주의로 이끌지도 모른다는 두려움 때문에, 개발도상국의 몇몇 단체들은 선진국 단체들의 분석에 대해 비판적이기도 하다. 개발도상국 단체가 제공하는 정보를 토론하면 그들도 정책의 입안과 결정에 참여할 수 있게 될 것이다.

**목표 4** 초국적기업의 전지구적 규제의 문제가 영국과 유럽의 국회와 행정부에서 적극적으로 토론되고 실제적인 방안이 나올 수 있도록 한다. 이들은 법을 만드는 실제적 주체인만큼 새로운 국제 규제의 청사진을 지지하도록 이들에게 로비활동을 펼치는 것이 중요하다.

**목표 5** 개발과 빈곤 문제에 영향을 끼치고 있지만 현재 잘 다루어지지 않고 있는 문제들이 미디어와 정책입안자들을 통하여 현안에 포함될 수 있도록 한다. 현재 기업의 책임과 관련하여 이루어지고 있는 토론은 매우 제한적인데, 특히 언론, 의회 그리고 행정부 사이에서 이루어지고 있는 것들이 그러하다. 이들은 일반 민중들 사이에 관심을 불러일으키기에는 미흡하다.

참고자료

세계화 국제포럼 『더 나은 세계는 가능하다』, 필맥, 2003.
OECD, *Annual Report*.
www.apwld.org

제 12 장

권력에 대한 도전

> 저주받을 영혼도 없고 발길질당할 몸도 없는데, 기업이 양심을 가졌을 거라 기대했습니까? —에드워드 설로우
>
> 저희는 악한 목적으로 서로 장려하며 (…) 저희가 홀연히 화살에 상하리로다. —「시편」 64장 5절, 7절

초국적기업들은 돈·규모·권력을 이용해 정부정책에 영향을 끼치고 게임의 법칙을 그들에게 유리하게 바꾸기 위해 노력해왔다. 그들은 민영화라는 아이디어를 추진하여 정부가 한때 맡았던 경제적 역할을 차지했다. 더 나아가 국제협상에 영향을 미치기 위해 지배력을 강화하는 데 권력을 이용해왔고, 빈민들의 고통이 심화될 수밖에 없는 사업에 효과적으로 대응해왔다. 그리고 수많은 사람들에게 진실을 보이지 않았고, 오히려 불안해하는 수많은 대중을 안심시키기 위해 홍보능력을 사용했다. 어떤 경우에는 정부원조계획에 개입해 자금을 받기까지 했다.

그러나 초국적기업들이 힘이 있다고 해도, 그 힘은 어느정도는 그들 사이의 경쟁 때문에 제한되어 있으며, 대중에게 그들의 게임을 하도록 강요할 수는 없다. 그들은 자신들의 기술을 이용하고 자신들의 상품을 사는 대중에게 의지하고 있다. 또한 기업이 의지하고 있는 큰 세력은 주주들과 충실한 직원들이다. 초국적기업 활동의 통제는 궁극적으로 선진국과 개발도상국 모두의 정부와 시민들에게 달려 있는 것이다.

### 규제 ••

유엔에서 일반적인 국제 기업윤리강령으로 기업들을

규제하려는 노력은 아무런 성과를 내지 못했다(제11장 참조). 서구정부들은 협상에서 개발도상국들보다 오히려 초국적기업들을 지지했다. 기업들의 권력이 점점 거대해지는만큼, 초국적기업들에 대한 일반적 윤리강령은 협의될 — 혹은 협의된다 하더라도 시행될 — 것 같지 않다. 또한 빈민들이 초국적기업들과, 사실상 그들의 꼭두각시인 정부와 더 많은 협상을 한다고 해서 과연 무엇을 얻을 수 있을지도 의심스럽다. 1990년대의 국제규제에 관한 협상은 여전히 개발도상국들보다 초국적기업들을 보호하는 형식이었다. 예를 들면, 다자간 투자협정이 그러했다(제2장 참조).

그러나 국제수준에서 특정상품의 윤리강령은 아직 여지가 남아 있다. 모유대체물 마케팅강령은, 비록 우유회사들이 여전히 허점을 찾아내기는 했지만 최악의 관행 일부를 방지할 수는 있었다. 완구·양탄자·의류에 대한 강령도 현재 만들어지고 있으나, 그것이 효과를 보기 위해서는 독립적인 감시가 필요하다. 소비자들은 강령이 마케팅책략에 그치지 않고 실제로 지켜질 것이라는 증거를 원한다. 런던 소재의 독립 연구기관으로서 기업행위를 감시해온 '새로운 경제학 재단'(New Economics Foundation)은 한 보고서에서 이렇게 말한다. "감시제도는 명백하게 자격이 있고, 관련된 기업과 그들의 대리인으로부터 완전히 독립적인 기구에 의해 검증받는 절차가 있어야 한다."[1]

또한 적합한 수준의 임금기준 등을 세우는, 초국적기업들을 위한 국가적 윤리강령도 가능성이 남아 있다. 과떼말라의 경험은 윤리강령이 도움이 될 수 있다는 것을 보여준다. 과떼말라 도시의 한 공장에서 해고당한 노동자들은(그것은 강령에 위배되는 일이었다) 그 공장의 상품을 구입하는 소매점들의 압력으로 복직되었다. 그 과정에서 기업에

압력을 행사하며 독립적인 감시활동을 펼친 NGO들의 역할이 중요하게 부각되었다.[2]

　정부는 법령에 국제적·국가적 강령을 모두 포함시킬 수 있다. 일부 국가들은 이미 특정상품을 대상으로 그런 강령을 채택했다. 인도는 아기우유 마케팅에 관해 세계보건기구(WHO) 강령에 따르는 법을 통과시켰다. 기업이 이 법을 위반하면 기소될 수 있으며 개인은 3년 이하의 징역에 처해질 수 있다.

　정부는 초국적기업들이 책임있는 방식으로 행동하도록 법률을 제정하고 규제할 의무가 있다. 또한 그 법으로 특정한 목적을 위해 자금을 마련할 수도 있다. 초국적기업들에 이윤세를 부과해 지역사람들을 훈련시키는 데 사용할 수도 있다. 그러나 기업의 지배력에 장악된 많은 개발도상국 정부는 투자가들이 떠날지도 모른다는 두려움으로 규제조치를 망설여왔다. 어떤 경우에는 초국적기업들이 동의해야만 규제가 생기기도 한다. 그 결과 대부분 개발도상국에서는 해외투자에 대한 규제가 충분하지 못한 실정이다. 그러나 회사들의 압력에 굳건히 맞서는 경우도 있다. 앞에서 본 것처럼, 나미비아정부의 어업에 대한 확고한 정책은 올바른 투자를 촉진했으며 초국적기업들의 활동을 정부가 통제하였다. 필리핀정부도 결국 초국적 채광기업들에게 맞섰다.

　제3세계 정부들은 최근에 기업에서 일했거나 기업의 책략을 알고 있는 소수의 사람들을 고용함으로써 초국적기업 활동에 통제를 가할 수 있었다. 초국적기업들은 대부분 그들이 지키기로 되어 있는 규칙과 규제들을 피해가는 데 최고의 선수들이다. 내부인이 아니라면 그들과 상대할 수 없을 정도이다. 또한 기업의 힘을 견제하기 위해서 국가적 강령은 초국적기업들이 하나 이상의 경제부문에 관계할 수 없다는 것을 조건으로 할 수도 있다. 예를 들어 한 기업이 종자부문에 종사한다면 제약부문에는 활동할 수 없다.

서구국가들에서의 규제 또한 중요하다. 미국에서는 연방정부, 시당국과 주의 압력이 초국적기업들에 영향을 미쳤다. 제7장에서 언급된 대로, 미국정부는 미국으로 수출하는 의류공장에서 아동노동을 금지하도록 방글라데시에 압력을 넣었다. 미국 쌘프란씨스코시는 1996년 미얀마에 투자하는 회사들이 쌘프란씨스코에서 계약에 입찰하는 것을 금지하는 법을 통과시켰다. 쌘프란씨스코에 새로운 라디오씨스템 공급에 입찰하고 있었던 모토로라(Motorola)는 결국 미얀마에서 철수했다. 1996년 10월, 애플컴퓨터(Apple Computer)는 역시 미얀마에서 사업을 하는 회사에 불이익을 주는 매싸추쎄츠 주법에 응하기 위해 미얀마에서 철수할 것을 선언했다. 이렇게 군사정권의 통치를 받는 나라에서 낮은 임금과 억압적 노동조건의 이득을 보려는 초국적기업들은 자국에서 정부당국에 의해 제지당할 수 있다.

그러나 미국의 '아프리카의 성장과 기회 법령'(African Growth and Opportunity Act)에서 개발도상국이 초국적기업을 규제하는 것을 막는 새로운, 그리고 불길한 징조가 보이고 있다. 이 법은 투자에 대한 모든 제한을 철폐하고, 상업과 생산요인의 규제를 금지하며, 심지어 개발도상국들이 WTO에 가입할 것을 주장한다.[3] 일부 국가들은 WTO의 성격을 간파하여 가입하지 않겠다고 선언했다. 이 법은 아프리카 국가들에게 말한다. '만약 외자투자를 원한다면 너희 나라를 운영하는 권리인 주권을 양보해야만 한다.' 1998년 3월 미국 대통령 빌 클린턴이 남아프리카공화국을 방문했을 때, 대통령 넬슨 만델라(Nelson Mandela)는 그 법안은 받아들일 수 없다고 통명스럽게 말했다. 그 법

아래서 미국은 아프리카의 상품을 구매하는 '당근'을 아프리카에 제공할 것이다. 그러나 자유무역과 열린 국경을 향해 움직이고 있는 세상에서 그런 거래는 별로 가치가 없다.

만약 초국적기업들이 적절한 규제를 받아들이지 않는다면, 그리고 서구정부들이 규제를 못하게 하려고 노력한다면, 개발도상국들은 외국회사들이 없는 편이 그들에게 더 낫지 않을까 자문해봐야 한다.

## 생산자 ● ●

세계의 지배적인 산업인 농업에서 농민들은 거대 초국적기업들에 반대하는 싸움을 주도할 수 있다. 기업들의 상품을 사용할 것인지 말 것인지를 결정하는 것은 농민들이다. 초국적 농화학기업들은 농민들이 필요한 식량을 재배하기 위해서 자신들의 종자와 농약을 필요로 한다고 주장하지만, 그러한 주장은 본질적으로 거짓이다. 기업들이 장려하는 단종재배(넓은 지역에 한 작물만 재배하는 것)가 다종재배(같은 땅에 2개 혹은 그 이상의 작물을 재배하는 것)보다 수확량이 훨씬 적다.[4] 한 작물만 단일양식으로 심는 것은 병충해의 위험을 증가시키고 지속가능하지도 않다.

소위 '녹색혁명'이라는 초국적기업들의 기술 환영에서 깨어난 개발도상국의 일부 농민들은 농약을 쓰지 않거나 외부투입물을 줄이는 농사로 돌아갔다. 이런 씨스템 전환이 처음에는 수확량 저하를 일으킬 수 있으나, 궁극적으로는 훨씬 많은 식량을 수확할 수 있다. 퍼머컬처(permaculture, permanent agriculture, 부가적 원료를 전혀 사용하지 않는 영구적인 농업)로 전환한 일부 인도 농민들은 화학적 농업보다 4배나 많은 수확량을 누리고 있다. 같은 토지에서 더 많은 식량을 생산하는 것,

그리고 그것을 지속가능한 방식으로 하는 것은 분명히 정부가 농업에 바라는 것이다. 초국적기업들은 그들이 그렇게 할 수 있다는 것을 증명하지 못했다. 그러므로 농민들은 초국적기업들의 특허받은 종자를 사서 심을 필요가 없다. "농민들이 잡종 혹은 특허종자의 구매를 거절하는 것, 그리고 산업적 단종재배를 거부하는 것이 저항의 시작"이라고 브루스터 닌(Brewster Kneen)은 말한다.[5]

대부분 개발도상국들에서 일자리 창출은 긴박한 과제이다. 자본이 아니라 민중을 경제정책의 중심에 놓는 대안적인 방법들을 포함하여, 초국적기업들에 의존하지 않는 생산과 분배의 방식들이 개발되고 장려되어야 한다. 초국적기업들이 아니라 도시·마을·농촌의 지역재개발과 의료부문의 직접써비스, 교육과 지역사회 지원을 통해 지역경제를 보조하는 것이 많은 일자리를 창출하는 데 도움이 된다.[6] 중소기업도 초국적기업에 대한 대안이다. 중소기업이 대체로 훨씬 더 쉽게 일자리를 만들고 전반적인 개발노력에 공헌할 수 있다.

초국적기업들은 개발도상국의 사실상 모든 경제부문에서 빈민들의 필요와 관련이 없는 대규모 기술을 도입했다. 만약 그들의 기술이 빈민들에게 부적절하다면, 대규모 기업들 또한 그러하다. 정부들은 초국적기업 방식의 기술이 국가와 국민들에게 적절한지, 그리고 정말로 지역기업보다 뛰어난지 의심해볼 필요가 있다. 개발도상국이 원한다면, 외부인에게는 큰 이윤이 발생하지 않아 초국적기업들이 별로 관심을 보이지 않는 기술과 경영방법을 선택할 수 있다.

개발도상국들의 생산자들은 초국적기업들의 수입상품을 확인하고 대안물을 만드는 방법을 찾을 수도 있다. 모리타니아에서는 지역 낙농제품을 개발하여 개인의 건강과 지역 목우민의 생계를 유지하고, 사람

들이 수입된 우유 대신 지역에서 생산된 낙타우유를 구입할 수 있게 되었다.[7]

문제는 한 국가가 어떻게 그들의 자원을 이용해야 하는지, 특히 귀한 자원이 초국적기업들과 그들의 상품 수입을 끌어오는 데 사용되어야 하는지이다. "모든 국민들이 쉽게 살 수 없는 상품을 판매하고 쉽게 누릴 수 없는 생활방식을 조성하는 것이 개발도상국에서 귀한 자원을 이용하는 효과적인 방법인지는 의문으로 남는다"라고 유엔 보고서 『개발도상국에서의 초국적기업』(*Transnational Corporation in World Development*)은 말한다.[8] 빈민들은 초국적기업이라는, 정부가 자원을 제공하여 편의를 봐주는 존재에게서 혜택을 받지 못할 것이다.

## 소비자 ● ●

초국적기업의 이윤은 그들의 상품을 구매하는 사람들에게 달려 있다. 어떤 식품·음료·의류·장난감·신발·약을 살 것인지, 어떤 휴가를 보낼 것인지를 결정하는 것은 소비자이다. 소비자들은 빈민을 착취하고 있다고 생각되는 초국적기업의 상품과 써비스를 구입하지 않을 수 있다. 그렇게 함으로써 회사의 중대한 부분을 공격할 수 있다. 바로 회사의 대차대조표이다. 소비자들은 기업의 무책임은 손해라는 것을 분명하게 인식시킬 수 있다.

1990년대 소비자들의 압력이 커지자 소매업체들은 초국적기업에 상품이 어떠한 착취 없이 생산되었다는 보증을 요청했다. 소매업체 중 초국적기업인 곳도 많다. 원조기구 크리스천 에이드(Christian Aid)는 영국의 10대 슈퍼마켓이 1년에 세계 35개 극빈국을 다 합친 것보다 많은 돈을 벌었다고 추정했다.[9] 그러나 소매업체들은 소비자와 생산에 관련된 대규모 초국적기업들 사이의 다리 역할을 한다.

　미국 소매업체들의 압력으로 미국의 상점에서 판매하는 의류를 만드는 방글라데시와 중앙아메리카의 공장에서 아동노동이 줄어들었다(제7장 참조). 그러나 소매업체들은 그 강령들이 지켜지고 있는지 확실히하기 위해 감시업무를 도입할 필요가 있다. 소비자단체의 압력을 상쇄하기 위한 노력으로 일부 상점들은 그들 자신의 강령을 세웠다. 크리스천 에이드는 개발도상국에서 다양한 종류의 제품을 구매하고 비축하는 영국의 주요 슈퍼마켓들에 '제3세계로부터 구매를 위한 윤리원칙 채택, 모든 자사 상표 제품의 해외공급을 위한 강령, 그리고 강령 준수의 독립적 감시에 대한 동의'를 촉구했다.[10] 제4장에서 언급한 대로 스위스 소재의 소매업체 미그로스(Migros)는, 회사가 노동자들의 환경을 개선하는 데 동의한 사회조항 때문에 파인애플 가격이 비싸졌음에도 불구하고 필리핀으로부터 계속 수입을 해야 했다. 이는 다시 한번 소비자압력이 어떻게 빈민들을 돕는지 보여준다.

　카페다이렉트(Cafédirect)의 공정거래 제품이 영국 커피시장의 3%를 차지했다. 카페다이렉트는 아프리카와 라틴아메리카의 작은 농장에서 커피원두를 구입한다. 카페다이렉트는 시장가격 이상을 지불하면서 소규모 생산자들이 운송방법을 개선하고, 장학금을 기부하고, 농업장비를 구매하고, 다른 지역과 사회적 개선을 이룰 수 있게 했다. 그리고 일반기업을 상대로 하는 마케팅에 대안을 제시했다.

　1996년 11월에 새로 설립된 네덜란드 회사 아그로페어(Agrofair)는, 생산자들에게 거대 무역회사들이 지불하는 것보다 40%를 더 주면서 아프리카, 카리브해, 태평양 국가들에서 나는 바나나를 판매하기 시작했다. 이는 상품 무역업자의 이윤이 제거되었기 때문에 가능했다.[11] 초국적기업의 활동이 국제무역을 많이 고려하는만큼, 공정거래는 반드시 계속 증가해야 한다. 초국적기업들은 그들의 정책을 과감하게 바꾸어 이 성장하는 시장의 일부가 되어야 한다.

## 주주 ● ●

초국적기업은 기업정책에 대하여 일정정도의 권한을 가지고 있는 주주들이 소유한 주식회사이다. 1990년대 후반, 주주들이 그 권한을 행사할 준비가 되어 있다는 신호들이 나타나기 시작했다. 개발도상국에 투자한 회사의 사업에 관심을 갖는 주주들은 1960년대부터 연례총회에서 그들의 목소리를 냈다. 특정문제를 위해 몇몇 활동가들이 한 초국적기업의 주식을 구입하고 회사의 연례총회에 참석해 회사가 부당행위를 바로잡고 정책을 바꿀 것을 촉구하는 결의안을 제의할 수 있었다. 1970년대 후반, 세계개발운동의 회원들은 브루크 본드(Brooke Bond)라는 차(茶) 회사의 주식을 매입했고, 회사가 아시아 차 노동자들의 임금을 인상할 것을 촉구하는 결의안을 제의했다. 바클레이은행(Barclay Bank), BAT, 네슬레(Nestlé), RTZ도 비슷한 활동을 겪은 초국적기업들이다. 비록 그 결의안들은 완전히 무시당했지만, 활동가들이 주장하는 부당행위가 강조되면서 상당한 홍보효과를 거두었다.

1990년대 후반에는 또다른, 그리고 더 의미있는 주주들의 압력이 있었다. 1997년 5월 연례총회에서 130명의 주주들이 관리연금기금의 형식으로 조직에 소속된 주주들의 지지를 이끌어낸 결의안을 제안했다. 그 결의안은 쉘(Shell)측에 '환경과 인권정책을 위한 독립적인 평가와 감사절차를 수립할 것'을 요구했다. 이는 국제앰네스티(Amnesty

International), 세계자연기금(World Wide Fund for Nature), 지구의 친구들(Friends of the Earth)과 같은 NGO들뿐 아니라 '연금과 투자 연구 컨설턴트'(퍼크Pirc, Pension and Investment Research Consultant)라는 런던 소재 기구의 지지를 받았다. 퍼크는 회사들이 환경과 인권에 관해 건전한 기록을 갖고 있는지를 연금기금에 조언한다. 퍼크 공동소장인 앤 씸슨(Anne Simpson)은 그 결의안에 어긋나는 경우는 없었으며 쉘이 제기된 문제에 대해, 비록 나라마다 차이가 있는 것 같기는 하나, 이미 조치를 취하고 있는 것을 발견했다고 지적한다. 이 결의안은 실패하기는 했으나 250억파운드에서 300억파운드의 투자자산을 가진 18개 연금기금의 지지를 받았다. "주주는 회사의 주인이기 때문에, 주식회사에게 업무를 어떻게 운영할 것인지를 이야기해야 한다"라고 씸슨은 말한다.[12]

널리 알려진 NGO에 의한 캠페인, 그리고 오고니(Ogoni)에서의 활동에 대한 나쁜 평판 이후에 쉘은 1997년 3월에 환경·인권단체와 민감한 프로젝트를 상담할 것이라는 계획을 발표했다. 쉘 중역이 그 결의안에 반대했음에도 불구하고, 회사는 업무수행에 대한 외부검증의 원칙을 받아들였다. 이렇게 주주들의 압력은 효과를 보았다. 거대 회사들조차도 대중의 의견을 무시할 수만은 없다. 그들의 회사에 의한 비윤리적 행위라고 믿는 것에 반대할 준비가 되어 있는 주주들이라면 세상의 지지를 얻을 것이고, 회사가 정책을 다시 생각하도록 촉구할 수도 있다.

## NGO 활동 ● ●

남반구와 북반구 모두에서 초국적기업 활동에

대한 지역사회와 NGO들의 시위는 많은 부문에서 기업정책에 영향을 끼쳤다. 북반구와 남반구 NGO들의 동맹은 남반구의 단체들이 카길 (Cargill), 쉘, 리오틴토(Rio Tinto) 같은 초국적기업들에 공동으로 저항할 수 있는 가능성을 열었다. 인터넷과 같은 새로운 통신수단으로 단체간의 빠른 정보교환이 가능해졌고 특정 사안에 대해 세계적 연대와 캠페인도 가능해졌다. 인터넷은 NGO들이 다자간 투자협정에 반대하는 캠페인을 성공적으로 이끄는 데 중요한 역할을 했다. 또한 NGO들이 초국적기업들이 무엇을 하고 있는지에 대해 더 잘 알 수 있게 되었다. 북반구와 남반구 모두의 NGO들에게, 인터넷은 효과가 높고 비용이 적게 드는 정보교환의 수단으로 입증되었다.

개발도상국에서 지역 NGO가 초국적기업들의 계획을 저지하는 경우도 있었다. 미국 기업 듀폰(DuPont)이 고아(Goa) 고지대에 바퀴 생산공장을 지으려고 인도 회사 타파(Thapar)와 함께 타파-듀폰 주식회사(TDL)를 설립하려고 했을 때, 친환경적인 방식으로 일하겠다고 약속했다. 그러나 그들이 말하지 않은 것은, 듀폰의 TDL과의 계약 덕분에 미국에 있는 본사는 환경 관련 항의나 보팔 식의 산업재해에 대한 책임이 면제된다는 것이었다.[13] 지역활동가들이 지하수 보호, 폐수처리, 폐기물 재활용, 대기오염에 대한 관리조치가 취해지지 않았다는 사실을 알아냈다. 1994년과 1995년 시위가 잇따르자 회사는 공장을 다른 곳으로 이전하기로 결정했다. 듀폰은『다국적 감시』에 의해 1995년 '10대 악덕기업' 중 하나로 선정되었다.[14]

그러나 신발·완구·의류·광업·식품·약품·유아식품 등에 대한 NGO의 캠페인이 그 사안들을 대중에게 알리고, 적어도 일부 기업들이 주의하게 하고 있음에도 불구하고, 초국적기업의 행동을 바꾸는 데에는 큰 성과가 나타나지 않고 있다.[15] 오랜 기업의 관행을 바꾸기 위해서는 막대하고 다각화된 공공의 노력이 필요하다. 국제적인 노동조합운동은 초국적기업들에게 합리적인 노동기준을 도입하도록 설득해야 한다. 134개국 1억 2600만 노동자를 대표한다는 브뤼쎌 소재의 국제자유노동조합연맹(International Confederation of Free Trade Union)이 초국적기업들에게 영향을 끼치기 위한 계획들을 가지고 있긴 하나, 아직 결과는 눈에 보이지 않는다.[16]

NGO는 또한 필요한 사람들보다는 초국적기업들을 돕는 개발원조를 폭로할 수 있다. 1994년, 영국에서 캠페인을 벌이던 사람들은 정부가 말레이시아 페르가우댐을 원조하려고 한다는 이유로 정부를 법정에 세웠다(제8장 참조). 법원은 영국 의회법이 원조의 기본목표는 한 나라의 경제적 이득 혹은 그 국민들의 복지라는 사실을 강조하고 있다고 판결했다. 그 법을 위반하는 것이 페르가우댐 원조만이 아니다. 초국적기업들을 돕는 원조, 그리고 또한 원조의 사유화에 대한 대중의 시위들은 정부원조가 빈곤을 극복하는 데 초점을 맞추게 할 수 있다.

농민들의 저항, 지역사회와 소비자저항, 주주압력, 지역당국과 NGO의 압력은 거대 초국적기업들의 행동에 맞설 수 있는 강력한 방법들로 떠올랐다. 기업의 권력에 저항하기 위한 이런 세력들과 다른 관심있는 사람들의 국제적 네트워크가 기업들의 행위와 그 영향을 면밀히 감시하고 대안을 제시할 만한 공간이 있다. 인터넷이 그런 네트워크를 가능하게 한다.

## 기업활동 ● ●

이 책에서는 가장 유명하고 돈을 잘 버는 회사들

이 어떻게 세계의 빈곤한 사람들의 생계를 파괴하는 사업에 관련되어 있는지를 살펴보았다. 문제는 이런 기업활동이 오히려 공적으로 드러났을 때 기업의 이미지를 추락시키고 그들 상품에 대한 불매운동이 일어나는데, 왜 기업은 교묘한 홍보활동과, 현실과 동떨어진 성명에 기대어 기업활동을 유지하는가이다. 왜 그들은 빈민들이 자신들이 벌인 사업 때문에 고통받는 것을 보면서도 자신들의 이미지를 닦기 위해 막대한 돈을 지출하는가? 이 회사들은 빈민들의 세계에 대해 아무것도 알지 못해서인가? 그들의 정책이 멀리 떨어진 외국 도시에서 만들어지고, 그들의 정책입안가들이 제3세계 빈민들의 삶과 너무나 멀리 있기 때문인가?

현실은 훨씬 복잡하다. 거대 초국적기업에는 대부분 이윤을 찾아 개발도상국의 가장 외진 지역까지 찾아 헤매는 사람들이 있다. 그들은 사람들의 삶을 어렴풋이 감지하고 있다. 그들은 가난한 사람들이 어떻게 사는지에 대해 조금은 알고 있다. 초국적기업들은 그들의 정책이 제3세계 사람들에게 미치는 영향을 알고 있으나, 그럼에도 불구하고 그런 정책들을 추구한다. 이는 초국적기업들이 세상에서 가장 취약한 사람들을 다루는 방식에서조차 양심이 없다는 비난의 근거가 된다. 문명화된 사회라면 가난한 사람들이 더 나은 대우를 받을 것이다. 초국적기업들이 할 수 있는 최고의 홍보활동은 특히 빈민들에 대한 '책임'이라는 단어로 요약할 수 있다.

그러나 최근 고용정책의 발전은 빈민들을 더욱 혹독하게 고통받게 했다. 많은 초국적기업들이 시간이 지나 일정한 목표가 달성되면 노동자들을 해고하고, 남아 있는 노동자들에게 더 많은 일거리를 부과함으로써 이윤을 늘리려고 한다. 1990년대 후반, 특히 아시아 경제위기가 터지고 나서 노동자들은 더 많은 성과를 올려야 한다는 막대한 압력을 받고 있다. 고용안정의 시대가 가면서, 초국적기업 노동자들은 성공하지 못하면 일자리가 위태로워진다.

상황이 이렇기 때문에 노동자들은 어쩔 수 없이 포기하게 된다. 그들이 영향을 끼칠 사람들에 대해 숙고하지 못한 채 결정을 내리게 되는 것이다. 맞서 싸울 수 없는 빈민들은 특히 상처받기 쉽다. 이중 기준이 슬며시 끼어든다. 한 석유회사 고위경영자는 이렇게 털어놓는다. "우리가 서구국가들에서 하는 것과 같은 높은 기준을 개발도상국들에서도 적용하며 활동하리라고 기대할 수는 없다." 서구에서는 정부들이 높은 환경기준을 고집하고 초국적기업 운영을 면밀히 감시한다. 제3세계에서는 법적 기준이 대체로 낮아서 초국적기업들은 이를 더 잘 피해갈 수 있다. 노동자들은 착취를 당하면서도 직장을 잃을지도 모른다는 두려움에 빠져 있다. 영국경영자협회의 사무총장인 팀 멜빌-로스(Tim Melville-Ross)는 대부분의 기업들이 개발도상국에서는 자신들의 나라에서와는 다른 운영기준들을 적용한다는 사실을 인정했다.[17]

대규모 초국적기업들이 변화할 수 있는가? 그들이 과연 개발도상국에서 자신들의 행위로 예상되는 영향을 철저히 평가하기 위해 지역사회와 상의할 것인가? 만약 제3세계에서 마지막 한푼이라도 더 짜내려고 노력하지 않고, 사람을 이윤보다 우위에 두고, 회사의 이해관계가 걸려 있는 곳에 대해 장기적 입장을 취하며 자신들의 회사가 책임있게 행동하기를 진심으로 바라는 사람들을 직원으로 둔 기업이 있다면, 그들은 주주들을 만족시키기에 충분한 돈을 벌 수 있는가? 초국적기업들이 비교적 단기간에 이윤을 극대화하지 않으면 금융시장에서 성과가 낮은 회사로 보일 수 있고 인수입찰을 당하게 될 수 있기 때문에 이러지도 저러지도 못하는 상황이 생길 수도 있을 것이다. 장기적인 관점에서 이윤을 생각하고 사회적 책임을 폭넓게 고려하는 기업은 투자집단들이 재정적 이익을 얻기 위해 인수하려고 나서게 마련이다.[18] 그런 투자집단들은 기본적으로 성과가 낮은 기업을 취득해 재정적 효율성을 극대화하려고 하는 '침략자'들이다. 이들은 기업을 나누거나 일부를 팔지도 모른다. 이윤이 유일한 기준이다. 코튼(Korten)은 "사회적으로 의식있는 경영자들도 많이 있다. 문제는 그들이 살아남기 힘들게 하는 약탈적인 구조이다"라고 말한다.[19]

약탈자들이 위협해온다고 해서 초국적기업들이 깨끗하게 행동하지 말아야 할 이유는 없다. 어떤 경우에는 이윤에 큰 영향을 주지 않는 작은 변화도 도움이 될 수 있다. 네슬레가 모유대체물 마케팅을 세계보건기구(WHO)의 강령에 맞추는 데는 그리 큰 비용이 들지 않았다. 극소수의—대개는 규모가 작은 편인—초국적기업 사장들은 종래의 기업활동에 대해서 뚜렷한 거부감을 가지고 있다. 바디샵(Body Shop)의 창설자이자 이사인 아니타 로딕(Anita Roddick)은 사회정의나 인권, 숭고함 같은 사안을 경영훈련에 포함시키는 것이 급선무라고 말한다. 로딕은 이런 접근을 장려하기 위해 새로운 비즈니스아카데미를 설립하고 있다.[20] 바디샵이 초국적기업들 사이에서 보기 드문 경우이긴 하지만(이 회사는 인권과 시민권을 포함하는 자신들의 무역헌장을 갖고 있다) 이는 규모가 큰 기업들에게 나아갈 길을 제시하는 것일 수 있다.

맺음말 ● ●

점점 커지는 초국적기업들의 권력은 세계의 일부가

아니라 전체에 영향을 끼친다. 그러나 거대기업들에 의해 지배당한 세계에서 부자들은 선택적으로 구매를 할 수 있는 돈이 있다. 가난한 사람들은 그렇게 운이 좋지 않다. 어떻게 방글라데시 사람들이 저가로 생산된 필수약품들을 초국적 제약기업들의 권력 때문에 살 수 없는지, 어떻게 인도의 농민들이 초국적기업들의 특허작물 때문에 위협당하는지, 어떻게 관광단지 사람들의 물 공급이 '개발' 때문에 위험에 처하는지, 지금 일어나고 있는 일만 보아도 알 수 있다.

코튼은 "우리의 목표는 작은 것, 지역적인 것, 협동하는 것, 자원을 보호하는 것, 그리고 장기적인 것에 기반한 전지구적 씨스템을 만드는 것"이라고 말한다.[21] 이 목표는 독점적이지 않고 다원적인 씨스템, 가난한 사람들이 중요시되는 씨스템을 만드는 것이다. 중요한 문제는 자신들의 주주들에게만 책임이 있는 초국적기업들이 과연 그러한 씨스템의 일부가 될 수 있는가이다. 기업윤리강령과 국가의 규제에 협조하지 않는 한 초국적기업들은 개발도상국들에서 미움을 살 것이다. 그들의 활동은 더 개방적·민주적으로 되고, 북반구의 주주들뿐만 아니라 개발도상국의 사람들까지도 반드시 책임져야 한다. 그렇게 되면 초국적기업에 최소한의 변화 가능성이 열리게 되는 것이다.

스위스 법원의 한 판사는 네슬레(제4장 참조)에게 "만약 회사가 비도덕적이고 비윤리적 업무에 대한 고발을 당하고 싶지 않다면, 광고행위를 바꾸어야 할 것"이라고 말했다. 이는 새로운 밀레니엄의 초입에서 초국적기업들이 직면한 도전이다. 그 미래의 일부가 되고 싶다면, 자신들이 상상한 것보다 크게 변화해야 할 것이다.

다시 한번 문제는 초국적기업들이 그것을 할 수 있는지이다. 브루스터 닌은 카길에 대한 자신의 책에서 이렇게 언급한다.

기업의 사상은 기업이 전지구적 생산과 분배를 계획하는 지혜의 샘이
며 가장 적격한 기구라는 내용을 담고 있다. 따라서 카길은 지금 자신들
이야말로 산업화되지 않은 세계의 사람들을 후원하는 가장 적당한 기구
라고 자처하고 있다. (…) 초국적기업은 양으로 승부한다. 그래서 카길
같은 회사가 원한다 하더라도 기능할 수 없는 명확한 한계가 있다. 거기
에 저항과 대안 추구의 열쇠가 있다.[22]

그는 또 이렇게 지적한다. "새로운 사회조직들이 출현하고 있다. 그
바탕에는 꾸준히 번영하여 이제는 다양성과 포괄성을 창출해내는 지
역사회가 성장하고 있다. 그들은 개인의 장기적 복지를 그들 지역사회
의 상품, 그리고 사회전체와 동일시한다. 이런 공동체 안에서 카길의
자리는 상상하기 힘들다."[23] 이런 공동체 안에서는 어떤 거대 초국적기
업들의 자리도 상상하기 힘들다. 진정으로 책임있는 경영을 하는 소규
모 초국적기업들이라면 가능할지도 모른다. 그러나 어떤 초국적기업
이건 자신들의 행동에 따라 그런 자리를 얻을 수도 있고 얻지 못할 수
도 있다.

## 기업윤리강령의 신화 벗기기

초국적기업들이 개발도상국에서의 노동조건을 향상시키는 방법으로 기업윤리강령을 이용하는 데 존재하는 본질적인 모순은 무엇일까? 그것은 시장에서 비착취적인 생산은 불가능하다는 전제와 윤리강령은 시장메커니즘을 통하여 노동조건을 향상시킨다는 목표 사이의 모순이다. 지속가능한 강령들을 시행하는 추진력은 소비자운동이지만 결국 소비자들의 권력이란 것도 자본주의적 경쟁과 축적에서 나오는 것이다. 그러므로 자발적인 강령에 근거한 노동조건 개선과 소비자중심 캠페인은 시장이 허용하는 정도에서 제한될 수밖에 없다. 그러나 한편으로 기업윤리강령이 시장에 기반을 두고 있는 동시에 시장의 움직임과 충돌한다는 바로 그 모순 때문에 초국적기업들은 그것을 노동자들을 극단적인 착취로부터 보호하는 유일한 규제수단으로 두려고 하고, NGO들은 그것을 초국적기업을 감시할 수 있게 하는 근거로 받아들인다.

노동윤리강령은 그 자체로는 전혀 새로운 것이 아니다. 그러나 '자발적인 그리고 자기규제적인' 기업윤리강령이 사기업의 노동관행을 규제하는 가장 중요한 수단으로 나타난 것은 1980년대 후반에 이르러서였다. 70년대부터 기업활동에서 초국적 성격이 점점 커지자 국경을 넘는 규제가 필요해졌다. 그래서 국제기구들은 각국 정부에 OECD의 1976년 '다국적기업을 위한 가이드라인' 혹은 ILO의 1977년 '다국적기업들과 사회정책에 관한 원칙의 삼자선언' 같은 국제적으로 인정되는 노동강령을 자발적으로 따를 것을 촉구했다. 그러나, 국가 노동법과 정부의 시행에 기반한 이러한 패러다임은 70년대 후반 이후 심각하게 약화되었다. 되풀이되는 경제위기들, 2차대전 이후의 호경기 종식, 정치화되는 노동운동 등에 대한 대응으로, 서구기업들은 주로 국내노동력에 의존했던 축적전략을 포기하고 더 나은 투자지역을 찾아 국경을 넘어 나아갔다. 자본투자·생산의 초국적 성격과 선진국들의 탈산업화로 노동·자본·정부 간의 삼자 혹은 양자협상의 유효성은 손상되었다. 개발도상국에서는 금융·상품

시장을 초국적기업에 개방하라는 선진국의 압력과 외자를 유치하려는 정부의 노력이 맞물려 자본유입의 자유화가 시작되었다. 그러나 개발도상국들은 사실상 초국적기업들의 노동관행을 규제하는 어떤 수단도 갖지 못했다.

그러는 동안 서구사회에서는 초국적기업들과 그들의 하청업체의 감독하에 지역노동자들이 소비재를 생산하는 남반구의 '스웨트샵'(sweatshop, 노동착취 공장)에 대해 우려하기 시작했다. NGO들, 특히 거대기업들이 노동조건을 향상시키도록 압력을 넣는 도구로 소비자의 구매력을 이용하는 미국과 서유럽의 소비자단체들이 열악한 노동관행과 노동권 침해를 일으키는 초국적기업 반대 캠페인을 벌여 남반구-북반구 연대라는 새로운 형식을 개척했다. 소비자운동의 초기 발전단계에서는 불매운동을 일으키는 효과적인 매체 캠페인을 조직함으로써 거대기업에 도전했다. 개발도상국에서 활동하는 초국적기업들의 노동자에 대한 비인간적 대우가 이슈였다(이런 의미에서 소비자운동은 노동운동보다는 박애주의적 성격이 짙다). 리바이스(Levi's)와 나이키(Nike) 같은 거대 소비재 상표들이 우선적인 목표가 되었다. 그러나 제3세계 노동자들과 합의되지 않은 채 진행된 불매운동이 오히려 그들의 일자리를 위협하게 되어 많은 저항을 받게 되었다.

초국적기업들은 개발도상국에서의 노동관행 개선을 요구하는 소비자들을 자신들의 사업 수익성에 대한 잠재적 위협으로 인식하고 그들을 진정시킬 새로운 전략을 개발해야 했다. 이른바 '기업의 사회적 책임'(Corporate Social Responsibility, CSR) 담론이 비즈니스세계에서 회자되기 시작한 것은 이러한 맥락에서였다. 소비자캠페인이 판매에 민감하게 반영되는 초국적 소비재 생산기업들은 CSR에 대한 자신들의 관심과 실천을 알려야 할 필요성이 커졌다. 그때부터 기업윤리강령은 특히 개발도상국의 노동권을 위한 효과적인 전략을 모색하는 NGO들 사이에서 널리 사용되었다. 1990년대 후반, 리바이스, 월마트(Wal-Mart), 갭(Gap), 나이키 같은 회사들은 내부용 윤리강령을 만듦으로써 CSR 이슈에 좀더 적극적으로 접근하기 시작했다. 미국에서는 클린턴

(Clinton)행정부가, 스웨트샵 반대운동에 대한 대응으로, 회사들이 개발도상국에 있는 그들의 공급업체 공장의 노동조건에 대한 책임을 촉구하는 '클린턴 모델 비즈니스 원칙'(Clinton Model Business Principles)과 '백악관 의류산업 파트너십'(White House Apparel Industry Partnership)을 도입했다. 서구 정부와 기업들이 사회적 책임에 대한 인권단체들의 요구에 좀더 적극적으로 반응하자, 공정노동협회(Fair Labor Association, 미국), 윤리적 대안무역(Ethical Trading Initiatives, 영국), 그리고 사회적 책임 인터내셔널(Social Accountability International, 미국) 같은 이 분야의 주요 단체들이 1990년대 후반에 설립되었다. 한편, '사회적 책임을 위한 비즈니스'(Business for Social Responsibility, BSR)같이 기업 내부에서 CSR을 진척시키는 사업가단체들 또한 주목을 받았다.

그러나 200개가 넘는 현존 기업윤리강령 중에 법적 의무나 강제를 갖고 있는 것은 없다. 그러므로 기업윤리강령의 준수는 특정 사업의 수익성에 영향을 끼칠 수 있는 소비자캠페인에 달려 있다. 이런 의미에서 소비자운동과 기업윤리강령은 서로와 분리될 수 없다. 기업들을 협력대상으로 끌어들이고 그들이 CSR운동에 가담하도록 장려하면서, 점점 더 많은 대안무역기구들이 이윤과 노동권이 서로 배치되는 것이 아니라는 증거들을 보여주었다. 그러자 점차 '책임'에서 '수익성'으로 초점이 옮겨졌다. 다시 말해, 이윤을 위해 노동조건을 향상시켜야 한다는 논리가 논쟁의 핵심으로 떠오른 것이다. 이런 사고의 기본가정은 소비자들이 점점 더 제품이 어떻게 생산되는지에 관심을 갖고 이에 따라 상표를 선택한다는 것이다.

물론, 현실에서는 매우 드물지만 이론상으로는 개별기업이 좀더 많은 이윤을 남기고 동시에 좀더 나은 임금과 노동조건들을 보장하는 경우들도 있다. 이는 생산의 규모를 최대화하고, 제품당 이윤을 최소화하여 대량판매를 할 수 있는 기업에만 해당된다. 소비자캠페인 역시 인구 대부분이 직접적으로 구입하는 물품을 생산하는 산업에만 압력을 가할 수 있다. 개별 자본은 그 산업에서 살아남기 위해서 이윤 감소의 문제에 다른 방식들로 대처할 수도 있다. 무엇보다도 거대기업들은 노동기준 향상에 따르는 비용을 그들의 공급업체에 떠넘기기도 한다. 즉 자신들의 강령을 준수하도록 강요하면서 공급가격의 상승은 허락하지 않는 것이다. 그렇다면 공급업체는 노동조건을 향상시키는 데 들었던 비용을 자신의 하청계약업체들을 쥐어짜서 메우려고 할 것이다. 결과적으로 공급체인의 밑바닥까지 악순환되기 마련이다. 이런 점들을 볼 때, '좀더 나은 노동조건과 좀더 많은 이윤'은 동시에 실현되기 어렵다.

그렇다고 강령을 통해 노동조건을 개선하려는 노력이 헛수고라는 것은 아니다. 오히려 우리가 수익성 논리를 근거로 노동권과 노동조건의 개선을 촉구하려고 노력한다면 머지않아 막다른 길에 다다를 것임을 의미한다. 노동자들의 생활조건을 향상시키기 위해 기업윤리강령을 이용하려면 이 수익성의 '덫'에서 벗어나야 한다. 사실 수익성으로 인해 추진된 CSR은 '책임'과는 거리가 먼, 시장에 기반한 인쎈티브에 가깝다. 무슨 '책임'이 그렇게 많은 보상을 필요로 하는가?

이 모든 단점들에도 불구하고, 기업윤리강령을 이용해 노동자들의 생활조건 개선을 추구하는 것이 그 자체로 효과가 없는 것은 아니다. 노동자들이 기업윤리강령으로부터 혜택을 볼 수 있는 유일한 방법은 CSR 이슈를 수익성의 문제와 분리하는—혹은 분리하려고 계속 노력하는—것이다. 따라서 강령의 작성·수정·감시 과정에 노동자들의 참여를 보장해야 한다. 이를 위해서는 또다른 조건이 필요하다. 북반구와 남반구 간의, 그리고 NGO들과 노동조합들 간의 좀더 항시적인 연대네트워크를 개발하는 것이다. 이러한 조건들이 충족되지 않는 한 기업노동윤리강령은 단지 자본이 노동력 관리라는 형식으로 노동을 포섭하는 수단이 될 뿐이다.

## 2004년 그리스 아테네, 또다른 올림픽 캠페인

2004년 8월의 아테네 올림픽 시작에 맞춰 전세계의 노동조합, 깨끗한 옷 입기 캠페인, 옥스팜 등 기업감시운동단체들은 개발도상국가의 스포츠의류 노동자들과 함께 스포츠의류기업들과 국제올림픽위원회에 올림픽을 공정하게 치를 것과 스포츠의류 노동자들의 권리를 보장할 것을 요구하고 있다. 2004년 3월 4일, 약 25개국의 단체들이 참여한 가운데 이 운동의 시작을 알리는 다양한 행사들이 펼쳐졌다. 전세계 많은 나라의 언론에서 이채롭게 벌어지는 대안 올림픽의 현장을 보도하였다.

네덜란드 국제올림픽위원회를 상징하는 6피트 높이의 그리스 제우스신상을 암스테르담의 올림픽경기장에 세움으로서 공정한 올림픽 캠페인의 입장을 표명하였다. 네덜란드 올림픽위원회는 기자회견을 통해 공정한 올림픽 캠페인을 지지하며, 이 문제를 스포츠연합과 네덜란드올림픽팀 후원업체인 아식스(Asics)와 함께 더 깊이 논의할 것을 밝혔다. 공식적으로 캠페인을 알리기 위해 주최측은 네마리의 말이 이끄는 그리스전차에 제우스상을 싣고 그리스 음악에 맞춰 행진하며 암스테르담 중심지로 이동했다. '공정한 게임'이라고 적힌 피켓과 현수막을 든 수많은 사람들이 확고한 의지를 보여주었다.

오스트리아 오스트리아 깨끗한 옷 입기 운동본부와 오스트리아 노동조합연맹은 오스트리아올림픽위원회 사무실 앞에서 캠페인을 시작했다. 그들은 재봉틀을 동원해서 재봉 소음을 냈다. 캠페인 옷을 입은 다섯명의 사람들이 올림픽 로고를 상징하는 사진을 찍었다. 그리고 그러한 내용을 오스트리아올림픽위원회에 보고했다. 위원장은 캠페인 주최측과의 만남을 제안했다. 그들이 제시한 보도자료들은 사민당과 녹색당의 지지를 얻었다. 오스트리아의 주요 일간지 중 하나인 슈탄다르트(Der Standard)의 스포츠면에 이에 관한 기사가 실렸다. 행사관련 사진은 www.oneworld.at/cck/olympics/olympics_fotogalerie.htm에서 볼 수 있다.

타이　노동조합들은 '이제는 공정한 올림픽을 말할 때'라는 기치 아래 타이올림픽위원회 앞에 집결했다. 3월 8일 500명이 넘는 캠페인 지지자들이 타이 정부청사에서부터 민주기념관까지 국제 여성의 날을 기념하며 행진했는데 500여명의 여성노동자들은 '공정한 올림픽을 치르자'(Play Fair at the Olympics)라고 씌어진 옷을 입고 있었다. 행진중에 행사 관련 전단이 뿌려졌고 여성노동자 밴드인 파라돈(Paradon)의 공연이 폐막을 장식했다. 관련사진은 www.thailabour.org/thai/wnews/040308-4.html에서 볼 수 있다.

오스트레일리아　3월 6일 진행된 국제 여성의 날 행사와 더불어 공정한 올림픽 캠페인이 벌어졌다. 스포츠산업의 노동탄압 중지와 개선촉구 탄원서 서명을 주도한 옥스팜 가두 행사장에서는 약 200여명이 모여 개발도상국의 스포츠의류 하청공장 노동자들이 살아가는 모습을 사진과 비디오, 공연 등을 통해 알렸다.

캐나다　밴쿠버에서는 마낄라'연대 네트워크(Maquila Solidarity Network, MSN)와 옥스팜 자원활동가들이 지역 의류노동자들과 노조에게 금메달을 수여하였다. 메달이 상징하는 것은 올림픽 같은 행사를 위해 의류노동자들이 열악한 조건에서 일한 공로에 대한 시민들의 작은 보답이다. 더 많은 정보와 사진자료들은 www.fairolympics.org에서 볼 수 있다.

참고자료
*A critical guide to corporate codes of conduct*, ATNC, Hong Kong.
www.cleanclothes.org

| 보론 |

# IT산업이 일으키는 문제들

과학기술의 발전으로 정보화시대가 열리고, 세계는 지금 전략적인 정보세계화로 나아가고 있다. 정보를 얼마나 소유하고 있느냐에 따라 얼마나 더 많은 풍요를 누릴 수 있는지 결정되기도 한다. IT산업으로 불리는 정보산업은 일반적으로 ICT(Information, Communication and Technologies)와 같은 의미에서 사용되고 있다. IT산업은 태생적으로 경제세계화의 전략과 함께 발전해왔다. IT산업의 중요성을 인식하고 이를 전략적으로 육성시킨 나라들은 대부분 선진국들이었으나 아시아의 홍콩·한국·말레이시아·오스트레일리아 등도 정부 주도의 IT분야 육성을 위한 전략을 마련하고 있다. IT산업이 경제세계화의 필연적 과정으로 자리매김되는 것은 경제세계화의 핵심인 자유무역의 확장을 위한 국가간 교역의 '효율성'을 극대화하기 위해서이다. 정부는 세계화와 자유무역을 더 원활하게 추진하고자 끊임없이 인프라를 지원하고 제공하는 일을 추진하면서 초국적기업과 협력적 관계를 공고히하고 있다.

그 지원내용은 대략 다음과 같다.

• 고속통신 – 인공위성, 전화망(케이블, 광섬유)

- 정보기술 – 고속 컴퓨터, '정보고속도로'
- 에너지 – 대규모 댐과 핵발전소 추진, 석유산업 발전
- 산업화된 농업 – 생명공학, 화학농법, 기술연구
- 기술인력 전문화 – 고도로 전문화된 기술자들의 육성 및 훈련

대부분의 국가들은 IT 인프라 및 정보화 구축을 나라별 전략산업으로 추진하고 있다. 여기에 정부의 지원은 필수적으로 따르게 된다. 영국의 UK 온라인(UK Online), 일본의 IT기본전략, 독일의 인포 2000(Info2000), 미국의 국가정보화(NII, National Information Infrastructure), 싱가포르의 ICT21, 말레이시아의 MSC(Multimedia Super Corridor), 한국의 싸이버 코리아 21(Cyber Korea 21, 정부주도) 와 e코리아(e-Korea, 민간주도), 홍콩의 싸이버포트(Cyberport) 등이 그 예이다. 물론 이들 뒤에는 각 나라를 대표하는 초국적기업들이 주도적인 영향력과 지배력을 행사하고 있다. 지식정보화 축적사회는 IT 산업의 발전을 가속화하여 고기술을 가진 사람들에게는 지속적으로 더욱 새로운 기술을 습득할 기회를 제공한다. 그러나 새로운 기술과 지식을 접할 수 없었던 사람들에게는 그런 기회조차 찾아오지 않는다. 지식이 있는 사람과 없는 사람들 간의 격차는 점점 더 심해지고 있다. 지식이 힘이 된 시대에 힘없는 사람들은 결국 도태될 수밖에 없다.

국민의 혈세가 적절하지 않게 쓰인다  정부는 IT산업에 막대한 보조금과 공적지원을 아끼지 않는다. 한국의 경우, 초고속인터넷 인프라 1위 국가로 나아가기 위해 1995년부터 2005년까지 약 30조의 투자가 이뤄질 것으로 예상된다. 그중 1/3이 넘는 민간과 정부 자금 11조

7500억원이 이미 투자됐다. 정부예산 비중도 함께 높아간다. 정부가 2005년까지 초고속통신만을 위해 소요할 예산은 2조 4814억원으로 추정된다.

그러나 보조금이 늘어날수록 농업을 비롯한 다른 산업에 지원되어야 할 예산은 지속적으로 삭감된다. 소규모의 가족농과 농촌경제를 살리는, 농민들이 원하는 방식의 지원금이 아니라 일부 저소득가구에 시범적으로 인터넷장비를 지원하거나 시골마을에 인터넷 접속이 가능한 시설과 인터넷 교육 등을 위한 보조금으로 사용된다. 가난한 시골의 마을회관이 기존에는 지역공동체를 위한 문화공간, 토론, 휴식을 위한 장소였다면 지금은 인터넷회관으로 변화하고 있다.

또한 IT산업의 붐이 예산편성의 거품현상을 일으키기도 한다. 감사원이 2004년 6월 25일 발표한 '첨단기술산업 추진실태 감사결과'에 따르면 IT산업 구축을 주도하는 정보통신부와 산업자원부가 국가과학기술자문회의의 조정에도 불구하고 기술개발사업을 따로 발주함으로써 중복투자에 따른 83억원의 예산낭비를 초래했다고 한다.

인터넷사업의 최대수혜자는 초국적기업이다  초국적기업들은 하나의 사업에만 투자하지 않는다. 기업들은 더 많은 수익을 위해 최대한 인터넷을 활용하고, 때론 인터넷과 미디어의 발전에 힘입어 인터넷홍보에 주력한다. 실제로 초국적기업의 상품마케팅은 온라인·오프라인 경계가 허물어지는 상황에서 인터넷을 통해 더 각광을 받기도 한다. 초국적기업들은 자신들이 개발한 브랜드, 상품, 연관사업의 시장지배력을 높이기 위해 온라인 벤처사업까지 손을 뻗치고 있다. 세계적으로 유명한 위스키 브랜드 앱솔루트 보드카(Absolute Vodka)는 앱솔루트

켈리 인터넷(Absolute kelly Internet) 싸이트를 구축하여 브랜드의 미디어화에 성공한 케이스이다.

IT산업의 발전을 가장 상업적으로 잘 이용하는 나라는 단연 미국이다. 미국의 초국적기업들은 인터넷의 붐을 일으키는 콘텐츠제공자가 되어 신기술개발정책과 손발을 맞춰간다. 미국의 유명 의류브랜드 갭(GAP)은 자사 싸이트에 의류정보 외에도 신세대 소비자들을 끌어들일 수 있는 새로운 문화정보를, 펩시콜라는 비디오게임을 제공한다. 커피 브랜드로 잘 알려진 스타벅스(Starbucks)는 아프리카 노동자들의 노동권을 유린하는 기업이라는 이미지를 감추는 또다른 전술로서 기업의 이미지 향상을 위한 미디어방송국을 운영하기도 한다. 이들은 인터넷 공간의 광고를 효과적으로 사용할 때 돌아오는 수익이 엄청나다는 것을 잘 알고 있다. 기업의 후원이 없이 운영되는 인터넷 싸이트는 NGO를 빼면 거의 찾아볼 수 없다.

IT산업을 통해 학교는 물론 지역, 노동자계층까지 정보통신 지식을 습득할 수 있는 프로그램을 추진한다 해도 여성, 노인, 가난한 사람들은 여전히 소외계층으로 남는다. 소외계층의 인터넷 접속장벽을 제거하는 것과 이들이 인터넷 사용을 통해 빈곤을 해결하는 것의 문제는 별개이다. 각국 IT산업이 발전하여 IT 인프라가 널리 보급된다고 해도 그 수혜자는 빈곤층이 아니다. 결국 이를 이용해 수익을 창출하는 거대한 초국적기업이 최대수혜자가 된다.

**문화가 획일화되고 있다**  아침에 일어나면 중국공장에서 생산된 삼성텔레비전을 켜고, 소니 워크맨을 귀에 꽂고 집을 나서며, 점심으로는 맥도날드햄버거와 코카콜라를 사먹는다. 입고 있는 청바지는 리바이스이고 신고 있는 운동화는 나이키이다. 학교에서는 IBM컴퓨터를 켜고 MS워드프로그램을 사용한다. 저녁때가 되면 스타벅스에서 친구를 만난다. 개발도상국의 도시에서 흔히 볼 수 있는 젊은이들의 모습이다.

이런 신세대 초국적브랜드의 공동화현상에 기여한 것은 뭐니뭐니해도 MTV이다. MTV는 워너 커뮤니케이션(Warner Communication)과 아메리칸 익스프레스(American Express) 간의 합작으로 시작되었는데, 24시간 뮤직비디오와 함께 상품광고를 내보낸다. MTV 자체가 초국적기업의 전세계적인 마케팅을 가능하게 하는 브랜드이다. MTV를 위성케이블로 볼 수 있는 도시의 젊은이들은 실제로 제품에 열광하는 것이 아니라, 그 제품을 광고하는 젊은이들의 노래와 춤에 매혹되는 것이다. 그러다보면 이들은 자국의 고유브랜드보다 질이 더 좋을 것도 없이 비싸기만 한 초국적기업의 상품을 선호하게 된다. IT산업의 발전과 미디어의 확장은 결국 초국적기업의 광고산업을 더 효과적으로 뒷받침해주면서 소비자들의 이성적인 구매를 마비시키고 때론 자국의 상품에 등을 돌리게 한다. 초국적기업은 인터넷과 미디어를 통해 그들이 신상품으로 내놓는 영화·음악·의류·음식·게임 등을 빠른 속도로 보급하고 있다. 지금 초국적기업은 다양했던 문화와 생활양식, 전통적 방식의 생산구조를 획일화하고 있는 것이다.

# 출처와 참고문헌

## 서문

**1** Turner, L., *Multinational Companies and the Third World*, London: Allen Lane, 1974, ix면.

**2** Korten, D.C., *When Corporations Rule the World*, London: Earthscan, 1995, 12면.

**3** Green, R.H., "Transnational corporate responsibility and states, workers and poor people," *Churches and the Transnational Corporations*, Geneva: World Council of Churches, 1983, 119면.

**4** 이 회사들에 대한 논의는 *Handbook on Foreign Direct Investment by Small and Medium-sized Enterprises: Lessons from Asia*, New York and Geneva: United Nations, May 1998 참조.

**5** Hudson, E. (ed.), *Merchants of Misery: How Corporate America Profits from Poverty*, Maine: Courage, 1996.

**6** Transnational Corporations in World Development, New York: United Nations, 1998, 219면.

**7** Chowdhury, Z., *The Politics of Essential Drugs*, London: Zed Books, 1995, xvi면.

## 제1장 초국적기업의 확장

**1** Green, R.H., "Transnational corporate responsibility and states, workers and poor people," *Churches and the Transnational Corporations*, Geneva: World Council of Churches, 1983, 110면.

**2** Figures from *World Investment Report 1996*, Geneva: UNCTAD, 1996.

**3** *World Investment Report 1994*, Geneva: UNCTAD, 1994 참조.

4 *World Investment Report 1996*, Geneva: UNCTAD, 1994.

5 *World Investment Report 1998*, Geneva: UNCTAD, 1998.

6 *Globalization and Liberalization*, New York and Geneva: UNCTAD, ECDC/PA/4/Rev.1., 1996, 242면.

7 Independent Commission on International Development Issues, *North-South: A Programme for Survival*, London: Pan Books, 1980, 187면.

8 *Transnational Corporations*, Vol. 3, No. 1, February 1994, Geneva: UNCTAD, 28면.

9 세계자연보호기금(World Wide Fund for Nature)의 리차드 태퍼(Richard Tapper)의 추정, *The Guardian*, 8 May 1992에서 인용.

10 *Transnational Corporations*, Vol. 3, No. 1, February 1994, Geneva: UNCTAD.

11 Dunning, J.H., *International Production and the Multinational Enterprise*, London and Boston: Allen and Unwin, 1981, 7면.

12 Page, S., *How Developing Countries Trade*, London: Overseas Development Institute, 1994, 99면.

13 *Transnational Corporations*, Vol. 3, No. 1, February 1994, Geneva: UNCTAD.

14 Evans, Tony, "International environmental law and the challenge of globalisation," in T. Jewell and J. Steele (eds), *Law and Environmental Decision Making*, Oxford: Oxford University Press, 1998.

15 Dunning, 같은 책, 368면.

16 Dunning, 같은 책, 359면.

17 *Human Development Report 1996*, New York: UN Development Programme, 1996.

18 *The Transnational Corporation and Issues for Developing Countries*, Newcastle, UK: New Consumer, 1993.

19 *Towards a New International Economic Order*, London: Commonwealth Secretariat, 1997. 61면.

20 Kenneth Dadzie, *World Investment Report*, London, August 1994. 창간 연설에서.

21 Lewis Pringle, *The Guardian*, 15 November 1995에서 인용.

22 Dinham, B. and Hines, C., *Agribusiness in Africa*, London: Earth Resources

Research, 1983, 112면.

23 Lee Teng-Hui, *Adverse Impact of Export-Orientated Industrialisation on Third World Environment and Economy*, Walden Bello, Penang, Malaysia: Third World Features Network, January 1992에서 인용.

24 Tsai, Pan-Long, "Foreign direct investment and income inequality: further evidence," *World Development*, Vol. 23, No. 3, 1995. 480면.

25 Green, 같은 책, 118면.

26 *World Investment Report 1994*, 같은 책, 192면.

27 *World Investment Report 1994*, 같은 책, 209면.

28 Green, 같은 책, 117면.

29 Dunning, 같은 책, 370면.

30 Kreye O., Heinrichs, J. and Frobel, F., *Multinational Enterprizes and Employment*, Geneva: International Labour Organisation, Starnberg Institute, 1988.

31 *Globalization and Liberalization*, New York and Geneva: UNCTAD, ECDC/PA/4/Rev.1., 1996.

32 Brannon, J.T., James, D.J. and Lucker, G.W., "Generating and sustaining backward linkages between *maquiladoras* and local suppliers in northern Mexico," *World Development*, Vol. 22, No. 12, 1994.

33 Brannon et al., 같은 책.

34 Brannon et al., 같은 책.

35 *Handbook of International Trade and Development Statistics*, 1990, Geneva: UNCTAD, 1990, viii면.

36 Flanders, S., "Banks and the wealth of nations," *Financial Times*, 7 October 1996.

37 Martin, Hans-Peter and Schumann Harald, *The Global Trap: Globalization and the Assault on Democracy & Prosperity*, London: Zed Books, 1997.

38 *The Social Impact of the Asian Financial Crisis*, Geneva: International Labour Organisation, 1998.

제2장 왜 초국적기업을 원하는가

1 예를 들면, "Rubin urges S Africa to embrace Globalisation," *Financial Times*, 15 July 1998 참조.

2 Vandana Shiva, "The People's Summit," Birmingham, May 1998에서 질문에 대한 답변.

3 *Human Development Report 1997*, New York: UN Development Programme, 1997, 82면.

4 Qureshi, Zia, "Globalization: new opportunities, tough challenges," *Finance and Development*, Washington, DC: International Monetary Fund, March 1996.

5 Qureshi, 같은 책.

6 United Nations Non-Governmental Liaison Service Roundup, UN-NGO Liaison Service, Geneva, July 1996에서 인용.

7 *World Investment Report 1993*, Geneva: UNCTAD, 1993.

8 *Global Economic Prospects and the Developing Countries*, Washington, DC: World Bank, 1996.

9 *Trade and Development Report 1997*, Geneva: UNCTAD, August 1997.

10 Dunning, J.H., "Re-evaluating the benefits of foreign direct investment," *Transnational Corporations*, Vol. 3, No. 1, February 1994, Geneva: UNCTAD, 27면.

11 *South Letter*, Vols 2 & 3, No. 31, 1998, Geneva: The South Centre.

12 *Comparative Experiences with Privatization: Policy Insights and Lessons Learned*, New York and Geneva: UNCTAD, 1995, 111면.

13 J.H. Dunning, 저자와의 대화, 1996년 2월.

14 Whelan, R., "Foreign aid: who needs it?" *Economic Affairs*, London: Institute of Economic Affairs, Autumn 1996.

15 Gelinas, Jacques B., *Freedom from Debt*, London: Zed Books, 1998, 34면.

16 *Human Development Report 1997*, 같은 책, 93면.

17 Barry Coates, WDM회원들에게 보내는 편지에서, November 1997. London: WDM.

18 *Rainforest Action Report*, London: Friends of the Earth, Winter 1992.

19 Korten, D.C., *When Corporations Rule the World*, London: Earthscan, 1995, 166면.

20 *World Bank News*, 19 September 1996.

21 Bernard Pasquier, *The Ecologist*, July/August 1996, 177면에서 인용.


제3장 생산에서 무역까지 농업을 장악하다

1 Mooney, Pat Roy, "The parts of life," *Development Dialogue*, Uppsala: Dag Hammarskjold Foundation, April 1998, 147면.

2 *The World Seed Market*, Utrecht: Rabobank, 1996.

3 Mooney, 같은 책, 148면.

4 *State of the World's Plant Genetic Resources*, Rome: Food and Agriculture Organisation, March 1996.

5 Shiva, Vandana, "Seeds of Discontent," *Multinational Monitor*, Washington, DC, June 1996.

6 *Patenting Plants: The Implications for Developing Countries*, London: Overseas Development Institute, 1993.

7 Emmot, S., "The directive rises again," *Seedling*, Vol. 14, No. 1, March 1997, Barcelona: GRAIN.

8 Sharma, D., *GATT to WTO: Seeds of Despair*, New Delhi: Konark, 1995 참조.

9 "Rifkin fires first shot at W.R. Grace in battle against 'Patents on Life'," *Diversity*, Vol. 11, No. 3, 1995, Bethesda, USA: Genetic Resources Communications Systems 참조.

10 M.D. Nanjundaswamy, "Indian farmers protest against company seeds," *International Agricultural Development Magazine*, September/October 1993에서 인용.

11 *Intellectual Property Rights and the Biodiversity Convention*, London: Friends of the Earth, 1995에서 인용.

12 *Food? Health: Hope? Genetic Engineering and World Hunger*, Dorset: The Corner House, August 1998 참조.

13 Shiva, Vandana, "The risks are not understood. And the livelihoods of millions of people in the Third World are threatened," *The Guardian*, 18 December 1997.

14 "Monsanto reaps benefit of genetic engineering," *Financial Times*, 1 November 1996.

15 "Terminating food security?," *International Agricultural Development* Magazine, May/June 1998, 7~9면 참조.

16 "Terminating food security?," *International Agricultural Development* Magazine, May/June 1998.

17 카길과 몬싼토의 성명, 몬싼토 웹사이트, 1998년 5월.

18 "The Benefits of Biodiversity: 100+ examples of the contribution by indigenous and rural communities in the South to the development of the North," *RAFI Occasional Paper Series*, Vol. 1, No. 1, Ottawa: RAFI, March 1994.

19 "Conserving indigenous knowledge: integrating two systems of innovation," RAFI/UNDP report, *Financial Times*, 28 October 1994에서 인용.

20 Shiva, Vandana, "Globalism, biodiversity and the Third World," in E. Goldsmith, M. Khor, H. Norgerg-Hodge and V. Shiva, *The Future of Progress: Reflection on Environment and Development*, Green Books/ISEC, 1995.

21 Sharma, 같은 책.

22 Dinham, B., 'Transnational corporations: in debt to the poor?', *Christian Action Journal*, Winter 1990.

23 *Export Taxes on Primary Commodities*, Commonwealth Paper No. 9. London: Commonwealth Secretariat, 1984.

24 Goldin, I., Knudsen, O. and van der Mensbrugghe, D., *Trade Liberalisation: Global Economic Implications*, Paris: Organisation for Economic Cooperation Development/World Bank, 1993.

25 Lang, T. and Hines, C., *The New Protectionism*, London: Earthscan, 1993, 35면.

26 Clairmonte, F. and Cavanagh, J, *The World in Their Web*, London: Zed Books, 1983, 59면.

27 Watkins, K, *Fixing the Rules*, London: CIIR, 1992, 38면.

28 Keen, B., *Invisible Giant*, London: Pluto Press, 1995, 206면.

29 유니레버 연구원장 카울리(R.H.V. Cowley)의 연설, '발전 속의 기업'(Business in

Development) 간담회, London, April 1995.

**30** Dinham, B. (ed.), *Growing Food Security*, London: The Pesticides Trust, 1996.

**31** Weir, D. and Schapiro, M., *The Circle of Poison*, San Francisco: Institute for Food and Development Policy, 1981, 3면.

**32** Partow, H., "The cost of hazards posed by pesticides in Kenyan export crops," *Pesticide News*, No. 29, September 1995, London: The Pesticides Trust.

**33** Partow, 같은 책.

**34** *Say Yes to the Best──Justice for Banana Workers*, London: World Development Movement, July 1997.

**35** Benbow, S.J., "The Bhopal legacy lingers on," *Pesticide News*, No. 26, December 1994 참조.

**36** Luesby, J., "Treatment of Bhopal victims 'immoral'," *Financial Times*, 10 December 1996.

**37** 저자와의 대화, 1994년 2월.

**38** 저자와의 대화, 1994년 2월.

**39** 저자와의 대화, 1996년 6월.

**40** *Prevention and Disposal of Obsolete and Unwanted Pesticide Stocks in Africa and the Near East*, Rome: Food and Agricultural Organisation, 1996.

**41** *The Economist*, 16 September 1995.

제4장 희생을 불러일으키는 농산품

**1** "Guatemala files lawsuit on tobacco," *Financial Times*, 13 May 1998.

**2** "US group spinning off Gallagher to cut links with tobacco," *Financial Times*, 9 October 1996.

**3** *Tobacco: Supply, Demand and Trade Projections, 1995~2000*, Rome: Food and Agricultural Organisation, 1990.

**4** WHO 보도자료, No. 44, 30 May 1994.

**5** Chapman, S., "Tobacco trade in Africa: a bright future indeed," in D. Yach and S. Harrison (eds), *The Proceedings of All Africa Conference on Tobacco or Health*,

Pretoria: 1994.

6 Aliro, O.K., *Uganda: Paying the Price of Growing Tobacco*, Kampala: The Monitor Publications, 1993, 23면.

7 Chapman, S., with Leng, W.W., *Tobacco Control in the Third World: A Resource Atlas*, Penang, Malaysia: International Organisation of Consumer Unions, 1990.

8 Chapman et al., 같은 책.

9 "Curiosities," *New Internationalist*, October 1996.

10 이 정보에 관해 액션 온 스모킹 앤드 헬스(Action on Smoking and Health)의 전의 장 케이스 볼(Keith Ball) 박사가 도움을 주었다.

11 MacKay, J., "The fight against tobacco in developing countries," in *Tubercle and Lung Diseases*, London: Longman, 1994.

12 제5차 흡연과 건강에 관한 세계회의(Fifth World Conference on Smoking and Health)에 제출된 논문, Winnipeg, 1983.

13 WHO 보도자료, 같은 책.

14 WHO 보도자료, 같은 책.

15 WHO 보도자료, 같은 책.

16 Aliro, 같은 책, 18면.

17 Aliro, 같은 책, 11면.

18 *Tobacco and Food Crops Production in the Third World*, London: Economist Intelligence Unit, 1983.

19 개인적 교신.

20 "Growing the golden leaf," *African Farming*, November/December 1996 참조.

21 *Hunger and the Global Agenda*, London: Action Aid, November 1996, 6면.

22 Taylor, P., *Smoke Ring: The Politics of Tobacco*, London: Bodley Head, 1984, 252~53면.

23 Goodland, R.J.A., Watson, C. and Ledec, G., *Environmental Management in Tropical Agriculture*, Boulder, CO: Westview Press, 1984, 56면.

24 Wilkinson, J., *Tobacco*, London: Penguin, 1986, 125면.

25 Watts, R., "Crops to snuff out tobacco," *African Farming*, September/October

1993.

**26** Watts, R., "Tobacco profits go up in smoke," *African Farming*, July/August 1993.

**27** *Deutsche Welle* 라디오 인터뷰, 1996년 2월.

**28** McCoy, R.S., "So-called benefits of tobacco industry debunked," *Utusan Konsumer* (Penang), Mid-July 1996.

**29** *The State of the World's Children Report*, 1991, New York: UNICEF, December 1990.

**30** 예를 들면, "EC frowns on dried milk's baby smiles," *The Daily Telegraph*, 8 April 1992 참조.

**31** "Action now on baby foods," *New Internationalist*, August 1973.

**32** Muller, M., *The Baby Killer*, London: War on Want, 1973.

**33** Palmer, G., *The Politics of Breastfeeding*, London: Pandora Press, 1988, 206면 참조.

**34** Palmer, 같은 책, 207면.

**35** Palmer, 같은 책, 237면.

**36** 유니쎄프 이사회 결정 1991/2, 1991.

**37** *Breaking the Rules*, Cambridge: International Baby Food Network(IBFAN), 1991.

**38** *Breaking the Rules*, Cambridge: IBFAN, 1994.

**39** 아기우유 행동(Baby Milk Action)에 보내는 편지, Cambridge, 28 November 1994.

**40** 1995년 네슬레가 협찬한 기업윤리에 대한 회의의 주최자에게 보내는 편지, *New Internationalist*, January 1996에서 인용.

**41** Lewis, L., "Charity seeks Beijing baby milk probe," *Financial Times*, 8 July 1996.

**42** "Boycott News," *Baby Milk Action Update* 22, June 1998, Baby Milk Action, Cambridge의 부록.

**43** *Cracking the Code*, 모유수유 감독 연합단체의 보고서, London, January 1997.

**44** 모유수유 감독 연합단체, 뉴스 보도자료, 1998년 1월.

**45** Thrupp, L.A., with Bergeron, G. and Waters, W.F., *Bittersweet Harvests for Global Supermarkets: Challenges in Latin America's Agricultural Export Boom*, Washington, DC: World Resources Institute, 1995.

**46** Thrupp et al., 같은 책.

47 "Bean Counting in Chile," *The World Paper*, Boston, MA, December 1993.

48 Thrupp et al., 같은 책, 67~68면.

49 Thrupp et al., 같은 책, 70면.

50 Thrupp et al., 같은 책.

51 Thrupp et al., 같은 책.

52 Francisco Morales, 저자와의 대화, 1994년 5월.

53 Francisco Morales, 저자와의 대화, 1994년 5월.

54 Thrupp et al., 같은 책, viii면.

55 Stewart, S., *Colombian Flowers: The Gift of Love and Poison*, London: Christian Aid, July 1994.

56 Watts, R., "Nairobi Show confronts controversy," *African Farming*, July/August 1996.

57 Modern Times: *Mange Tout*, BBC Television, 27 February 1997.

58 Thrupp et al., 같은 책.

59 *Philippines Development Briefing*, No. 6, London: CIIR, 1994.

60 Madden, P. and Orton, L., *The Global Supermarket*, London: Christian Aid, 1996, 26면.

제5장 빼앗긴 숲과 바다

1 *State of the World's Forests*, Rome: Food and Agricultural Organisation, March 1997.

2 Fred Pearce, "The global chainsaw massacre," *The Observer*, 29 September 1996에서 인용.

3 우림 행동 네트워크(Rainforest Action Network), San Francisco, CA가 제공해준 정보.

4 "Business Day," *New York Times*, 11 May 1993.

5 Tom Fawthrop, *The Nation*(타이), 15 December 1995에 기고한 글.

6 Tom Fawthrop, 같은 글.

7 Lochhead, James, "Indigenous land rights in Malaysia," discussion paper, Simba(Singaporean Malaysian British Association), London: no date.

8 *International Agricultural Development* magazine, November/December 1997 참조.

**9** Snow, D. and Collee, J., "The rape of an island paradise," *The Observer*, 29 September 1996.

**10** Baird, N., "Saying no to Asian loggers," *People & the Planet*, Vol. 5, No. 4, 1996에서 인용.

**11** "Asian loggers have begun to invade Amazon," *AGRA-Alimentation*, 22 July 1996에서 인용.

**12** "Asian loggers have begun to invade Amazon," *AGRA-Alimentation*, 22 July 1996.

**13** Colchester, M., "The New Sultans," *The Ecologist*, March/April 1994.

**14** 샌프란씨스코의 우림 행동 네트워크에서 제공해준 정보.

**15** 세계지속가능발전기업협의회(World Business Council for Sustainable Development)는 제네바에 있는 단체로 1990년에 유엔환경개발회의(Conference on Environment and Development)의 사무총장 모리스 스트롱(Maurice Strong)의 요청으로 설립되었다.

**16** José Luiz, 저자와의 대화, 1992년 5월 17~20일.

**17** João Pedro Stedile, 저자와의 대화, 1992년 5월 17~20일.

**18** 개인적 교신

**19** Carlos Alberto Roxo, 저자와의 대화, 1992년 5월 17~20일.

**20** Manuel Carol Gomes, 저자와의 대화, 1992년 5월 17~20일.

**21** Earth Matters, No. 36, Winter 1997, London: Friends of the Earth.

**22** Tickell, O., "Honduran chop logic," *The Guardian*, 14 February 1992.

**23** Fred Pearce, "The global chainsaw massacre," *The Observer*, 29 September 1996에서 인용.

**24** Lori Pottinger, "Making Waves," *World Rivers Review*, July 1996, Berkeley, CA에서 인용.

**25** NGO Coordinator, "Making Waves," *World Rivers Review*, July 1996, Berkeley, CA에서 인용.

**26** Oliver Envor, "Making Waves," *World Rivers Review*, July 1996, Berkeley, CA에서 인용.

**27** *Plunder in Ghana's Rainforests for Illegal Profit*, London: Friends of the Earth, March 1992.

28 Fairlie, S., Hagler, M. and O'Riordan, B., "The politics of overfishing," *The Ecologist*, March/April, May/June 1995.

29 Le Sann, Alain, *A Livelihood from Fishing*, London: Intermediate Technology Publications, 1998.

30 스타키스트와 키엘 잉에 로케에 대한 정보는 브라이언 오라이오던의 도움을 받았다.

31 "Fishing deals impoverish communities," *International Agricultural Development* magazine, May/June 1997 참조.

32 Madeley, J., *Fish: A Net Loss for the Poor*, Panos Briefing Pater, London: Panos Institute, March 1995, 8면.

33 알리우 쌀에게 보낸 편지에서.

34 Brian O'Riordan, 남아프리카 대통령 앞으로 쓴 1997년 8월 15일자 편지. *Samudra* magazine, January 1998에 수록.

35 Brian O'Riordan, Madeley, 같은 책, 8면에서 인용.

36 *Economic and Political Weekly* (인도), 26 February 1994. Mukul Sharma 인용.

37 Burrell, Ian, "The P&O port that no nene wants," *Independent on Sunday*, 1 February 1998.

38 "P&O's Indian harbour plans halted by protests," *Financial Times*, 27 November 1998.

## 제6장 빈민을 채굴하는 광업

1 Moody, R., "Mining the world, the global reach of Rio Tinto Zinc," *The Ecologist*, March/April 1996, 46~52면.

2 "Mining groups send record sums," *Financial Times*, 23 October 1996 참조.

3 "Globalization picks up pace in the mining sector," *Financial Times*, 31 May 1996.

4 Moody, 같은 책.

5 Moody, 같은 책.

6 Woolf, M., "South Africa's Gold Standard Bearer," *The Observer*, 13 October 1996.

7 "Apartheid in the mines," *Multinational Monitor*, June 1995에서 인용.

8 *Business Day* (요하네스버그), 3 June 1996 참조.

**9** Hawkins, Tony, "Copper-bottomed pledge to sell-offs key to Zambia aid," *Financial Times*, 12 May 1988.

**10** Moody, 같은 책.

**11** 'Deep appetite for deposits', *Financial Times*, 11 August 1993.

**12** Bennett, G., 1981년 RTZ에 대한 국제재판에서의 증언. Moody, 같은 책에서 인용.

**13** Moody, 같은 책.

**14** Jones, J.D.F., "The price of a great African wilderness," *Financial Times*, 20 January 1996. 또한 "Scheme banned on environmental grounds," *Financial Times*, 7 March 1996 참조.

**15** 광업과 토착민 회의(Mining and Indigenous Peoples Consultation)에서의 강연, 런던, 1996년 5월 6~16일.

**16** Melanesian Environment Foundation, "Mining development, environmental pollution and social changes in Melanesia, Papua New Guinea." 광업과 토착민 회의(런던, 1996년)에 제출된 논문.

**17** 광업과 토착민 회의의 선언 중에서, 런던, 1996년 5월 6~16일.

**18** Tribal elder, "The mining menace of Freeport McMoran," *Multinational Monitor*, April 1966에서 인용.

**19** World Development Movement brochure: *Protests and Profits: Mining in West Papua*, London: World Development Movement, 1994에서 인용.

**20** Tribal elder, 같은 책에서 인용.

**21** Moody, 같은 책.

**22** Perpetua Serero. Moody, 같은 책에서 인용.

**23** Perpetua Serero. Moody, 같은 책에서 인용.

**24** Wallace, J., *RTZ Mineral Sands Project*, London: Friends of the Earth, 1995.

**25** "1995's 10 worst corporations," *Multinational Monitor*, December 1995.

**26** 광업과 토착민 회의에서의 강연, 런던, 1996년 5월 6~16일.

**27** Moody, R., *The Lure of Gold*, Panos Media Briefing, No. 19, London: Panos Institute, May 1996.

**28** "Action: Mining companies threaten Amerindian lands in Guyana," urgent action bulletin of *Survival International*, London: September 1996.

29 Emberson-Bain, A., *Labour and Gold in Fiji*, Cambridge: Cambridge University Press, 1994; Farnsworth, S., *Mutinational Monitor*, June 1995의 논평 참조.

30 Gooding, K., "Gold miners prepare for output boom," *Financial Times*, 2 October 1996.

31 Simon, B., "Jungle hideaway for salting operation," *Financial Times*, 7 May 1997.

32 Gooding, K., "Conference told of bright future for African gold," Financial Times, 19 November 1996.

33 Sharma, A., "Aborigines pitted against RTZ," *Spur*, September/October 1996, London: World Development Movement.

34 Sharma, 같은 책.

35 Mohideen, K, "Women undermined," *Spur*, September/October 1996, London: World Development Movement.

36 Mohideen, 같은 책.

37 Corpuz, C., Jr and Links, C., "Mining standoff in the Philippines," *Spur*, November/December 1996, London: World Development Movement.

38 Corpuz et al., 같은 책.

39 Luce, E., "Mine groups warn on environment curbs," *Financial Times*, 19 September 1996.

40 Luce, 같은 책.

41 Luce, E., "Philippines reins in foreign mines," *Financial Times*, 22 October 1996.

42 Moody, 같은 책.

43 Moody, 같은 책.

44 Moody, 같은 책.

45 Akabzaa, T., 광업과 토착민 회의에서의 연설, 런던, 1996년 5월 6~16일.

46 *World Health Organisation 1996 Annual Report*, Geneva: WHO, 1996.

제7장 화려한 상품과 굶주린 노동자

1 *World Investment Report* 1995, Geneva: UNCTAD, 1995, 230~31면.

**2** Evers, B. and Kirkpatrick, C., *New Forms of Foreign Investment in Developing Countries*, Bradford: University of Bradford Press, 1990, 12~14면.

**3** Mayne, R., "Adjustment and small businesses," *Appropriate Technology*, December 1995, London: Intermediate Technology Publications.

**4** Evers and Kirkpatrick, 같은 책.

**5** Korten, D.D., *When Corporation Rule the World*, London: Earthscan, 1995, 229면.

**6** *Child Labour: Targeting the Intolerable*, Geneva: International Labour Organisation, November 1996.

**7** 완구산업에 대한 미디어 브리핑, 국제관계를 위한 가톨릭기구(Catholic Institute for International Relations), 노동조합 대의원회(Trades Union Congress), 세계개발운동 (World Development Movement), 1995년 12월 14일.

**8** "Toys R Us buys rival for $403m," *Financial Times*, 3 October 1996; "Mattel to take over Tyco Toys for $755m," *Financial Times*, 19 November 1996 참조.

**9** "Toying with workers," Multinational Monitor, Washington, DC, April 1996.

**10** 뉴스 보도자료, 국제관계를 위한 가톨릭기구, 노동조합 대의원회, 세계개발운동, 1995 년 12월 14일.

**11** 뉴스 보도자료, 국제관계를 위한 가톨릭기구, 노동조합 대의원회, 세계개발운동, 1995 년 12월 14일.

**12** 개인적인 대화, 1995년 12월.

**13** "Code of conduct for toy makers," *Financial Times*, 4 June 1996.

**14** "Toy companies urged to monitor conditions at Asian suppliers," *Financial Times*, 26 July 1996.

**15** Brookes, B. and Madden, P., *The Globe-Trotting Sports Shoe*, London: Christian Aid, December 1995, 4면.

**16** Ballinger, J., "Just do it — or else," *Multinational Monitor*, Washington, DC, June 1995.

**17** Ballinger, 같은 책.

**18** Ballinger, 같은 책.

**19** Ballinger, 같은 책.

20 Ballinger, 같은 책.

21 Ballinger, 같은 책.

22 Brookes and Madden, 같은 책, 8면.

23 Martin Cottingham. Jury, L., "Sports firms pledge to end child labour," *The Independent*, 28 September 1996에서 인용.

24 Paul Fireman. 같은 책에서 인용.

25 Usborne, D., "Nike swears off slave labour," *The Independent*, 15 April 1997.

26 Lewis, William, "Nike under fire on conditions in Vietnam," *Financial Times*, 10 November 1997.

27 "Why I'll never buy a pair of Levis again," *The Mail on Sunday*, 27 November 1994.

28 "Levi-Strauss offers 500m cash bonus to employees," *Financial Times*, 13 June 1996.

29 Ransom, David, "Jeans: the big stitch-up," *New Internationalist*, June 1998.

30 깨끗한 옷 입기 캠페인(네덜란드 암스테르담)이 제공한 정보.

31 "C&A to clamp down on sweated labour," *Financial Times*, 13 May 1996.

32 Mayne, R., "Observatory," *The Observer*, 23 June 1996.

33 "C&A calls for forum to improve working conditions," *Financial Times*, 4 October, 1996.

34 "Use of child labour is diminishing," *Financial Times*, 22 October 1996 참조.

35 Briefing Paper: *Campaign Against Exploitation of Child Labour in the Carpet Industry*, London: Anti-Slavery International, September 1995.

36 보도자료, "India launches label for carpet exports," 인도정부, 1995년 6월 9일.

37 *Labour and Social Issues relation to Export Processing Zones*, Geneva: International Labour Organisation, September 1998.

38 Bello, W., "Behind the success of Asia's export-oriented industrialisation," *Third World Features Network*, Penang, Malaysia, January 1992.

39 Kreye, O., Heinricks, J. and Frobel, F., *Multinational Enterprises and Employment*, Geneva: International Labour Organisation, Starnberg Institute, 1988.

**40** Kreye et al., 같은 책.

**41** Kreye et al., 같은 책.

**42** Alter, R., *Export Processing Zones for Growth and Development*, IMF 제안문서, P/90/122, Washington, DC: International Monetary Fund, 1990.

**43** Weissman, R., "Waiting to export," *Multinational Monitor*, Washington, DC, July/August 1996, 12~16면.

제8장 가난한 자에게 나눠 줄 에너지는 없다

**1** 개인적인 대화, 1983년 3월.

**2** Andrew Gray, '퇴거와 빈곤화를 야기한 개발'(Development Induced Displacement and Impoverishment) 회의에서 한 발언, 옥스퍼드, 1995년 1월.

**3** Madeley, J., "Second dam deal outrages greens," *The Observer*, 13 March 1994.

**4** Madeley, 같은 책.

**5** "Indigenous groups lobby Bakun funders," *The Ecologist*, November/December 1995.

**6** "Bakun is not economically viable," *Utusan Konsumer* (Penang), mid-July 1995.

**7** *Financial Times* 통계. The Ecologist, September/October 1996에서 인용.

**8** "Northern NGOs urge Bakun consortium to withdraw," *Utusan Konsumer* (Penang), mid-August 1996.

**9** "Malaysia signs dam contract," *Financial Times*, 3 October 1996.

**10** "Malaysian Mining quits Bakun team," *Financial Times*, 4 December 1996 참조.

**11** Vaughan, L., "Indian power scheme nears final hurdle," *Financial Times*, 1 October 1996.

**12** "Enron's political profit pipeline," *Multinational Monitor*, December 1995.

**13** "FT 500," *Financial Times*, 28 January 1999.

**14** Rowell, A., *Shell-Shocked: The Environmental and Social Costs of Living with Shell in Nigeria*, London: Greenpeace, July 1994, 10면.

**15** Rowell, 같은 책, 11면.

**16** Rowell, 같은 책, 11~12면.

17 Ecumenical Committee for Corporate Responsibility Newsletter, 15 November 1994, Banbury, UK.

18 Ken Saro-Wiwa, *Shell-Shocked, The Environmental and Social Costs of Living with Shell in Nigeria*, London: Greenpeace, July 1994, 그리고 "Without Walls," Channel4 TV (영국 방송채널), 14 November 1995에서 인용.

19 *People and the Environment*, Annual Report 1996, Lagos: Shell Nigeria, May 1997.

20 Christian Concern for One World Newsletter, March 1996. Banbury, UK에서 인용.

21 *Multinational Monitor*, December 1995에 인용.

22 Rowell, 같은 책, 6면.

23 Jochnick, C., "Amazon oil offensive," *Multinational Monitor*, January/February 1995.

24 Helena Paul, 저자와의 대화에서, 1996년 7월.

25 Jochnick, 같은 책에서 인용.

26 Jochnick, 같은 책에서 인용.

27 Helena Paul, 저자와의 대화에서, 1996년 7월.

28 Jochnick, 같은 책에서 인용. Jochnick, op. cit.에 인용.

29 Helena Paul, 저자와의 대화에서, 1996년 7월.

30 ILO 보고서, *Transnational Corporations in World Development*, New York: United Nations, 1988, 224면에서 인용.

31 Jochnick, 같은 책.

32 "Burma sues Unocal," *Multinational Monitor*, October 1996 참조.

33 "BP does a U-turn on rights abuses," *The Observer*, 10 November 1996.

34 "BP accused of Funding Colombia death squads," *The Observer*, 20 October 1996.

35 "Oil giant in troubled waters," *Financial Times*, 6 November 1996.

제9장 관광이라는 거대한 환상

1 "Developing countries could target tourism to boost economic growth," 보도자료, TAD/INF/2755, Geneva: UNCTAD, June 1998.

2 "Japanese make fewer visits," *Financial Times*, 10 July 1998.

3 Long, V.H., "Government-industry-community interaction in tourism development in Mexico," in M. Thea Sinclair and M.J. Stabler (eds), *The Tourism Industry: An International Analysis*, Wallingford, UK: CAB International, 1991, 4면.

4 *Transnational Corporations, Services and the Uruguay Round*, New York: United Nations Centre on Transnational Corporations, 109면.

5 Sindlair, M.T., Alizadeh, P., Atieno, E. and Onunga, O., "Tourism development in Kenya," in David Harrison (ed.), *Tourism and the Less Developed Countries*, London: Belhaven Press/Halstead Press, 1992, 55면.

6 Long, in Sinclair and Stabler, 같은 책, 185면.

7 *The Role of Transnational Tourism Enterprizes in the Development of Tourism*, Madrid: World Trade Organisation, 1985.

8 Harvey Perkins: 관광산업과 제3세계 사람들(Tourism and Third World Peoples)에 관한 회의에서 발표된 정보, 독일 배드볼(Bad Boll), 1986년 3월.

9 *Transnational Corporations, Services and the Uruguay Round*, 같은 책, 92면.

10 Walters, J., "Being an Airline is not enough, so BA plots world domination," *The Observer*, 4 May 1997.

11 *Transnational Corporations, Services and the Uruguay Round*, 같은 책, 95면.

12 *Transnational Corporations in International Tourism*, New York: United Nations Centre on Transnational Corporations, 1982, 9면.

13 *Services in Asia and the Pacific: Selected Papers*, Vol. 1, New York: United Nations, 1990, 372면.

14 *The Tourism Industry: An International Analysis*, 같은 책, 188면.

15 *EIU Travel and Tourism Analyst*, No. 2, London: Economist Intelligence Unit, 1995.

16 Koson Srisang, *Contours* Magazine, September 1991, Thailand: Ecumenical Coalition on Third World Tourism에서 인용.

17 Koson Srisang, 같은 책.

18 Agena, K., *A New Alliance: Multinational Corporations and Private Development*

*Agencies*, New York : Fund for Multinational corporations, 1986.

**19** Stuart Howard. Gosling, G., "Cheap labour at the end of a phone line," *The Independent*, 3 July 1995에서 인용.

**20** *EIU Travel and Tourism Analyst*, No. 5, London Economist Intelligence Unit, 1995.

**21** *Transnational Corporations, Services and the Uruguay Round*, London Economist Intelligence Unit, 1995, 103면.

**22** *The Tourism Industry: An International Analysis*, London Economist Intelligence Unit, 1995, 198면.

**23** *The Tourism Industry: An International Analysis*, London Economist Intelligence Unit, 1995, 200면.

**24** *The Tourism Industry: An International Analysis*, London Economist Intelligence Unit, 1995, 185~204면.

**25** *Working conditions in Hotels, Restaurants and Similar Establishments*, Geneva : International Labour Organisation, Report V1(1), 1990.

**26** *Conditions of Work in the Hotel, Catering and Tourism Sector*, Geneva : International Labour Organisation, Report 2, 1989.

**27** Anne Badger, *Tourism in Focus*, Winter 1993에서 인용.

**28** Fillmore, M., *Suggested Guidelines for Assessment of the Impact of Tourism on Women*, India : Equitable Tourism Options, 1994.

**29** Long, in Sinclair and Stabler, 같은 책, 207면.

**30** Bachmann, P., *Tourism in Kenya: Basic Needs for Whom?*, Berne : Peter Lang, 1988 참조.

**31** *Transnational Corporations, Services and the Uruguay Round*, London Economist Intelligence Unit, 1995, 105면.

**32** 관광산업과 제3세계 사람들(Tourism and Third World Peoples)에 관한 회의에서 발표된 정보, 독일 배드볼(Bad Boll), 1986년 3월.

**33** "The Gambia tries to cash in on its roots," *Panoscope, PS magazine*, London : Panos Institute, January 1992.

**34** *Transnational Corporations, Services and the Uruguay Round*, London Economist Intelligence Unit, 1995, 105면.

**35** Albertina Almeida. *Tourism in Focus*, Autumn 1995에서 인용.

**36** Haunani-Kay Trask. 관광산업과 제3세계 사람들(Tourism and Third World Peoples)에 관한 회의에서 한 발언, 독일 배드볼(Bad Boll), 1986년 3월.

**37** Robert Peake, Tourism in Focus, Spring 1994에서 인용.

**38** Maybin, E., *An Abuse of Innocence: Tourism and Child Prostitution in the Third World*, London: Christian Aid, May 1995.

**39** *Services in Asia and the Pacific: Selected Papers*, Vol. 1, New York: United Nations, 1990, 369면.

**40** Sexton, S. and Chatterjee, P., "Fairway to heaven?" *The Guardian*, 17 September 1993 참조.

**41** Piercy, S. (ed.), *Ecotourism*, Panos Briefing Paper, January 1995.

**42** *World Travel & Tourism Environmental Research Centre, Annual Review 1993*, Oxford: WTTERC, 1993.

**43** *World Travel & Tourism Environmental Research Centre, Annual Review 1994*, Oxford: WTTERC, 1994.

**44** *World Travel & Tourism Environmental Research Centre, Annual Review 1994*, Oxford: WTTERC, 1994.

**45** Tricia Barnett와의 대화에서, 1995년 11월.

**46** *The Tourism Industry: An International Analysis*, London Economist Intelligence Unit, 1995, 217~18면.

**47** Madeley, J., *Foreign Exploits, Transnationals and Tourism*, London: CIIR, May 1996 참조.

제10장 잘 팔리는 의약품은 약인가 독인가

**1** Eckett, Simon, "Balancing more for less," *Financial Times*, 16 March 1998.

**2** "The drug industry—deceitful, corrupt, ruthless," *Utusan Konsumer* (Penang), Mid-September 1996에 인용.

3 *Transnational Corporations in World Development*, New York: United Nations, 1988, 222~23면.

4 Chowdhury, Z., *The Politics of Essential Drugs*, London: Zed Books, 1995, 58면.

5 UNCTAD 연구. *Essential Drugs Monitor*, No. 17, Geneva: World Health Organisation, 1994에서 인용.

6 Chowdhury, 같은 책, 5~6면.

7 Chowdhury, 같은 책, 1~2면.

8 Chowdhury, 같은 책, 3면.

9 *Essential Drugs Monitor*, No. 17, Geneva: World Health Organisation, 1994.

10 O'Brien, T. F., et al. "Resistance of bacteria to antibacterial agents: report of Task Force 2," *Reviews of Infectious Diseases*, Vol. 9 (Supplement 3), May-June 1987. Chetley, A., *Problem Drugs*, Amsterdam: Health Action International (HAI), 1993에서 인용.

11 Professor Stuart Levy, "Antibiotics: the menace of your medicine chest," *The Observer*, 8 December 1996에서 인용.

12 Professor Jacques Acar, *Essential Drugs Monitor*, No. 20, Geneva: World Health Organisation, 1995에서 인용.

13 "Antibiotics: the menace of your medicine chest," 같은 책.

14 Dr. Graham Dukes, Health Action International (HAI) brochure, Amsterdam: HAI, 1996에서 인용.

15 Dr. Graham Dukes, Chetley, 같은 책에서 인용.

16 Health Action International (HAI) brochure, Amsterdam: HAI, 1996.

17 Health Action International (HAI) brochure, Amsterdam: HAI, 1996.

18 Chetley, 같은 책.

19 Henry, J., *The British Medical Association Guide to Medicines and Drugs*, London: Dorling Kindersley, 1991, 145면.

20 Chetley, A., 같은 책.

21 *Drug Evaluations*, Philadelphia: American Medical Association, W. B. Saunders Co., 1986, p.841.

22 Chetley, 같은 책.

23 Chetley, 같은 책.

24 Health Action International (HAI) brochure, Amsterdam: HAI, 1996.

25 Cookson, Clive, "Drug group in bid to wipe out elephantiasis," *Financial Times*, 26 January 1998.

26 *WHO Issues New International Guidelines for Drug Donations*, Geneva: World Health Organisation, 보도자료, 1996년 4월 30일.

27 *Vi Menn* (노르웨이 주간지), April 1996.

28 EU 총장에게 보내는 편지, 1995년 10월 2일.

29 Purvis, A., "The Goodwill Pill mess," *Time*, 29 April 1996.

30 Purvis, 같은 책.

31 HAI 보도자료, 1996년 5월 15일.

32 Community Development Medicinal Unit, 보도자료, 1996년 4월 8일.

33 "Expired drugs found in airlift for poor," *The Telegraph* (인도), 9 April 1996.

34 *WHO Issues New International Guidelines for Drug Donations*, Geneva: World Health Organisation, 보도자료, 1996년 4월 30일.

35 Chowdhury, 같은 책, 9면.

36 Chowdhury, 같은 책, 47~49면.

37 Chowdhury, 같은 책, 63면.

38 Chowdhury, 같은 책, 67~68면.

39 Chowdhury, 같은 책, 73~75면.

40 Chowdhury, 같은 책, 87면.

41 Chowdhury, 같은 책, 162면.

42 Chowdhury, 같은 책, 34면.

43 Mirza, Z., "Non-emergence of Pakistan's national drug policy," *The Lancet*, London: British Medical Association, 13 July 1996.

44 Chetley, A., *A healthy Business*, London: Zed Books, 1990, 73면.

45 Stichele, M.V. and Pennartz, P., *Making It Our Business——European NGO Campaigns on Transnational Corporations*, London: CIIR, Briefing, September 1996.

46 Roberto Lopez, HAI brochure, Amsterdam: HAI, 1996에서 인용.

제11장 진실을 감추는 기업홍보의 진실

1 Moody-Stuart, George. 그의 저서 *Grand Corruption, How Business Bribes Damage Developing Countries*, Oxford: WorldView Publishing, 1997에 대하여 런던의 개발 저널리스트 그룹(Development Journalists Group)에게 한 이야기, 1997년 4월.

2 von Bern, E., *The Infiltration of the UN System by Multinational Corporations*, Zurich: Association pour un Developpement Solidaire, 1978.

3 UNCTC leaflet, DESI E. 130, New York: UNCTC, 1986.

4 Chowdhury, Z., *The Politics of Essential Drugs*, London: Zed Books, 1995, 140면.

5 *World Investment Report*, 1995, Geneva: UNCTAD, 1995, 256면.

6 Tran, M., "G7 does U-turn over Unctad," *South*, August 1996.

7 Warkins, K., "Global market myths," *Red pepper*, June 1996, 14면.

8 Stichele, Myriam Vander, *Towards a World Transnationals' Organisation?*, Amsterdam: Transnational Institute, April 1998, 9면.

9 Stichele, 같은 책, 5면.

10 Stichele, Myriam Vander, 제네바 NGO회의에서 한 연설. 1998년 5월.

11 Watkins, 같은 책.

12 엔론 대변인이 미국 국회위원회에서 한 연설. *The Ecologist*, July/August 1996, 179면에 인용.

13 Richter, Judith, *Engineering of Consent, Uncovering Corporate PR*, Dorset, UK: The Corner House, March 1998.

14 유로파바이오(Europabio)를 위한 통신프로그램. 버슨 마스텔러에서 누출된 전략문서, 1997년 1월.

15 Richter, 같은 책.

16 Saunders, E., *Nestlégate, Secret Memo Reveals Corporate Cover-up*, London: Baby Milk Action, 1981. 이것이 출간 되었을 무렵에, 나는 쏜더스(Saunders)씨의 사무실에서 점심약속을 잡자는 전화를 받았다. 나는 승낙하면서 대신 그 만남이 그룹미팅이 되어야 한다고 명확히 밝혔다. 그러나 네슬레가 내가 가장 '부적절한' 접촉상대라는 것을

알아냈는지, 점심 제의는 다음날 취소되었다.

17 Richter, 같은 책.

18 Torry, Saundra and Dewar, Helen, "Big tobacco's ad blitz felt in Senate debate," *The Washington Post*, 17 June 1998.


## 제12장 권력에 대한 도전

1 Burns, M. and Zadek, S., *Open Trading Options for Effective Monitoring of Corporate Code of Conduct*, London: CIIR/New Economics Foundation, March 1997.

2 Coats, S., "Organisation and repression," *Multinational Monitor*, June 1995.

3 McMillion, Charles W., "Misnamed 'Growth Bill' would inflict NAFTA's horrors on Africa," *The Ecologist*, July/august 1998.

4 예를 들어, "Monoculture inefficient," in *International Agricultural Development*, July/august 1996 참조.

5 Kneen, B., *Invisible Giant*, London: Pluto Press, 1995, 208면.

6 Hildyard, N., Hines, C. and Lang, T., "Who Competes," *The Ecologist*, July/August 1996, 142면.

7 *Purchasing Power*, London: New Economics Foundation, 1998.

8 *Transnational Corporations in World Development*, 같은 책, 219면.

9 Christian Aid leaflet, March 1997.

10 Madden, P. and Orton, L., *The Global Supermarket*, London: Christian Aid, 1996, 31면.

11 "Banana producers take on big traders," *Financial Times*, 19 November 1996 참조.

12 Anne Simpson, BBC TV, *Newsnight*에서 인터뷰, 13 May 1997.

13 "DuPont's Goa Constrictor," *Multinational Monitor*, December 1995, 15면.

14 "DuPont's Goa Constrictor," *Multinational Monitor*, December 1995, 9~16면.

15 Stichele, M.V. and Pennartz, P., *Making It Our Business——European NGO Campaigns on Transnational Corporations*, London: CIIR, Briefing, September 1996. 이 브리핑은 많은 NGO 캠페인의 자세한 예를 포함하며 미래를 위한 전략을 제시했다. 영국에 있는 '새로운 소비자'(New Consumer)라는 단체는 주요 초국적기업들의

사회적·환경적 활동에 대한 정보를 수집하며 사회적으로 책임있는 쇼핑에 관한 자료를 출간하였다.

**16** 예를 들어, "Globalising Trade Unions," *Multinational Monitor*, June 1995 참조.

**17** "Rights and Wrongs," *Financial Times*, 18 March 1997 참조.

**18** William M. Dugger. Korten, D.C., *When Corporations Rule the World*, London: Earthscan, 1995, 207면에서 인용.

**19** Korten, 같은 책, 212면.

**20** Roddick, A., "A voice for moral choice," *The Guardian*, 30 October 1996.

**21** Korten, 같은 책, 270면.

**22** Kneen, 같은 책, 206면.

**23** Kneen, 같은 책, 206면.

388

　이 책은 전세계 초국적기업이 가난한 민중들에게 미치는 영향을 다양한 사례를 통해 설명한 대중교양서이다. 자연과 더불어 평화롭게 살아온 원주민과 민중들의 삶이 초국적 자본에 의해 흔들리고, 그들 나름의 질서와 가치로 만들어온 다양한 문화가 상품으로 획일화되고 심지어 사라지기까지 하는, 오늘 우리가 살고 있는 자본의 세계화의 실체가 담겨 있다. 추상적으로만 인식되기 쉬운 신자유주의나 초국적기업의 본질이 이 책을 통해 구체적인 사실로 드러나는 것이다. 뿐만 아니라, 전 산업에 걸쳐 초국적기업의 발전사가 때로는 인간의 터전마저 빼앗은 잔인한 역사였고, 지금도 '개발'의 망령이 전세계의 방방곡곡에서 전개되고 있음을 소개하고 있다.

　오랫동안 초국적기업에서 일을 하면서 기업문화에 회의를 갖게 된 저자는 지난 반세기 동안 초국적기업이 남긴 영향을 조사하기 위해 아시아에서부터 아프리카, 라틴아메리카까지 직접 현장을 찾아다녔다. 그 덕분에 주류경제학자들이 소홀히 여긴 가난한 사람들의 고단한 삶을 생생히 밝혀낼 수 있었다. 저자는 이런 현실을 들추는 데 그치지 않고 대안을 찾는 사람들의 목소리까지 전달하면서 독자들에게도 문제를 제기하고 있다.

　사실 초국적 자본의 영향은 이미 우리의 일상 속에 깊숙이 들어와 있다. 농산물·에너지·의약품·옷·신발·은행·여행사까지 그들이 구축해놓은 시장은 점점 확대되고 있다. 거대한 초국적기업들이 평범한 사람들의 문화와 경제에 타격을 가하고 심지어는 생존까지 위협한 역사는 20세기부터 계속되어온 것이다. 그에 맞서는 저항의 역사도 엄연히 존재했다. 단지 저항에 나선 사람들이 농민, 노동자, 어민, 원주민, 빈민, 여성, 아동노동자, 그리고 제3세계 국민이라는 이유만으로 관심을 받지 못하고 가볍게 취급되었을 뿐이다. 지금 이들은 경쟁이데올로기 때문에 더욱 벼랑 끝으로 밀려나 세상 주류의 문화로부터 한층 소외되고 있다. 이제 서구 초국적기업과 국가가 가난한 땅에서 혹은 가난한 사람들에게 저지른 횡포는 더이상 성장전략의 신화와 이데올로기로 포장되고 감춰질 수 없는 상황에 직면했다.

옮긴이 또한 초국적기업 감시운동에 오랫동안 몸담아왔지만, 이 책을 우리말로 옮기면서 초국적기업의 실체를 새삼 깨닫게 되었다. 이 책에서 낱낱이 드러난 그들의 거대한 힘은 분명 놀라운 것이었지만, 주눅이 들거나 무기력에 빠지지는 않았다. 오히려 우리와 비슷한 생각을 하는 사람들과의 교류를 통해, 저항과 대안을 만들어가는 운동과 문화에 더욱 관심을 갖게 되고, 새롭게 모색되는 각 나라의 규제와 정책을 더욱 잘 알게 되었다. 무엇보다도 한국의 경제성장 과정을 돌이켜보는 계기가 되었다. 국경을 넘나드는 전세계 초국적기업의 현실을 하나하나 구체화하면서 우리의 생각은 오히려 거대자본의 횡포에 맞섰던 한국 수출자유지역의 70~80년대 여성노동자들과 그 가족들, 주민들의 삶과 투쟁의 역사에 가 닿았다. 그들의 저항의 역사가 오늘날 한국의 민주주의에 큰 초석이 되었음은 너무도 분명한 사실이지만, 이러한 현실이 지금도 아시아·아프리카·라틴아메리카에서 여전히 계속되고 있음에 마음 한켠에 답답함이 오랫동안 남아 있기도 했다.

책을 옮기면서 오늘날 한국의 상황에서 초국적기업과 관련하여 독자들과 공유하고 싶은 부분에 대해서 나름대로 정리를 해두었고, 그것을 각장의 뒷부분에 '해설'로, 그리고 권말에 '보론'으로 덧붙였다. 저자의 충실한 내용과 더불어 우리 독자들에게 다소나마 도움이 되었으면 한다.

며칠 전 국제노동기구가 발표한, 브라질 광산현장에서 자행된 한 초국적기업의 강제노동에 대한 신문기사를 읽었다. 지금 이 순간에도 지구촌 어디선가 감시의 눈을 피해 비인간적인 행위들이 벌어지고 있다. 그 거대한 집단의 횡포에 맞설 수 있는 용기, 그리고 그 저항의 연대에 이 책이 도움이 될 수 있기를 기대한다.

경쟁과 물질만능주의의 세상에서 협력과 공동체를 도모하며 역사의 길눈이가 되어온 민초들의 삶과 투쟁이 어두운 역사의 그늘을 도려내려는 그들의 희망으로 이어지길 바라며.

2004년 7월

차미경·이양지

# 찾아보기

392

396

## 초국적기업, 세계를 삼키다

초판 1쇄 발행 • 2004년 8월 16일
초판 2쇄 발행 • 2005년 1월 25일

지은이 • 존 매들리
옮긴이 • 차미경 이양지
펴낸이 • 고세현
편집 • 염종선 김경태 성경아
미술·조판 • 윤종윤 정효진 신혜원 한충현
펴낸곳 • (주)창비
등록 • 1986년 8월 5일 제85호
주소 • 우편번호 413-832 경기도 파주시 교하읍 문발리 513-11
전화 • 031-955-3333
팩시밀리 • 영업 031-955-3399 편집 031-955-3400
홈페이지 • www.changbi.com
전자우편 • human@changbi.com

한국어판 ⓒ (주)창비 2004
ISBN 89-364-8525-3 03300

* 이 책 내용의 전부 또는 일부를 재사용하려면
  반드시 저작권자와 창비 양측의 동의를 받아야 합니다.
* 책값은 뒤표지에 표시되어 있습니다.